Tobias Ebbrecht-Hartmann

Übergänge
Passagen durch eine deutsch-israelische Filmgeschichte

Tobias Ebbrecht-Hartmann ist Filmwissenschaftler mit besonderer Vorliebe für die Filmgeschichte. Er lehrt und forscht an der Hebrew University in Jerusalem und war zuvor an der Filmuniversität Babelsberg KONRAD WOLF (Potsdam) und im Graduiertenkolleg Mediale Historiographien (Weimar) tätig. Er ist Autor von *Bilder hinter den Worten. Über Romuald Karmakar* und *Geschichtsbilder im Medialen Gedächtnis. Filmische Narrationen des Holocaust.*

Tobias Ebbrecht-Hartmann

Übergänge

Passagen durch eine deutsch-israelische Filmgeschichte

Neofelis Verlag

Gedruckt mit Hilfe der Ephraim Veitel Stiftung

Bibliografische Information der Deutschen Nationalbibliothek
Die Deutsche Nationalbibliothek verzeichnet diese Publikation in der Deutschen Nationalbibliografie; detaillierte bibliografische Daten sind im Internet über http://dnb.d-nb.de abrufbar.

www.neofelis-verlag.de

Umschlaggestaltung: Marija Skara
Druck: PRESSEL Digitaler Produktionsdruck, Remshalden
Gedruckt auf FSC-zertifiziertem Papier.
ISBN: 978-3-943414-51-6

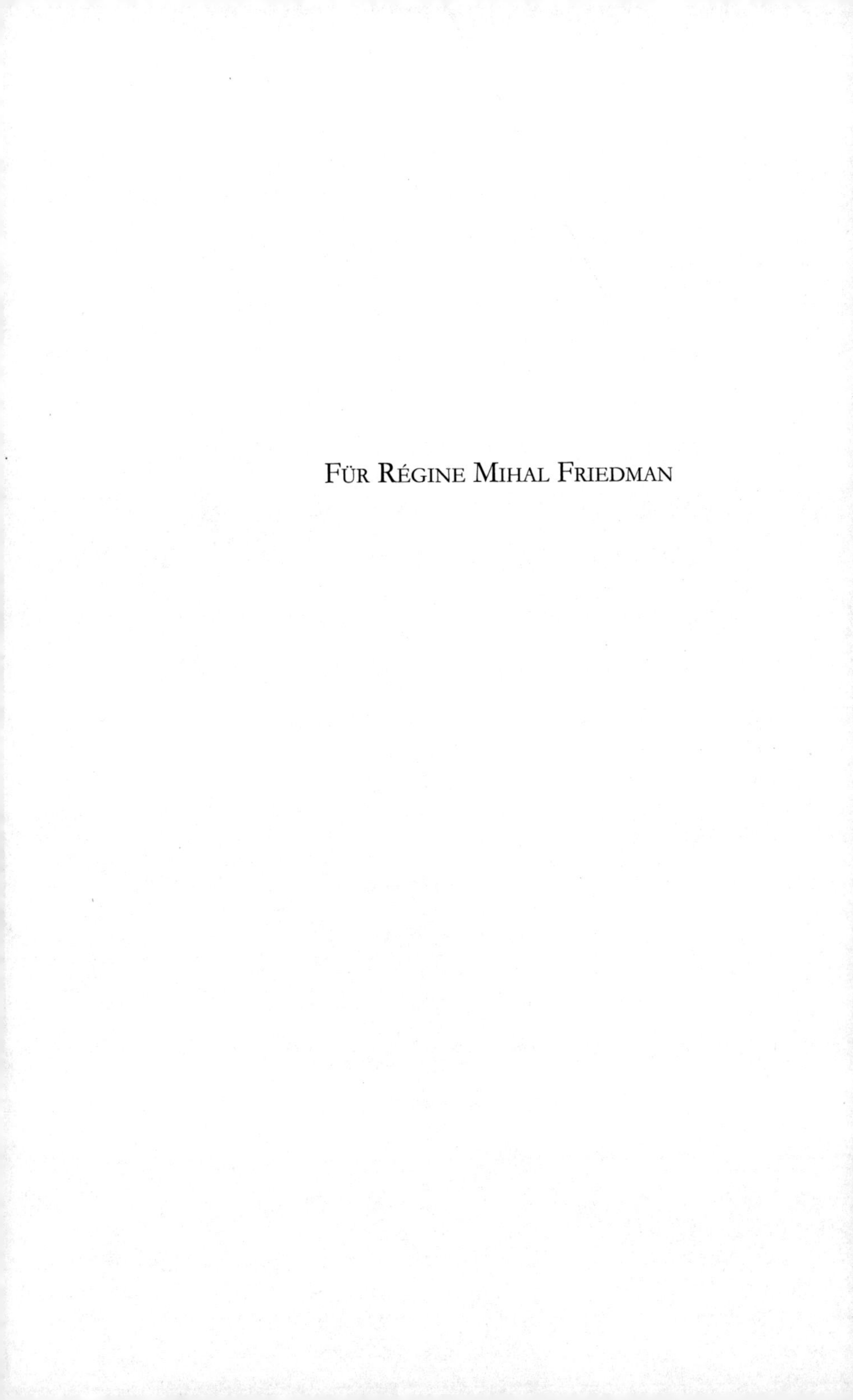

Für Régine Mihal Friedman

Inhalt

1.
Filmgeschichten zwischen Deutschland und Israel

Filme sind ein Medium der Begegnung. Sie ermöglichen es, andere Lebenswelten kennenzulernen und die Perspektive eines anderen einzunehmen. Sie dienen aber auch dazu, die eigene Position zu klären und den eigenen Standort aus anderer Perspektive zu betrachten. Filme stellen darum auch immer etwas Imaginäres dar, visualisieren die Vorstellung über den anderen, die von bestimmten Bildern im Kopf, persönlichen und historischen Erfahrungen und von kollektiv geteilten Annahmen geprägt wird.

Das gilt auch für das sehr vielschichtige deutsch-israelische Verhältnis. Deutschland und Israel sind auf vielen Ebenen miteinander verbunden und doch auch wieder fremd. Eine gemeinsame, aber immer auch von Anfeindungen und Vorurteilen geprägte, deutsch-jüdische Vergangenheit verbindet Geschichte und Familiengeschichten beider Länder. Die Shoah, der millionenfache Mord an der jüdischen Bevölkerung Europas, prägt ihr Verhältnis bis heute. Die schwierigen, aber letztlich durchaus erfolgreichen diplomatischen, ökonomischen und kulturellen Annäherungen beider Länder nach dem Zweiten Weltkrieg gehören aber auch zu dieser gemeinsamen Geschichte und Gegenwart.

Heute stehen wir vor einer widersprüchlichen Situation. Während in Deutschland das Bild Israels und der Israelis hauptsächlich durch den medial verstärkten Nahostkonflikt geprägt ist und ein großer Teil der Bevölkerung den kleinen jüdischen Staat als gefährliche Bedrohung des Weltfriedens wahrnimmt, steigt das Ansehen Deutschlands in der israelischen Bevölkerung. Im Vergleich zu anderen europäischen Ländern wird Deutschland in Israel als verlässlicher Partner wahrgenommen. Während der steigende Antisemitismus beispielsweise in Frankreich Besorgnis in Israel erregt, bekommen deutsche Politiker wie Joschka Fischer und Angela Merkel hohe Sympathiewerte. 2012 bewerteten 88,9 Prozent der israelischen Bevölkerung die deutsch-israelischen Beziehungen als normal. 1998 hatten dies nur 54,7 Prozent so gesehen. 82,8 Prozent betrachten das heutige Deutschland als „anderes Deutschland", was sich auch in der hohen Zahl an Israelis ausdrückt, die heute nach Deutschland ziehen oder das Land besuchen.[1] 17.000 Israelis leben derzeit temporär oder dauerhaft in Berlin und 2012 besuchten sechsmal mehr Israelis die deutsche Hauptstadt als im Jahr 2000.[2] Berlin mit seiner ambivalenten Geschichte ist heute ein neues Jerusalem für viele Israelis.

Umgekehrt halten viele Deutsche zu Israel Distanz. Eine Mischung aus Schuldabwehr und moralisch einseitiger Anklage bestimmt das deutsche Verhältnis zu dem jüdischen Staat am Mittelmeer. Das Kino ist ein Ort, an dem diese Distanz aufgebrochen werden kann und aufgebrochen wurde. Israelische Filme sind in den letzten Jahren erfolgreich auf internationalen Festivals gezeigt worden und schafften es auch immer öfter in deutsche Kinos und ins Fernsehen. Sie zeigen oft Bilder vom Land und seiner konfliktreichen Gegenwart, die andere Perspektiven zulassen als die binäre Vorstellung von Besatzern auf der einen Seite und Opfern auf der anderen.

Und doch sind die Begegnungen zwischen Deutschen und Israelis, die Übergänge zwischen Deutschland und Israel auf der Leinwand noch immer beeinflusst und geprägt von den Konflikten, Ängsten und Vorurteilen der Vergangenheit und Gegenwart, insbesondere den beiden dominanten Themen Shoah und Nahostkonflikt. Aber sie zeigen auch Neugier, proben den interessierten Blick auf das jeweils andere Land und die dort lebenden Menschen.

1 Moshe Zimmermann: Facelift. Das Image der Deutschen in Israel seit der Wiedervereinigung. In: José Brunner (Hrsg.): *Deutsche(s) in Palästina und Israel. Alltag, Kultur, Politik* (= *Tel Aviver Jahrbuch für deutsche Geschichte*, Bd. 41). Göttingen: Wallstein 2013, S. 288–304, hier S. 288.

2 Gisela Dachs: Berlin. Diaspora der Israelis. In: *Zeit Online*, 28.10.2013. http://www.zeit.de/politik/ausland/2013-10/israel-emigration-berlin-yair-lapid (Zugriff am 15.07.2014).

Dieses Buch möchte einige dieser Filmbegegnungen in Geschichte und Gegenwart vorstellen und zeigen, wie sehr der neugierige Blick des Reisenden diese Begegnungen geprägt und die Wahrnehmung des fremden, aber auch des eigenen Landes dadurch verändert hat. Natürlich möchte es auch etwas von der Faszination israelischer Filme weitergeben und auf diese Weise den Facettenreichtum der israelischen Filmgeschichte vermitteln.
Deutsch-israelische Begegnungen vollziehen sich in den hier vorgestellten Filmen meist auf mehreren Ebenen. Sie zeigen sich in der Handlung und den Figuren, die aus den beiden Ländern und Kulturen kommend aufeinandertreffen. Sie zeigen sich aber auch auf der Ebene der Produktion selbst. Um die Filme zu realisieren, kamen meist Filmemacher aus beiden Ländern zusammen, lernten sich so besser kennen und brachten gemeinsame Erfahrungen, Interessen, Bilder und Vorstellungen in die Filme ein.
Ein solcher Austausch begann schon früh und fand erstaunlicher Weise auch während der Nazizeit statt. Nehmen wir das Jahr 1935. In Deutschland waren seit zwei Jahren die Nationalsozialisten an der Macht. Antijüdische Gesetze und Maßnahmen wurden eingeführt. Juden verloren ihre Anstellungen, jüdische Kinder mussten ihre gemischten Schulen und Klassen verlassen. Einige hatten sich bereits zur Auswanderung entschlossen, andere bewarben sich um Zertifikate zur Auswanderung nach Palästina. Palästina war damals Mandatsgebiet Großbritanniens und die Briten versuchten, durch das Schließen der Grenzen und die Verhinderung der jüdischen Einwanderung die entstehenden Spannungen zwischen arabischer Bevölkerung und jüdischen Pionieren ruhigzustellen.

Übergänge

Zu dieser Zeit reiste ein deutsch-jüdischer Filmemacher nach Palästina. Sein Handwerk hatte er in Babelsberg beim deutschen Filmunternehmen Ufa gelernt. Er war an verschiedenen Großproduktionen des Weimarer Kinos beteiligt und beeinflusst vom Stil der Avantgarde und des progressiven Filmschaffens in der Weimarer Republik. Im Auftrag des Jüdischen Nationalfonds drehte er in Palästina einen Film, der Land und Menschen dem Publikum in Europa bekannt machen sollte: *Avodah* (Palästina 1935). Der Filmemacher hieß Helmar Lerski und sein Film – musikalisch untermalt von dem bekannten Komponisten Paul Dessau – beginnt mit einer

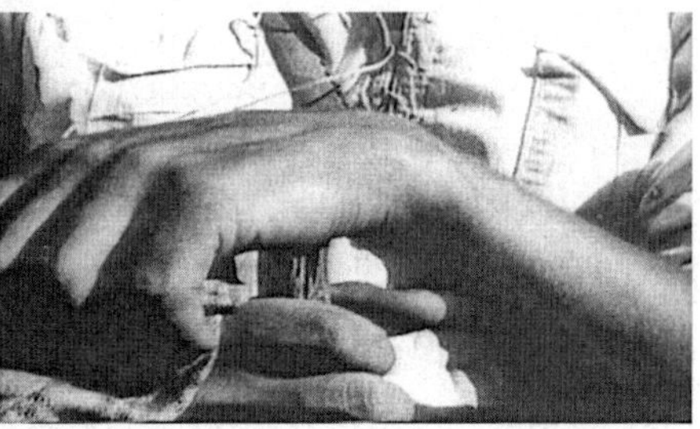

Abb. 1: Der gesichtslose Einwanderer aus *Avodah* wird durch den Kameraschwenk zum Subjekt.

signifikanten Eröffnungsszene: Ein Mann geht über staubige Landstraßen und steinige Berghänge. Die Kamera filmt ihn von hinten. Er kommt an eine Grenze. Ein Schild weist den Weg nach Palästina. Ein Schlagbaum öffnet sich. Nun schwenkt die Kamera langsam von den Füßen des Mannes über seine abgenutzte Kleidung. Erstmals, darauf macht die isralische Filmwissenschaftlerin Nurith Gertz in dem Dokumentarfilm *Historia shel Ha-Kolno'a Israeli* (*Israels Kino erzählt*, IL/F 2009, R: Raphael Nadjari) aufmerksam, wird das Gesicht des Wanderers sichtbar. Freudig lächelt er in die Kamera, bevor diese in der nächsten Einstellung über eine felsige Wüstenlandschaft schwenkt (Abb. 1). Vom gesichts- und geschichtslosen Wanderer – unverkennbar eine Umkehrung des antisemitischen Zerrbildes des ewig wanderden Juden Ahasver – wird der Einwanderer zum Subjekt seiner Geschichte. Der touristische Blick auf das Land verbindet sich mit einem Moment filmischer Subjektivierung, aber auch mit dem kolonialen Bild vom leeren Land, das nun fruchtbar gemacht werden soll. Aber noch andere Motive in dieser Sequenz sind interessant: das Motiv des Wassers als Symbol des Lebens, aber auch als Spiegel eines Himmels auf Erden, und das Bild der Grenze, die einen Übergang darstellt, eine Transformation und nicht notwendig eine Trennung. All diese Motive tauchen später immer wieder auf: die Grenze, der Übergang, der Einwanderer, die Frage nach Herkunft und Geschichte – und natürlich das Thema Identität.

Das israelische Kino ist bis heute von diesen Fragen und Motiven geprägt. Auch die bereits in einem jüdischen Staat geborenen Generationen sind mit ihnen beschäftigt, suchen sogar in den letzten Jahren verstärkt nach der Herkunftsgeschichte ihrer Familien, die

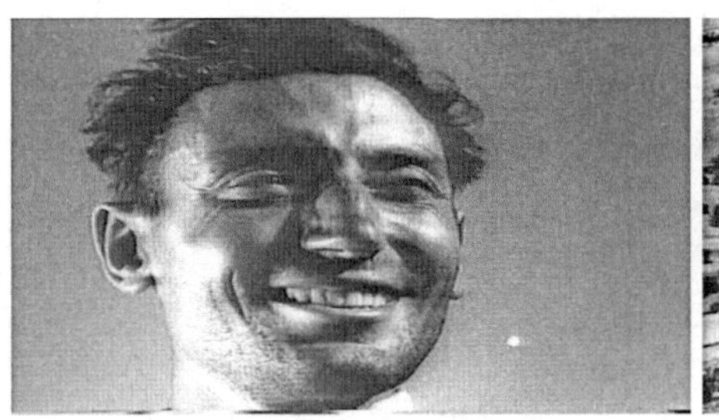

für lange Jahre ins Private abgedrängt war. Die Einwanderer_innen, die das Land aufbauten, waren nicht immer freiwillig gekommen. Oft wurden sie aus Ländern vertrieben, die sie als ihre Heimat betrachteten. Dies galt auch und in besonderer Weise für einen Teil der aus Deutschland emigrierten Juden, die es oft schwer hatten, sich den klimatischen und kulturellen Bedingungen in Palästina und Israel anzupassen, die neue Sprache Hebräisch zu lernen und die Liebe zur Kultur gegen harte Landarbeit einzutauschen. Der Filmemacher Arnon Goldfinger hat sich dieser Erfahrung in seinem autobiographischen Dokumentarfilm *Ha-Dira* (*Die Wohnung*, IL/D 2011) am Gegenstand der Wohnung seiner aus Deutschland eingewanderten Großmutter genähert. Das nach ihrem Tod verwaiste Apartment wird zur Zeitkapsel, zu einem Ort des Übergangs, des Transits, ein kleines Deutschland und Berlin inmitten von Tel Aviv, zu einem Ort der Begegnung zwischen Vergangenheit und Gegenwart, Deutschland und Israel, der sich von einem privaten in einen transnationalen Zwischenraum transformiert.

Siegfried Kracauer hat einmal den Historiker mit einem Touristen verglichen und dabei betont, dass die „Aufgabe des Besichtigens" ein „bewegliches Ich" erfordere.[3] Filme können das Material für solche Forschungsreisen bilden. Sie lassen uns nicht nur manchmal fremd wirkende Welten erkunden und entfernte Zeiten kennenlernen, sondern sie ermöglichen auch einen distanzierten Blick auf das scheinbar bereits Vertraute. Nähe und Distanz durchweben sich. Die Leinwand wird durchlässig. Bilder, Geschichten, eigene Erinnerungen und Projektionen kommen zusammen. Im besten

3 Siegfried Kracauer: *Geschichte – vor den letzten Dingen. Werke*, Bd. 4. Frankfurt am Main: Suhrkamp 2009, S. 93.

Falle entstehen dabei Übergänge, die auch die Zuschauer_innen mit einbeziehen. Bei Kracauer sind solche Übergänge in besonderer Weise mit der Erfahrung des Exils verbunden, dem „fast vollkommenen Vakuum der Exterritorialität, in ebendem Niemandsland", in das auch Kracauer selbst gezwungen wurde.[4] „Die wahre Existenzweise des Exilierten ist die eines Fremden"[5], schreibt Kracauer in seinem letzten, erst nach seinem Tod veröffentlichten Buch über Geschichte: „So mag er seine frühere Existenz mit den Augen dessen anschauen, ‚der nicht mehr zum Haus gehört'. Und so frei ist er, aus der Kultur, die seine eigene war, auszutreten, so hat er auch keine hinreichende Bindung, um in den Geist jenes fremden Volkes einzutauchen, in dessen Mitte er lebt."[6] Unter dem neuen Leben aber bleibt das frühere erhalten. Die Identität befindet sich, wie Kracauer explizit betont, im Fluss. Wer sich auf eine Reise begibt, bleibt dadurch nicht unberührt. Das gilt auch für das Schreiben von Geschichte und Geschichten wie für den Besuch im Kino, besonders aber für Reisen in die Vergangenheit.[7]

Reisen

Geschichten über das Reisen wie über Einwanderung prägen das israelische Kino bis heute, und sie prägten es bereits vor der Gründung des Staates. Wie Lerski kamen auch andere jüdische Filmemacher in den 1920er und 1930er Jahren ins Land und filmten den Aufbau in Palästina. In vielen ihrer Filme waren der Blick der Kamera und die Erzählstruktur der Filme vom Motiv der Reise und dem Moment der Ankunft geprägt. Das Meer ist dabei oft der Ausgangspunkt und Ort des Übergangs, das Schiff ein Transitraum, der die Diaspora, das jüdische Exil, und das gelobte Land voneinander trennt und gleichzeitig miteinander verbindet. Das Schwanken der Schiffe, das in eine schwankende Kameraposition übersetzt wird, wird zum Sinnbild für die Instabilität dieses Übergangs, für den Raum zwischen Meer und Land, den bis heute die Küste symbolisiert, an der tausende Juden legal und illegal strandeten, um ein neues Leben zu beginnen.

4 Kracauer: *Geschichte*, S. 95–96.

5 Ebd.

6 Ebd.

7 Vgl. ebd., S. 104.

Doch zwischen heute und diesen optimistischen zionistischen Werbefilmen der 1920er und auch noch der 1930er Jahre liegt die Erfahrung der Katastrophe, der ‚Zivilisationsbruch Auschwitz'. Einwanderung aus Pioniergeist wurde zur Flucht. Die Werbung um Unterstützung für den Aufbau in Palästina, für den diese Filme produziert worden waren, wurde zu einer existentiellen Angelegenheit des Überlebens. Und das Bild Deutschlands transformierte sich vom Ort des alten Lebens, der Diaspora, in das des Henkers, des Wiedergängers der biblischen Feinde Amalek und Haman, deren Ziel die Auslöschung des jüdischen Volkes gewesen war.
Nach der deutschen Niederlage im Zweiten Weltkrieg und nach der Gründung des Staates Israel im Jahr 1948 war Deutschland ein Unort in der kollektiven israelischen Imagination. Deutsche Produkte wurden boykottiert, auch Filme aus Deutschland. Versuche, den Boykott zu durchbrechen, gipfelten regelmäßig in auch handgreiflichen Auseinandersetzungen. Aber die deutsch-israelischen Filmbeziehungen waren immer ambivalent. Denn die deutschen Juden, die nun in Israel lebten, vor allem diejenigen, die noch vor dem Beginn des systematischen Mordens in den Vernichtungslagern fliehen konnten, vermissten mitunter die deutsche Kultur und deutsche Sprache, sehnten sich mithin auch nach Filmbildern dieses verlorenen Lebens. Es ist aus heutiger Sicht paradox, dass Romy Schneider und die *Sissi*-Filme von den Israelis heiß geliebt wurden. Und es ist eine Ironie der Geschichte, dass Filme aus der Bundesrepublik bis Mitte der 1960er Jahre teilweise als österreichische Produktionen getarnt wurden, um in Kinos in Israel gezeigt werden zu können.
Ende der 1980er Jahre hat der deutsche Regisseur Dominik Graf diese Ambivalenz in seinem schönen, aber wenig bekannten Fernsehfilm *Bei Thea* (BRD 1988) eingefangen. Er erzählt die Geschichte eines jungen Israeli, gespielt von dem deutschen Schauspieler Hannes Jaenicke, der nach München zum Studieren geht. Deutschland und Israel sind die beiden Pole des Films, im Zentrum stehen aber wiederum kleine Orte des Übergangs, Zeitkapseln wie in *Ha-Dira*, und Transitorte, an denen Begegnungen möglich werden: die Kneipe „Bei Thea", in der der Protagonist seiner widersprüchlichen Familiengeschichte begegnet, der Flughafen, an dem sich die emigrierte Jüdin und die in Deutschland gebliebene Mitläuferin am Ende (im Bild) begegnen, während (im Film) ihre Begegnung (und

damit auch jede Versöhnung) aufgeschoben bleibt. Und die Wohnung der Emigranten in Tel Aviv, eine kleine Höhle zwischen den geographischen Räumen, den temporal organisierten Erfahrungen und der Identität im Spannungsfeld zwischen zwei Heimaten. Viel steckt in der Szene, mit der Graf diesen Transitort zu Beginn des Films exponiert: die Konflikte der Gegenwart, der Libanonkrieg, der in Deutschland für eine neue Welle antiisraelischer Empörung sorgte, die Sehnsucht nach einem verlorenen Ort, der nur noch in der Erinnerung existiert, die Wohnung, vollgestellt mit Relikten der verlorenen Zeit und erfüllt mit Musik und Kultur, die das neue Leben im Alten verwurzelt bleiben lässt.

Bei Thea, der zusätzlich zum deutsch-israelischen Verhältnis auch noch das Thema Homosexualität anspricht und zu einem wichtigen Zeitpunkt der deutschen Auseinandersetzung mit der NS-Vergangenheit, nämlich im Gedenkjahr 1988, dem 50. Jahrestag des Novemberpogroms, ausgestrahlt wurde, sucht filmische Formen der Öffnung und Begegnung, Orte des Übergangs und der Ambivalenz. Er zeigt aber auch die von Vergangenheit und Gegenwart geprägte verzerrte Wahrnehmung des jeweils anderen.

Bilder vom Anderen

Wie beschrieben dominierte in den 1950er und 1960er Jahren die Ablehnung alles Deutschen in Israel, aber in der Bundesrepublik begann sich gleichzeitig eine junge Generation für den jüdischen Staat zu interessieren und zu engagieren. In der DDR entstand parallel zum verordneten Antizionismus der Sowjetunion und als Teil der geschichtspolitischen Auseinandersetzung mit dem Westen bald ein verzerrtes Bild von Israel. Für Begegnungen jenseits des tradierten Fremdbildes blieb auch im Film nur wenig Raum. Seit Ende der 1970er Jahre wandelte sich in Israel das Bild von Deutschland. Mehr und mehr wurde das Land in Distanz zur NS-Vergangenheit gesehen, und es traten die komplizierten Verbindungen zwischen Vergangenheit und Gegenwart in der israelischen Gesellschaft hervor. In Deutschland aber zeigte sich ein umgekehrtes Bild. Auch in der Bundesrepublik nahm die junge Generation zu einem Großteil Israel nur noch durch die Brille des Nahostkonflikts wahr und suchte sich des eigenen Schuldgefühls zu entledigen, indem sie Israel in die Rolle des Nazi-Täters zwängte.

Ein denkwürdiges Ereignis Anfang der 1950er Jahre und ein Film Ende der 1970er Jahre bringen diese Ambivalenz auf den Punkt. 1953 reisten zwei junge Deutsche nach Israel, zu einem Zeitpunkt, als dies noch mit großen Schwierigkeiten verbunden war. Ihr Ziel: den neuen jüdischen Staat kennenzulernen und einen Film über den Widerstand im Warschauer Ghetto zu drehen. Der eine der beiden jungen Männer hieß Thomas und war der Sohn von Veit Harlan, jenem Regisseur, der für die Nazis den antisemitischen Hetzfilm *Jud Süß* (D 1940) gedreht hatte, der Anfang der 1940er Jahre erfolgreich dazu beitrug, die Zustimmung für die Deportationen der Juden in die Vernichtungszentren in Osteuropa zu bereiten. Der andere war Klaus Kinski, ein junger Schauspieler. Für beide war der Aufenthalt in Israel prägend, wenn auch wenig erfolgreich. Der geplante Film wurde nie gedreht.

Während Thomas Harlan sich Zeit seines Lebens fast manisch mit dem Erbe des Nationalsozialismus beschäftigte, kehrte Kinski Ende der 1970er Jahre nach Israel zurück. Er übernahm in dem Actionfilm *Mivtsa Yonatan* (*Operation Thunderboldt*, IL 1977, R: Menachem Golan) die Rolle eines deutschen Terroristen, der zusammen mit einem palästinensischen Kommando eine französische Passagiermaschine entführt hatte, deren jüdische und israelische Passagiere dann am Flughafen von Entebbe von einem israelischen Militärkommando befreit wurden. Das reale Ereignis hatte 1976 gezeigt, dass palästinensischer Terrorismus mit Unterstützung radikaler Linker auch nicht vor Maßnahmen zurückschreckte, die an die NS-Vergangenheit erinnerten: In Entebbe begannen die Entführer unter Führung des Deutschen Wilfried Böse und seiner Partnerin Brigitte Kuhlmann nichtjüdische von jüdischen Passagieren zu selektieren.

Kinski verkörperte auf eindrückliche Weise den Wiedergänger des Nazierbes in Gestalt einer neuen Generation. Und gleichzeitig verband er durch seine Teilnahme an dem Film und seinen Besuch in Israel das Filmschaffen beider Länder und den kulturellen Austausch. *Mivtsa Yonatan* mag ein patriotischer Film sein, aber er ist auch ein Film der Begegnung verschiedener Perspektiven, der israelischen, der palästinensischen und der deutschen. Er ist ein Film verschiedener Sprachen, zu denen auch die deutsche gehört, die Entführer und Entführte verbindet, denn unter den Passagieren befinden sich auch Überlebende der Shoah. Und der Film ist wiederum angesiedelt an einem Ort des Übergangs, des Transits, der Reise, einem Flughafen, der aber hier zum Gefängnis wird – auch zu einem Gefängnis der wiederkehrenden und scheinbar nicht enden wollenden Vergangenheit.

Gegenwart der Vergangenheit

Dieses Motiv der nicht endenden Vergangenheit, die selbst dort wiederkehrt, wo man sie am liebsten ausblenden und unterdrücken möchte, prägte auch in den letzten Jahren wieder verstärkt das israelische Kino. Einerseits suchten Filmemacher die Begegnung mit Deutschland und der deutschen Geschichte jenseits von Shoah und Nahostkonflikt, andererseits fanden sie genau dadurch neue Zugänge sowohl zur lange unterdrückten Auseinandersetzung mit dem jüdischen Leben vor als auch mit der bis heute prägenden Erfahrung der Shoah. Ein Beispiel dafür ist Eran Riklis Film *Play-off* (D/IL/F 2011), der auf der realen Geschichte des israelischen Basketballtrainers Ralph Klein basiert, der Anfang der 1980er Jahre auf der Höhe seines Erfolgs in die Bundesrepublik ging, um dort die deutsche Basketballnationalmannschaft zu trainieren. Klein heißt im Film Max Stoller. In Israel angefeindet und in Deutschland immer wieder auf seine Rolle als Israeli und Jude reduziert, versucht Stoller, den politischen Bezügen und seiner Familiengeschichte auszuweichen, indem er sich ausschließlich auf den Sport konzentriert. Doch schließlich wird er von seiner eigenen Vergangenheit, der Kindheit in und Vertreibung aus Deutschland eingeholt.
Interessanterweise wählte Regisseur Riklis eine alleinerziehende türkische Mutter und ihre Tochter als Vermittlungsfiguren zwischen Stollers Wiederbegegnung mit und der Erfahrung von Heimatverlust und Fremdheit. So überblendet der Film die transnationale deutsch-israelische Perspektive mit der transkulturellen deutsch-türkischen Begegnung. Die Türkin wird zu einer Figur der Fremden in der ehemaligen Heimat, zu der sich der Israeli und ehemalige Deutsche hingezogen fühlt und mit der er die biographischen Brüche der Entwurzelung und des Verlusts teilen kann. Auf diese Weise sucht der Film im deutsch-israelischen Verhältnis auch einen universellen Aspekt transkultureller Begegnungen freizulegen.
In *Metallic Blues* (CAN/D/IL 2004, R: Dan Verete) hingegen ist Deutschland zunächst das gelobte Land unbegrenzten Wohlstands

und Prosperität. Zwei israelische Autohändler kommen hierher, um einen zufällig in ihre Hände gefallenen amerikanischen Cadillac mit Gewinn zu verkaufen. Regisseur Dan Verete verwendet das Auto als Transitobjekt, das unterschiedliche Perspektiven miteinander in Verbindung setzt, als Ort und Objekt der Begegnung über politische, kulturelle, biographische, geographische und zeitliche Grenzen hinweg. Schließlich ruft die Begegnung mit Deutschland bei den Israelis Erinnerungen an Verfolgung hervor, die sie selbst, als in Israel geborene Juden, so nie gehabt haben, nun aber ihren Blick auf das neue Deutschland durchkreuzen.

Wie *Metallic Blues* interessieren sich immer mehr israelische Filme für den Blick der zweiten oder dritten Generation auf Deutschland, der zwischen Bewunderung und Ablehnung hin und her wechselt. Deutschland wird zu einem vielschichtigen Bezugsort, an dem sich Vergangenheit und Gegenwart spiegeln und der damit auch zur Projektionsfläche der israelischen Identität im Angesicht einer spannungsvollen Gegenwart werden kann. So wie die Gegenwart von den Erfahrungen der Vergangenheit durchdrungen ist, werden die Länder der Diaspora, und insbesondere jene Gesellschaft, in der der Massenmord geplant und durchgeführt wurde, zum Bezugspunkt und Spielraum israelischer Filme. Sie markieren damit das Gegenstück zum Motiv der Einwanderung, das das israelische Kino von Anfang an prägt, und greifen gleichzeitig Stimmungen und Ängste in Teilen der israelischen Gesellschaft auf und verstärken sie.

Generationen

Ein prägnantes Beispiel dafür ist *Walk on Water* (IL/D, R: Eytan Fox), der die Geschichte des israelischen Geheimdienstagenten Eyal erzählt, der im Anti-Terror-Kampf eingesetzt ist und nach dem Selbstmord seiner Frau aus der Bahn gerät. Sein Chef Menachem, selbst Überlebender der Shoah aus Berlin, setzt Eyal auf den jungen Deutschen Axel an, dessen Schwester Pia in einem Kibbutz wohnt. Der Großvater der beiden war ein berüchtigter Nazischlächter und der Geheimdienstchef erhofft sich Informationen über seinen Verbleib. Eyal hält die ganze Operation für überflüssig und findet es lächerlich, den jungen Deutschen getarnt als Reiseführer durchs Land zu kutschieren, vor allem als sich herausstellt, dass der auch noch schwul ist. Bewusst verschränkt Fox unterschiedliche

Themen, Homosexualität, Nahostkonflikt, Terrorismus, deutsch-israelische Begegnungen und die Shoah zu einem transnationalen Erzählgeflecht, das vor allem therapeutische Funktion für das israelische Publikum haben soll. Die deutschen Protagonisten dienen als Auslöser eines Wandlungsprozesses auf Seiten des israelischen Helden, der sich vom gefühlskalten Kämpfer zum sensiblen und weichen Mann transformiert. Dies ist jedoch bereits Ausdruck einer Verschiebung, der Personifizierung eines israelischen Schuldgefühls, das sich mehr aus der Gegenwart des Nahostkonflikts als aus der Vergangenheit der Naziverbrechen speist.

Im Gegensatz dazu verlagert Ester Amrami in *Anderswo* (D 2014) all diese Bezüge in den Hintergrund ihres Films, der stattdessen Heimat und Heimatlosigkeit selbst zum Thema macht. Ihre Protagonistin Noa ist eine von vielen Israelis, die in die deutsche Hauptstadt gezogen sind, dort geblieben sind, sich verliebt und eine Aufgabe gefunden haben – in Noas Fall die Promotion. Doch es bleibt ein Gefühl des Unbehagens. Irgendwie fühlt Noa sich nicht wirklich zuhause in Deutschland. Also entschließt sie sich mehr impulsiv und spontan als überlegt, zu ihrer Familie nach Israel zu reisen.

Das deutsch-israelische Verhältnis, das sich auf so vielen Ebenen – der Politik, Ökonomie, Religion, dem Tourismus, der Bildung und der Kultur – entwickelt hatte und auch weiterhin mit Missverständnissen, Kommunikationsproblemen und ungleichzeitiger Wahrnehmung des anderen zu kämpfen hat, findet im Film einen Ort, der Übergänge und Begegnungen in einem bewegten und unablässig weitergehenden Prozess des Werdens zeigt. Neben der transnationalen Begegnung in den Geschichten der Filme ist es also auch die Begegnung mit den Filmen, die wiederum Transit- und Übergangsräume schafft, ohne notwendig die unterschiedlichen Perspektiven zu harmonisieren. Das Kino bleibt ein Ort des staunenden Blicks, für Reisende, die neugierig sind auf die Begegnung mit anderen, ohne das Eigene zu verleugnen und das Trennende zu negieren.

Hohlräume

Siegfried Kracauer hat den Film wie auch die Geschichte in einem Vorraum des Denkens verortet. Auch die deutsch-israelischen Filmbegegnungen scheinen in einem solchen Vorraum situiert zu sein und berühren „ein Utopia des Dazwischen – eine terra incognita in den Hohlräumen zwischen den Gebieten, die wir kennen."[8] Die nun folgenden Filmgeschichten, wie auch die Lektüren der in den Filmen erzählten Geschichten sind in hohem Maße von Kracauers Vorraum-Denken beeinflusst. Die Antinomie im Inneren der Zeit, von der Kracauer spricht, bestimmt auch viele der hier vorgestellten Filme. „Wir leben in einem Katarakt der Zeiten", schreibt er. „Und inmitten dieser zeitlichen Ströme gibt es Hohlräume und Blasen", in deren Exterritorialität andere, alternative Bezüge und Beziehungen möglich werden.[9] Diese Hohlräume sind Zwischenräume, die verborgene, aber namenlose Möglichkeiten bergen. Ihre geschichtlichen Wahrheiten aber können sich nur dadurch ergeben, dass sie in ein neues Licht gesetzt, in neue Konstellationen gebracht werden:

> Wenn aber diese Wahrheiten in den Zwischenräumen nicht durch Deduktion aus einer anerkannten Konzeption oder einem anerkannten Prinzip zu gewinnen sind, könnten sie doch aus der Vertiefung in bestimmte Muster von Einzelheiten hervorgehen. [...] Was unter einem imposanten Entweder-Oder verschüttet liegt, kann manchmal aus einem beiläufigen, an den Rand einer Nahaufnahme geschriebenen Aperçu aufleuchten.[10]

Kracauers Vorraum-Denken versucht darum das Entweder-Oder durch ein Nebeneinander, ein „‚Seite-an-Seite'-Prinzip", zu ersetzen.[11] Darin aber findet gerade keine einfache Harmonisierung und Versöhnung der Gegensätze statt, die das deutsch-israelische Verhältnis und damit auch die deutsch-israelischen Filmbegegnungen bis heute prägen. Vielmehr geht es Kracauer darum, neue Beziehungen zwischen dem Allgemeinen und dem Besonderen zu denken. Dies entspricht einem utopischen Denken, das in „Form einer Vision oder Intiution" gerade auf einen bestimmten Inhalt und nicht eine allgemeine Erlösungshoffnung zielt.[12] Der Vorraum, der immer auch einen Zwischenraum, einen Übergang, konstituiert, ist ein Bereich der Vermittlung. So wie das Kino. Offenheit und Ambiguität sind darin wesentlich. Das aber bedeutet nicht Indifferenz gegenüber gegenläufigen Sichtweisen oder Erfahrungen: „Eine

8 Kracauer: *Geschichte*, S. 238.

9 Ebd., S. 218.

10 Ebd., S. 235–236.

11 Ebd., S. 236.

12 Ebd., S. 220.

beständige Anstrengung seitens seiner Einwohner ist erforderlich, um den widerstreitenden Erfordernissen zu entsprechen, denen sie sich an jeder Wegbiegung zu stellen haben.“[13] Das gilt auch für die Reise durch die deutsch-israelischen Filmgeschichten.

13 Kracauer: *Geschichte*, S. 237.

2.
Ein Kino der Übergänge – Erste Annäherungen

Als die erste Staffel der US-amerikanischen Erfolgsserie *Homeland* (USA 2011) im April 2013 durchaus erfolgreich auf dem Fernsehsender Sat 1 zu Ende ging, wusste kaum jemand, dass der actionreichen Serie über einen von Terroristen entführten und nun nach Hause zurückkehrenden G. I., der als Schläfer die amerikanische Gesellschaft bedroht, eine israelische Produktion als Vorbild diente. Die Vorlage *Hatufim* (IL 2009–2012) war die bisher „erfolgreichste Serie aller Zeiten“[1] in Israel und erzählt ebenfalls von den Folgen einer Entführung. Im Mittelpunkt steht die Geschichte dreier israelischer Soldaten, die nach Jahren der Gefangenschaft aus Syrien zurückkehren, zwei von ihnen lebend, der dritte in einem Sarg. Anders als *Homeland* konzentriert sich *Hatufim* aber auf die schwierige Begegnung der Heimkehrer mit ihrer alten und längst verloren geglaubten Lebenswelt. Wo in *Homeland* das Genre des Thrillers die dramatische Handlung bestimmt, taucht *Hatufim* in die Psychologie seiner Figuren ein. Als der deutsch-französische Kultursender Arte die israelische Serie auch dem deutschsprachigen Publikum zugänglich machte, überboten sich die Kritiken mit Lob. „In ‚Hatufim‘ wimmelt es nur so von richtigen Menschen und spannenden Beziehungen“, betonte beispielsweise Iris Alanyali in *Die Welt* im Vergleich zu *Homeland*.[2] Und Joachim Huber lobte im

1 Iris Alanyali: Wenn die Gefangenschaft in der Freiheit weitergeht. In: *Die Welt*, 09.05.2013. http://www.welt.de/kultur/medien/article116011236/Wenn-die-Gefangenschaft-in-der-Freiheit-weitergeht.html (Zugriff am 15.07.2014).

2 Ebd.

Tagesspiegel: „In ‚Hatufim' wird die Figur des Heimkehrers quasi dreifach aufgefächert. Darüber entsteht eine brillante Beobachtung der Charaktere, ihrer tiefgehenden emotionalen Entwicklungen und Verwicklungen."[3]

Selbst wenn die Urteile der deutschen Kritiker_innen auch ein Stück weit von allgemeinen Ressentiments gegenüber der US-amerikanischen Populärkultur motiviert gewesen sein könnten, macht ein Vergleich zwischen Original und Adaption tatsächlich die Differenzen zwischen der amerikanischen und der israelischen Gesellschaft und ihrem unterschiedlichen Umgang mit der Bedrohung durch Krieg und Terror deutlich. Wo in *Homeland* das Trauma des Rückkehrers hinter dem Glanz der Uniformen verschwindet und sich die psychologische Basis der Geschichte in einen Geheimdienstthriller mit paraonischen Elementen verwandelt, beleuchtet *Hatufim* schonungslos die Widersprüche einer Gesellschaft im Kriegszustand und dessen Auswirkungen auf die Einzelnen und ihr familiäres Umfeld. *Hatufim* – und das gilt für das gesamte israelische Filmschaffen – verbindet die Massenmedien Film und Fernsehen mit einer therapeutischen und einer seismographischen Funktion. In ihrem Zentrum stehen Beziehungen und Begegnungen, Brüche in scheinbar bruchlosen Konzepten von Identität und Zugehörigkeit, Grauzonen, das Gefühl von Fremdheit und Übergänge zwischen Innen- und Außenwelten psychologischer, kultureller und nationaler Art.

Seismograph der israelischen Gesellschaft

Der israelische Film positioniert sich also in einem Bereich des Übergangs. Seine narrativen Konflikte und Spannungen zieht er aus dem Aufeinandertreffen unterschiedlicher Welten und wird damit zu einem Spiegel oder genauer zu einem Seismographen der israelischen Gesellschaft.[4]

Ein Seismograph nimmt Stimmungen auf und verstärkt sie. Im Falle des israelischen Films sind dies die Konflikte und Widersprüche,

3 Joachim Huber: US-Serie ‚Homeland': Arte zeigt Vorläufer ‚Hatufim'. In: *Der Tagesspiegel*, 07.05.2013. http://www.tagesspiegel.de/medien/israelische-produktion-us-serie-homeland-arte-zeigt-den-vorlaeufer-hatufim/8176156.html (Zugriff am 15.07.2014).

4 Vgl. Ralf Dittrich: Der israelische Film. http://www.bpb.de/internationales/asien/israel/45126/film (Zugriff am 15.07.2014)

mit denen die israelische Gesellschaft tagtäglich umzugehen gezwungen ist. Diese Konflikte und Widersprüche wurden und werden aber nicht zu einer Seite hin aufgelöst, sondern sie bleiben in einem ständigen Modus der Verhandlung. Das Kino, und im Fall von *Hatufim* auch das Fernsehen, ist also ein Ort der Begegnung und des Aushandelns.

Diese Funktion zeichnet israelische Filme seit den Anfängen des israelischen Kinos aus, immer im Verhältnis zu ihrem jeweiligen Entstehungskontext und in Auseinandersetzung mit gesellschaftlich virulenten Diskursen. Thematisch fußt es dabei auf verschiedenen Säulen, die einerseits die Spezifika der israelischen Situation aufgreifen und andererseits daraus allgemeine und universelle Fragen und Themen destillieren.[5] Das ist auch ein Grund dafür, warum israelische Filme vermehrt international erfolgreich sind und nicht nur auf angesehenen Festivals, sondern zunehmend auch in deutschen Kinos und im Fernsehen zu sehen sind.

Wie *Hatufim* zeigt, nehmen nach wie vor die Auswirkungen des Nahostkonflikts breiten Raum ein. Ein aktuelles Beispiel dafür ist der Thriller *Bethlehem* (IL 2013, R: Yuval Adler). Andere Filme bedienen sich des Kriegsfilmgenres, um die Spuren und Auswirkungen des Konflikts zu zeigen. Der israelische Erfolgsregisseur Eran Riklis beispielsweise kreuzt Kriegsfilm, Komödie und Roadmovie in seinem jüngsten Film *Zaytoun* (GB/IL/F 2012) über die Zweckgemeinschaft zwischen dem über dem Libanon abgeschossenen Piloten Yoni und dem jungen Libanesen Fahed.[6] Ari Folman verbindet dokumentarische Formen mit Techniken des Animationsfilms und Genreelementen des Kriegsfilms, um eine autobiographische Spurensuche im Kontext des ersten Libanonkrieges für die Leinwand zu rekonstruieren. Sein Film *Vals Im Bashir* (*Waltz with Bashir*, IL/F/D 2008) ist gleichzeitig eine filmische Studie über die Mechanismen des Erinnerns, die auch Bezüge zu einem weiteren Themenschwerpunkt israelischer Filme eröffnet, den Spuren und Folgen der Shoah in der israelischen Gegenwart.

5 Vgl. Tobias Ebbrecht: Beschreibungen eines Landes. Ansichten des israelischen Gegenwartskinos. In: *DIGmagazin*, 4/2011, S. 8–10, hier S. 8. Zu Entwicklungslinien und thematischen Schwerpunkten im israelischen Film vgl. auch Amy Kronish / Costell Safirman: A National Cinema in the Making: An Overview. In: Dies.: *Israeli Film. A Reference Guide*. London: Praeger 2003, S. 1–21.

6 Anke Sterneborg: Zaytoun. In: *epd-Film*, 29.10.2013. http://www.s38.s.gep-hosting.de/filmkritiken/zaytoun (Zugriff am 13.10.2014).

Wie die Filme über den Nahostkonflikt sind auch die israelischen Filme über die Shoah in einem transitorischen Raum des Übergangs verortet. Sie rekonstruieren nicht die Vergangenheit der Verbrechen, sondern visualisieren deren Spuren in der Gegenwart. Jüngste Beispiele dafür sind Eran Riklis Sport- und Geschichtsdrama *Playoff*, in dem ein Überlebender der Shoah in den 1980er Jahren als Trainer der Basektballnationalmannschaft nach Deutschland zurückkehrt, oder Arnon Goldfingers Dokumentarfilm *Ha-Dira*, der einer doppelten, deutsch-israelischen Familiengeschichte nachspürt. Beide Filme stehen auch für eine stärkere transnationale Öffnung des israelischen Kinos. Neben die Übergänge zwischen Vergangenheit und Gegenwart treten hier auch geographische Grenzüberschreitungen zwischen Israel und Deutschland.
Eine dritte Säule bilden dementsprechend die Themen Einwanderung und Migration. Beide Themen verwebt beispielsweise der Episodenfilm *Meduzot* (*Jellyfish*, IL/F 2007, R: Shira Geffen / Etgar Keret) in seinen ineinander geschachtelten Geschichten. Andere Filme wie *Igor & the Cranes' Journey* (*Igor und die Reise der Kraniche*, IL/D/PL 2012, R: Evgeny Ruman) oder *Sof Ha-Olam Smola* (*Turn Left at the End of the World*, IL/F 2004, R: Avi Nesher) thematisieren die Situation von Neueinwanderer_innen.[7]
All diese thematischen Bereiche durchzieht die Frage nach Herkunft und Identität. Dies betrifft nicht nur die aktuelle Filmproduktion, sondern auch die noch junge israelische Filmgeschichte. Das israelische Kino ist von Anfang an ein Kino der Einwanderer_innen und Wanderer zwischen verschiedenen Welten. Es ist ein Kino der Blicke und Einblicke, der Grenzüberschreitungen und

7 Eine vierte wichtige thematische Säule bilden Filme, die religiöses Leben zum Gegenstand haben. Hatte Amos Gitai in *Kadosh* (IL 1999) die streng religiöse Kultur der Haredim noch aus der Sicht eines säkularen Filmemachers rekonstruiert, bietet Rama Burshteins Erfolgsfilm *Fill the Void* (IL 2012) einen ersten Einblick in ihre Welt aus religiöser Perspektive. Ermöglicht werden in beiden Filmen Perspektivwechsel und Übergänge in eine Welt, die vielen israelischen wie nichtisraelischen Zuschauer_innen weitgehend verschlossen bleibt. Sie thematisieren aber gleichzeitig grundlegendere Fragen von Identität und Zugehörigkeit, die in Israel auch und gerade die Frage nach der Bedeutung von Religion mit einschließen. Dies verdeutlicht implizit auch *Footnote* (IL 2011), in dem Joseph Cedar einen Jerusalemer Talmudwissenschaftler porträtiert und den komplexen Zusammenhang von Religion, Tradition, Wissenschaft, Generation und Sprache auf unterhaltsame und mitunter auch komische Weise reflektiert.

Perspektivwechsel. Das gilt insbesondere für seine Anfänge, die bis in die Zeit vor der Staatsgründung reichen.

Eine mögliche Geschichte des israelischen Kinos könnte daher mit dem Film *Oded Ha-Noded* (*Oded der Wanderer*, Palästina 1933, R: Chaim Halachmi) beginnen. Wie der Titel bereits verrät, geht es darin um das Wandern und Umherstreifen, die Ermessung einer Landschaft durch und mit Hilfe der Kamera. Die Figur des Wanderers und ihre Handlung bedeuten Entdeckung von etwas Neuem und Unbekanntem, in diesem Fall des Landes zwischen Jordan und Mittelmeer, dem ‚Gelobten Land', in dem sich um die Jahrhundertwende wieder verstärkt Juden ansiedelten, die vor den Pogromen in Europa geflohen waren. Der Film verbindet damit Spielhandlung – die Geschichte einer Gruppe junger Pioniere, von denen einer verloren geht und am Ende wiedergefunden wird – mit dem dokumentarischen Blick auf das vorstaatliche Palästina. Würde man den Film bloß als zionistische Propaganda betrachten, ginge daran ein Moment verloren, das ihn bei aller Proklamation eines Neuanfangs und der Schaffung eines „neuen Hebräers" in Israel doch untergründig mit der Vorgeschichte der Diaspora verbindet.[8] Darauf verweist nicht nur die Umdeutung des antijüdischen Stereotyps der Wanderschaft, des ‚ewigen Juden', welche dem Film bereits seinen Titel gibt, sondern auch die Charakterisierung des Protagonisten als eine Art Träumer.

Oded Ha-Noded markiert den Beginn des israelischen Kinos vor der Gründung des israelischen Staates und er stellt eine Verbindung zur

8 Vgl. zum Konzept des „Neue[n] Hebräer[s]" u.a. die Hinweise in Doreet LeVitte Harten (Hrsg.): *Die Neuen Hebräer. 100 Jahre Kunst in Israel.* Berlin: Nicolai 2005, S. 200. Dort wird, der zionistischen Sichtweise prinzipiell folgend, der Wunsch nach der „Verneinung des Exils und der Diaspora" betont: „Der Neue Hebräer war das Gegenbild zum Stereotyp des Stetljuden Osteuropas. Jener war passiv, schwach, unproduktiv, überall fremd - dieser solle Anteil haben am gesellschaftlichen Leben, in Harmonie mit seiner Umgebung leben, weder verachtet noch schwächlich sein, sollte Schönheit und Ästhetik schätzen." Lihi Nagler weist ferner auf die Verknüpfung von nationaler Identität und „Herstellung einer stabilen Männlichkeit" hin: „Diese Männlichkeit entstand in Abgrenzung zu einer drohenden Rückkehr in die Diaspora, zum passiven Judentum und zu dessen weiblichen Konnotationen." (Lihi Nagler: Zwischen privatem Albtraum und Repräsentationspolitik. Bilder vom Holocaust im israelischen Film. In: Claudia Bruns / Asal Dardan / Anette Dietrich (Hrsg.): *„Welchen der Steine du hebst". Filmische Erinnerung an den Holocaust.* Berlin: Bertz+Fischer 2012, S. 88–97, hier S. 88–89.) Im Folgenden sollen diese kanonisierten Diagnosen verstärkt auf Ambivalenzen hin befragt werden, die in verschiedenen Formen im israelischen Kino zum Ausdruck kamen.

Vorgeschichte eines modernen zionistischen Staatswesens in der jüdischen Tradition und Geschichte her. Auf diese Weise ist dem Film ein Zug des Transitorischen zueigen, der auch das nachfolgende israelische Kino als ein Kino im Werden konstituiert.

Kino im Werden

Die kanonisierte Beschreibung des frühen israelischen Kinos als Instrument zionistischer Propaganda[9] übersieht das permanente Wechselspiel von Altem und Neuem, Tradition und Neugeburt, welches auch die Idee des Zionismus selbst prägt. Noch in der vehementesten Ausblendung der jüdischen Vorgeschichte in der Diaspora bleibt diese als Spur präsent, manifestiert sich – wenn auch mitunter negativ – in einer Utopie, die sich doch immer auch Elementen und Bausteinen der Tradition bedient.[10]

Neben Oded, dem jungen Wanderer, markiert der Einwanderer aus dem Film *Avodah* einen weiteren Beginn der israelischen Filmgeschichte, der Mann, der über staubige Landstraßen und steinige Berghänge nach Palästina kommt und nur von hinten gefilmt wird, bis er das ‚verheißene Land' erblickt.

Avodah gehört zu einer Reihe von Produktionen über den Aufbau eines jüdischen Staates im britischen Mandatsgebiet Palästina, die in den 1930er Jahren im Auftrag der jüdischen Nationalfonds Keren Hayesod und Keren Kayemet entstanden.[11] Als Werbung für das zionistische Aufbauprojekt gedreht, stellt *Avodah* retrospektiv eines der frühesten Filmdokumente über die zionistische Besiedlung des

9 Diese Sichtweise wurde nicht zuletzt von Ella Shohats international rezipierter Studie über das israelische Kino geprägt, die aus einem einseitig post-kolonial geprägten Blickwinkel die zionistischen Filme betrachtet. Ambivalenzen wie die spezifische Kamera- und Blickästhetik in Filmen wie *Hem Hayu Asarah* (*Es waren zehn*, IL 1961, R: Baruch Dienar) werden in ihrer Lesart zum Ausdruck zionistischer Beweglichkeit, die über arabische Passivität dominiere, umgewertet. Ästhetische Referenzen und filmgeschichtliche Einflüsse bleiben dabei zugunsten vereindeutigender politischer Wertungen außen vor. Vgl. Ella Shohat: *Israeli Cinema. East/West and the Politics of Representation.* New Edition. London / New York: I. B. Tauris 2010, S. 39.

10 Vgl. Yosef Hayim Yerushalmi: Zachor: Erinnere Dich! (1982). In: Michael Brenner / Anthony Kauders / Gideon Reuveni / Nils Römer (Hrsg.): *Jüdische Geschichte lesen. Texte der jüdischen Geschichtsschreibung im 19. und 20. Jahrhundert.* München: Beck 2003, S. 373–379, hier S. 375.

11 Vgl. Jan-Christopher Horak: Awodah. Helmar Lerskis erste Filmregie. In: *Filmexil* 11 (1998), S. 9–17, hier S. 11–12.

vorstaatlichen Palästinas dar.[12] Er verdichtet, insbesondere in der oben beschriebenen Eingangssequenz, die zionistische Geschichtsvorstellung, dass die jüdische Vorgeschichte, das Exil und die Diaspora, aus der Erinnerung zu tilgen sei. Als Geschichte von außen aufgezwungenen Leidens und fehlender Selbstbestimmung könne sie nicht als Fundament der neuen israelischen Identität dienen. Stattdessen proklamierte *Avodah* im Sinne der zionistischen Historiographie einen geschichtlichen Nullpunkt. Der beschwerliche und dem Vergessen preisgegebene Weg des Judentum in der Diaspora wird in dem gesichtslosen Wanderer personifiziert, der erst nach Betreten des ‚Gelobten Landes' und visualisiert durch den im vorherigen Kapitel beschriebenen Kameraschwenk zum Subjekt der Geschichte wird, die somit erst mit dem Blick über das Land beginnt, das die Pioniere zu ihrer neuen Heimat machten.

Von diesem Blick, dieser Begegnung mit dem Land und seinen Menschen, aus entwickelt sich das israelische Kino. Sein Gegenstand sind die Übergänge, Prozesse und Transformationen, die sich nicht zuletzt in diesem Moment entfalten.

Darum ist es auch bis heute geprägt von dieser Spannung zwischen katastrophaler Vergangenheit, konfliktreicher Gegenwart und einer möglichen zukünftigen Erlösung, die sich mit Gerschom Scholem als „dialektisch verschlungene Spannung"[13] beschreiben ließe.

> Es ist kein Wunder, daß die Bereitschaft zum unwiderruflichen Einsatz aufs Konkrete, das sich nicht mehr vertrösten will, eine aus Grauen und Untergang geborene Bereitschaft, die die jüdische Geschichte erst in unserer Generation gefunden hat, als sie den utopischen Rückzug auf Zion antrat, von Obertönen des Messianismus begleitet ist, ohne doch – der Geschichte selbst und nicht einer Metageschichte verschworen – sich ihm verschreiben zu können.[14]

Gemeint ist damit die Gründung des Staates Israels als Versuch des Sprungs aus dem „*Leben im Aufschub*", das die messianische

12 Diesem Zweck entsprach der Film allerdings aufgrund seiner anspruchsvollen, teilweise avantgardistischen Ästhetik, die sowohl am Weimarer Kino als auch am sowjetischen Film geschult war, nicht und wurde daher als zu „bolschewistisch" kritisiert. Vgl. ebd., S. 12–13.

13 Gershom Scholem: Zum Verständnis der messianischen Idee im Judentum. In: Ders.: *Judaica 1*. Frankfurt am Main: Suhrkamp 1997, S. 7–74, hier S. 13.

14 Ebd., S. 75.

Idee im Judentum erzwungen habe.[15] Dieser Aufschub aber bleibt bestehen. Die Spannung zwischen dem konkreten Zufluchtsort und einer Gesellschaft im Werden ist konstitutiv. „Ob sie diesen Einsatz aushält", fügt Scholem an, „ohne in der Krise des messianischen Anspruchs, den sie damit mindestens virtuell heraufbeschwört, unterzugehen – das ist die Frage, die aus der großen und gefährlichen Vergangenheit heraus der Jude dieser Zeit an seine Gegenwart und seine Zukunft hat."[16]
Das israelische Kino ist ein Ort, an dem diese Frage verhandelt wird. Es proklamiert nicht einfach das Neue, sondern fungiert als Medium der von Scholem beschriebenen Spannung: „Das ganz Neue hat Elemente des ganz Alten, aber auch dieses Alte selber ist gar nicht das realiter Vergangene, sondern ein vom Traum Verklärtes und Verwandeltes, auf das der Strahl der Utopie gefallen ist."[17] Vergangenheit findet sich im Kino immer als vermittelte, verwandelte und letztlich entstellte wieder. Gleichzeitig wird sie in den Bereich des Sichtbaren gebracht. Erlösung, so Scholem, werde im Judentum als Vorgang aufgefasst, „welcher sich in der Öffentlichkeit vollzieht, auf dem Schauplatz der Geschichte und im Medium der Gemeinschaft, kurz, der sich entscheidend in der Welt des Sichtbaren vollzieht und ohne solche Erscheinungen im Sichtbaren nicht gedacht werden kann."[18]

Perspektivwechsel

Der israelische Film ist ein zentrales Medium, in dem diese Gemeinschaft verhandelt wird, Schauplatz von Begegnungen, die neue, mitunter spannungsreiche Beziehungen begründen. Das gilt auch für den Nahostkonflikt. Zum einen ermöglichen Serien wie *Hatufim* oder Filme wie *Bethlehem* dem israelischen Publikum, sich selbst und seiner Gesellschaft zu begegnen. Die Auseinandersetzung mit Bedrohung, Gewalt und deren Folgen und Auswirkungen findet zu einem wichtigen Teil auch mit Hilfe der Verstärkerfunktion von Medien statt. Den Erfahrungen der zurückkehrenden Gefangenen in *Hatufim* lagen beispielsweise reale Erinnerungen israelischer Kriegsgefangener zugrunde, die auf diese Weise auch

15 Scholem: Zum Verständnis der messianischen Idee, S. 73.
16 Ebd., S. 74.
17 Ebd., S. 13.
18 Ebd., S. 7.

eine öffentlich wahrnehmbare Stimme bekamen. Gleichzeitig ermöglichte die Sichtbarmachung dieser Erfahrungen anderen, ihre Traumata zu kommunizieren. „Ich bekam nach jeder Folge Anrufe von ehemaligen Gefangenen“[19], berichtete der Autor und Entwickler der Serie, Gideon Raff, und machte damit deutlich, dass der medialen Reflexion der israelischen Situation auch eine therapeutische Funktion zukommt. Denn die Serie ließ, wie Iris Alanyali betont, „die Wunden von Soldaten förmlich in die Zivilgesellschaft tropfen“[20].

Durch die deutsche Fassung und die Ausstrahlung in einem deutschsprachigen Fernsehsender wurde, in Ergänzung eines solchen Vorgangs der therapeutischen Selbstreflexion in Israel, in Deutschland wiederum die Begegnung mit einem Land möglich, dessen komplexer Alltag und geopolitische Situation oft von der binär konstruierten Gut-Böse-Berichterstattung der europäischen Medien überlagert wird. Auch der deutsch-französische Fernsehsender Arte macht in dieser Hinsicht für gewöhnlich keine Ausnahme. Auch dieser hatte sich bisher eher durch eine einseitig anti-israelische Haltung zum Nahostkonflikt ausgezeichnet beispielsweise durch die Ausstrahlung der britischen TV-Serie *The Promise* (*Gelobtes Land*, Großbritannien 2011) von Peter Kosminsky im Mai 2012. Michael Wulinger sah in diesem Vierteiler die „Grenze von der selektiven Wahrnehmung zur Geschichtsfälschung überschritten. Die Juden/Israelis erscheinen in *Gelobtes Land* fast durchweg als militant und unmenschlich, die Palästinenser in der Regel als wehrlose Opfer.“[21] *Hatufim* ermöglichte einen alternativen Zugang zur Realität im Nahen Osten, der Sensibilität für die Besonderheit der israelischen Situation anhand ihrer alltäglichen Ausprägungen schuf. Die Rückkehr der von Folter und Gewalt gezeichneten Heimkehrer und die Unfähigkeit der Angehörigen, mit ihren Wunden umzugehen, sowie das Misstrauen, dass ihnen insbesondere von Vertretern der Sicherheitsorgane entgegen gebracht wird, aber auch die eigene Verletztheit und Unsicherheit der Rückkehrer, bilden ein Tableau persönlicher Konflikte, das jenseits der Spezifik der israelischen Situation aber auch universelle Aspekte, Konflikte und Probleme sichtbar macht. Darauf hoben auch die deutschen

19 Gideon Raff zit. n. Annette Walter: Homeland Israel. In: *Die Zeit*, 09.05.2013.

20 Alanyali: Wenn die Gefangenschaft in der Freiheit weitergeht.

21 Michael Wulinger: Propaganda zur Primetime. In: *Jüdische Allgemeine*, 19.04.2012.

Kritiker_innen ab. So betonte Annette Walter in *Die Zeit* beispielsweise eine „ständige Reflexion von Schuld"[22], mit deren Hilfe sich die Serie aber aus dem binären Schema von Gut und Böse löste, selbst wenn die Perspektive der anderen, in diesem Fall der libanesischen Terroristen und der israelischen Araber, erst in der zweiten Staffel, die bisher noch nicht in Deutschland ausgestrahlt wurde, voll entfaltet wird.

Solche Begegnungen und Perspektivwechsel sind ein Grundmotiv in zahlreichen israelischen Filmen jüngerer Zeit. Jenseits der direkten Thematisierung des Nahostkonflikts konstituieren persönliche Beziehungen und Spannungen die Konflikte der filmischen Narration. Ein gutes Beispiel dafür ist die auch in Deutschland gezeigte Erfolgsproduktion *Bethlehem*. Der Film erzählt von dem jungen Palästinenser Sanfur und dem Israeli Razi. Sanfur lebt in Betlehem. Sein Bruder ist Anführer der dortigen Al-Aksa-Märtyrer-Brigaden. Razi arbeitet für den israelischen Inlandsgeheimdienst Shin Beth und Sanfur ist sein Informant. Regisseur Yuval Adler, promovierter Philosoph, nimmt einen sensiblen Bereich in den Blick: die Welt der Geheimdienste und den Umgang mit sogenannten Kollaborateuren in der palästinensischen Gesellschaft. Anstatt politische Thesen zu verfilmen und die Welt des Nahostkonflikts im gängigen Schwarzweiß der Medienberichterstattung zu zeichnen, führt *Bethlehem* in Grauzonen, an „den neuralgischen Punkt der Beziehungen zwischen Menschen und Kollektiven, die gute Gründe haben, solche Beziehungen nicht haben zu wollen, aber gar nicht anders können, als welche zu haben"[23], wie Ulrich Gutmair in der *taz* bemerkt. Der politische Konflikt wird in den persönlichen Beziehungen gespiegelt, an denen sich Begegnungen und Berührungspunkte zwischen Menschen zeigen (Abb. 2). Diese Begegnungen und Berührungspunkte sind wiederum gezeichnet von den politischen Machtverhältnissen, aber auch von persönlichen Beziehungen, Loyalitäten und Sympathien. Zwischen Razi und Sanfur bilden sich Bande der Freundschaft. Trotz des Gefühls, Außenseiter in seiner eigenen Gesellschaft zu sein, ist Sanfur aber nicht bereit, seinen Bruder zu verraten. Hin- und hergerissen zwischen der Loyalität zu seiner Familie und der Zuneigung zu Razi zeigt der

22 Walter: Homeland Israel.

23 Ulrich Gutmair: Wer spricht, der lügt. Nahost-Film ‚Bethlehem'. In: *die tageszeitung*, 12.01.2014.

Abb. 2: In der Beziehung zwischen Sanfur und Razi spiegelt sich in *Bethlehem* der politische Konflikt.

Film die Widersprüche und Ausweglosigkeiten, die der politische Konflikt in den konkreten Beziehungen der Menschen hinterlässt. Er zeigt aber auch Übergänge und Begegnungen, die Perspektivwechsel ermöglichen und sich so von den binären Gut-Böse-Schemata und eindimensionalen Heldenfiguren lösen. Auch in *Bethlehem* wird somit die besondere Situation in Israel zur Quelle für einen Film, der gleichzeitig universelle menschliche Fragen und Konflikte adressiert. Das zeigt sich nicht nur in dem dramatischen Schluss, der dramaturgische Figuren der klassischen Tragödie mit Motiven aus der Thora vermischt. Am Ende gibt es keinen anderen Weg aus der Verstrickung von Intrigen und der ewigen Fehde verfeindeter ‚Familien' als den Tod. Sanfur tötet schließlich Razi, und diese Tat ist auch die symbolische Wiederkehr des biblischen Brudermordes. Trotz solcher Verweise auf ‚archetypische' Grundkonflikte zeichnet *Bethlehem* aber vor allem aus, das er das typischerweise dem Thriller zugehörige Thema der Geheimdienste einerseits bewusst aus seiner mythischen Schattenwelt hervorholt, andererseits aber durch den Fokus auf persönliche Beziehungen profanisiert.

Konstellationen

Der Film knüpft damit an einen aktuellen Trend im israelischen Filmschaffen an, Geheimdienste und Geheimagenten zum dramaturgischen Kristallisationspunkt des Konflikts zu machen. Erstmals hatte dies der Regisseur Eytan Fox in seinem Film *Walk on Water* getan, dessen Protagonist für den israelischen Auslandsgeheimdienst Mossad arbeitet. Auch in diesem Film geht es um Perspektivwechsel. Die anscheinend unverletzbare Männlichkeit des israelischen Protagonisten Eyal, im israelischen Film fast immer ein direkter Bezug zum Heldenmythos des neuen Hebräers und in Israel geborenen Sabres, wird durch die Begegnung mit der Unbekümmertheit des schwulen Deutschen Axel in Frage gestellt und schließlich aufgebrochen. Die israelische Perspektive wird erweitert durch die Begegnung mit Deutschland, Deutschen und der NS-Vergangenheit, die ganz konkrete Übergänge und Ortswechsel – von Israel nach Berlin – zur Folge hat.

Dient aber in *Walk on Water* der Geheimdienstagent noch als Stellvertreter eines scheinbar nur auf Sicherheit und Verteidigung fixierten Israels und ist daher primär Objekt eines filmisch-therapeutischen Ansatzes, in dem der Begegnung mit Deutschland eine kathartische Funktion zukommen soll, suchen spätere, in diesem Milieu angesiedelte Produktionen vor allem Ambivalenzen und Grauzonen.

Ein Gesicht, oder besser eine Vielzahl von Gesichtern, bekam die Welt der Geheimdienste beispielsweise durch den in Israel kontrovers aufgenommenen Dokumentarfilm *The Gatekeepers* (IL/F/B/D 2012, R: Dror Moreh), der in Deutschland mit dem ebenso reißerischen wie ressentimentgeladenen Titel *Töte zuerst* ausgestrahlt wurde. Der deutsche Titel, der auf das biblische Motiv der Rache anspielt, das gleichzeitig auf eine Umwendung des Gebots „du sollst nicht töten" zielt, und sich damit in problematischer Nähe zu antisemitischen Stereotypen bewegt, verstellt jedoch leider die Grundmotivation des Films. Denn ähnlich wie Yuval Adler in *Bethlehem* rückt auch Regisseur Dror Moreh in seinem Film den Inlandsgeheimdienst Shin Beth deshalb in den Fokus, weil er einen Moment des Übergangs zwischen zwei scheinbar vollständig voneinander getrennten und dennoch ineinander verwobenen Welten darstellt. Indem der Film die Geschichte des Geheimdienstes aus den Erinnerungen und Statements seiner ehemaligen Direktoren rekonstruiert, bricht er das hermetisch-homogene Bild eines unpersönlichen politischen Apparates auf und zeigt eine Vielzahl von durchaus kontroversen politischen Positionen und Haltungen zum fortbestehenden Nahostkonflikt.

Anders als *The Gatekeepers* löst sich *Bethlehem* aber auch von dieser politischen Strategiediskussion. Er handelt, so Gutmair, „nicht von den Ursachen des Konflikts, er klagt niemanden an. Er zeigt die Verwicklungen in einer Nachbarschaft, deren Gassen so eng sind, dass man einiges an Verdrängung leisten muss, um den anderen im Haus gegenüber erfolgreich auszublenden."[24] Interessanterweise gelingt es dem Spielfilm daher viel besser, einen Perspektivwechsel möglich zu machen und die Sichtweise der vermeintlich anderen zu visualisieren. Adler betont selbst, wie wichtig es dafür war, „einen Film ohne eindeutige Botschaft, ohne vorgefertigte Stoßrichtung" zu machen. „Wir wollten nicht predigen, wie der Konflikt zu beurteilen ist und Etiketten aufkleben, wer die Bösen, wer die Guten sind. Wir wollten einen Film machen, der zeigt, wie die verschiedenen Konstellationen zwischen den Akteuren in diesem Konflikt tatsächlich funktionieren."[25] Diese bewusste ‚Haltungslosigkeit' ermöglicht erst die psychologische Tiefe der Figuren und Komplexität ihrer Beziehungen. In den Blick geraten die Widersprüche und Spannungen auf beiden Seiten des Konflikts. Im Vordergrund stehen der Modus der Beobachtung und das Ziel des Verstehens. Grundlage dafür waren umfangreiche Recherchen von Adler und seinem palästinensischen Partner, dem Journalisten Ali Waked. „Waked und Adler haben jahrelang über die Methoden des Schabak recherchiert, sich mit Al-Aksa-Kämpfern und Hamas-Leuten getroffen. Waked hat einige Jahre in Ramallah und Gaza gelebt."[26] So zeigt der Film „nahezu kühl dokumentarisch"[27] die Sichtweisen beider Seiten und spart die strategische Haltung der Geheimdienstmitarbeiter gegenüber ihren Informanten genauso wenig aus wie die Konflikte und Spannungen zwischen den verschiedenen palästinensischen Terrororganisationen Al Aksa Brigaden und Hamas sowie der Palästinensischen Autonomiebehörde und ihren internationalen Geldgebern.

24 Gutmair: Wer spricht, der lügt.

25 Felix Rettberg: „Es gibt eine Lösung, aber ich lege sie nicht vor". Interview mit Yuval Adler. In: *Die Zeit*, 10.01.2014.

26 Gutmair: Wer spricht, der lügt.

27 Moritz Piehler: Verrat unter Freunden. Nahost-Thriller ‚Bethlehem'. In: *Spiegel-Online*, 09.01.2014. http://www.spiegel.de/kultur/kino/nahost-thriller-bethlehem-von-yuval-adler-kommt-in-die-kinos-a-942368.html (Zugriff am 20.07.2014).

Ganz im Gegensatz dazu setzt der palästinensisch-israelische Filmemacher Hani Abu-Assad in seinem für den Oscar nominierten Film *Omar* (Palästina 2013) dieselbe Konstellation in Szene. Sein Film über einen jungen Palästinenser, der sich an der Tötung eines israelischen Soldaten beteiligt und damit ins Visier eines Geheimdienstoffiziers gerät, der ihn foltern lässt und schließlich als Informant anwirbt, nimmt ausschließlich die palästinensische Perspektive ein. Das ist ungewöhnlich, denn zum einen ist der Regisseur, genauso wie einige seiner Hauptdarsteller, in der arabisch geprägten Stadt Nazareth in Israel aufgewachsen und auch der Film wurde dort gedreht. Zum anderen entspricht die eindimensionale Zeichnung der israelischen Figuren dem, was lange Zeit israelischen Filmemachern vorgeworfen wurde, nämlich die Palästinenser unsichtbar zu machen und lediglich als gesichtslose Andere darzustellen. Gesichtslos bleiben in *Omar* jedoch die Israelis. Sie sind entweder Soldaten oder sadistische Folterknechte. Die Folterszenen zitieren dabei das Setting aus *Hatufim*. Nur sind es dort israelische Soldaten, die von syrisch-palästinensischen Milizen gequält werden. Was in *Hatufim* aber auf Berichten und Zeugenaussagen von ehemaligen Gefangenen beruhte, ist in *Omar* weitgehend Fiktion mit dem Ziel, die bekannten Bilder aus Serien wie *Hatufim* zu beerben und zu überschreiben. Und während *Bethlehem* versucht, die Ambivalenzen und Grauzonen des Verhältnisses von Agent und Informant, der in der palästinensischen Gesellschaft als Verräter oder Kollaborateur wahrgenommen wird, auszuloten, bedient die Figurenzeichnung in *Omar* stereotype Zuschreibungen: Der melancholische Omar wird als tragischer Held gezeigt, der unfreiwillig in ein Netz von Lüge und Verrat hineingezogen wird, der israelische Offizier erscheint undurchsichtig und falsch, ohne jede psychologische Grundierung oder persönliche Motivation für sein Handeln.

Die Figurenkonstellation von *Bethlehem* hingegen löst sich von solchen Zuschreibungen. Die palästinensische Perspektive tritt neben die israelische, ohne dass die palästinensische idealisierend abgespalten würde, wie dies in zahlreichen Filmen der 1980er Jahre der Fall war, in denen israelische Filmemacher palästinensische Figuren als Projektionsfläche eigener Schuldgefühle nutzten, sie einem exotisierenden Blick unterwarfen oder sie lediglich als Figuren der Kritik an der israelischen Politik dienten. Indem nun die Interaktion von Israelis und Palästinenser_innen in den Vordergrund tritt, wird das vordergründig politische Koordinatensystem des Nahostkonflikts zwar gewissermaßen personalisiert. Allerdings wird es gerade durch diesen Fokus auf persönliche Geschichten und Beziehungen, der das gegenwärtige israelische Kino in allen Bereichen prägt, möglich, ein vielschichtigeres Bild zu zeichnen. Dadurch können wiederum auch innerpalästinensische Konflikte wie Homophobie oder die Situation von Frauen thematisiert werden, ohne die palästinensische Seite als homogenes Kollektiv zu stigmatisieren.

Michael Meyers Thriller *Out in the Dark* (USA/IL 2012) erzählt beispielsweise die Liebesgeschichte zwischen dem Palästinenser Nimr, der in Israel studieren darf, aber mit seiner Familie in der Westbank lebt, und dem israelischen Rechtsanwalt Roy. Anders als in Eytan Fox Selbstmordattentäterdrama *Ha-Bu'ah* (*The Bubble*, IL 2006) ist *Out in the Dark* aber keine tragisch-romantische, schwule Version von ‚Romeo und Julia'. In düsteren Farben zeigt der Film, wie Nimr gefangen ist zwischen zwei Welten, einer religiös und mitunter auch archaisch geprägten Gesellschaft, die ihn aufgrund seiner Homosexualität verfolgt, und Israel, in dem er aufgrund seiner palästinensischen Herkunft nur einen Platz auf Zeit findet. Der Terror und seine Bekämpfung werden nicht ausgespart und mit all ihren grausamen Konsequenzen gezeigt. Wie in *Bethlehem* spannt sich auch in *Out in the Dark* ein Netz von Abhängigkeiten und Angst. Und doch zeigt der Film Figuren, die Subjekte ihres Schicksals bleiben, was in letzter Konsequenz auch bedeutet, die Position des jeweils anderen einzunehmen. Am Ende schlüpft Roy in Nimrs Rolle, um diesem zur Flucht zu verhelfen. Im Verhörraum der Sicherheitsbehörden sitzt er ganz buchstäblich ‚an der Stelle' von Nimr, während dieser, in Anknüpfung an und Umkehrung des zionistischen Motivs der Seereise ins ‚Gelobte Land', auf einem Segelschiff in eine ungewisse Zukunft flieht. So ermöglicht *Out in the Dark* nicht nur dem israelischen Publikum, die Perspektive des Palästinensers Nimr nachzuvollziehen, der sich nichts sehnlicher wünscht, als die Freiheit, sein Leben so zu leben, wie er es will, ohne seine Familie dabei verraten zu müssen. Meyers Film zwingt auch das deutsche und europäische Publikum dazu, die grausamen Folgen einer kulturell und religiös beförderten und entschuldigten Homophobie in der palästinensischen Gesellschaft wahrzunehmen, die hierzulande noch immer oft geleugnet oder verharmlost wird.

Ausgespart werden dabei auch nicht innerisraelische Spannungen, Vorbehalte und Vorurteile. Für den israelischen Sicherheitsoffizier sind die schwulen Palästinenser, die illegal ein sicheres Leben in Israel suchen, bloß Material in seinem Kampf gegen palästinensische Terroristen. Roys Eltern sind zwar liberal, offen und tolerant, dennoch fällt es ihnen schwer, zu Nimr eine Beziehung aufzubauen. Selbst ein engagierter linker Rechtsanwalt, der vorgibt, illegalen Flüchtlingen zu helfen, erscheint zwiespältig.

Anfänge

Spannungen, Ambivalenzen und Konflikte sind die Grundlage filmischer Beziehungen, die eine entsprechende Filmgeschichte motivieren können. Darum eignet sich gerade dieses Medium dazu, über persönliche Begegnungen das komplexe Wechselspiel unterschiedlicher Gruppen und Positionen in Israel auszudrücken. Dieses Potential entdeckten Filmemacher bereits in den Aufbaujahren des israelischen Kinos. Das junge israelische Kino stellte sich diesen Herausforderungen mit Blick auf die Gründung und Entwicklung einer eigenständigen Filmkultur, die ihre Energie und Spannung gerade aus unterschiedlichen Perspektiven zog. Neben der Dokumentation ging es auch explizit darum, die historischen Entwicklungen zu reflektieren und die Veränderungen mit Hilfe des Films in der Welt sichtbar zu machen.

Hem Hayu Asarah (*Es waren zehn*, IL 1961, R: Baruch Dienar), ein Film über jüdische Einwanderer_innen, die Ende des 19. Jahrhunderts vor Pogromen aus Russland nach Palästina fliehen, um dort eine neue Heimat zu finden, ist ein solcher Pionierfilm, entstanden im Übergang von den 1950er zu den 1960er Jahren. Diese Zeit wird in der israelischen Filmgeschichtsschreibung als „heroic period“[28] bezeichnet. Sie war inspiriert von der erfolgreichen Staatsgründung und thematisierte die neuen Herausforderungen, die im Aufbau und der Entwicklung von Gesellschaft und Kultur und vor allem in der Integration der zahlreichen Einwanderer_innen mit ihren unterschiedlichen kulturellen Hintergründen lagen, die die israelische Gesellschaft und Kultur zunehmend prägten. Große Zahlen von Neueinwanderer_innen, insbesondere aus den arabischen Ländern, trafen auf Juden, die in Folge des Zweiten Weltkriegs nach Israel emigriert waren, und solche, die den Yishuv, die jüdische

28 Kronish / Safirman: A National Cinema in the Making, S. 2.

Gemeinschaft in Palästina, am Ende des 19. Jahrhunderts begründet hatten, sowie auf die arabische Bevölkerung Israels.
Viele Regisseure dieser Jahre waren auf ihre Weise Pioniere. Der Regisseur von *Hem Hayu Asarah* Baruch Dienar zum Beispiel, der mit seinen Drehbüchern und Filmen den israelischen Film nachhaltig prägte, war Lehrer, bevor er sich für den Film begeisterte. Als Filmkritiker für das Radio des *Palestine Broadcasting Service* beschäftigte er sich mit den Möglichkeiten des Mediums, bevor er sich entschied, an der Columbia University in New York einen Studiengang im Drehbuchschreiben zu belegen. So waren die Filmemacher in Israel immer auch Grenzgänger und Botschafter des jungen Staates. Eher durch Zufall begann Dienar in New York, Filme aus Israel für den amerkanischen Kinomarkt zu schneiden und außerdem hebräische Untertitel für MGM-Filme zu erstellen, die in israelischen Kinos laufen sollten. Hier merkte er, dass die Menschen in den USA sehr wenig über den jungen Staat wussten, und so realisierte er 1949 seinen ersten Dokumentarfilm *The New Pioneers*. 1955 produzierte er *The Lachish Story* über jüdische Immigrant_innen aus Nordafrika, die versuchten, über Europa nach Israel auszuwandern. 1956 arbeitete er zusammen mit dem amerikanischen Kolumnisten Drew Pearson an einem Film über Israels ersten Premierminister David Ben-Gurion. Dienar konnte diesen *Report on the Holy Land* an den amerikanischen Fernsehsender NBC verkaufen, der den Beitrag im Fernsehen ausstrahlte.[29]
Dienar verstand sich dabei immer als unabhängiger Filmemacher. Das bedeutete auch, dass er sich sowohl als Drehbuchautor, als Regisseur und als Produzent arrangierte. Anfang der 1950er Jahre geriet er in der Planung seines ersten Spielfilmprojekts *Tent City* in Konflikt mit Vertretern zionistischer Organisationen, die den Film nicht finanziell unterstützen wollten, da er sich dem sensiblen Thema der Spannung zwischen verschiedenen Gruppen jüdischer Neueinwanderer_innen zuwandte. *Tent City* wurde schließlich unter der Regie von Leopold, später Aryeh, Lahola, einem Einwanderer aus der Tschechoslowakei, realisiert.[30] Seinen ersten Spielfilm als

29 Amy Kronish: *World Cinema: Israel.* Wiltshire: Flicks 1996, S. 25–26.

30 Der Film behandelte trotzdem Spannungen und Vorurteile unter den Neueinwanderern, artikulierte aber gleichzeitig auch die Hoffnung auf zukünftige Generationen. Schließlich wurde der Film gerade bei zionistischen Organisationen im Ausland zum Erfolg und für das Fundraising eingesetzt. Ebd., S. 23–24.

Regisseur drehte Dienar daher erst 1960 mit *Hem Hayu Asarah*. Das Geld dafür kam teilweise von eben jenem Drew Pearson, mit dem er den Ben-Gurion-Film realisiert und bei dem er dadurch Interesse für die Entwicklungen in Israel geweckt hatte. [31]

„Ich wollte am Anfang beginnen, an der Wiege des modernen Israel", erklärte Dienar in einem Interview. „Ich war angezogen von dem Drama, das einer Geburt innewohnt, von dem Neuen, der revolutionären Originalität."[32] Der Film erzählt die Geschichte von zehn Neueinwanderer_innen aus Russland. Neun Männer und eine Frau begründen eine neue Heimat in Palästina. Unschwer ist der Bezug zur Gegenwart der ausgehenden 1950er Jahre in Israel zu erkennen. Wieder steht für Dienar die Frage der jüdischen Einwanderung im Zentrum. Wieder geht es um den Aufbau des Landes und die damit verbundenen Schwierigkeiten und Konflikte. Dabei spiegelt der Film jedoch die Gegenwart der erfolgreichen Staatsgründung in ihrer Vorgeschichte. *Hem Hayu Asarah* ist ein historischer Film, eine Bezugnahme auf die Vergangenheit für die Gegenwart.

Der Plot des Films wie auch seine Erzählweise werden vor allem vom Genre des Westerns vorgegeben. Dienar adaptierte für die Geschichte der zionistischen Siedler das Motiv der Frontier, der Neubesiedlung fremden Landes, das zu den zentralen Motiven und Mythen des Westerngenres gehört. Aus dieser Vermischung von amerikanischem Genrekino und zionistischem Gründungsgeist wurde in der weiteren Rezeption oft der Schluss gezogen, der Film behandele eine ausschließlich jüdisch-zionistische Perspektive, präsentiere daher die lokale arabische Kultur als fremd und exotisch und reproduziere damit die kolonialistische Sicht, den Orient als passiven Hintergrund zu behandeln.[33] In dieser Lesart werden dann selbst neutrale oder freundliche Haltungen der Neueinwanderer_innen gegenüber ihren arabischen Nachbarn zu Gesten der Überheblichkeit und behaupteten Überlegenheit uminterpretiert. Das macht deutlich, wie sehr die stereotypen

31 Dienar berichtet, dass Pearson in Washington, D.C. eine Cocktailparty für Dienars Projekt organisierte, bei der 100.000 US$ für die Realisierung von *Hem Hayu Asarah* zusammenkamen. Kronish: *World Cinema: Israel*, S. 34.

32 Zit. n. E.S.: Es waren zehn. Erstaufführung eines israelischen Films. In: *Süddeutsche Zeitung*, 12.02.1965.

33 Vgl. z.B. Shohat: *Israeli Cinema*, S. 39.

Vorstellungen der Gegenwart die nachträgliche Interpretation des Films bestimmen.

Diese stark an subjektiven Deutungen des Filmtextes orientierten Lesarten verhindern aber eine historisch-pragmatische Einordnung der heroisch-zionistischen Filme der Aufbauphase des Landes *und* ihrer Bedeutung für die entstehende israelische Filmkultur. Solche Interpretationen ignorieren die oft heterogene Stellung der Filmpioniere, ihre Herkunft, ihre finanzielle und künstlerische Unabhängigkeit und vor allem die vielschichtigen kulturellen und ästhetischen Einflüsse der Filme.

Das gilt beispielsweise auch für Helmar Lerski, den Regisseur von *Avodah* aus dem Jahr 1935. Ähnlich dem namenlosen Einwanderer seines Films ist auch Lerski ein Wanderer zwischen verschiedenen Welten. Im Februar 1871 in Straßburg als Israel Schmuklerski geboren, verschlug es ihn nach Zürich, Chicago und New York, bevor er 1923 die Licht- und Kameragestaltung in Paul Lenis *Das Wachsfigurenkabinett* (D 1923/24) übernahm und ein Jahr später für Arnold Fancks *Der heilige Berg* (D 1925/26) Innenaufnahmen filmte, in dem Leni Riefenstahl die weibliche Hauptrolle spielte. Zehn Jahre später drehte Riefenstahl, zeitgleich zu Lerskis *Avodah*, ihren NS-Parteitagsfilm *Triumph des Willens* (D 1934/35), mit dem *Avodah* nicht nur aufgrund der zeitlichen Koinzidenz oft verglichen wurde.[34] Doch während Riefenstahl die dynamische Kameraästhetik nutzt, um die ornamentale Massenchoreographie mit den Aufnahmen der NSDAP-Parteiführer zu orchestrieren, entsteht die Dynamik des Aufbaus in *Avodah* gerade durch die Zerlegung der Szenerie in visuelle Eindrücke.

Auch *Hem Hayu Asarah* adaptiert verschiedene Gestaltungsweisen und entwickelt daraus eine Ästhetik, die einerseits den Pioniergeist der frühen Jahre ausdrückt und gleichzeitig diese jüngste Vergangenheit filmisch reflektiert und auf die Gegenwart bezieht. Neben dem amerikanischen Genrekino bezieht er Elemente des zu dieser Zeit dominanten realistischen Stils im europäischen Kino, aber auch Montagetechniken des frühen zionistischen und des

34 In einer zeitgenössischen Besprechung der *Neuen Züricher Zeitung* wurden beide Filme explizit miteinander verglichen und betont, dass auch Riefenstahls Film für eine „nationale Gesinnung“ werbe. Vgl. Jan-Christopher Horak: „Helmar Lerski in Israel“. In: Yaron Peleg / Miri Talmon (Hrsg.): *Israeli Cinema. Identities in Motion.* Austin: Texas UP 2011, S. 16–29, hier S. 12.

sowjetischen Films mit ein. Gerade Dienars Erfahrung als Dokumentarfilmer ist in *Hem Hayu Asarah* deutlich zu spüren. So filmte er den Besuch des Protagonisten Yosev in einem arabischen Dorf mit einer beweglichen Handkamera, um so einerseits die subjektive Erzählperspektive zu verdeutlichen und andererseits den Charakter der beobachtenden Kamera zu betonen. Wie in den Filmen des italienischen Neorealismus behielt Dienar auch die verschiedenen Sprachen und Dialekte bei, sowohl innerhalb der Gruppe der Neueinwanderer_innen, als auch in der Verständigung mit den arabischen Nachbarn. Vollständig on location auf einem Berg im westlichen Galiläa gedreht, lebten Dienar und sein 50-köpfiges Team schließlich selbst wie eine Kommune in der unwirtlichen Landschaft. Das Projekt stand somit auch in der sozialistischen Tradition europäischer Kollektivfilme der 1930er Jahre sowie der israelischen Kibbutzbewegung.

Neben den Landschaftsaufnahmen und der episodischen Erzählweise, die Prinzipien des filmischen Realismus mit Elementen des Genrekinos kreuzen, gründete Dienar seine Erzählung auf historische Dokumente. Als Grundlage des Drehbuchs dienten Tagebücher zionistischer Siedler_innen in den 1880er Jahren. So nimmt der Film ganz bewusst und explizit eine klar definierte Perspektive ein. Allerdings tut er dies nicht, um andere Perspektiven auf die Geschichte auszuschließen, sondern um die vielschichtige Stimmung jener Anfangsjahre zwischen Verlust und Neuanfang, zwischen Aufbau und Bedrohung einzufangen. Aus extremer Untersicht und eindeutig negativ dargestellt werden nur die osmanisch-türkischen Autoritäten von Palästina. Hier adaptiert der Film auch Darstellungsweisen, die aus dem frühen sowjetischen Kino bekannt sind.

Aus historisch-pragmatischer Sicht ist *Hem Hayu Asarah* ein beeindruckendes Dokument der Anfangszeit der israelischen Filmkunst mit ihrer spezifischen Mischung unterschiedlicher kinematographischer Traditionen. In Deutschland startete der Film unter dem Titel *Es waren zehn* mit einer geringen Zahl von deutsch untertitelten hebräischen Kopien am 12. Februar 1965, kurz bevor die Bundesrepublik und Israel offiziell diplomatische Beziehungen zueinander aufnahmen.

„Ob das nichtjüdische Publikum die Geschichte jener zehn Menschen […] verstehen wird, bleibt zweifelhaft – vielleicht setzt die

Erzählung manches voraus, was das allgemeine Publikum nicht ohne weiteres würdigen kann“, hatte sich der Rezensent der Berliner *Allgemeinen Wochenzeitung der Juden in Deutschland* bereits im Dezember 1960 angesichts der Premiere des Films unter Anwesenheit von Staatspräsident Ben Zwi in Israel gefragt.[35] Folgt man dem Prüfungsprotokoll der Freiwilligen Selbstkontrolle, die im Februar 1965 über die Jugendfreigabe des Films entschied, konnte mit einer breiteren Wirkung des Films in Deutschland auch nicht gerechnet werden. *Es waren zehn* sollte „nur etwa eine Woche in begrenztem Rahmen laufen.“ Daher ging man davon aus, dass „der Film keine Breitenwirkung haben werde.“[36]

In der Kritik jedoch erfuhr Dienars Film ein überwiegend positives Echo. So war in der *Süddeutschen Zeitung* zu lesen: „Jedenfalls entstand hier unter äußerst schwierigen Bedingungen, mit beschränkten Mitteln und teilweise unter Verwendung von Laiendarstellern ein für das junge Filmland Israel außerordentlich bemerkenswerter und sehenswerter Film.“[37] Auch das Berliner Sonntagsblatt *Die Kirche* beendete seine Besprechung lobend: „Mit dokumentarischer Genauigkeit und Distanz werden die dramatischen Ereignisse der Rückkehr der Juden ins Gelobte Land aufgezeichnet und gestatten so einen Einblick in eine entscheidende Epoche jüdischer Geschichte.“[38]

Ankünfte

Dass diese Rückkehr aber gleichzeitig eine schreckliche Vorgeschichte mit einschließt und sich diese, selbst wenn sie nicht explizit visualisiert wurde, insbesondere in Filme über Immigrant_innen und Einwanderer_innen einschrieb, verdeutlicht bereits zu Beginn von *Hem Hayu Asarah* der trostlose und schockierte Blick auf die Ruine eines Hauses in den Bergen Galiläas, das die jüdischen Einwanderer_innen um die Jahrhundertwende zum Ort ihres Neubeginns machen wollen. Dieser Blick kehrt auch in Ephraim Kishons Komödie *Sallah Shabbati* (IL 1964) über einen jüdischen

35 H. Freeden: „Es waren ihrer Zehn“. In: *Allgemeine Wochenzeitung der Juden in Deutschland*, 02.12.1960.

36 Jugendentscheid. Arbeitsausschuß der FSK. Prüfsitzung vom 4.2.1965. Archiviert in: *Pressedokumentation der Filmuniversität Babelsberg KONRAD WOLF*, S. 1.

37 E. S.: Es waren zehn.

38 K.: Es waren zehn. In: *Berliner Sonntagsblatt ‚Die Kirche‘*, 01.06.1969.

Abb. 3: In einer baufälligen Hütte soll für die Einwandererfamilie in *Sallah Shabbati* das neue Leben beginnen.

Einwanderer aus dem Jemen von 1964 wieder. Nachdem Shabbati mit seiner Familie in Israel ankommt, bringt man sie zu einer baufälligen Hütte, in der ihr neues Leben beginnen soll (Abb. 3). Aber was in solchen trostlosen Orten widerhallt, ist nicht nur der angebliche Nullpunkt eines Neubeginns, sondern auch die nicht gezeigte Vorgeschichte des Pogroms und der Vertreibung.

Sallah Shabbati machte sowohl in Israel als auch in Europa und den USA auf die Situation von jüdischen Flüchtlingen aus arabischen Ländern aufmerksam. Bis Ende 1951 waren allein aus dem Irak 123.371 Juden nach Israel ausgewandert.[39] Aus Marokko, Tunesien und Algerien kamen 45.336.[40] Sie brachten ihre eigenen Traditionen und die sephardisch-jüdische Kultur mit in das neue, vor allem von europäischen Juden geprägte Land. In Jemen hatte es eine der ältesten jüdischen Gemeinden gegeben. Doch in Reaktion auf die Gründung des Staates Israel kam es zu antisemitischen Pogromen. Im Rahmen der Operation „Magic Carpet" wurden mehr als 48.000 jemenitische Juden mit Transportflugzeugen nach Israel ausgeflogen.[41] Kishons filmische Bearbeitung der Situation jemenitischer Einwanderer_innen beginnt an diesem Punkt. Statt eines Paradieses erwarten die Neuankömmlinge Lager und baufällige Hütten. Kishon spart dies nicht aus. Im Gegenteil. Gängige Vorurteile gegenüber den ‚Mizrahim', den Juden aus arabischen Ländern, werden zum Gegenstand satirischen Spiels gemacht.

39 Martin Gilbert: *Israel. A History*. New York: McNally & Loftin 2008, S. 258.
40 Ebd., S. 259.
41 Ebd., S. 260.

Wie in anderen Filmen, die in diesem Milieu angesiedelt waren und unter dem Sammelbegriff ‚Bourekas-Filme' großen Erfolg beim Publikum hatten, wurde auch Kishon vorgeworfen, die Lage der Mizrahim auszunutzen und eine unauthentisches, orientalistisches Bild von ihnen zu zeichnen.[42] Dabei verfehlte dieses Urteil, wie Miri Talmon bemerkt, das subversive, satirische und hegemoniekritische Potential sowie Kishons in den Film eingeschriebene spezifische Autorenposition.[43] Shabbati ist nicht nur ein gewitzter Antiheld, der Vorstellungen vom passiven Neueinwanderer, Diasporajuden und jüdischen Araber gleichermaßen unterläuft. Kishon bringt in den Film auch seine eigene Erfahrung als Einwanderer aus Europa ein. Geboren als Ferenc Hoffmann in Ungarn überlebte Kishon mehrere deutsche und sowjetische Lager. Noch in Ungarn änderte er nach dem Krieg seinen Namen, um weniger bürgerlich zu erscheinen. Bei seiner Einwanderung in Israel 1949 wurde ihm dann der Name Ephraim Kishon zugewiesen.

Mit Kishon schreiben sich somit indirekt auch die Geschichten einer weiteren Gruppe jüdischer Einwanderer_innen ein. Vor und nach der Staatsgründung kamen zunächst auf illegalem Wege tausende von europäischen Juden ins Land, die die Verfolgung und die Lager während des Zweiten Weltkriegs überlebt hatten und nun nach einer neuen Heimat suchten. Auch ihre Erfahrungen stießen auf wenig Resonanz in der israelischen Gesellschaft. Doch das Kino war ein Ort, an dem sich ihre Geschichten mehr oder weniger direkt entfalten konnten.

In israelischen Filmen über Migration und Einwanderung lagern sich beide Themenkomplexe oft – mehr oder explizit – aneinander. Das zeigen auch zwei jüngere Beispiele, in denen jedoch nun Frauen und ihr (Er-)Leben im Zentrum stehen. Während *Sallah Shabbati* noch fast ausschließlich auf seinen männlichen Protagonisten fixiert war und Manya, die einzige weibliche Figur in *Hem Hayu Asarah*, weitgehend als mütterlich und passiv dargestellt wird und, auch wenn der Film dennoch kein ausschließlich passiv-patriarchales Frauenbild zeigt und Manya eine nicht zu unterschätzende aktivierende Funktion zukommt, in traditionellen Mustern verharrt,

42 Miri Talmon: The End of a World, the Beginning of a New World. The New Discourse of Authenticity and New Versions of Collective Memory in Israeli Cinema. In: Peleg / Talmon (Hrsg.): *Israeli Cinema*, S. 340–355, hier S. 341.

43 Ebd., S. 342.

werden weiblichen Erfahrungswelten in israelischen Gegenwartsfilmen ein zunehmend wichtigerer Stellenwert eingeräumt.

Fast ausschließlich weibliche Figuren porträtiert der Episodenfilm *Meduzot* von Shira Geffen und Etgar Keret. Alle drei punktuell ineinander verwobenen Erzählstränge kreisen dabei um das Motiv der „Suche nach der eigenen Identität als Frau im heutigen Israel"[44]. Batya wird von ihrem Freund verlassen und verliert ihren Job. Sie driftet durch Tel Aviv, bis sie am Strand ein einsames Mädchen findet. Michael und Keren, ein jung verheiratetes Paar, verstricken sich in Missverständnisse. Und die philippinische Gastarbeiterin Joy wird von der Schauspielerin Galia angestellt, um deren Mutter zu pflegen. Das Verhältnis von Galia und ihrer Mutter ist von Zurückweisungen und Enttäuschungen geprägt und auch Joy wird von Malka zunächst abgelehnt. Die Figuren des Films bewegen sich alle in einem emotionalen Feld, das A. O. Scott in der *New York Times* als einen „vague, drifting sense of expectations slowly deflating under the pressure of everyday life"[45] beschrieben hat, während der Film gleichzeitig in spielerischer Weise die unterschiedlichen Geschichten ineinander webt. So entsteht auch beim Sehen ein permanentes Gefühl des Übergangs zwischen den Leben der Figuren, ihren unterschiedlichen Identitäten und Gefühlen.

Insbesondere in der dritten Geschichte verbinden sich diese fließenden Übergänge und die Suche nach Identität mit Bezügen zu Einwanderungs- und Fluchterfahrungen. Joy lebt als Gastarbeiterin in Israel. Sie steht dabei für den seit den 1990er Jahren wachsenden Anteil von nichtjüdischen, ausländischen Arbeitskräften, die vor allem in der Altenpflege tätig sind und mit befristeten Arbeits- und Aufenthaltsgenehmigungen ins Land kommen.[46] Im Film wird die Figur von einer Laienschauspielerin gespielt, die selbst als Altenpflegerin arbeitet. „‚Wir haben sie in einem Theater für die philippinische Gemeinde in Israel gefunden'", erinnert sich der Regisseur

44 Uta Larkey: Mehrsprachigkeit in neueren israelischen Spielfilmen. In: *Medaon* 13 (2013), S. 1–14, hier S. 6. http://www.medaon.de/pdf/MEDAON_13_Larkey.pdf (Zugriff am 20.07.2014).

45 A. O. Scott: Navigating a Zigzag Course in a Sea of Relationships. In: *New York Times*, 04.04.2008. http://www.nytimes.com/2008/04/04/movies/04jell.html?_r=0 (Zugriff am 20.07.2014).

46 Vgl. Larkey: Mehrsprachigkeit, S. 3.

Etgar Keret. „Sie sagte: ‚Sie müssen mir nichts erzählen, ich habe das alles schon erlebt – tote Patienten und so.'"[47]

Joy sehnt sich nach ihrem Sohn. Diese Sehnsucht wird in einem Spielzeugsegelschiff symbolisiert. Malka nimmt es ihrer Tochter übel, dass diese sie einer Gastarbeiterin überlässt, die noch nicht einmal Hebräisch spricht. Nur in wenigen Szenen wird angedeutet, dass auch Malkas Hintergrund von der Einwanderung in ein neues Land geprägt ist. Ebenfalls angedeutet bleibt, inwiefern diese Erfahrung der Entwurzelung sie unfähig macht, ihrer eigenen Tochter die Liebe zu zeigen, die sie am Ende des Films Joy entgegenbringen kann, als sie ihr das Schiff zum Abschied schenkt. Mit den beiden Migrantinnenfiguren, dem angedeuteten Generationenkonflikt und dem Schiff als Symbol für Heimweh und die illegale Einreise nach Eretz Israel blendet der Film mehrere Konfliktlinien und Bedeutungsebenen übereinander. Uta Larkey hat darauf hingewiesen, dass dabei „kulturelle Unterschiede und Generationskonflikte durch das Unvermögen, eine gemeinsame Sprache zu sprechen, deutlich herausgestellt"[48] werden. Dabei verschränken sich Migrations- und Fremdheitserfahrungen in Gegenwart und Vergangenheit.

> Der Mutter-Tochter-Konflikt wird implizit am Generationskonflikt in Familien von Holocaust-Überlebenden abgehandelt. Galia als Vertreterin der zweiten Generation empfindet ihre Mutter als emotional distanziert und unfähig zu Liebe und körperlicher Nähe. Malka hat ihr Trauma nie richtig verarbeitet und projiziert die Enttäuschung über ihre Tochter anfänglich auf Joy. [...] Während Malka und ihre Tochter Galia zwar in der gleichen Stadt wohnen, aber kaum eine emotionale Basis miteinander zu haben scheinen, wird Joy als liebende, aber schuldbeladene Mutter dargestellt, die ihren kleinen Sohn auf den Philippinen per Telefon über ihre Abwesenheit hinwegzutrösten versucht. Bei der Gegenüberstellung der beiden Mütterfiguren arbeiten die Filmemacher in erster Linie den Konflikt zwischen geografischer Nähe und emotionaler Distanz und geografischer Ferne und emotionaler Nähe heraus.[49]

Den narrativen Übergängen entsprechen hier generationelle, kulturelle und nationale Übergänge und Grenzen, die in ihrem Zusammenspiel und Wechselverhältnis vorgeführt werden, ohne die angedeuteten Konflikte, beispielsweise zwischen Malka und Galia, am Ende aufzulösen. Die Offenheit der Erzählungen prägt

47 Zit. n. Bert Rebhandl: Menschlichkeit statt Ego. In: *Der Standard*, 21.07.2008.

48 Larkey: Mehrsprachigkeit, S. 7.

49 Ebd.

gegenwärtige israelische Filme genauso wie ihre Verbindung von persönlichen Alltagsgeschichten und den dominanten Konfliktfeldern der israelischen Gesellschaft. Dass dabei auch die Vorgeschichte dieser Gesellschaft, beispielsweise in der Figur von Malka, angedeutet wird, zeigt erneut, wie die Vergangenheit auch die Gegenwart prägt. Keret, selbst Kind von Überlebenden der Shoah, erklärte diese Präsenz des Abwesenden: „Der Staat musste so viel in seine Identität investieren, dass die jüdische Identität der europäischen Diaspora vor dem Krieg verdrängt wurde.“[50]

Eine ähnliche Überlagerung findet sich auch in dem Film *Sof Ha-Olam Smola* (*Turn Left at the End of the World*, IL/F 2004) von Avi Nesher. Er setzt die traumatischen Erfahrungen der Einwanderung aus Marokko und Indien und die Abschiebung der Neueinwanderer_innen an die Ränder der Gesellschaft, hier eine kleine Siedlung in der Negev-Wüste, in Szene.[51] Die beiden Protagonistinnen des Films sind zwei junge Mädchen, die Ende der 1960er Jahren in diesem temporal und geographisch verorteten Zwischenraum der Einwandererstadt erwachsen werden. Dabei suchen sie nach einem Weg, das Erbe der Eltern zu bewahren und doch in dem neuen Land anzukommen. Erzählt durch die Augen der beiden Protagonistinnen nimmt der Film aber gleichzeitig eine Perspektive ein, die dem Paradigma des männlichen Einwanderers entgegenläuft.[52] Dieser Blick auf die Ränder – die geographischen und zeitlichen Zwischenräume und die im frühen israelischen Film weitgehend marginalisierte Sichtweise von Frauen – fächert die im Film geschilderten Erfahrungswelten weiter auf. Am Ende stehen die beiden Protagonistinnen Nicole und Sara für eine „possible vital, multicultural coexistence of different ethnicities“[53], die sie von den Rändern in die Mitte der Gesellschaft rücken lässt, die sich dadurch gleichzeitig selbst weiter verändert und vervielfältigt.[54] Damit setzt auch *Sof Ha-Olam Smola* die israelische Gesellschaft als eine Gesellschaft *im Werden* in Szene und zeigt gleichzeitig durch das Spiel mit verschiedenen Stilen und Ästhetiken, die die Bourekas-Filme ebenso

50 Rebhandl: Menschlichkeit statt Ego.
51 Talmon: The End of a World, S. 343.
52 Ebd., S. 346.
53 Ebd., S. 351–352.
54 Vgl. ebd., S. 352.

wie die Mizrahi-Kultur und das amerikanische Genrekino zitieren, auch das israelische Kino weiterhin als ein *Kino im Werden*.

In der optimistisch-nostalgisch-utopischen Vision bleibt aber, wie Miri Talmon herausstellt, auch „the trauma of displacement and marginalization“[55] weiterhin präsent. Dies „echoes a generalized story of immigration in the multicultural and postcolonial contemporary global context“[56], schließt aber auch und gerade die ganz spezifische jüdisch-israelische Erfahrung der Shoah und der Vertreibung mit ein, wie Regisseur Avi Nesher betonte:

> He comments that the film is about the whole lost generation of immigrants to Israel, parents like his own, who had sacrificed their lives hoping to secure a better future for their children. Those lost people that his film depicts are immigrants like his own father, who immigrated to Israel in the 1940s rather than in the time that the film depicts[.][57]

Spuren der Vergangenheit

So wie in die Geschichte von Sallah Shabbati Ephraim Kishons eigene Erfahrungen von Verfolgung, Flucht und Einwanderung eingesickert sind, bringen auch Regisseure wie Avi Nesher und Etgar Keret die Perspektive der ‚Zweiten Generation‘ in ihre Filme ein. Die Anknüpfung und Transformation der Einwanderergeschichten verbindet sich also fast immer auch mit der Katastrophenerfahrung des Exils und verdeutlicht deren Fortexistenz auch in der neuen Gesellschaft und ihren Filmen.

Bereits in dem israelischen Filmklassiker *Giv‘a 24 Eina Ona* (*Hill 24 Doesn't Answer*, IL 1954, R: Thorold Dickinson), der in verschiedenen Episoden den Unabhängigkeitskrieg in Szene setzt, schreibt sich die Vergangenheit auf vielschichtige Weise ein. Der Film folgt zwar ausschließlich der israelischen Sichtweise auf das Kriegsgeschehen, das sich im Kampf um eine Anhöhe kristallisiert, die trotz des Todes der sie verteidigenden Soldat_innen am Ende des Films Israel zugeschlagen wird. In seiner episodischen Struktur und den verschiedenen Protagonisten fächert der Film diese israelische Perspektive aber weiter auf und verbindet sie mit Bezügen zu den Themen Einwanderung und Shoah.

55 Ebd., S. 351.

56 Ebd., S. 346.

57 Ebd., S. 344.

Der erste Erzählstrang folgt dem britischen Soldaten James Finegan, der aus Liebe zu einer jungen Frau am Kampf für die israelische Unabhängigkeit teilnimmt. Als nichtjüdischer Europäer dient die Figur auch dazu, einen Anknüpfungs- und Identifikationspunkt für das internationale Publikum zu schaffen. In ähnlicher Weise kombiniert auch Otto Premingers *Exodus* (USA 1960) die Hauptfigur des Hagana-Kämpfers Ari Ben Canaan mit einem nichtjüdischen Blick auf die Geburt des neuen Staates. Hier ist es die amerikanische Krankenschwester Katherine ‚Kitty' Fremont, die als Stellvertreterin des Publikums fungiert.

Auch die zweite Episode von *Giv'a 24 Eina Ona* folgt der Geschichte eines Außenstehenden.[58] Durch die Augen des amerikanischen Juden Goodman, der sich eigentlich nur zu Besuch im Mandatsgebiet Palästina aufgehalten hatte, erleben die Zuschauer_innen den Kampf um Jerusalem. In dieser Episode schreibt sich visuell auch die ansonsten weitgehend ausgeblendete Vorgeschichte der Staatsgründung in der Diaspora ein. In einem langen Zug müssen schließlich Männer und Frauen, Alte und Kinder das jüdische Viertel der Altstadt verlassen. Die Inszenierung dieses Zugs der Vertriebenen lässt gleichzeitig Bilder von den Vertreibungen von Juden im Rahmen der von den Deutschen angeordneten Deportationen während des Zweiten Weltkriegs als auch eine ältere Ikonizität des Exils anklingen, die sich beispielsweise in Samuel Hirszenbergs Gemälde *Exile* von 1904 widerspiegelte.[59]

Die Vorgeschichte der Unabhängigkeit und ihr Hineinreichen in die Gegenwart werden aber insbesondere zum Thema der dritten Episode, deren Protagonist ein in Israel geborener Soldat ist. Während eines Gefechts in der Negev-Wüste zieht der Israeli einen verletzten ägyptischen Soldaten zum Schutz in eine Höhle. Als er das Hemd des Verletzten aufknüpft, um ihn zu verarzten, entdeckt er eine SS-Tätowierung. Der Deutsche beginnt sich zu verteidigen und versucht, sich mit dem Israeli zu verbrüdern. Schließlich aber kehrt sich sein alter Antisemitismus nach außen. Den Schmähungen des Deutschen gegenüberstehend verwandelt sich der israelische Soldat mit Hilfe einer Überblendung in einen Diasporajuden.

58 Vgl. Uri S. Cohen: From Hill to Hill. A Brief History of the Representation of War in Israeli Cinema. In: Peleg / Talmon (Hrsg.): *Israeli Cinema*, S. 43–58, hier S. 44.

59 Vgl. Richard I. Cohen / Mirjam Rajner: The Return of the Wandering Jew(s) in Samuel Hirszenberg's Art. In: *Ars Judaica* 7 (2011), S. 33–56.

Als Schattenspiel erscheint daraufhin der SS-Offizier in Uniform und posiert mit dem Hitlergruß. Doch der Israeli erschießt ihn nicht. Unter seinem Lachen bricht der Deutsche schließlich zusammen.

Ilan Avisar hat darauf hingewiesen, dass mit dieser Szene der politische Konflikt mit den arabischen Nachbarn mit einem metahistorischen jüdischen Schicksal verkoppelt werde.[60] Dabei bleibt die Vorgeschichte als, wenn auch negativ konnotierte, Spur erhalten. Zwar ist die didaktische Ansprache und die pathetische Inszenierung, wie Uri Cohen bemerkt, „unthinkable today“[61], allerdings nimmt die episodische Struktur und insbesondere die damit verbundene Zeitlichkeit bereits wesentliche Elemente des israelischen Kinos als eines Kinos im Übergang vorweg. Cohen betont dabei insbesondere, dass der „present tense of the film, which tells of how these people arrived at their fates, is caught between the end (death) and the future (the state).“[62] Darin manifestiert sich eine Zwischen-Zeitlichkeit, die auch die Überlagerung und Einkapselung verschiedener Zeit- und Erfahrungsebenen und die unterschiedlichen Perspektiven und Blickrichtungen umfasst. *Giv'a 24 Eina Ona* ist dabei auch selbst ein Film der Übergänge. Als ein weiterer möglicher Anfangspunkt des israelischen Kinos wurzelt er in der spezifischen Erfahrung des Unabhängigkeitskrieges und adressiert diese gleichzeitig an ein internationales Publikum.

Bei aller Nähe zur zionistischen Sicht auf die Geschichte des jungen Staates ist aber insbesondere die Einkapselung der vorstaatlichen Diasporavergangenheit in die Filmerzählung zwischen Ende und Anfang auffällig, die durch die Biographien der Figuren, die visuellen Verweise und die allegorische Höhlengeschichte angedeutet wird. Auf diese Weise findet auch eine Erfahrung ihren Platz, die ansonsten lediglich als Negativ der neuerlangten Staatlichkeit gedacht wurde. Dies verbindet einen Film wie *Giv'a 24 Eina Ona* auch mit späteren Filmen, die genau dieses Narrativ aufzubrechen versuchen. Ilan Moshensons *Roveh Huliot* (*The Wooden Gun*, IL 1979)

60 Ilan Avisar: Personal Fears and National Nightmares: The Holocaust Complex in Israeli Cinema. In: Efraim Sicher (Hrsg.): *Breaking Crystal. Writing and Memory after Auschwitz*. Urbana (Chicago): University of Illinois Press 1998, S. 151–167, hier 142.

61 Cohen: From Hill to Hill, S. 47.

62 Ebd., S. 46.

ist ein früheres Beispiel für diesen Versuch: Der Film erzählt von den Jugendlichen Yoni und Adi, die mit ihren Freunden im Tel Aviv der 1950er Jahre einen Bandenkrieg führen. Sie verachten die neu ankommenden Einwanderer_innen aus Europa und identifizieren sich mit den Helden aus dem Unabhängigkeitskrieg. Schon die Titelsequenz verbindet historische Fotografien von Kriegsschauplätzen mit Aufnahmen von Flüchtlingen aus Europa und verschränkt auf diese Weise den militärischen Heldendiskurs der 1950er Jahre mit der Frage nach dem Umgang mit den Überlebenden.[63] Im Verlauf des Films werden beide Themen immer stärker ineinander verwoben. Der kriegerische Konflikt und der auf zionistische Heldenverehrung zielende Unterricht wechseln sich mit Episoden ab, in denen Yonis Mutter, der es gelungen war, bereits vor Kriegsausbruch aus Europa zu fliehen, im Radio angespannt den dort verlesenen Namen der in der Shoah Vermissten lauscht oder Fotos ihrer ermordeten Familie betrachtet. Doch die Jungen haben für die seltsamen Einwanderer_innen aus Europa nur Spott übrig. Aber auch ihre Lehrer nehmen sie nicht ernst, die ihnen eine bruchlose Tradition von Theodor Herzl über Chaim Nachman Bialik bis Eretz Israel vermitteln wollen, eine Geschichte, deren Sinn die sinnbildlich ‚neuen Hebräer' nicht verstehen wollen und können. Die Vergangenheit reicht in Form eines Theaterstücks, in dem die Kinder die Geschichte des Zionismus nachspielen, in die Gegenwart hinein, die für die Jungen nur durch den Willen bestimmt ist, die gegnerische Bande in ihre Schranken zu weisen.

Dennoch ist keiner der Jungen frei von den Spuren der Vergangenheit. Adi, der im Theaterstück Herzl spielt und schließlich von Yoni mit einem Spielzeuggewehr angeschossen wird, hat seine Eltern während der Shoah verloren. Auch in Yonis Familie gab es Opfer. Doch seine Mutter erzählt nicht von der Vergangenheit. Sie sagt, alle würden zurückkehren, wenn in Polen die Grenzen nach Israel geöffnet werden. Opfer sind für Yoni darum nur die anderen, die alten Herrschaften mit ihrem europäischen Akzent.

Doch Yoni ist nicht nur eine kritisch gemeinte Personifizierung des ‚neuen Hebräers'. Moshenson legt der Zeichnung des Jungen von Beginn an eine Ambiguität zugrunde, die ihn zu einer Figur der

63 Vgl. zu den Hintergründen des Films und seiner Rezeption in der israelischen Film- und Geschichtswissenschaft auch Nagler: Zwischen privatem Albtraum und Repräsentationspolitik, S. 91.

Wandlung werden lässt, zu einem Spiegelbild der Zuschauerin, die sich von der eigenen Betrachterposition löst, um die eines anderen einzunehmen. Es sind die Fähigkeiten des mit Phantasie begabten Träumers, die ihm dies ermöglichen. In der ersten Hälfte des Films blickt Yoni auf ein Foto aus dem Unabhängigkeitskrieg an seiner Zimmerwand. Plötzlich beginnt sich das Bild zu bewegen und wird zu einer Filmszene, in die sich Yoni buchstäblich hineinversetzt. Dieser filmische Effekt wird am Ende des Films noch einmal wiederholt. Dieses Mal blickt Yoni auf ein Foto, das dem berühmten Bild eines Jungen im Warschauer Ghetto nachgebildet ist, der mit einer Gruppe weiterer Zivilist_innen von deutschen Soldaten gefangen genommen wurde.[64] Auch dieses Schwarzweißbild beginnt unter Yonis Augen lebendig zu werden. Akustisch werden dazu die Schreie und Rufe jener Szene eingeblendet, in der Yoni selbst mit dem Spielzeuggewehr seinem Widersacher Adi gegenüberstand und abdrückte. Vergangenheit und Gegenwart verschränken sich ineinander.

Wie hier sind es Töne und Bilder, die Zugänge zur Vergangenheit schaffen und den filmischen Raum, Israel in den 1950er Jahren, porös werden lassen. Altes und Neues, die Grauen der Vergangenheit und die Utopie eines Neubeginns gehen ineinander über. Leise spricht Yoni die fremdklingenden Namen osteuropäischer Städte nach, aus denen die im Radio genannten Vermissten stammen. In den letzten Szenen sind es Schwarzweißfotos von Ermordeten und Bilddokumente aus der Shoah, die dem Jungen eine Ahnung davon vermitteln, was in Europa tatsächlich geschah.

Eine zentrale Figur ist eine Überlebende mit Namen Palästina, die bei den Kindern als verrückt verschrien ist und folglich immer wieder beleidigt, erschreckt und gedemütigt wird. Das erste Mal blicken wir auf sie aus der Distanz von Yonis Zimmerfenster. Singend steht sie mit zwei Musikern auf der Straße. Unklar ist, woher sie kommt. Sie ist einfach da, durch den Gesang und die Musik jedoch als surrealistisch überformter Fremdkörper, als allegorische Figur markiert. Dieser Eindruck verstärkt sich durch ihren nächsten Auftritt. Wie eine Seherin oder Prophetin verkündet sie: „Wir

64 Vgl. zum Hintergrund des ikonischen Charakters der Fotografie aus dem Warschauer Ghetto: Tobias Ebbrecht: *Geschichtsbilder im medialen Gedächtnis. Filmische Narrationen des Holocaust.* Bielefeld: Transcript 2011, S. 115–116. Das Bild kehrt als Nachbildung auch in Ari Folmans *Vals Im Bashir* wieder, vgl. ebd., S. 325.

haben ein Land, so sprach Gott, der Messias wird kommen, die Juden werden kommen, alle werden kommen, alle werden kommen zu Palästina." Angerufen wird in dieser messianischen Rede ein kommendes Reich, in dem die Kinder nicht sterben werden. Palästina, so erfahren wir später, verlor in der Shoah ihre ganze Familie. Zu einer Figur des Übergangs wird sie aber nicht nur durch die messianisch-prophetische Anrufung, sondern auch durch ihre Verkopplung mit dem Land Palästina. Als allegorische Verschränkung von europäischer Vorgeschichte und dem neuen Land bringt sie die beiden Stränge des Films, die israelische Gegenwart und die durch die Vergangenheit bestimmten Erfahrungen der Neueinwanderer_innen zusammen und wird schließlich für Yoni zum Medium seiner Wandlung.

In den Schlussszenen des Films begegnet er nach seiner Tat, dem versuchten Brudermord, der seltsamen Frau bei ihrer Hütte am Strand. Verletzt liegt er vor ihr, versucht sich ihr, die die Katastrophe verkörpert, krabbelnd wie ein unterlegenes Tier zu entziehen. Weil sie seine Wunde reinigen will, folgt er ihr in ihre Hütte. Diese wirkt wie ein an die felsige Küste angefügter Hohlraum und erinnert somit an die von Siegfried Kracauer beschriebenen „Hohlräume und Blasen" im „Katarakt der Zeiten".[65] Darin befinden sich an den Wänden die Aufnahmen jener Zeit, die Yonis Leben so prägt und die er doch nicht kennt (Abb. 4). Palästina eröffnet ihm den Blick auf diese Welt, ermöglicht ihm durch die imaginative Überblendung seiner Tat und der deutschen Verbrechen, klarer zu sehen, Vergangenheit und Gegenwart zusammenzudenken. In der letzten Einstellung kehrt er nicht zu seinen Freunden zurück, die das Haus Palästinas mit Steinen bewerfen und bei ihr und Yoni im Inneren der Hütte das Gefühl eines Pogroms evozieren. Yoni klettert die Steilküste hinauf. Wie die Israeliten auf dem Berg Sinai kann er nun das gelobte Land betreten. Ein letztes Mal blickt er zuvor zurück, auf seine Freunde und die Hütte Palästinas, die zurückbleiben müssen. Er ist auf dem Weg zur Verwirklichung der Utopie, die auch die Katastrophengeschichte der Vergangenheit einschlösse.

65 Kracauer: *Geschichte*, S. 218; vgl. die Ausführungen in Kap. 1.

Abb. 4: Palästinas Hütte am Strand als Zwischenraum der Geschichte in *Roveh Huliot.*

Im Modus des Aufschubs

In den letzten Jahren wird das bisher dominante Narrativ von Einwanderer_innen, die die eigene Vergangenheit und Tradition zurücklassen, durch eine andere filmische Bewegung ersetzt, die Suche nach Herkunft und der eigenen (Familien-)Geschichte, die beispielsweise Arnon Goldfinger, den Regisseur des autobiographischen Dokumentarfilms *Ha-Dira*, antreibt. Ausgangspunkt dieser Suche ist die Wohnung von Goldfingers verstorbener Großmutter. Zwischen zahlreichen Relikten und Souvenirs einer in dieser

Wohnung eingekapselten diasporischen Vergangenheit findet sich der verstörende Bericht über die Reise eines Nazifunktionärs nach Palästina, die die Großeltern des Filmemachers als zionistische Emissäre begleiteten. Schließlich stellt sich heraus, dass seine Großeltern auch nach dem Krieg wieder Kontakt zu dem deutschen Ehepaar aufgenommen haben. Der Film entfaltet sich in einem temporalen und geographischen Zwischenraum, in dem die klaren Zuordnungen, auf der einen Seite die Nazitäter, auf der anderen die jüdischen Opfer, durcheinander geraten. Obwohl er ganz bewusst die Grenzen zwischen Tätern und Opfern nicht verwischt, bricht der Film doch bestehende Geschichtsbilder auf und ermöglicht einen Perspektivwechsel, der die Vorgeschichte des jüdischen Staates und die Gründergeneration in neuer und vielschichtiger Weise zeichnet. In den folgenden Kapiteln sollen diese Übergänge zwischen Deutschland und Israel näher untersucht und mit den hier skizzierten thematischen Bezügen zur Erinnerung an die Shoah, der Gegenwart des Nahostkonflikts und Erfahrungen der Wanderung, Migration und Einwanderung in Beziehung gesetzt werden.

3.
Das Land filmen – Deutsch-israelische Filmgeschichte vor Israel

Im Januar 1900 kam es im Berliner *Apollo*-Kino zu einer spektakulären Filmvorführung. Oskar Messter präsentierte *Bilder aus Palästina* (D 1899), eine Schau von Ansichten, die der deutsche Filmpionier während der Palästinareise des Kaisers Wilhelm II. aufgenommen hatte.[1] Hier liegt einer der Anfänge einer deutsch-israelischen Filmgeschichte, die lange vor die Gründung des Staates Israel im Jahr 1948 zurückreicht.

Ein Anfang vor dem Anfang

Messter war einer der wichtigsten Gründerväter der deutschen Filmindustrie. Mit seinem Kinematographen sammelte er Aufnahmen aktueller Begebenheiten und brachte diese ins Kino. Später wurden viele dieser Gegenwartsansichten zu historischen Filmdokumenten. Dazu gehören zweifellos auch Messters Filmaufnahmen des deutschen Kaisers Wilhelm II. In seinen Erinnerungen beschreibt der Filmpionier diese Zeit:

> Bei meinen Bemühungen, für diese Aufnahmen die Erlaubnis zur Aufstellung meiner Kamera zu erhalten, wurde ich von Pontius zu Pilatus geschickt, überall wurde mein Gesuch abschlägig beschieden. Es gab wohl für die Photographen, die für illustrierte Zeitschriften Aufnahmen machten, bestimmte Erlaubnisscheine, aber eine Genehmigung für diese ‚Jahrmarktangelegenheit' – damit war der Kinematograph gemeint – gab es nicht! Da war wieder

1 Vgl. http://www.filmportal.de/film/bilder-aus-palaestina_399ead1af69145b9944b377a209bcf03 (Zugriff am 17.02.2014).

> einmal guter Rat teuer. Ich hatte aber Glück und durfte mich schließlich doch mit meinem Apparat, der gar nicht wie eine photographische Kamera, sondern wie eine Höllenmaschine aussah, nahe dem Denkmal Kaiser Wilhelms I. aufstellen. Zehn verschiedene Szenen waren die Ausbeute.[2]

Messter gelangen auf diese Weise nicht nur die ersten Bewegtbilder des Kaisers, er wurde auch zum offiziellen Filmfotografen von Wilhelm II. So war es nicht überraschend, dass Messter den Kaiser 1898 auch auf seiner Reise nach Konstantinopel, Ägypten und Palästina begleitete, die zu dieser Zeit Teil des Osmanischen Reiches waren. Der Reise auf Einladung des türkischen Sultans gingen intensive Vorbereitungen voraus. Insbesondere der Besuch in Jerusalem, ein Höhepunkt der Reise, wurde minutiös geplant. Für den Kaiser und seinen Tross war eine Zeltstadt am Rande der Altstadt errichtet worden. Neben dem Jaffa-Tor war die Altstadtmauer durchbrochen worden, um einen Durchgang für den deutschen Herrscher und sein Pferd zu schaffen. Oberhäupter der Muslime, Christen und Juden erwarteten den Kaiser und unter den schaulustigen Gästen hatte sich auch ein Mann aus Wien eingefunden, der den deutschen Herrscher für seine Vision eines jüdischen Staates begeistern wollte. Theodor Herzl gelang es, Wilhelm II. in Jerusalem zu begrüßen. Der Fotograf, der diesen Moment festhielt, hatte allerdings nur einen Teil der Szene eingefangen. Das retuschierte Bild, eine Montage aus zwei Fotografien der Jerusalemreise Wilhelms II., auf dem Herzl den Kaiser auf seinem Pferd begrüßt, wurde später zu einer visuellen Ikone.

Unter den Fotografen, die die Ankunft des Kaisers und seiner Frau in Jerusalem, ihren Einzug durch das neue Jaffa-Tor und ihren Besuch in der Altstadt, bei dem der Grundstein für die bis heute existierende Erlöserkirche gelegt wurde, festhielten, befand sich auch Oskar Messter mit seinem Kinematographen. „Damals kannte mein Schaffensdrang als Filmhersteller schon keine Grenzen mehr“, so Messter später, „und ich entschloß mich, mein Filmrepertoire bei dieser Gelegenheit durch historische Bilder aus fremden Ländern zu bereichern.“[3] Die Aufnahmen aus Jerusalem waren die ersten bewegten Bilder aus dem heutigen Israel, die deutsche Zuschauer erreichten. Leider war, so Messter, die Ausbeute gering,

2 Oskar Messter: *Mein Weg mit dem Film*. Berlin: Max Hesses 1936, S. 92.

3 Ebd.

Abb. 5: Eines der wenigen erhaltenen Filmbilder, die Oskar Messter beim Besuch Wilhelms II. und seiner Frau in Jerusalem aufgenommen hat.

„weil die meisten Aufnahmen ‚verblitzt' waren."[4] Ein Still aus dem Film zeigt das festlich geschmückte Jaffa-Tor, die deutsche Kaiserin in einem Wagen und den Kaiser auf seinem Pferd (Abb. 5).
Mit seinen Aufnahmen aus Palästina, Ägypten und Konstantinopel war Messter einer der Mitbegründer des Reisefilms und fügte den im frühen Kino weit verbreiteten Ansichten ferner Länder weiteres Material hinzu. Vergleichbar den ersten inszenierten Filmszenen der Jahrhundertwende, die als Kino der Attraktionen in erster Linie den Schauwert der Aufnahmen hervorhoben und erst später narrative Erzählformen entwickelten, können Messters Aufnahmen wie die vergleichbarer Reisefilme der Brüder Lumière, die auch in Palästina filmen ließen, und anderer Filmpioniere als filmfotografische Ansichten gelten, die ebenfalls den Schauwert der Aufnahmen betonten.[5] Reisefilme boten sich dafür in besonderer Weise an. Sie ermöglichten es, lebensnahe Aufnahmen aus fremden Ländern

4 Ebd., S. 93.

5 Vgl. Tom Gunning: Vor dem Dokumentarfilm. Frühe Non-fiction Filme und die Ästhetik der „Ansicht". In: *KINtop* 4 (1995), S. 111–121.

und Kulturen auf die Leinwand zu bringen. Changierend zwischen touristischem, exotisierendem und ethnographischem Blick wurde der Reisefilm zu einem zentralen Genre innerhalb der deutsch-israelischen Filmbeziehungen, das sich entsprechend seines zeitlichen Kontextes zwar wandelte, aber immer wieder auf das Mittel der Ansicht zurückgriff, um eine filmische Begegnung mit einem fremden und entfernten Land sowie seinen Menschen möglich zu machen.

Filmreisen durch Eretz Israel

Insbesondere in den 1920er und frühen 1930er hatten solche in Palästina gedrehten Reisefilme Hochkonjunktur. Jetzt standen sie im Zeichen der sich verbreitende Idee des Zionismus und sollten das Leben der Pioniere und die Aufbauleistungen in Palästina auch dem deutschen und insbesondere dem jüdischen Publikum in Deutschland nahe bringen. „Eine Filmreise durch Erez Israel 1923" titelte der Filmkurier im Februar 1924. Anlass war eine Sondervorführung, die der Jüdische Nationalfonds im Königs-Pavillon Theater in Leipzig veranstaltet hatte und von der der Kritiker Walter Steinhauer berichtete:[6]

> Der Bildstreifen zeigt in interessanten Bildern die Fortschritte der Aufbauarbeit. Durch das arabische Alt-Jaffe hindurch gelangen wir nach Tel-Awiw. Vor dreizehn Jahren sah man hier nichts als ein Stück Wüste, das öde und fahl, einen fast trostlosen Anblick darbot. Heute steht hier eine Kolonie von 1400 Häusern mit über 20000 Einwohnern.[7]

Der Bewegung einer filmischen Reise folgend, zeigten Filme wie dieser Eindrücke aus dem damaligen britischen Mandatsgebiet Palästina. Nach Ende des Ersten Weltkriegs war das Osmanische Reich zerschlagen worden, Folge der Niederlage des mit den Türken verbündeten Deutschen Reiches und der Machübernahme der nationalistischen Jungtürken in Ankara. Somit war Palästina an die Briten gefallen, die das Mandat nun verwalteten, jedoch mit wachsenden Spannungen zwischen arabischen und jüdischen Bewohnern konfrontiert waren, die seit Ende des 19. Jahrhunderts auf der Flucht vor antisemitischen Pogromen und in der Hoffnung

6 Für den Hinweis auf diesen Artikel danke ich Rolf Aurich von der Deutschen Kinemathek.

7 Walter Steinhauer: Eine Filmreise durch Erez Israel 1923. In: *Film-Kurier*, 04.02.1924.

auf die Schaffung einer nationalen Heimstätte für die jüdische Gemeinschaft nach Palästina kamen. Die im Auftrag des Jüdischen Nationalfonds gestalteten Filme bezweckten, wie auch Steinhauer in seiner zeitgenössischen Besprechung anmerkte, „neue Arbeitskräfte und Geldmittel für die Nutzbarmachung des brachliegenden wertvollen Landes zu werben." In „reizvollen Bildern" porträtierten sie landwirtschaftliche Einrichtungen, zeigten den Aufbau von Städten und präsentierten berühmte Kulturgüter wie „die Ruinen des Herodes-Tempels von Sebastia" und historische Orte wie Jerusalem, um dem Publikum in Deutschland „einen interessanten Überblick über die wirtschaftliche und kulturelle Bedeutung Palästinas" zu vermitteln und so die zionistische Besiedelung des Landes zu unterstützen.[8] Einer der ersten Filme, der das deutsche und deutsch-jüdische Publikum mit dem Leben und dem Aufbau in Palästina bekannt machte, war *Shivat Zion* (*The Return of Zion*, Palästina/D 1921, R: Yaacov Ben Dov). Der Film wurde im September 1921 beim 12. Zionistischen Kongress in Karlsbad mit großem Erfolg vorgeführt. Alle Vorbehalte gegenüber dem Einsatz des relativ neuen Mediums für die zionistische Sache waren wie weggefegt und noch bevor der Kongress zu Ende war, hatte der Jüdische Nationalfonds von Regisseur Ben Dov die Rechte für den Verleih des Films erworben.[9] Ein später prominenter Kinogänger, der *Shivat Zion* bei einer der vom Nationalfonds organisierten Kinovorführungen sah, war Fanz Kafka.[10] Am 23. Oktober 1921 notierte der Schriftsteller in sein Tagebuch: „Nachmittag Palästinafilm". An diesem Sonntag war *Shivat Zion* in zwei privaten Vorführungen in Prag zu sehen gewesen.[11] In einem Bericht der jüdischen Zeitung *Selbstwehr* heißt es über den Film und die Veranstaltung:

> Man applaudierte herzlich und stürmisch den Filmbildern, man applaudierte Jabutinsky, wie er im Kerker zu Akko Zigaretten rauchte, man applaudierte

8 Ebd.

9 Hillel Tryster: *Israel before Israel. Silent Cinema in the Holy Land.* Jerusalem: Steven Spielberg Jewish Film Archive 1995, S. 72.

10 Vgl. Ronny Loewy: ‚Nur in geschlossenen Veranstaltungen vor Angehörigen der jüdischen Rasse'. Palästina-Filme im Jüdischen Kulturbund 1935–1938. In: Peter Zimmermann / Kay Hoffmann (Hrsg.): *Geschichte des dokumentarischen Films in Deutschland*, Bd. 3: ‚Drittes Reich' 1933–1945. Stuttgart: Reclam 2005, S. 431–438, hier S. 433.

11 Hanns Zischler: *Kafka geht ins Kino.* Reinbek: Rowohlt 1998, S. 145.

Lord Churchill, Herbert Samuel, man beklatschte die jüdische Legion auf dem Marsche und jubelte unseren Führern zu, und auch der alte Rabbi Meir erhielt seinen Applaustribut. Der Film ist sehr geschickt und geschmackvoll gemacht, er bringt schöne Bilder vom neuen Leben in Palästina, in reicher Abwechslung von Stadt und Land, Fest und Alltag, Politik und Arbeit. Man sieht das Erfreulichste unserer Siedlung, die neue jüdische Jugend, Mädchen und Knaben, und das Heroischste, die Chaluzim bei ihrer Arbeit und bei ihrer Erholung. Die Vorstellung zeigte, wie wichtig derartige Vorführungen für unsere Sache wären, wie man durch solche Bilder der Wirklichkeit Palästinas weit näher kommt als durch alle Berichte. Es wäre zu wünschen, daß ein Weg gefunden wird, derartige Veranstaltungen möglichst oft zu wiederholen oder sie gar zu einer ständigen Einrichtung zu machen.[12]

Der Bericht zeigt, wie wichtig die Filmberichte aus Palästina zur Information über die aktuelle Situation im Land waren und mit welch großer Anteilnahme Juden in Europa das zionistische Projekt verfolgten. Er macht aber auch deutlich, dass die Werbung für die zionistische Sache keinesfalls auf unkritische Augen und Ohren traf. Die ironische Beschreibung der an politischen Auseinandersetzungen im britischen Mandatsgebiet beteiligten prominenten Protagonisten macht deutlich, dass man sich der Intention solcher Filme durchaus bewusst war. Beeindruckender als deren am Charakter der Wochenschauen jener Zeit orientierten Bilder scheinen denn auch vielmehr die Einblicke in das Leben, den Alltag und die Arbeit im vorstaatlichen Palästina gewesen zu sein. Der keineswegs besonders künstlerisch gestaltete Film diente somit als Fenster zu einer Welt, die nah und fern zugleich den Duft der Utopie atmete und einen möglichen Ort für die Projektion der Wünsche und Sehnsüchte europäischer Juden darstellte. Über Kafkas Aufnahme dieses konkreten Films ist wenig bekannt, doch die aus seinen Briefen und Aufzeichnungen herauszulesende Einstellung zum zionistischen Aufbau in Palästina verdeutlicht gerade diese – durch den besonderen Eindruck der über die Leinwand flimmernden, gleichzeitig konkreten und ephemeren Bilder verstärkte – Wahrnehmung des Landes als Ort unstillbarer Sehnsüchte. Diese waren eng verknüpft mit der Idee der Auswanderung, dem Bild des Pioniers, der sein altes Leben hinter sich lässt; ein Bild, das auch bei Kafka unschwer als Umwertung und Revision des antisemitischen Zerrbildes des ewig wandernden Juden zu erkennen ist. Die Auswanderung, schreibt Kafka in einem Brief an seine Schwester

12 Zit. n. Zischler: *Kafka geht ins Kino*, S. 147–148.

bewundernd und ehrfürchtig, sei „etwas Ungeheures, seine Familie auf den Rücken zu nehmen und durch das Meer nach Palästina zu tragen. Daß so viele es tun von seiner Art, ist kein kleineres Meerwunder als jenes im Schilfmeer.“[13] Deutlich ist in diesen Zeilen erkennbar, wie Kafka das Bild des zur Wanderschaft gezwungenen Juden Ahasver mit dem Motiv des Exodus überblendet und damit das in den Palästina-Filmen dominante Reise- und Auswanderungsnarrativ an seine beiden Pole innerhalb der jüdischen Identität zurückbindet, die ursprünglich religiös und nun politisch konnotierte Hoffnung auf ein eigenes, gelobtes Land auf der einen und den Antisemitismus und die Erfahrung der Verfolgung und der Vertreibung auf der anderen Seite.

Für Kafka aber ist Palästina, anders als die konkrete Verheißung der zionistischen Filme, ein unerreichbares Versprechen im Aufschub. Hanns Zischler hat diesen Aspekt in seinem Buch *Kafka geht ins Kino* mit dem Medium Film in enge Beziehung gesetzt: „Palästina bleibt für Kafka ein uneinholbares, unbetretbares Terrain, zum Greifen nah und fern – ein imaginärer Raum, ein Film.“[14] Nicht zufällig erinnert Zischlers Beschreibung vor allem als Echo der oben zitierten Briefstelle an Moses, der das gelobte Land nach der vierzigjährigen Wüstenwanderung nicht betreten durfte, und ruft erneut das Bild des Aufschubs auf, das der Idee des israelischen Kinos als eines Kinos im Werden eng verwandt ist. Als imaginärer Raum kann der Film eine raum-zeitliche Topographie entwerfen, die mit den Wünschen und Sehnsüchten der Zuschauer gefüllt wird. Die als Reise- und Aufbaufilme konzipierten Palästinafilme stellten eine solche Topographie bereit. Gleichzeitig lesen sich die von Zischler zusammengestellten Passagen zu Palästina aus Kafkas Aufzeichnungen und Briefen ebenfalls wie filmische Räume: „Ich sah, daß wenn ich irgendwie weiterleben wollte“, schrieb Kafka in seinen letzten Lebensmonaten aus Berlin, „ich etwas ganz Radikales tun müßte und wollte nach Palästina fahren. Ich wäre ja dazu gewiß nicht imstande gewesen, bin auch ziemlich unvorbereitet in hebräischer und anderer Hinsicht, aber irgendeine Hoffnung mußte ich mir machen.“[15] Und schließlich, so Zischler, wird Berlin zu Kafkas Palästina, so wie die Stadt auch trotz der sich

13 Zit. n. ebd., S. 150.

14 Ebd., S. 153.

15 Zit. n. ebd., S. 152.

anbahnenden Katastrophe, der systematischen Ermordung der europäischen Juden durch die Nationalsozialisten, ein Sehnsuchtsort deutsch-jüdischer Geschichte und Identität blieb: „Ich fing an", so Kafka, „die Möglichkeit zu denken nach Berlin zu übersiedeln. Diese Möglichkeit war damals nicht viel stärker als die Palästinensische, dann wurde sie doch stärker."[16] Berlin und Israel, beide Orte gingen später eine, in besonderer Weise auch filmisch vollzogene, spannungsvolle Verbindung ein: Übergänge zwischen beiden in *Walk on Water*, der Zwischenraum zwischen Berlin und Jerualem in Amos Gitais Film *Berlin-Jerusalem* (IL 1989) oder die Montage von Berlin und Tel Aviv zu einer rein filmisch evozierten Stadt zu Beginn und am Ende von Julia von Heinz' Film *Hannas Reise* (D/IL 2013).

Der Zwischenraum, den auch die deutsch-israelischen Filmbegegnungen immer wieder durchleuchten, war denn auch schließlich der Ort, an dem sich Kafka selbst wiederfand: „Dieses Grenzland zwischen Einsamkeit und Gemeinschaft habe ich nur äußerst selten überschritten, ich habe mich darin sogar mehr angesiedelt als in der Einsamkeit selbst."[17]

Verheißung im Kino

Kafkas Begegnung mit *Shivat Zion* verdeutlicht, insbesondere im Zusammenspiel mit seinen Gedanken über Palästina und den Zionismus, dass die eigentlich für Werbe- und Propagandazwecke hergestellten Filme immer auch imaginative Vorstellungsräume eröffneten, welche insbesondere durch ihren Charakter als Reisefilme und Ansichten geprägt waren. Ein prototypischer Vertreter dieser Filme ist Juda Lemans *The Land of Promise* (*Das Land der Verheißung*, USA/Palästina 1934/35), der in Deutschland seine Premiere feierte und dann insbesondere durch den amerikanischen Verleih zu einem ikonischen Palästinafilm wurde, aus dem sich noch heute Dokumentarfilme über die Zeit vor der Staatsgründung bedienen.[18] Leman, geboren 1899, war in den 1920er Jahren aus der Gegend um Kutno nach Hannover gekommen und hatte dort

16 Zit. n. Zischler: *Kafka geht ins Kino*, S. 152..

17 Zit. n. ebd., S. 153.

18 Hillel Tryster: 'The Land of Promise' (1935). A Case Study in Zionist Film Propaganda. In: *Historical Journey of Film, Radio and Television* 15,2 (1995), S. 187–217, hier S. 188.

Kinovorstellungen organisiert. Er war involviert in die Produktion und Verbreitung von Kulturfilmen, u. a. war er maßgeblich an dem Filmprojekt *Deutschland zwischen Gestern und Heute* (D 1932–1934) von Wilfried Basse, später einer der Kameramänner bei Leni Riefenstahls *Olympia*-Filmen (D 1936–1938), beteiligt.[19] Leman war aber auch für das Planetarium in Hannover tätig gewesen,[20] hatte publiziert und u. a. Albert Einsteins Relativitätstheorie ins Jiddische übersetzt, mit dem er gemeinsam studiert hatte.[21]
Im Mai 1934 war Leman zu den Vorbereitungen des „ersten Palästina Tonfilms" hinzugestoßen, nur wenige Tage, bevor die Dreharbeiten mit Kameramann Charles W. Herbert in der Altstadt von Jerusalem begannen.[22] Empfohlen hatte ihn Albert Brenner, ebenfalls ein Einwanderer aus Berlin, der bereits seit den 1920er Jahren in die zionistische Filmarbeit involviert und u. a. als Direktor der Film- und Propagandaabteilung des Jüdischen Nationalfonds tätig gewesen war.[23]
Neben Leman, der offiziell als Regisseur und Cutter des Films verantwortlich zeichnete, war *The Land of Promise* aber vor allem auf die Initiative seines Produktionsleiters und ‚Autors' Leo Hermann zurückzuführen. Auch Herrmann, ein führender Vertreter des *Keren Hayesod*, war aus Deutschland nach Palästina gekommen und hatte sich dort für den zionistischen Aufbau engagiert.[24]

> Vordergründig als Reisebericht angelegt, dokumentiert der Film das gesamte zionistische Siedlungsprojekt in Palästina. Der Erwerb von handwerklichen, industriellen oder landwirtschaftlichen Fertigkeiten wird als Teil einer umfassenden Kampagne gezeigt, die die Ansiedlung und Investitionen im „Heimatland der Juden" ermutigen soll. Die zionistischen Siedler in Palästina werden als Vorbilder einer energischen Modernität und Produktivität porträtiert.[25]

Bereits im Vorspann von *The Land of Promise* wird zur Beteiligung am Aufbau von Eretz Israel aufgerufen, und am Ende ist zu lesen:

19 Hillel Tryster: "Associated with One of the Local Lots". In Search of Juda Leman. In: *Filmexil* 11 (1998), S. 61–75, hier S. 62.

20 Ebd., S. 70

21 Ebd., S. 62.

22 Tryster: The Land of Promise, S. 193, 195.

23 Vgl. ebd., S. 194; vgl. Tryster: *Israel before Israel*, S. 80.

24 Tryster: The Land of Promise, S. 193.

25 Ronny Loewy: Bilder vom Aufbau der Jüdischen Heimstätte. In: *Filmblatt* 18 (2002), S. 12–16, hier S. 14.

„Unsere Bewegung weist den Juden den Weg in die Freiheit." In seinem narrativen Aufbau gehört der Film ebenfalls dem Genre der Reisefilme an, er orientierte sich aber auch an „jenen frühen dokumentarischen Tonfilmen, die in einer der Filmmusik folgenden Montage eine moderne und kreative Erneuerung des Films sahen."[26] Im Vorspann heißt es entsprechend, als Stellungnahme des Produktionsleiters Leo Herrmann ausgewiesen, dass in dem Film „das jüdische Leben in einer Form gefangen ist, die Wahrheit und Kunst vermählt".

Der Film beginnt mit einer 1934 bereits klassischen Montage. Nach einem Zwischentitel, in dem es heißt, Juden seien heute in der Welt wieder ohne Heimat, folgten Aufnahmen von Bewohnern der Gegend, die durch traditionelle Kleidung gekennzeichnet werden, und eine Reihe von Landschaftsaufnahmen der Wüste. Dann zeigen die Filmbilder Begegnungen mit dem Land und seinen Menschen. Zu sehen sind Einheimische bei der landwirtschaftlichen Arbeit, eine hölzerne Wassermühle, die von einem Kamel angetrieben wird, muslimische Gebete und eine Moschee. Die Szenen bekommen durch Kommentar und Montage einen ambivalenten Charakter. Zum einen entsprechen sie dem neugierigen Blick des Reisenden, der auf diese Weise eine ihm fremde Welt ‚entdecken' kann. Zum anderen werden die Aufnahmen in einen spezifischen Diskurs über Rückschrittlichkeit und Primitivität eingeordnet, der durch den Kommentar vorgegeben wird. Diese Ambivalenz setzt sich auch in der folgenden Montage fort. Zu sehen ist nun die Altstadt von Jerusalem, „unverändert durch die Jahrhunderte", wie der Kommentar anmerkt. Straßen- und Menschenaufnahmen („heute so, wie das Mittelalter sie sah") stehen neben Aufnahmen von Handwerksarbeit, einem Basar mit Wasserpfeifen und den bekannten Sehenswürdigkeiten der Stadt, dem „Heiligtum für drei große Religionen": mit dem Felsendom „auf dem Berge Moriah" für Muslime, den Kirchen (mit Orgelmusikmotiven untermalt) und der Via Dolorosa für die Christen. Dann erklärt der Kommentar die jüdische Beziehung mit der Stadt und dem Land betonend: „doch weitaus älter sind die Erinnerungen, die das jüdische Volk mit Palästina verbindet, die Geburtsstätte seiner Religion und seines Volkes". Gezeigt werden daraufhin Sephardim, orientalische

26 Loewy: ‚Nur in geschlossenen Veranstaltungen', S. 433.

Juden, die als Minderheit über die Jahrhunderte in Jerusalem lebten und „seit alters her zum Bild Palästinas“ gehörten. Juden aus dem Jemen werden als von der „unermesslichen Tradition der jüdischen Vergangenheit“ erfüllt beschrieben. Gezeigt wird ein betendes jeminitisches Kind. Wieder sind Sehenswürdigkeiten zu sehen, beispielsweise das Grab einer der jüdischen Stammmütter Rahel, und Aufnahmen von der Klagemauer. Deutlich erkennbar verbindet sich auch hier der touristische Blick, der das Land und seine historischen und religiösen Stätten dem Publikum näher bringen soll, mit einem informativen Gestus (dem Bericht über die historischen und religiösen Ursprünge), der rhetorischen Figur jüdischer Bindung zum Land und gleichzeitig der beginnenden Gegenüberstellung von Tradition und Moderne, ‚dem Alten‘ und ‚dem Neuen‘. Über eine Aufnahme der Wellen des Meeres wird ein Zitat aus Jesaja 43,6 eingeblendet: „Lass kommen meine Söhne von fern meine Töchter vom Erdenrand“. Dies ist der Auftakt zu einer weiteren klassischen Montagesequenz, die das Thema Einwanderung zum Gegenstand hat und der Tradition (und der damit verbundenen Primitivität) der Anfangssequenz kontrastiv gegenüber gestellt wird. Tanzende und singende Juden sind auf einem Einwandererschiff zu sehen, die Aufnahmen werden in Großaufnahmen von Füßen, klatschenden und singenden Menschen und ihren Gesichtern aufgelöst. „Pioniere und Flüchtlinge aus Ländern, in denen sie nicht erwünscht sind“, werden als Symbol eines Neubeginns inszeniert, für den als Bild das Meer steht, das die Neueinwanderer_innen an die Küste des gelobten Landes spült. Die Vergangenheit, das macht schon dieser Film aus dem Jahr 1934 unmissverständlich deutlich, wird an dieser Küste zurückgelassen: „Gestern: Gefangene des Ghettos, Opfer trügerischer Religionen. Morgen: marschieren sie [die Neueinwander_innen] zur Arbeit in jüdischen Siedlungen“ und bringen dem Boden „seine verlorene Fruchtbarkeit zurück“.

Es folgen Aufnahmen von Haifa, Tel Aviv, Siedlungen, singende und marschierende junge Menschen in einer landwirtschaftlichen Siedlung mit Schaufeln und Hacken. Arbeitende Juden, im Vordergrund ein Beduine mit seinem Kamel; immer wieder werden diese Kontrastbilder eingeflochten, um den Gegensatz zwischen Altem und Neuem zu gestalten – ein Motiv, das bereits im jungen sowjetischen Kino ein zentrales Gestaltungsprinzip war. Ein anderer Komplex ist die Arbeit, die neben *The Land of Promise* auch die anderen zionistischen Filme jener Jahre dominiert. Die Aufnahmen werden aufgelöst in Großaufnahmen von Gesichtern, oft in Untersicht oder von schrägen Perspektiven gefilmt. Auch hier zeigt sich stilistisch wieder der Einfluss des sowjetischen Revolutionsfilms wie auch der europäischen Avantgarde. Wie in deren Filmen verschmelzen auch hier Aufnahmen von Maschinen und dramatische Musik. Bis hin zum Bild des sprudelnden Wassers findet sich in *The Land of Promise* eine auf Fortschrittsmotiven basierende Montagetechnik.

Ein weiterer Komplex ist das Leben im Kibbutz. Diese kollektive Form landwirtschaftlicher Vereinigung prägte wie keine andere die vorstaatliche jüdische Gesellschaft in Palästina und die ersten Jahrzehnte nach der Staatsgründung. Obwohl die Kibbutzim immer nur einen kleinen Teil der israelischen Gesellschaft und Ökonomie ausmachten, waren es gerade die frühen zionistischen Filme, die das Konzept in die Welt trugen und so zu einem Sinnbild des Aufbaus und der Realisierung einer Utopie machten: Arbeiten, Essen, Singen und Feiern, aufmerksam zuhörende Gesichter, Applaus, Alltagshandlungen; aus diesen Handlungen und Situationen setzen sich die Kibbutzszenen zusammen und prägen so das Bild des jüdischen Alltags in Palästina.

Ergänzt wird der Blick auf das Land durch einen Bericht über den Aufbau einer neuen Stadt: Tel Aviv. In einem Panoramaschwenk blickt die Kamera über die Stadt, „immer noch im Wachsen". Es folgen Bilder des Aufbaus, Straßenaufnahmen, Fahrräder, Autos, die – in Anlehnung an Versuche der europäischen Filmavantgarde, beispielsweise Walter Ruttmanns *Berlin. Die Symphonie der Großstadt* (D 1927) – schnell aneinander montiert werden und so Modernismus und Geschwindigkeit evozieren.

Nach einer Montagesequenz mit Geschäften und Fabriken folgen zunächst Aufnahmen von religiösem Leben und dann von Freizeitgestaltung, beispielsweise Panoramaschwenks über den vollen Tel Aviver Strand, und das Meer in der Abendsonne. Wieder verbinden sich der touristische Blick und die Intention der an der Produktion beteiligten jüdischen Organisationen, für den Aufbau des jüdischen Lebens zu werben und zur (finanziellen) Unterstützung zu motivieren.

Eine ähnliche Mischung der Adressierung prägt auch die folgende Sequenz über Jerusalem: „Neues Jerusalem außerhalb der Altstadt" heißt es im Kommentar. Gezeigt wird das Gebäude der Jewish Agency und anderer Aufbaufonds. Dies leitet über zur Schlusssequenz. Zu sehen ist die Großaufnahme eines Buches mit hebräischer Schrift, die mit einer deutschen Übersetzung überblendet wird: „Ein Geschlecht vergeht. Das andere kommt; die Erde aber bleibt ewiglich." Der Kommentar fasst die doppelte Adressierung zusammen. Es geht um das Kommende in doppeltem Sinne, das Kommen einer neuen Gesellschaft in einem werdenden Staat und das Kommen der Menschen, die das alte und neue Land sehen und kennenlernen sollen. Auf die Aufnahme des Buches werden noch einmal Bilder aus dem Film projiziert: vom Aufbau, der Klagemauer, Jugendlichen, Kindern, Reden, Politikern, Gesang, Alltagsleben und feierlichen Festen. Propagandaanspruch und der visuelle Stil des Reisefilms verschmelzen in dieser Schlussmontage.

> Die Aktion des Pioniers, die Körperlichkeit des Siedlers, der den Aufbau seines Gemeinwesens selbst in die Hand nimmt, der ‚Muskeljude', gehört zur Ikonografie dieser Filme ebenso wie das Bekanntwerden mit den fremden wie beschwerlichen landwirtschaftlichen und klimatischen Voraussetzungen, obendrein in einem orientalischen Ambiente.[27]

Der Film war als Koproduktion von Unternehmen und Einrichtungen aus drei Ländern entstanden, der Urim Palestine Film Company in Jerusalem, dem Unternehmen Fox Movietone aus New York und der Palästina-Filmstelle in Berlin.[28] *The Land of Promise* wurde im August 1935 auf dem Filmfestival in Venedig einem internationalen Publikum präsentiert. Auf dem Festival liefen auch Helmar Lerskis *Avodah* und Leni Riefenstahls Film über den Nürnberger NSDAP-Parteitag *Triumph des Willens*.[29] Ronny Loewy bewertet *The Land of Promise* als „Ausnahmefall". Er unterscheide sich auch in seiner Ästhetik „prinzipiell vom Arbeits- und Körperkult aus der frühen Sowjetunion und mehr noch vom Kult des blanken Muskels in den deutschen Filmen der Leni Riefenstahl", nicht zuletzt weil er – wie die damalige zionistische Idee – auch einen Modus repräsentierte, „erhobenen Hauptes eine Existenz mit Verfallsdatum in ‚Nazideutschland' noch für sich zu behaupten. Auch das gehört zu einer ‚Minima Moralia' derer, die dem Zwang

27 Loewy: ‚Nur in geschlossenen Veranstaltungen', S. 435.

28 Vgl. Loewy: Bilder vom Aufbau der Jüdischen Heimstätte, S. 14.

29 Vgl. Tryster: The Land of Promise, S. 205.

der Verhältnisse durch den Sprung in ‚das Land der Verheißung' entronnen sind und mithin auch die Überlebensschuld der sich ins ‚Paradies' Geretteten reflektieren."[30]

Nach der Fertigstellung von *The Land of Promise* emigrierte der Regisseur Juda Leman trotz bürokratischer Schwierigkeiten weiter in die USA.[31] Dort war er als Autor für die Paramount Studios tätig, schrieb seit den 1950er Jahren für Fernsehen und Theater und starb, nach zwei Herzinfarkten in den 1940er Jahren, im Jahr 1975.[32] Wie Leman waren zahlreiche jüdische Filmleute nach Palästina gereist, um dort Zuflucht vor den Nationalsozialisten zu finden und Filme zu machen. Dort geblieben waren Erich Brock und Walter Kristeller, die zuvor bei der Ufa in Babelsberg gearbeitet hatten und 1933 nach Palästina gekommen waren. Sie realisierten 1934 den Film *Emek Zevulun* (*Das Tal von Zevulun*, Palästina 1934) über das berühmte gleichnamige biblische Tal. Hitler und der Machtantritt der Nationalsozialisten wurden in dem Film sogar explizit angesprochen.[33] Jack Levy, ebenfalls ein Emigrant aus Deutschland, drehte den Film *Das neue Palästina* (D 1934), der, wie Hillel Tryster anmerkt, nicht mehr länger das Sammeln von Unterstützungsspenden zum Ziel hatte, sondern das Publikum explizit dazu aufrief, nach Palästina zu kommen.[34]

Tryster berichtet aber auch die außerordentliche Geschichte von Friedrich Otto Dunkel, der 1935 nach Palästina emigrierte. Dunkel war ein in Erfurt geborener, protestantischer Deutscher, der seit 1911 als Filmproduzent in Berlin gearbeitet hatte, mit einer Jüdin verheiratet war und bei Filmaufnahmen für die Wahlkampagne mitgearbeitet hatte, die die Nazis an die Macht gebracht hatte. Schon während des Ersten Weltkriegs war Dunkel als Pilot der deutschen Luftwaffe erstmals im damals osmanisch verwalteten Palästina gewesen. Nun, Mitte der 1930er Jahre, beschloss er, seine durch die rassistische Gesetzgebung und antisemitische Verfolgung in Deutschland bedrohte Frau Cyla Andermann dorthin zu begleiten. Aufgrund seiner finanziell gut gestellten Situation war es Dunkel möglich, ein Palästinazertifikat zu erwerben, das ihnen die Einreise

30 Loewy: ‚Nur in geschlossenen Veranstaltungen', S. 435.

31 Vgl. Tryster: „Associated with One of the Local Lots", S. 66.

32 Vgl. ebd., S. 68.

33 Vgl. Tryster: *Israel before Israel*, S. 171.

34 Vgl. ebd.

in das britische Mandatsgebiet erlaubte.[35] Dunkel gelang es auch, die von den Nazis erlassenen Ausfuhrbestimmungen von Vermögen zu umgehen, indem er die Gestapo überlistete und sich von den nichtsahnenden Beamten mitsamt seinem Barvermögen über die Schweizer Grenze eskortieren ließ.[36] Schließlich in Tel Aviv angekommen gründete Dunkel eine Filmproduktionsfirma und verhalf weiteren verfolgten Filmemachern zur Einwanderung. Mit dem Film *They Find a Home* (o. A.) realisierte Dunkel eine explizite filmische Anklage gegen das Naziregime.[37] Nach der Staatsgründung starb Dunkel im Mai 1948 an einem Herzinfarkt, als er während eines ägyptischen Luftangriffs versuchte, seine Tochter zu retten (nachdem er sich, wie Tryster beschreibt, zuvor aus Abenteuerlust nicht in Sicherheit gebracht hatte, sondern auf das Dach seines Hauses gelaufen war). Dunkel wurde schließlich auf dem katholischen Friedhof in Jaffa, nahe der Küstenstadt Tel Aviv, beigesetzt.[38]

Unterbrochene Beziehungen

Mit der Machtübernahme der Nationalsozialisten im Januar 1933 und der zunehmenden Diskriminierung und Verfolgung der Juden im Deutschen Reich und in den später von Deutschland besetzten Ländern waren die Filmbeziehungen zum vorstaatlichen Palästina weitgehend zum Erliegen gekommen. Das Mandatsgebiet wurde zum Zufluchtsland für deutsche und österreichische Juden, denen es noch vor Kriegsbeginn im September 1939 möglich gewesen war, auf den unterschiedlichsten Wegen nach Eretz Israel zu gelangen. Dennoch lässt sich auch für die Nazizeit ein Kapitel deutsch-israelischer Filmgeschichte schreiben. Während bis Mitte der 1930er Jahre noch Filmprojekte wie die von Helmar Lerski in Palästina realisiert werden konnten, Projekte, die oft zum Beginn einer dauerhaften Emigration aus Deutschland wurden, kamen auch im von den Nazis kontrollierten Deutschen Reich noch Ansichten vom ‚Gelobten Land' auf die Leinwand. Der Grund dafür war eine Ausnahmeregelung. Filme zionistischer Organisationen durften noch bis Ende der 1930er Jahre in geschlossenen, jüdischen

35 Vgl. ebd., S. 175.
36 Vgl. ebd., S. 176.
37 Vgl. ebd., S. 177.
38 Vgl. ebd., S. 178.

Veranstaltungen in Deutschland gezeigt werden. Der Grund dafür war, dass noch bis Kriegsbeginn die Tendenz innerhalb der antijüdischen NS-Politik vorherrschte, die jüdische Bevölkerung zur Auswanderung zu zwingen, natürlich nicht ohne den entrechteten Ex-Bürgern zuvor noch ihr Vermögen und Eigentum zu nehmen. Palästina war für Juden in Deutschland und Österreich ein mögliches Fluchtziel, allerdings wurde die Einwanderung von den britischen Mandatsbehörden stark kontrolliert, so dass nur wenige dieses Ziel tatsächlich erreichten.

In geschlossenen Vorführungen wurden aber jene Filmaufnahmen weiterhin vorgeführt, die im Auftrag zionistischer Organisationen in den 1920er und frühen 1930er Jahren in Palästina hergestellt worden waren. Dazu wurden die alten Fundraising- und Werbefilme neu zusammengeschnitten. Insgesamt 14 Filme kamen so zwischen 1933 und 1938 auf die Leinwand; mit der Einschränkung, dass es sich um „Vorführung nur in geschlossenen Veranstaltungen der jüdischen Gemeinden vor Angehörigen der jüdischen Rasse" handeln durfte.[39] Bearbeitet und verliehen wurden die Filme vom „Kulturbund deutscher Juden", der 1933 auf Betreiben von NS-Verantwortlichen gegründet worden war und vom Propagandaministerium kontrolliert wurde.

Einer der Filme, die im Rahmen von Veranstaltungen des Kulturbundes in verschiedenen Städten gezeigt wurden, war *The Land of Promise*, der zeitgleich in Berlin, Hamburg und Breslau uraufgeführt wurde. Der Film wurde zuerst in einer deutschsprachigen Version produziert und vertrieben, bevor eine internationale englischsprachige Version hergestellt wurde. Der Grund dafür war neben dem Interesse, dem jüdischen Publikum in Deutschland einen potentiellen Ort zur Auswanderung zu präsentieren, insbesondere die Herkunft von Regisseur Leman und Produktionsleiter Hermann, die auch die deutsche Sprache miteinander teilten.[40]

Organisiert hatte die Veranstaltungen, auf denen *The Land of Promise* gezeigt wurde, die extra zum Zweck der Filmdistribution und -vorführung im ‚Dritten Reich' gegründete Palästina-Filmstelle der Zionistischen Vereinigung für Deutschland.[41] Der Film wurde im

39 Loewy: ‚Nur in geschlossenen Veranstaltungen', S. 431.

40 Vgl. Tryster: The Land of Promise, S. 204.

41 Loewy: ‚Nur in geschlossenen Veranstaltungen', S. 432.

Anschluss an die erfolgreichen Premieren in nahezu jeder deutschen Stadt mit mehr als 200 jüdischen Einwohnern gezeigt.[42]
Die Palästina-Filmstelle koordinierte seit Mitte der 1930er Jahre nicht nur die Aufführung bereits bestehender Filme in Nazi-Deutschland. Sie begann auch damit, aus den alten Palästinafilmen neue Filme zusammenzustellen.[43] *The Land of Promise* gehörte dabei zu den wichtigsten Quellen. Hillel Tryster hat darauf aufmerksam gemacht, dass sich mindestens zwei der von der Palästina-Filmstelle in Nazi-Deutschland neu kompilierten Filme auf Material aus diesem Film stützten: *Hatikwa: Dokumente einer Hoffnung* (D 1937, R: Georg Engel) und *Der neue Weg* (D 1938, R: Georg Engel).[44] Georg Engel war Cutter bei der Ufa gewesen und konnte sich für die neuen Auftragsproduktionen aus dem Material der in Berlin gelagerten zionistischen Filme bedienen.[45] Er folgte dabei weitgehend den narrativen Vorgaben früherer Palästinafilme, deren Ziel es war, den Aufbau zu zeigen und dabei dem Publikum auch ein Bild des Landes zu vermitteln.
Der neue Weg, von der Palästina-Filmstelle der Zionistischen Vereinigung für den Reichsverband der jüdischen Kulturbünde produziert und von Engel kompiliert, verwendete neben Bildern aus *The Land of Promise* beispielsweise auch Aufnahmen, die der Filmpionier Nathan Axelrod in Palästina gemacht hatte. Axelrod, der aus Russland nach Palästina gekommen war, hatte 1927 die erste Kino-Wochenschau des Landes *Moledet* und 1935 die Ton-Wochenschau *Carmel Weekly* gegründet, aus deren Material sich viele zionistische Kompilationsfilme bedienten.[46]
Der neue Weg hatte offensichtlich zum Ziel, den Aufbau des Landes zu propagieren. Er beginnt mit dem Bild eines großen Baggers, der Massen von Erde verschiebt. Darauf folgt eine Montage von Maschinen und ihrer dynamischen Bewegung vor dem Hintergrund aktivierender Musik, dann sind Arbeiter beim Aufbau zu sehen. Wiederum im Stile der Avantgarde und des sowjetischen Films

42 Tryster: The Land of Promise, S. 204.

43 Tryster: *Israel before Israel*, S. 174.

44 Tryster: The Land of Promise, S. 209.

45 Tryster: *Israel before Israel*, S. 174.

46 Jan-Christopher Horak: Zionist Film Propaganda in Nazi Germany. In: *Historical Journal of Film, Radio and Televsion* 4,1 (1984), S. 49–58, hier S. 50.

dominieren Nah- und Detailaufnahmen, die von Engel schnell und dynamisch aneinander montiert werden.
Wie in *The Land of Promise* wurden auch in *Der neue Weg* die beiden Städte Tel Aviv und Jerusalem porträtiert, u. a. durch schnelle und belebte Fahraufnahmen. Die Hebräische Universität und die Jewish Agency, Haifa und eine Rede von Präsident Chaim Weizmann beim Pflanzen neuer Setzlinge wurden ebenfalls eingeschnitten. Die narrative Struktur des Films intensivierte Engel durch erklärende Zwischentitel, meist künstlerisch gestaltete Schriftzüge auf Fotografien oder Bildern. Auf der Tonebene sind hingegen zumeist Musik oder jüdisch-hebräische Lieder und Gesänge zu hören.
Auf visueller Ebene wechseln sich dokumentarische Aufnahmen mit poetisch-allegorischen Bildern, insbesondere Natur- und Landschaftsaufnahmen, ab, die durch die Montage in einen bestimmten thematischen und erzählerischen Zusammenhang gebracht werden. Engel bediente sich dabei auch verschiedener Filmtricks, so intensivierte er beispielsweise Naturaufnahmen durch den Einsatz eines schnellen Vorlaufs, womit der Film zum Thema „Unruhen" überleitet und eine Montage von Militärbildern, Waldbränden, dem Wachturm einer Siedlung und bewaffneten jüdischen Kämpfer bei der Wache anschließt. Gewidmet wird diese Passage dem Gedenken an „teure Söhne des Yischuw", wobei ein Name besonders hervorgehoben wird: „Hier fiel Chajim Brock, ein Chaluz aus Deutschland, dessen Name im Kampf um den Aufbau Erez Jisraels unvergessen bleiben wird." Die Adressierung des deutsch-jüdischen Publikums wird durch diesen Einschub besonders deutlich.
Vom verlustreichen Kampf schneidet der Film dann wieder zum Aufbau und intensiviert durch entsprechende Lieder den appellierenden Charakter, womit ein fortgesetzter Wille zum Aufbau vermittelt wird. Wieder sind arbeitende Menschen zu sehen und Großaufnahmen von Füßen und Gesichtern. Ganze Szenenfolgen stammen in dieser Sequenz aus *The Land of Promise*. Dann folgt ein Schwenk über den Strand von Tel Aviv und das Meer. Ein Steg wird gebaut, Boote liegen am Hafen. Besuch eines britischen Politikers. Der „ehemalige High Commissioner spricht" in unübersetztem Englisch. Von diesen klassischen Wochenschaubildern wechselt die Montage nach Galiläa und zum Kinneret, dem See Genezareth. In diesen Szenen vermischen sich wieder der touristische Blick auf das Land und die Aufbauästhetik, Elemente des Reise- und des

Propagandafilms. Gezeigt werden Aufbau und Bewirtschaftung des Landes, zu sehen ist – aus Informationsgründen – auch eine animierte Karte, auf der die Region mit einem beweglichen Pfeil markiert ist. Aufnahmen von Tiberias und vom Jordan wechseln sich mit Denkmälern, Gräbern und traditionellen jüdischen Stätten, aber auch mit Aufnahmen ab, die Neuerungen und Modernisierung (z.B. Wasserleitungen) zeigen. Exemplarisch wird über den Siedlungsbau berichtet: jede Siedlung wurde an einem einzigen Tag errichtet, die Gebäude schon vorher in bestehenden Siedlungen fertiggestellt und dann aus Fertigbauteilen zusammengesetzt. Zu sehen sind die Aufrichtung und Fertigstellung des Wachtturms, Anbringung der Stromversorgung und der Lichtmaschine für die Scheinwerfer.

Aber auch das Thema Kultur wird angesprochen: „Keimt wieder das Leben der jüdischen Kultur." Dazu sind Aufnahmen von Gesichtern und Büchern zu sehen und Gesang zu hören. Doch schnell folgen wieder Bilder von Landmaschinen, dramatische Musik und arbeitende Menschen. Offensichtlich soll der Verweis auf die Wiederrichtung (jüdischer) Kultur den deutschen Juden den Schritt nach Palästina erleichtern, gleichzeitig wird aber auch die damalige und spätere Gewichtung zwischen Arbeit und Kultur im zionistischen Projekt durch die Montagefolge deutlich. Schließlich heißt es: „Viel wurde erreicht". Wie in *The Land of Promise* werden auch am Ende von *Der neue Weg* Bilder und Aufnahmen aus dem Film wiederholt. Dann werden Filmaufnahmen von Jugendlichen und Bilder des Siedlungsbaus in einer langen Montage über Bilder marschierender Arbeiter_innen und eine israelische Fahne geblendet.

Der neue Weg war der letzte Film, der von der Palästina-Filmstelle in Deutschland hergestellt wurde.[47] Er wurde von der Zensur am 4. Mai 1938 „zur Vorführung im Deutschen Reiche, auch vor Jugendlichen, zugelassen", durfte weiterhin „jedoch nur in geschlossenen Veranstaltungen vor Mitgliedern der jüdischen Gemeinschaft gezeigt werden." Zwei Meter Film fielen nach der Zensur der Schere zum Opfer. Um was für Material es sich handelte und aus welchem Grund die Kürzung vorgenommen wurde,

47 Vgl. Loewy: Bilder vom Aufbau der Jüdischen Heimstätte, S.15.

ist unbekannt.[48] Die Uraufführung fand am 17. September 1939 im Saal des Jüdischen Kulturbundes in Berlin statt.[49] Jan-Christopher Horak hat das damalige Geschehen rekonstruiert. Der Abend begann mit einem Grußwort von Josef Weiss, dem Autor des Films, in dem er betonte, der Aufbau von Palästina werde trotz der dortigen Unruhen weitergehen. Es folgte eine kurze musikalische Einlage durch den Chor der jüdischen Kulturvereinigung, woraufhin Spenden für eine neue deutsch-jüdische Siedlung durch Rabbiner Max Nussbaum gesammelt wurden. Dann folgte die Vorführung des Films.[50]

Wenige Monate später sorgte das Pogrom vom November 1938 im gesamten Reichsgebiet für einen signifikanten Wendepunkt. Fast alle männlichen Juden wurden verhaftet, einigen gelang noch im letzten Moment die Ausreise, bevor im Zuge des ein Jahr später, im September 1939, beginnenden deutschen Angriffskrieges die NS-Politik immer deutlicher in Richtung der sich unaufhörlich entwickelnden ‚Endlösung' zielte. Engel verließ Deutschland und emigrierte zunächst nach Großbritannien und dann in die USA.[51]

Bis zum Beginn der Deportationen aus dem Reichsgebiet Ende 1941 war die antijüdische Politik der Nationalsozialisten noch weitgehend auf die forcierte Auswanderung und den systematischen Raub des zwangsweise zurückgelassenen jüdischen Vermögens ausgerichtet gewesen. Die von den Machthabern eingeräumte Möglichkeit einer zionistischen Filmproduktion und -distribution vor jüdischem Publikum in Deutschland muss vor diesem Hintergrund bewertet werden.[52] Letztlich kann das Engagement deutsch-jüdischer Zionist_innen im Bereich des Films daher nicht abgelöst vom Aufstieg des Nationalsozialismus und seiner antijüdischen Politik betrachtet werden.[53] Während Einzelne wie Engel und der Leiter der Palästina-Filmstelle noch in letzter Minute aus Deutschland flüchten konnten, wurden Horak zufolge nahezu 50 Prozent

48 Vgl. Jeanpaul Goergen / Ronny Loewy: Filme von und über jüdische Organisationen und die jüdische Besiedlung Palästinas. In: *Filmblatt* 18 (2002), S. 17–23, hier S. 23.

49 Vgl. Loewy: ‚Nur in geschlossenen Veranstaltungen', S. 437.

50 Vgl. Horak: Zionist Film Propaganda, S. 55

51 Vgl. Loewy: ‚Nur in geschlossenen Veranstaltungen', S. 437.

52 Vgl. Horak: Zionist Film Propaganda, S. 53.

53 Vgl. ebd., S. 56.

des deutsch-jüdischen Publikums der zionistischen Filme in den Vernichtungslagern der Nazis ermordet.[54]

Licht und Schatten

1935 berichtete Erich Gottgetreu in *Die Sammlung* über das „Filmland Palästina". Trotz zahlreicher Schwierigkeiten, künstlerisch und ökonomisch erfolgreiche Filme in dem kleinen „Land am Jordan" zu produzieren, hob der Autor den spezifisch transnationalen und transkulturellen Charakter der Palästina-Filme hervor:

> Und wenn man nun den Einwand machen will, dass bei Umpflanzungen, vulgär gesprochen, nie etwas herauskommt; wenn man darauf hinweisen will, dass es in der ganzen Filmgeschichte beispielsweise noch nie gelungen ist, die Tradition von Schweden, Paris oder Berlin in Hollywood gleichwertig fortzusetzen oder gar zu steigern; wenn man betonen will, dass ein Künstler nur in seiner Heimaterde produktiv und stimmungbildend sein kann und dass es nur eine Internationalität der Wirkung aber nicht der Schöpfung gibt – so ist dies in Bezug auf den jüdischen Filmkünstler nur bedingt richtig. Denn gleichgültig, wie er zu den Fragen des jüdisch-nationalen Volkstums früher gestanden haben mag, gleichgültig, ob ihm das Judentum überhaupt als wesensbestimmend bewusst gewesen ist, trägt er doch den jüdischen Instinkt im Blut. Kommt er aus dem Galuth zum ersten Mal nach ‚Erez Israel', so kommt er wohl geographisch, aber nicht ethnographisch in ein völlig neues Land. Auch wenn er nicht nur äusserlich, sondern durch die Kraft der Tradition mit seiner ganzen Seele europäisiert ist, so stösst er doch im jüdischen Volkstum Palästinas auf eine Geistigkeit, die ihm zum Teil wesensverwandt ist. In der Landschaft seiner Seele wird ein Feld aufgedeckt, das bisher überwuchert und unbeackert war. Sein jüdisches Unterbewusstsein wird freigelegt.[55]

Was Gottgetreu hier in der Sprache seiner Zeit ausdrückt ist ein kleines Gründungsmanifest des zionistischen bzw. später israelischen Filmschaffens, das auf einem Geflecht aus Übergängen und Koexistenzen beruhte. Denn in den Filmen verbanden sich die traditionellen Bezüge zum Land – unabhängig von politisch-ideologischen Einstellungen – mit den Einflüssen der Herkunftsländer und ihrer Kultur. Die ‚europäische Seele' traf auf einen ‚jüdischen Geist', filmischer Stil koppelte sich an ein topographisches Konzept, das Land und unbewusstes Erbe zusammenschloß. Mehr noch sieht Gottgetreu in der Besiedelung Palästinas und ihren Filmdokumenten selbst die Freilegung des jüdischen Unbewussten

54 Vgl. ebd., S. 55.

55 Erich Gottgetreu: Filmland Palästina. In: *Die Sammlung. II. Jahrgang. 1935*. München: Rogner und Bernhard 1986, S. 334–335, hier S. 334.

am Werk, ausgedrückt in einer landwirtschaftlichen Symbolik, die geographische, utopische, filmische und Seelenlandschaft miteinander verbindet.

Der Film wird – durchaus im Sinne des gängigen Verständnisses jener Zeit – zum Spielraum der Aufdeckung jenes Unbewussten, das Freud in seiner Psychoanalyse als topographisch angeordneten Raum beschrieben hatte. Gottgetreu stellt darum die Frage nach dem „eretz-israelitischen Spielfilm", der aber erst „aus dem zu sammelnden und reportagemässig zu verarbeitenden Material herausgeschält werden" müsse.[56] Er verstand also die gängige Reportageform der frühen zionistischen Filme als Grundlage, als Material, aus dem sich – in Verbindung mit gestalterischen Mitteln – etwas Neues entwickeln könne. Die Koexistenz verschiedener Traditionen und Einflüsse sollte sich also auch in einer transitorischen und hybriden Form ausdrücken, in der Bericht und Gestaltung, Landschaft und Stil – durchaus im Sinne einiger Tendenzen des Weimarer Kinos – ineinandergreifen und zusammenwirken.

Als Beispiel für diese Tendenz nennt Gottgetreu gerade Helmar Lerski, der soeben seinen Film *Avodah* fertiggestellt hatte. Lerski verlasse

> sich bei seiner gegenwärtigen Filmproduktion nicht auf die palästinensische Landschaft, die in ihren Farben zwar eindrucksvoll, für die Schwarzweisskunst aber – nach seiner Meinung – unergiebig ist, sondern arbeitet vielmehr mit den Mitteln des Lichts: er will das Objekt ‚vom Licht her erfassen', also die neujüdisch-chaluzische Welt am lichtesten zeigen.[57]

Mit Licht und Schatten hatte Lerski bereits in seinem Fotobuch *Köpfe des Alltags* experimentiert, nach dessen Erscheinen Mitte des Jahres 1931 er zusammen mit seiner Frau Anneliese aus Deutschland nach Palästina emigrierte. Die Fotostudie, die er um die „Darstellung des ‚jüdischen Menschen' in Palästina" zu erweitern gedachte, bildete auch eine wichtige Grundlage für seine Arbeit mit der Filmkamera.[58] Sein Stilwillen war es auch, der den Erfolg von *Avodah* als Werbefilm für die palästinensische Sache schmälerte. Horak weist darauf hin, dass in der Prager *Selbstwehr* ein Kommentar von Arthur Engländer zu dem Film erschien, der die dominante

56 Gottgetreu: Filmland Palästina, S. 335.

57 Ebd., S. 335.

58 Vgl. Horak: Awodah, S. 11.

Verwendung von Großaufnahmen und fragmentierender Montage kritisierte:

> Dieser Palästinafilm hat die Besonderheit, daß nicht eine jüdische Stadt, keine einzige Siedlung und fast keine ganzen Menschen zu sehen sind. Es ist ganz menschenleer in Palästina. Man sieht Schuhe, Beine, Hände, Arme, Gesichter – nicht ganze Maschinen, sondern nur ihre Teile – nicht ganze Siedlungen, sondern Räume, Fenster, Türen – nicht ganze Landschaften, sondern Felder, Beete, Gestrüpp.[59]

Zwar behandelte *Avodah* die typischen Themen der zionistischen Filme jener Zeit – Arbeit, Aufbau und Einwanderung –, suchte nach dem neugierigen Blick des Reisenden und zeigte auch die bekannten Motive, doch die Landschaften bekamen unter dem Auge der Kamera eine andere Fremdheit als die bekannte Exotik. Die Gesichter wurden zu Landschaften im Bild der Großaufnahme und die Fragmentierung von Körper und Maschine legte dem Aufbauwerk einen dialektischeren Fortschrittsgedanken zugrunde:

> Der Film ist in der Tat nichts weniger als eine visuelle Symphonie der Knochenarbeit in der Wüste, ein Bild der Arbeit, montiert aus einem formalen Spiel der Bewegung, der Formen, der diagonalen Blickwinkel, Licht und Schatten, Musik und Geräusche. Anstatt ein einheitliches, historisches Bild der zionistischen Aufbauarbeit im Palästina der dreißiger Jahre zu konstruieren, hebt Lerski die Bilder ins Zeitlose, eine idealisierte Version der Arbeit als eines Zeichens des menschlichen Fortschritts.[60]

Angesiedelt am Übergang zum filmischen Experiment und den Formspielen der europäischen Avantgarde, begann Lerski das auf dem Reisefilm und der berichtenden Reportage gegründete Genre der Palästinafilme zu erweitern. Dies führte ihn in einem nächsten Schritt zu einem musikalischen Film, *Hebrew Melody* (D/Palästina 1935), in dem er den Berliner Violinisten Andreas Weißgerber auf einem Rundgang durch die Altstadt von Jerusalem begleitet. „Ähnlich wie bei *Awoda* setzte Lerski hauptsächlich Nahaufnahmen ein, Bilder von Weißgerbers Händen und Gesicht, die sein musikalisches Spiel fragmentierten, anstatt die Einheit des Spielens zu demonstrieren."[61] Lerskis Hauptwerk aber, so Horak, sei seine Fotoserie *Verwandlungen durch Licht* gewesen, eine Sammlung von 175 Fotografien vom Gesicht eines Mannes, die die Grenzen

59 Zit. n. ebd., S. 12.
60 Ebd., S. 13.
61 Ebd., S. 14.

zwischen Film, Fotografie, Grafik und Malerei ausloteten. „Nicht der historisch definierbare Moment sollte im Vordergrund stehen, sondern die ewige Wahrheit im Antlitz eines Menschen; das Bild sollte durch das Licht als Röntgenaufnahme der Seele fungieren.“[62] Gottgetreus Hoffnung, der fotografische Film könne neben den Landschaften Palästinas auch die Landschaft der Seele abbilden und damit ein jüdisches Unbewusstes freilegen, hallt in diesem Projekt wieder. Lerskis Experimente mit Licht und Schatten, die Erich Gottgetreu in seinem Artikel in *Die Sammlung* bereits beim Betrachten von *Avodah* bewundert hatte, entgrenzten den geografischen und historischen Raum, richteten den Blick – ähnlich der prophetischen Rede in der biblischen Tradition – gleichzeitig auf die Gegenwart, die Vergangenheit und in die Zukunft.

Dies erinnert vielleicht nicht zufällig an ein Sprachbild, das der 1933 aus Deutschland nach Frankreich emigrierte Siegfried Kracauer in seinem posthum in Amerika erschienenen Buch *Geschichte – vor den letzten Dingen* ‚zeichnete‘, wohin er in einer weiteren existentiellen Flucht von den vorrückenden Nationalsozialisten gezwungen worden war. Kracauer ruft in seinen Reflexionen über den Ort der Geschichte und Geschichtsschreibung die mythische Figur des Ahasver auf, die gleichzeitig die Zerrissenheit der Biographie des Exilierten verdeutlicht und als „Gegenfigur zum historiographischen Verständnis von Geschichte als kontinuierlichem, linearen und chronologischen Zeitverlauf“ fungiert.[63] In der Figur von Ahasver, dem ewig durch die Zeit reisenden Juden, sei, so Gertrud Koch, „die verlorene Einheit negativ aufgehoben.“[64] Sein Gesicht denkt Kracauer „aus vielen Gesichtern zusammengesetzt, von denen jedes einen der Zeiträume spiegelt, die er durchquerte und die alle immer neue Muster ergeben, während er auf seiner Wanderung ruhelos und vergeblich versucht, aus den Zeiten, die ihn formten, jene Zeit zu rekonstruieren, die er zu verkörpern verdammt ist.“[65] Erst wenn „das Ende der Geschichte kommt, wird Ahasver, der Chronist und Überlebende, sich auflösen, denn dann werden die Toten wieder auf die Erde zurückkehren. So wird am Ende Ahasver zu einer Stellvertreterfigur, zum schrecklichen

62 Horak: Awodah, S. 15.

63 Ebbrecht: *Geschichtsbilder im medialen Gedächtnis*, S. 50.

64 Gertrud Koch: *Siegfried Kracauer zur Einführung*. Hamburg: Junius 1996, S. 151.

65 Kracauer: *Geschichte*, S. 174.

Gesicht, das aus den vielen Gesichtern der Toten zusammengesetzt ist. Der Sprung aus der Zeit, der undenkbare, wäre die Rettung", so Koch weiter.[66] Die Gesichter von Lerskis Fotografien, Licht und Schatten als Sinnbilder von Utopie und Tod, der Wanderer aus der Anfangssequenz von *Avodah*, all diese Elemente und Figuren bevölkern auch die Denkbilder des Emigranten Siegfried Kracauer, die dadurch sehr unmittelbar an Lerskis Fotostudien *Köpfe des Alltags* und *Verwandlungen durch Licht* denken lassen.

Tatsächlich trafen sich Kracauer und Lerski 1937 in Paris, wo ihm Lerski auf einer Reise von Palästina nach England seine *Verwandlungen* zeigte. Horak zufolge faszinierte Kracauer „dieses Experiment, von dem er meinte, daß es mit seinen ‚unergründlichen Möglichkeiten' Marcel Proust entzückt hätte."[67] Über Proust, einen der wichtigsten Gewährsmänner für Kracauers Gedanken über die Zeit der Geschichte, ist wiederum in *Geschichte – vor den letzten Dingen* zu lesen:

> Das Werk von Proust beruht durchweg auf der Überzeugung, daß nicht nur kein Mensch ein Ganzes ist, sondern es auch schlichtweg unmöglich ist, einen Menschen zu kennen, weil er sich verändert, während wir unsere ursprünglichen Eindrücke von ihm zu klären suchen.[68]

Lerskis visuelle Fragmentierung der Einwanderer_innen, Pioniere und des Landes erscheint angestrahlt von Kracauers Proust-Lektüre in neuem Licht. Seine Arbeiten betonen hinter allem Pathos vor allem das Veränderliche und Prozesshafte. Bei Lerski wirkt das Land, das von Menschen gestaltet wird, als ein Projekt im Werden, genauso wie der Film, der es erkundet, beleuchtet und betrachtet.

Licht und Schatten sind Mittel, dasjenige auszudrücken, was hinter den Gegenständen liegt, etwas anzustrahlen oder im Dämmerlicht zu belassen, damit es auf der Leinwand ‚in anderem Licht' erscheint. Licht und Schatten definieren auch die beiden Pole des Filmschaffens im Palästina der 1930er und 1940er Jahre. Angesichts der Katastrophe in Europa verlor die Utopie ihren Glanz und wurde die Verheißung zur existentiellen Notwendigkeit des Überlebens.

66 Koch: *Siegfried Kracauer*, S. 152–153.

67 Horak: Awodah, S. 15.

68 Kracauer: *Geschichte*, S. 199–200.

1948, im Jahr der Staatsgründung und des Krieges um die Existenz dieses Staates, nur wenige Jahre nach der Befreiung der Lager in Europa, drehte Lerski einen weiteren Film. *Adama* (*Erde*, Palästina 1948) hat die Geschichte eines Jungen zum Gegenstand, der die Shoah überlebte und in das Jugendorf Ben Shemen in Palästina kommt. Geplant als Filmporträt des Jugenddorfes, war *Adama* von Anfang an als dokumentarischer Spielfilm gedacht, der in Stil und Handlung zeitgleich in Deutschland und Polen realisierten Filmen über die Erfahrungen von Kindern, die den Massenmord überlebt hatten, ähnelte. Wie der stumme Protagonist in Fred Zinnemanns *The Search* (*Die Gezeichneten*, CH/USA 1948) versteckt auch Benjamin, der Held von *Adama*, das Brot, das er im Essenssaal bekommt.[69] Der Mangel des Lagerlebens hat sich in sein Verhalten eingeprägt. Der Junge ist, wie Ronny Loewy bemerkt, „Gefangener seiner traumatisierten Vergangenheit."[70] Wie die Kinder in dem polnischen Film *Unzere Kinder* (P 1948, R: Natan Gross), die, des Nachts heimgesucht von ihren Erinnerungen, am kommenden Tag einer neuen Zukunft entgegenziehen, bilden „zionistische wie religiöse Zeremonien [...] zunehmend für ihn den Kontext eines sinnvollen ‚neuen' Lebens."[71] Die Idee zu dem Film ging auf Siegfried Lehmann, den Leiter von Ben Shemen, zurück. Lehmann war 1892 in Berlin geboren, hatte bereits Ende des Ersten Weltkriegs in Kovno ein Kinderheim gegründet und war 1927 nach Palästina emigriert.[72]

Als Lerski für das Projekt als Regisseur gewonnen wurde, war er bereits 75 Jahre alt. Nach *Avodah*, *Hebrew Melody* und seinen Fotoserien hatte sich der Fotograf, Kameramann und Regisseur als Leiter der Filmabteilung der Gewerkschaft Histadrut betätigt, die unter seiner Regie vier Filme realisierte.[73] Seinen spezifischen Stil brachte Lerski auch in die Produktion von *Adama* wieder ein.

69 Vgl. zu *The Search* auch Tobias Ebbrecht: Erinnerungsbilder und Zeitdokumente. Frühe Filme über den Holocaust (1945–1948). In: *Filmblatt* 27 (2005), S. 47–56, hier S. 53–55.

70 Ronny Loewy: Adama. Helmar Lerskis letzter Film. In: *Filmexil* 11 (1998), S. 19–30, hier S. 19.

71 Ebd.

72 Vgl. ebd., S. 29.

73 Ebd., S. 21.

Seine aufwendige Arbeitsmethode, das vorhandene Naturlicht mit Kunstlicht mittels Spiegel, Planen, Reflektoren und Lampen zu kombinieren, führte zu Konflikten mit Lehmann und anderen. Alle, außer Lerski, wollten diesen Aufwand nicht akzeptieren, wo doch im sonnigen Palästina alles einfacher gehen sollte.[74]

Doch gerade Lerskis Gestaltungswille sowie die stilistischen Übergänge zwischen dokumentarischem Bericht und expressiv gestalten Spiel- und Erinnerungssequenzen ermöglichten es, neben dem Jugenddorf auch die Traumatisierung der aus Europa nach Palästina gekommenen Kinder zu beschreiben. „Mit großem psychologischen Einfühlungsvermögen wird Benjamins kleines, großes Schicksal berichtet: das Kinderdorf wird als neues Lager empfunden, Arbeit als Fluch und Zwang und Lehrer sind Kerkermeister.“[75] Dies entsprach letztlich auch Lehmanns Intention, „die Aufmerksamkeit auf den Zusammenhang von Shoah, Jugend-Alijah und den Existenzproblemen von Kindern- und Jugendsiedlungen in Palästina zu lenken.“[76] Eine Szene des Films stach in diesem Kontext besonders hervor. Als Benjamin „zufällig an einem Stacheldrahtzaun, der eine Rinderherde umschließt, vorbeikommt“, beschreibt Loewy die Situation, „holen ihn seine Erinnerungen an das Konzentrationslager, das er überlebt hat, ein. Er hebt den Zaun aus, zerstört ihn und läßt die Kühe frei, die daraufhin ein Gemüsebeet verwüsten, das seine Mitschüler mühevoll bestellt haben.“[77]

Obwohl *Adama* nur in einer gekürzten und erheblich von dem ursprünglich intendierten Film abweichenden US-amerikanischen Version erhalten ist, muss er als einer der ersten Versuche gelten, die traumatisierende Erfahrung der Shoah im palästinensisch-zionistischen Film mit filmischen Mitteln auszudrücken. Er kann daher zu jener Gruppe von direkt im Anschluss an die Befreiung realisierten Zeitdokumenten gezählt werden, die wie die deutsch-jiddische Produktion *Lang ist der Weg* (D/USA 1948, R: Herbert B. Fredersdorf / Marek Goldstein) oder die bereits genannten Filme *Unzere Kinder* und *The Search* nach Formen suchten, um die Erfahrungen der jüngsten Vergangenheit mit Hilfe der Vermischung

74 Ebd., S. 25.

75 M. E. Kähnert: Filmschaffen in Palästina. In: *Neue Filmwelt*, 12/1948, S. 5–6, hier S. 6.

76 Loewy: Adama, S. 20.

77 Ebd., S. 19.

Abb. 6
Benjamin Hildesheim
in dem Film *Adama*.

von dokumentarischen Elementen und Spielsequenzen auszudrücken.[78] Dazu zählte auch die Arbeit mit Laiendarstellern, die selbst ähnliche Erfahrungen gemacht hatten wie die Protagonisten des Films (Abb. 6).

> Alles, was in *Adama* vor der Kamera geschieht, ist inszeniert, obwohl alle Aufnahmen on location in Ben Shemen und Umgebung gedreht wurden. Nicht weniger authentisch waren die im Film auftretenden Ben-Shemen-Schüler und -Mitarbeiter, die, obwohl sie sich zum größten Teil einfach selber spielten, zugleich auch eine im Drehbuch vorgeschriebene Rolle darstellten. Dies galt im besonderen für Benjamin Hildesheim in der Rolle des gleichnamigen Ben-Shemen-Schülers Benjamin, dessen eigene Geschichte jener der Filmgestalt weitgehend glich.[79]

Adama kann also durchaus als Versuch gelten, der in die Richtung dessen zielte, was Erich Gottgetreu als „erez-israelitischen Spielfilm“ imaginiert hatte, der „aus dem zu sammelnden und reportagemässig zu verarbeitenden Material herausgeschält“[80] werden

78 Vgl. Ebbrecht: Erinnerungsbilder, S. 56.
79 Loewy: Adama, S. 25.
80 Gottgetreu: Filmland Palästina, S. 335.

müsse. Nur senkte sich nun über das Pathos des Aufbaus und den euphorischen Glanz des Wirklichkeit werdenden zionistischen Traums auch der Schatten der traumatischen Vergangenheit. Eine zeitgenössische Filmkritik beschreibt diesen „Kulminationspunkt des Films", an dem das Wechselspiel von Licht und Schatten zum stilistischen Mittel wird:

> Eine der stärksten Szenen des Films: vom Grab der Makkabäer, das in der Nähe der Schule liegt, wird anläßlich eines jüdischen Feiertages eine brennende Fackel zum Kinderdorf getragen und mit ihrem Feuer der siebenarmige Leuchter entzündet. Es ist ein großartiges Bild: Benjamin läuft mit der brennenden Fackel durch das nächtliche Dunkel. Diese Szene ist der Kulminationspunkt des Films, von nun an ist Benjamin innerlich gewandelt, gesund und vollwertiges Mitglied in der Gemeinschaft.[81]

Lerski gelang es, beides, das Trauma und den Neuanfang, durch seinen spezifischen visuellen Stil einzufangen und auszudrücken. *Adama* wurde sein letzter Film. Nach Abschluss der Dreharbeiten, noch bevor der Fertigstellungsprozess in den USA unter der Regie Lehmanns begann und nur wenige Monate vor der Staatsgründung, wanderten Lerski und seine Frau weiter in die Schweiz. 1950 erwogen sie sogar, in die DDR weiterzuziehen, doch das Vorhaben wurde wieder verworfen. Lerski blieb dem Blick des Suchenden und dem Zustand des prozessierenden Übergangs somit auch jenseits seines Filmschaffens weiterhin verbunden.

81 Kähnert: Filmschaffen in Palästina, S. 6.

4. Projizierte Begegnungen – Filmbeziehungen zwischen der Bundesrepublik und Israel

Die trennende Erinnerung der Katastrophe prägte von nun an offen oder unterschwellig die deutsch-israelischen Filmbeziehungen, die zunächst – wie die deutsch-israelischen Beziehungen generell – in Form einer Nichtbeziehung weiterbestanden. *Adama* war 1948 der Anlass für eines der ersten Porträts des Filmschaffens im britischen Mandatsgebiet Palästina, das Maria Elisabeth Kähnert in der Zeitschrift *Neue Filmwelt* veröffentlichte. Kähnert hatte 1923 das Drehbuch zu dem Kulturfilm *Die Prinzelpuppe* von Ulrich Kayser über die Puppenmacherin Lotte Prinzel verfasst. 1933 erschien von ihr das Buch *Jagdstaffel 356* über eine Fliegergruppe im Ersten Weltkrieg.

Während die jüdische Gemeinschaft in Palästina die Überlebenden aus den Displaced Persons Lagern in Empfang nahm, die gegen zahlreiche Widerstände Palästina erreichten und das ganze Ausmaß des Schreckens bekannt machten, in genau dem historischen Moment, als die Sehnsucht nach einem jüdischen Staat Wirklichkeit und gleich mit einem neuen Krieg beantwortet wurde, blickte Kähnert aus Deutschland mit Sympathie auf das Filmschaffen des kleinen Landes:

> Das tragische Geschehen im alten Lande Palästina und neuen Staat Israel lenkt die Blicke des Filmfachmannes auf die junge, aufblühende Filmproduktion des Landes, von der man hier wenig weiß und über die darum nachstehend einiges […] berichtet werden soll. Das jüdische Volk hat bisher, viele

> Jahrhunderte lang, bei den verschiedensten Nationen der Welt Gastrecht genossen, deren Lebensgewohnheiten angenommen und auf eigene Weise verarbeitet; oder auch, sofern es sich um östliche Länder handelte, die eigene Kultur im Ghetto-Leben streng bewahren können. Diese Einflüsse mannigfaltigster Art sind in der zionistischen Heimat zusammengetroffen und haben ihren Ausdruck auch im Filmleben gefunden.[1]

Kähnerts nur wenige Jahre nach der Shoah verfasster Text zeigt schon in seinen Formulierungen die von Projektionen durchzogene Art, mit der Israel im Nachkriegsdeutschland wahrgenommen wurde. Wie zehn Jahre zuvor Erich Gottgetreu in *Die Sammlung* betonte aber auch Kähnert als Besonderheit des israelischen Filmschaffens die Verbindung von Diasporakultur und dem neuen Land. Bei aller, teilweise auch Schuld abwehrenden Idealisierung wird Israel gewissermaßen als Laboratorium empfunden, in dem die verschiedenen Kulturen aufeinandertreffen. Das israelische Kino dient in diesem Prozess als Reagenzglas, in dem sich das Experiment entfalten kann. So wird in Deutschland – insbesondere nach der Gründung des Staates Israel im Anschluss an den Teilungsplan der UN-Vollversammlung vom 29. November 1947 – der kleine Staat am Mittelmehr selbst zu einer Art Leinwand, auf die Sehnsüchte wie Schuldgefühle gleichermaßen projiziert werden, während Deutschland in Israel zu einem Un-Ort wird, boykottiert und abgelehnt von großen Teilen der Bevölkerung, die in dem von den Alliierten in die Knie gezwungenen Land das Weiterleben des früheren antisemitischen Geistes befürchten.

Zwei Deutsche in Israel

Ende Februar 1953 reisten zwei junge Deutsche nach Israel. In Marseille bestiegen sie ein Schiff. Bei sich trugen sie türkische Papiere, die sie als staatenlos auswiesen, und Visapapiere ausgestellt vom israelischen Konsulat in Paris. Im September desselben Jahres druckte das *Hamburger Echo* einen erstaunten Bericht dieser ungewöhnlichen Reise, die bereits nach wenigen Monaten wieder beendet war:

> Sie hausen zur Zeit in einem kleinen Mansardenzimmer, hoch über den Dächern Schwabings: zwei junge Globetrotter, mit kurzgeschorenen Haaren à la Montmatre, italienischen Matrosenhemden und engen amerikanischen Baumwollpflückerhosen. Ein großes Abenteuer liegt hinter ihnen. Sie waren

1 Kähnert: Filmschaffen in Palästina, S. 5.

> die ersten Deutschen, die kreuz und quer durch ein Land getrampt sind, an dessen Küsten deutsche Schiffe heute noch die Flagge streichen müssen. Klaus Kinski und Thomas Harlan haben in Israel gefilmt.[2]

Kinski, geboren 1926 in der Nähe von Danzig, war 1944 als deutscher Soldat in britische Kriegsgefangenschaft geraten, wo er begann, Theater zu spielen.[3] Er hatte Harlan 1952 bei den Theaterfestspielen in Venedig kennengelernt.[4] Gemeinsam entwickelten sie die Idee zu einem „Spielfilm im dokumentarischen Stil", der den Titel „Ich will zu den Juden" tragen sollte. Die jungen Deutschen wollten darin „die neuere Lebensgeschichte von Theresienstadt bis Tel Aviv" erzählen.[5]

Thomas Harlans Interesse an Israel und dem jüdischen Schicksal war stark von seiner eigenen Familiengeschichte geprägt. Denn sein Vater, Veit Harlan, war einer der erfolgreichsten Filmregisseure im ‚Dritten Reich' gewesen und hatte eng mit Propagandaminister Joseph Goebbels verkehrt. 1940 war er Regisseur bei dem Prestigeprojekt *Jud Süß*, über den die israelische Filmwissenschaftlerin Régine Mihal Friedman schreibt:

> *Jud Süß* wurde zum Kassenschlager des Nazikinos. Zwischen 1940–1944 verschrieben sich neunzehn Millionen Zuschauer im besetzten Europa bereitwillig seinem Einfluß. Es gibt stapelweise Zeugnisse, die dessen ganz direkte Auswirkungen belegen: Übergriffe auf Juden im Anschluß an die Vorführungen. Aber auch weniger unmittelbar trug er zur Einstimmung der Gemüter auf die Ausrottung der Juden bei.[6]

Für Thomas Harlan waren die Rolle seines Vaters im ‚Dritten Reich' und die Bedeutung von dessen Film für die Durchführung der NS-Verbrechen ein zentraler Beweggrund für die Reise nach Israel und das geplante Filmprojekt. „Harlan junior wollte die Sünden seines Vaters ‚wiedergutmachen'. Vater Veit hatte sich auch nach Auffassung seines Sohnes als Star-Regisseur des NS-Regimes durch seinen Film *Jud Süß* an den Juden versündigt."[7] Zwischen Vater

2 Veit Harlans Sohn filmt in Israel. In: *Hamburger Echo*, 05.09.1953.

3 Vgl. Thomas Harlan: *Hitler war meine Mitgift. Ein Gespräch mit Jean-Pierre Stephan*. Reinbek: Rowohlt 2007, S. 58.

4 Vgl. Jonas Engelmann: Sauvater, du Land, du Un, du Tier. In: *Jungle World*, 7/2010, 18.02.2010.

5 Abende eines Fauns. In: *Der Spiegel*, 9/1961, S. 62–71, hier S. 66.

6 Régine Mihal Friedmann: Männlicher Blick und weibliche Reaktion. Veit Harlans *Jud Süß* (1940). In: *Frauen und Film* 41 (1986), S. 50–64, hier S. 51.

7 Abende eines Fauns, S. 66.

und Sohn entfachte sich wegen des Filmprojekts in Israel auch ein öffentlich ausgetragener Streit, in dessen Rahmen Thomas Harlan erklärte:

> Ich brauche weder die Tragödie meines Vaters noch meinen Gegensatz zu ihm, um immer wieder betroffen zu sein von dem, was den Juden geschehen ist. Ich halte den Film ‚Jud Süß' für ein Verbrechen. Auch mein Vater sagte mir einmal, daß ‚Jud Süß' im Grunde ein Verbrechen sei. Also müßten wir ja miteinander einer Meinung sein. Trotzdem greift mein Vater mich jetzt wegen meines Israel-Films an und verbietet seinen Freunden und Mitarbeitern mit mir zu verkehren. Aber eigentlich lohnen Einzelfälle und private Umstände gar kein Gespräch. Wichtig ist jetzt einzig und allein der Film![8]

Für diesen Film hatten Harlan und Kinski einiges in Bewegung gesetzt. Eine wichtige Rolle spielte dabei Nahum Goldman, damals Präsident des Jüdischen Weltkongresses und aus früheren Tagen mit Harlans Mutter, der Schauspielerin Hilde Körber, befreundet.[9] Goldstein hatte die enthusiastischen Deutschen an die Frau des Baron Guy de Rothschild in Paris vermittelt, um dort Unterstützung für das Projekt zu bekommen. „Die beiden Deutschen boten ihren Film auf den dicken Teppichen des herrschaftlichen Hauses zunächst einmal als Stehgreifspiel. Es wurde eine einträgliche Darbietung."[10] Von der Baronin bekamen Harlan und Kinski Geld und einen Wagen, außerdem schafften sie es, vom israelischen Parlament eine Einreisegenehmigung zu erhalten.[11] Die einzige Bedingung war, dass sie nicht als Deutsche erkennbar sein durften. Darum besorgten sie die türkischen Papiere und gaben sich als staatenlos aus. Die Reise war voller neuer Eindrücke. Schon die Schiffspassage schildert Harlan als eine metamorphische Erfahrung, als weitere Variante jenes Übergangs, der bereits in den frühen zionistischen Filmen am Beginn der filmischen Reisen stand:

> Das Seltsame an diesem Aufbruch ist, daß ich mich an ihn nicht erinnere. Das Ereignis war so groß, daß ich mich nicht daran erinnere. Ich weiß noch, daß ich in einem Schiffsleib verschwand und um mich herum eine Diskussion darüber entbrannte, ob die Messer eines Rasierapparates die Haut der Wange berühren oder nicht. Ich weiß nur noch, daß ich in dem Schiffsleib verschwand wie jemand, der sein Leben am Land zurückgelassen hat, und daß ich Israel

8 Eric Alberty: Thomas Harlan will Vaters Schuld sühnen. In: *Frankenpost*, 19.09.1953.

9 Vgl. Harlan: *Hitler war meine Mitgift*, S. 60–61.

10 Abende eines Fauns, S. 66.

11 Vgl. Alberty: Thomas Harlan will Vaters Schuld sühnen.

> nicht erreichte, wie ich gedacht hatte, daß ich es erreichen würde: Als das Schiff in Haifa anlegte, wurde ich auf einer Bahre in einen Krankenwagen gebracht und mit dem Krankenwagen wegen einer schweren Zahnwurzelentzündung zu einer Operation in ein Militärlazarett namens Tel Letvinsky. [...] Daß ich alles vergessen habe, mag daran gelegen haben, daß die Eindrücke so stark waren, daß ich mit ihnen nicht fertig wurde. Ich verbrachte Stunden mit der Beobachtung von Inschriften und Aufschriften im Straßenbild und mit dem lebendigen Nachweis, daß die Menschen, die hier lebten, noch immer die Sprache lernen mußten, in der sie morgen miteinander sprechen würden, und stellte dabei fest, daß sie alle einen deutschen Akzent hatten, wenn sie die Worte der neuen Sprache auszusprechen suchten.[12]

Auch wenn der geplante Film nie realisiert wurde, war doch die Reise selbst – zumindest in den Presseberichten und Erinnerungen – der eigentliche Film, ein Film, der beinahe notwendig in einem permanenten Übersetzungsprozess verbleiben musste, der sich anfüllte mit Eindrücken und Zeichen, aus denen sich das Bild eines Landes zusammensetzte, dass selbst erst im Werden begriffen war. Filmisch sind in Harlans Erinnerungen die Vergrößerungen und Transformationen der Zeichen und Dinge, der Effekt, „daß das Geringfügige unermeßlich wurde. Schriftzeichen werden in der Erinnerung zu Büchern, und die Bücher in der Erinnerung zu Wundern und die Wunder in der Erinnerung so zahllos, daß das Einzige, woran ich mich erinnere, die Erinnerung selbst ist, aber ich nicht mehr weiß, woran."[13] Nach der Genesung bereisten Harlan und Kinski das Land, besuchten Kibbutzim und „die uralten Kultstätten in Jerusalem"[14]. Sie filmten das Leben im jüdischen Staat und die Ankunft jüdischer Flüchtlinge. „Überall, wo sie mit ihrer Kamera auftauchten, wurden sie von den Israelis herzlich empfangen und bei ihrer Arbeit unterstützt."[15] In Harlans Erinnerung wurde die Reise zum „Wendepunkt", zum „Aufenthalt in etwas Unmöglichem".[16] Der staunende Blick auf das Land verband sich mit der Entdeckung jener Geschichten und Schicksale, die in der eigenen Erfahrung der kurz vor dem Krieg geborenen Deutschen so seltsam abwesend waren: „Der junge Staat Israel brachte ihnen täglich neue Überraschungen und Entdeckungen. Was ihn

12 Harlan: *Hitler war meine Mitgift*, S. 61–63.

13 Ebd., S. 64.

14 Veit Harlans Sohn filmt in Israel.

15 Ebd.

16 Harlan: *Hitler war meine Mitgift*, S. 64.

ihrer Meinung nach grundsätzlich von allen unterscheidet, ist, daß er fast nur aus Entkommenen und Überlebenden besteht und daß seine Bürger ihre ganze Vergangenheit hinter sich lassen mußten."[17] Die Spuren dieser Vergangenheit, die die Entkommenen und die jungen Deutschen gleichzeitig trennte und verband, suchten Harlan und Kinski in Israel. Sie sammelten Geschichten über „Menschen, die eine Sprache erlernen, die noch niemand spricht, die sie aus dem Alten Testament zurückholen, in die Welt zurückholen, in der sie mit all jenen sprechen wollen, die die Sprache noch nicht gelernt haben."[18]

Und sie fanden filmische Reste der Vergangenheit, „Filmdokumente vom Aufstand im Warschauer Ghetto, von der Untergrundbewegung gegen die Engländer",[19] die sie in ihren Film hineinmontieren wollten, der dann nie fertiggestellt werden sollte:

> Das Projekt fiel ins Wasser. Die Reise endete nach drei Monaten schmählich: Eine Haßorgie des Deputierten Sneh, einem alten Barden der Untergrundorganisation Irgun Zvai Leumi, mobilisierte die Presse gegen uns. Unter dem Schutz Goldmanns hielten wir bis zur Sommermitte durch, dann nicht mehr.[20]

Doch die Reise legte das Fundament für Harlans weitere Arbeiten, intensivierte die beinahe obsessive Beschäftigung mit dem Erbe des Nationalsozialismus. Der Film, der nie gedreht wurde, wurde selbst wiederum zum Übergang:

> Das Material, das Harlan in Israel gesammelt hat, bildet jedoch die Basis für seine weiteren Arbeiten. Die Materialien über den jüdischen Widerstand während des Nationalsozialismus und seine Recherchen in Warschau fließen in seine Theaterarbeiten ein. Es entstehen zwei Theaterstücke über den Aufstand im Warschauer Ghetto 1943. ‚Bluma' und ‚Ich selbst und kein Engel' gehören zu den ersten deutschsprachigen Theaterstücken, die sich mit dem Nationalsozialismus auseinandersetzen.[21]

Die Begegnung mit der Geschichte des jüdischen Widerstandes im Rahmen seiner Reise nach Israel stand für Harlan „am Anfang einer neuen poetischen Sichtweise", die sein weiteres Schaffen

17 Veit Harlans Sohn filmt in Israel.
18 Harlan: *Hitler war meine Mitgift*, S. 64.
19 Veit Harlans Sohn filmt in Israel.
20 Harlan: *Hitler war meine Mitgift*, S. 65.
21 Engelmann: Sauvater.

prägte.[22] Er wird schließlich zeitweise nach Polen gehen, um dort in Archiven nach Dokumenten zu suchen, die die Naziverbrechen belegen.

> Am Ende hat er 30 Mitarbeiter, die mit ihm gemeinsam an dem großen Projekt arbeiten, Beweise gegen deutsche NS-Verbrecher an deutsche und polnische Staatsanwaltschaften zu übermitteln. Über 2000 Ermittlungen gegen deutsche Kriegsverbrecher sind in Polen aufgrund von Harlans Recherchen eingeleitet worden.[23]

Kinski wird später noch einmal nach Israel zurückkehren, um in dem Film *Mivtsa Yonatan* über die Flugzeugentführung von Entebbe einen Israel feindlich gesinnten jungen Deutschen zu spielen, der ganz andere ‚Lehren' aus der Geschichte gezogen hat.

Treffpunkt Eichmannprozess

Einige Monate nachdem der israelische Ministerpräsident David Ben Gurion die Ergreifung Adolf Eichmanns und dessen Überführung nach Israel verkündet hatte, stellte der Berliner Filmproduzent Artur Brauner im Dezember 1960 ein neues Filmprojekt vor. Der Film trug den Arbeitstitel „Blut" und sollte einem „breiten Publikum die tatsächlichen Geschehnisse um Eichmann [...] vor Augen führen".[24] Das geplante Projekt wurde nie realisiert. Ein zeitgleich in den USA begonnener Film, wahrscheinlich der Spielfilm *Operation Eichmann* (USA 1961, R: R.G. Springsteen), hielt Brauner und seine CCC-Filmgesellschaft von der Realisierung ab. Stattdessen beteiligte er sich als Co-Produzent an einem Dokumentarfilmprojekt, das der Schweizer Produzent Lazar Wechsler und seine Filmfirma Praesens mit dem jungen Regisseur und Journalisten Erwin Leiser begonnen hatte.[25]

Im Herbst 1960 hatte Wechsler dem Regisseur des vielbeachteten Dokumentarfilms *Den blodiga tiden* (*Mein Kampf*, S 1960, R: Erwin Leiser) vorgeschlagen, mit ihm einen Film über Eichmann zu realisieren und dazu auch auf die Quellen zurückzugreifen, die durch das Gerichtsverfahren in Israel neu erschlossen werden

22 Harlan: *Hitler war meine Mitgift*, S. 65.

23 Engelmann: Sauvater.

24 Notiz im *Spandauer Volksblatt*, 23.12.1960.

25 Vgl. Leiser stellt Eichmann-Film her. In: *Kölnische Rundschau*, 04.02.1961.

würden.[26] Die Anklageschrift von Jerusalem bildete dann auch eine wesentliche Referenz für Leisers Film *Eichmann und das Dritte Reich* (CH/BRD 1961), dessen Aufbau den dort angeführten Anklagepunkten weitgehend folgt. Obwohl er sich bis zu Wechslers Angebot noch nicht dezidiert mit Eichmanns Rolle im Ablauf der Vernichtungsmaschinerie beschäftigt hatte, kannte sich Leiser wie kaum ein zweiter Regisseur detailliert mit den geschichtlichen Vorgängen aus. 1923 in Berlin als Kind einer jüdischen Familie geboren, hatte er soeben mit *Den blodiga tiden* eine der ersten umfassenden filmischen Verarbeitungen des Nationalsozialismus vorgelegt. Leiser, der das Novemberpogrom in Deutschland noch selbst miterlebt hatte und ins Exil mit einem deutschen Pass geflohen war, in welchen groß und sichtbar jenes „J" gestempelt war, das ihn als Juden auswies, sah sich Zeit seines Lebens selbst als „ein Verschonter".[27] So ist es kaum verwunderlich, dass er das Angebot, einen Film über Eichmann zu erstellen, annahm und gegenüber der Zeitung *Neue Zeit* erklärte, er wolle damit „die Verantwortlichkeit des einzelnen zeigen und vor allem der heutigen Jugend den barbarischen Hitler-Terror gegen das jüdische Volk vor Augen führen."[28]

Der Prozess gegen Eichmann sollte dem Film dafür den nötigen Ausgangspunkt und die Struktur liefern. Anders als in seinem vorherigen Film verwendete Leiser daher nicht ausschließlich Archivmaterial, sondern montierte in seinen Film auch dokumentarische Gegenwartsaufnahmen, die während des Prozesses in Israel entstanden. Als einer der ersten verwendete er beispielsweise jene – heute ikonisch gewordenen – Aufnahmen von Eichmann während des Prozesses, die der amerikanische Regisseur Leo Hurwitz für das US-Fernsehen im Jerusalemer Gerichtssaal drehte.[29] Mit Hilfe dieser Bilder konnte Leiser Eichmann in seinem kugelsicheren Glaskasten wie vor Gericht auftreten lassen. Entsprechend erklärt der Kommentar, nicht ein einzelner sitze auf der Anklagebank, sondern eine ganze Epoche, das ‚Dritte Reich'. Auf diese Weise versuchte Leiser, das Bild des Schreibtischtäters an die Archivaufnahmen

26 Erwin Leiser: *Auf der Suche nach Wirklichkeit. Meine Filme 1960–1996*. Konstanz: UVK 1996, S. 32.

27 Vgl. Leiser: *Auf der Suche nach Wirklichkeit*, S. 24.

28 Adelbert Reif: Der Mörder und seine Opfer. In: *Neue Zeit*, 30.05.1961.

29 Vgl. Erwin Leiser: *Gott hat kein Kleingeld. Erinnerungen*. Köln: Kiepenheuer & Witsch 1993, S. 164.

von Aufmärschen, des nationalen Taumels, der Demütigung und Vernichtung sowie an die Dokumente der Unmenschlichkeit zurückzubinden.

Anders als die Philosophin Hannah Arendt, die mit ihrem Prozessbericht *Eichmann in Jerusalem* die Vorstellung von Eichmann als eigenschaftslosem Bürokraten prägte, misstraute Leiser dem Bild, das Eichmann in Jerusalem von sich selbst entwarf. Leiser erinnerte sich beispielsweise an eine Situation, als er neben dem Regisseur Hurwitz im Gerichtssaal saß und von dort den Prozess verfolgte:

> [I]ch sah Eichmann ganze Blätter mit seiner Schrift füllen und bat Hurwitz, ein Teleskop auf dieses Heft zu richten. Da standen lauter Beschimpfungen des Gerichts, die der Haltung Eichmanns als anscheinend kooperativen Angeklagten widersprachen.[30]

Bereits von Beginn an war das Projekt als Kooperation mit dem Archiv des Kibbutz Beit Lohamei Ha-Geta'ot geplant, das im Jahre 1949 von Überlebenden des Aufstandes im Warschauer Ghetto nördlich der Hafenstadt Akko in Israel gegründet worden war. Auch der Erlös des Films sollte dem Kibbutz und seinem Museum zugutekommen. Miriam Novitch, eine der Gründerinnen und erste Leiterin des Museums der Ghettokämpfer wirkte auch als Beraterin des Films mit. Novitch war 1908 in der weißrussischen Stadt Yurtishki geboren worden, studierte in Vilna und reiste noch vor Beginn des Zweiten Weltkriegs nach Frankreich. Dort wurde sie 1943 als Mitglied der Resistance verhaftet und 1944 von den Amerikanern in einem Lager in Frankreich befreit. Als eine Pionierin auf diesem Gebiet hatte sie begonnen, systematisch Filmdokumente über die Naziverbrechen zu sammeln und mit diesem Material ein umfangreiches Filmarchiv aufzubauen. In dieser Funktion unterstützte sie Leiser bei der Beschaffung von bisher unbekanntem Filmmaterial.[31] Novitch hatte aber auch bereits Thomas Harlan und Klaus Kinski bei ihrem unvollendeten Filmprojekt Anfang der 1950er Jahre geholfen. Harlan erinnerte sich später an die Begegnungen im Kibbutz der Ghettokämpfer:

> Ich traf Jigal Allon und Miriam Novitch im Kibbutz Lohamei h-Getta'ot und erstickte an dem Wunder, daß es Yizak Cukierman dort gab, der das Ende

30 Ebd.

31 Vgl. ebd., S. 162.

> des Warschauer Ghettos unverständlicherweise überlebt hatte. Ich weiß nicht, was genau es war, das für das Unermeßliche sorgte, und denke manchmal, es müßten die Toten gewesen sein, die plötzlich in Israel ins Leben zurückgekehrt waren und am Leben hingen wie kein Lebender sonst.[32]

Eichmann und das Dritte Reich zeigt als einer der ersten deutschsprachigen Filme Aufnahmen aus Beit Lohamei Ha-Geta'ot, die Leiser und sein Schweizer Kameramann Emil Berna dort während ihres Aufenthaltes drehten. In diesen Sequenzen verwendet Leiser auch zum ersten Mal Interviews mit Überlebenden, die von ihren Erinnerungen berichten und als Augenzeugen auftreten.

Leiser erinnert sich: „Fast jeden Abend versammelten sich ein paar der einstigen Widerstandskämpfer aus den Ghettos im Speisesaal des Kibbuz und sahen sich die alten Filme über ihre Leiden an. Sie kamen von der Vergangenheit nicht los."[33] In Leisers Film sind Yitzchak Zuckerman, der dem jungen Thomas Harlan wie ein Wunder erschienen war, und seine Frau zu sehen, wie sie sich an die Zeit im Warschauer Ghetto erinnern. Zuckerman war einer der Kommandanten der jüdischen Widerstandsgruppe ZOB (Żydowska Organizacja Bojowa). Geboren in Vilna, war er 1938 für eine zionistische Jugendorganisation nach Warschau gekommen und nach dem deutschen Überfall auf Polen 1939 in den sowjetisch besetzten Teil Polens geflohen. 1940 kehrte er in den von Deutschland besetzten Teil zurück und organisierte Widerstandsaktivitäten, in deren Rahmen er auch seine spätere Frau Zivia Lubetkin kennenlernte. Während des Aufstands im Warschauer Ghetto organisierte Zuckerman den Widerstand in einem der drei Sektoren des Ghettos, wurde dann jedoch vom ZOB beauftragt, auf die polnische Seite zu wechseln, wodurch er den Aufstand überlebte. Zusammen mit seiner Frau organisierte er nach der Befreiung die illegale Auswanderung von Juden nach Palästina.

Im Umfeld des Eichmannprozesses war aber noch ein weiterer deutschsprachiger Kompilationsfilm hergestellt worden, der in Einzelvorführungen auch in Israel gezeigt wurde und im Spannungsfeld des Kalten Krieges zwischen den beiden 1949 gegründeten Nachfolgestaaten des ‚Dritten Reiches', der Bundesrepublik und der DDR, stand. Der sich selbst als antifaschistisch definierenden DDR diente der Prozess in Jerusalem als öffentlichkeitswirksames

32 Harlan: *Hitler war meine Mitgift*, S. 64.

33 Leiser: *Gott hat kein Kleingeld*, S. 163.

Forum für eine Kampagne gegen personelle und politische Kontinuitäten in der Bundesrepublik, die von Albert Norden, seit 1958 Mitglied des Politbüros des Zentralkomitees der SED, gemeinsam mit dem für solche Agitation zuständigen Ausschuss für Deutsche Einheit vorbereitet und durchgeführt wurde. In einer internen Mitteilung gegenüber Walter Ulbricht hatte Norden bereits versichert, man werde sich bemühen, „den Fall Eichmann maximal [...] gegen das Bonner Regime zuzuspitzen".[34] Aus diesem Grund hatte die DDR den Juristen Friedrich Karl Kaul nach Israel entsannt, der der israelischen Staatsanwaltschaft belastende Dokumente gegen Hans Globke und andere westdeutsche Politiker zukommen lassen sollte und wie Norden jüdischer Herkunft war.[35] Da er aufgrund israelischer Rechtsbestimmungen nicht wie geplant als Nebenkläger zugelassen wurde, versuchte Kaul, die Öffentlichkeit durch den Prozess begleitende Pressekonferenzen in Jerusalem zu erreichen.[36] Dabei sollte aber der „Anschein irgendwelcher offizieller Beziehungen DDR-Israel" vermieden werden, wie es in einer Aktennotiz vom September 1960 heißt.[37]

Als Teil dieser Kampagne entstand auch der abendfüllende Dokumentarfilm *Aktion J – Film der Beweise* (DDR 1961, R: Walter Heynowski), mit dessen Herstellung Walter Heynowski betraut wurde, ein damals noch recht junger Mitarbeiter des DDR-Fernsehens, der gerade durch einen ähnlichen Film gegen den später zurückgetretenen bundesdeutschen Vertriebenenminister Theodor Oberländer mit dem Titel *Mord in Lwow* (DDR 1959) bekannt geworden war. Zur Unterstützung der Kampagne gegen Adenauer und Globke wurde *Aktion J* in verschiedenen Ländern eingesetzt und mit Hilfe der Kommunistischen Partei und Organisationen von Überlebenden auch in Israel gezeigt. So war *Aktion J* vielleicht der erste Film aus der DDR, der jemals im jüdischen Staat zu sehen war. „Die israelischen Kommunisten unterstützten die Aktivitäten Friedrich Karl Kauls sowie der sich zeitweilig in Israel aufhaltenden

34 Zit. n. Peter Krause: *Der Eichmann-Prozeß in der deutschen Presse.* Frankfurt am Main: Campus 2002, S. 211.

35 Vgl. ebd., S. 212.

36 Vgl. Michael Lemke: Kampagnen gegen Bonn. Die Systemkrise der DDR und die West-Propaganda der SED 1960–1963. In: *Vierteljahrshefte für Zeitgeschichte* 41,2 (1993), S. 153–174, hier S. 162.

37 Zit. n. ebd.

DDR-Journalisten“[38] und regten bei einem Treffen mit SED-Politbüromitglied Paul Verner Anfang des Jahres 1963 zur Intensivierung der Zusammenarbeit mit der DDR an, „„von Israel aus eine Kampagne gegen den Faschismus in Westdeutschland zu organisieren, die nach allen europäischen Ländern ausstrahlen könnte“‘[39]. Die DDR reagierte zwar distanziert auf die Kooperationsofferten. Dies änderte aber nichts an ihrem eigenen Interesse an der Intensivierung solcher Kampagnen, zu denen unzweifelhaft auch ein Film wie *Aktion J* gehörte. Die damit zusammenhängende politisch-ideologisch genehme Anklagerhetorik des Films unterscheidet sich zwar grundlegend von Leisers *Eichmann und das Dritte Reich*. Aber beide Filme erreichten im Schatten des Eichmannprozesses eine sehr weitreichende Darstellung der nationalsozialistischen Verbrechen und des spezifisch jüdischen Schicksals, eine Darstellung, die im Fall von *Aktion J* vom ideologisch Vorgegebenen begrenzt wurde und im Fall von *Eichmann und das Dritte Reich* beim deutschen Publikum zumeist auf Desinteresse oder Ablehnung stieß.

Auf jeden Fall war der Eichmannprozess ein Kulminationspunkt, der die deutsch-deutschen Spannungen mit der in Ost und West sehr unterschiedlichen Haltung gegenüber Israel verband. Während die DDR den redegewandten Rechtsanwalt Kaul nach Jerusalem geschickt hatte, entsandte die Bundesrepublik eine inoffizielle Beobachtermission zum Prozess, an der auch Mitarbeiter des Bundespresseamtes teilnahmen.[40] Mindestens einmal wurde der Prozess dabei zum Schauplatz deutsch-deutschen Schlagabtauschs, als Bundespresseamtsmitarbeiter Hans Sterken eine Pressekonferenz von Friedrich Karl Kaul störte und von diesem daraufhin mit der SA und ihrem Vorgehen gegen politische Opponenten verglichen wurde.[41]

Indirekt mit den deutsch-israelischen Filmbeziehungen verbunden waren die deutsch-deutschen Auseinandersetzungen in Jerusalem durch die Anwesenheit eines ebenfalls die Beobachtermission

38 Angelika Timm: *Hammer, Zirkel, Davidstern. Das gestörte Verhältnis der DDR zu Zionismus und Staat Israel.* Bonn: Bouvier 1997, S. 199.

39 Zit. n. Timm: *Hammer, Zirkel, Davidstern*, S. 200.

40 Vgl. Dominique Trimbur: Eine deutsche Präsenz in Israel – Die bundesdeutsche Beobachtermission anlässlich des Eichmann-Prozesses in Jerusalem. In: Brunner (Hrsg.): *Deutsche(s) in Palästina und Israel*, S. 229–252, hier S. 229.

41 Vgl. ebd., S. 242.

begleitenden bundesdeutschen Journalisten. Als Mitarbeiter der *Deutschen Zeitung* war auch „ein korpulenter Deutscher mit rundem Gesicht“[42] nach Israel gereist. Rolf Vogel aus Köln hatte aber auch noch andere Auftraggeber. BND und Kanzleramt sahen in ihm einen verlässlichen Partner für die Weiterentwicklung der deutsch-israelischen Beziehungen und Maßnahmen gegen die Anti-Globke-Kampagne aus der DDR. Vogel hatte während des ‚Dritten Reiches‘ als „Halbjude“ gegolten und war darum aus der Wehrmacht ausgeschlossen worden. Seine Mutter wurde in Theresienstadt interniert. Diese Erfahrungen machten Vogel paradoxer Weise zu einem entschiedenen Verteidiger Globkes, der als Oberregierungsrat im Reichsinnenministerium einen den Antisemitismus der Nürnberger Gesetze legitimierenden Kommentar verfasst hatte. „Dass er die ‚furchtbare Zeit‘ (Vogel) dennoch überlebte, führte der Berliner auf Kanzleramtschef Hans Globke zurück, den wichtigsten und zugleich umstrittensten Mitarbeiter Konrad Adenauers.“[43] Denn Vogel sah Globkes Kommentar als Grund seines Überlebens an, waren doch aus seiner Sicht nur deshalb sogenannte Mischlinge besser gestellt worden, als von nationalsozialistischen Politikern zunächst vorgesehen.[44]

In Jerusalem war Vogel darum als direkter Gegenspieler Kauls eingesetzt. Er lieferte Globke entlastendes Material an die israelischen Staatsanwälte und versuchte, jede Thematisierung seiner Rolle im NS-System der Vernichtung zu verhindern. Hinter den Kulissen entspann sich dabei ein deutsch-deutscher Spionagethriller, der erst kürzlich von dem *Spiegel*-Journalisten Klaus Wiegrefe enthüllt wurde. Vogel war im Verlauf des Prozesses zusammen mit einem Journalisten der *Bild*-Zeitung in Kauls Hotelzimmer eingebrochen, um dort Globke belastende Papiere zu entwenden.[45]

42 Klaus Wiegrefe: Der Fluch der bösen Tat. Die Angst vor Adolf Eichmann. In: *Der Spiegel*, 15/2011, S. 44–50, hier S. 44.

43 Ebd.

44 Vgl. ebd.

45 Ebd., S. 45.

Israel als Projektionsfläche

Der Eichmannprozess wurde aber auch zum „Neubeginn deutsch-israelischer Filmbeziehungen“[46], zumindest wenn man dem Bericht eines Sonderkorrespondenten der *Allgemeinen Wochenzeitung der Juden in Deutschland* vom Juni 1962 Glauben schenken kann. Denn kurz vor der Verkündung des Urteils in Jerusalem „gab es eine Wende für den deutschen Film.“[47] Der Grund war die Vorführung des Dokumentarfilms *Paradies und Feuerofen* (BRD 1958, R: Herbert Viktor) im Jerusalemer *Arnon*-Kino. Während die beide Länder trennende Erfahrung der NS-Verbrechen in einem zum Gerichtsgebäude umgebauten Theatersaal verhandelt wurde, flimmerte trotz offiziellen Boykotts, aber mit einer Ausnahmeverfügung der israelischen Regierung ein deutscher Film über eine israelische Leinwand.

An seiner Entstehung war – als Ideen- und Anstoßgeber – niemand anderes als Rolf Vogel beteiligt gewesen, der durch seine Verbindungen zu Regierungskreisen und in seiner Funktion als Journalist den Fortgang der Entwicklung deutsch-israelischer Beziehungen auf allen Ebenen begleitete. Anlässlich der Premiere von *Paradies und Feuerofen* im Jahr 1958 erinnerte sich Vogel an die Anfänge seiner Begegnung mit dem Land. Im April 1954 hatte er den israelischen Konsul aufgesucht, um als Deutscher eine Einreisegenehmigung für Israel zu erhalten. Vier Wochen später fand er sich als erster Journalist am Flughafen Lydda bei Tel Aviv wieder, „um über dieses alte Land und den jungen Staat zu berichten.“[48]

Neugierde sei der Auslöser für sein Interesse an Israel gewesen. Und das weitreichende Nichtwissen der Deutschen. „Was geht uns Deutsche eigentlich Israel an?“, fragte der deutsche Journalist, selbst aus „rassischen Gründen“ im ‚Dritten Reich‘ diskriminiert. „In unserem Land sind einmal Millionen dieser Menschen umgebracht worden, man hat sie gejagt, zerrissen. Hatten und haben wir da eigentlich ein Recht, die vielgerühmte Gastfreundschaft der Israelis in Anspruch zu nehmen?“[49] Vogel unternahm die Reise und

46 Paradies und Feuerofen Film in Israel. In: *Berliner Allgemeine Wochenzeitung der Juden in Deutschland*, 08.06.1962.

47 Paradies und Feuerofen Film in Israel.

48 Rolf Vogel: Was geht uns Israel an? Aus dem Presseheft der Europa Filmverleih G.m.b.H. zu Paradies und Feuerofen, 1958. Wieder abgedruckt in: *Filmblatt* 23 (2003), S. 20–21, hier S. 20.

49 Ebd.

brachte schließlich ein Jahr später einen Film mit nach Deutschland, der Land, Geschichte und Gesellschaft den Deutschen in der Bundesrepublik näher bringen sollte. Denn mit den Reparationen, die zwischen den Regierungen Adenauers und Ben Gurions ausgehandelt worden waren, sei es nicht getan: „Man kann nicht bezahlen, was einmal hinter deutschem Stacheldraht geschah. Wir können nicht einfach sagen, daß uns das alles nach Abwicklung der finanziellen Seite nichts mehr angeht."[50]

Trotzdem spart der erste deutsche Film über Israel mit dem euphorischen Titel *Israel, Staat der Hoffnung* (BRD 1955, R: Rolf Vogel) die NS-Verbrechen und den Antisemitismus weitgehend aus. Im Vordergrund des von Lasar Dunir aus Tel Aviv zusammen mit Vogel hergestellten Films stehen die religiösen und historischen Kultstädten und die modernen Metropolen des Landes. Indirekt aber, das machte der deutsche Regisseur bei einer Matineevorstellung in der Düsseldorfer Synagogengemeinde Ende des Jahres 1955 auch deutlich, war das Filmporträt des Landes dazu intendiert, den noch lebendigen Stereotypen und Vorurteilen gegenüber Juden ein anderes, positives Bild entgegenzusetzen:

> Israel sei der schlagendste Beweis, so meinte Rolf Vogel in seinen einleitenden Worten, die er der Filmvorführung vorausschickte, für die Unsinnigkeit der antisemitischen Behauptung, die Juden seien nicht staatserhaltend, sie seien nicht arbeitsfreudig und nicht verteidigungsbereit.[51]

Israel, Staat der Hoffnung wurde von dem Unternehmen Deutsche Reportagefilm GmbH hergestellt und Anfang Dezember 1955 bei einer vom Berliner Presseverband veranstalteten Matinee uraufgeführt.[52] Kurze Zeit nach der Premiere wurde er in einer Veranstaltung des Leiters der Israel-Mission in Köln nach einem Empfang mit deutschen Politikern und Wirtschaftsvertretern vorgeführt. 1952 war diese offizielle Vertretung Israels in der Bundesrepublik zunächst für die Umsetzung der Reparationsverhandlungen und später für die Fortentwicklung wirtschaftlicher Zusammenarbeit entstanden.[53] „Was dann im Film", so ein Rezensent der *Kölnischen Rundschau* über seine Eindrücke von der Veranstaltung, „aus dem

50 Ebd., S. 21.

51 Deutscher Israel-Film. ‚Israel, Staat der Hoffnung' – ein überzeugendes Dokument. In: *Neue Rheinzeitung*, 13.12.1955.

52 Vgl. Israel im Film. In: *Die Abendzeitung* (München), 03./04.12.1955.

53 Vgl. Timm: *Hammer, Zirkel, Davidstern*, S. 191.

jungen Israel gezeigt wurde, war imponierend, so imponierend, daß immer noch eine gewaltige Leistung übrigbleibt, selbst wenn man geneigt ist, bei Filmen dieser Art etliche propagandistische Abstriche zu machen.“[54]

Tatsächlich erhält *Israel, Staat der Hoffnung* seinen filmhistorischen Wert vor allem durch die Tatsache, dass es sich dabei um den ersten bundesdeutschen Filmbericht über Israel handelt. Dass dies in den 1950er Jahren noch keine Selbstverständlichkeit war, ist vielleicht auch ein Grund dafür, warum Nationalsozialismus und Shoah aus dem Film weitgehend ausgeblendet blieben. Stattdessen mischte sich eine idealisierende Faszination für das moderne jüdische Staatswesen mit touristischen Passagen und vor allem religiös-kulturellen Motiven, die dem deutschen Publikum den Zugang zu dem fremden Land erleichtern sollten. So beginnt *Israel, Staat der Hoffnung* mit Fischern am See Genezareth und Verweisen auf Jesus und die Bibel. Der Kommentar lokalisiert die Orte zunächst im christlichen Sinne als „Heiliges Land“, bevor er hinzufügt: „Hier wurde das geistige, nationale Antlitz des Volkes Israel geformt.“ So wird Israel gleichzeitig zur Projektionsfläche für Tradition und für Fortschritt, zwei Konzepte, die durch die Katastrophe von Auschwitz und die Niederlage im Zweiten Weltkrieg in Deutschland empfindlichen Schaden erlitten hatten.

Dieser Projektion von Aufbau, Fortschritt und Moderne auf das kleine Land im Nahen Osten, das in diesen Jahren durchaus wirtschaftliche Schwierigkeiten durchstehen musste, entspricht auch die folgende Kontrastmontage eines Schwenks über Tel Aviv, mit dem Kommentar: „moderne Stadt am Mittelmeer“. Die folgenden Aufnahmen fokussieren Menschen und den Alltag. In der Episode über die zahlreichen Einwanderer_innen, die die israelische Gesellschaft prägen, findet sich implizit auch einer der wenigen Verweise auf die Shoah: „Zionisten, die den jüdischen Staat bauen wollten, aber auch Flüchtlinge, Opfer einer grausamen Vernichtungspolitik“. Allerdings muss bei dieser Passage neben der unspezifischen Beschreibung als „Opfer einer grausamen Vernichtungspolitik“ auch die Konnotation des Flüchtlingsbegriffs in den 1950er Jahren in Deutschland mitgedacht werden, welcher immer auch auf den

54 ‚Israel – Staat der Hoffnung‘. Zahlreiche Gäste sahen eindrucksvollen Film des jungen Staates. In: *Kölnische Rundschau*, 20.12.1955.

'Verlust' der deutschen Territorien im Osten verwies. In seinem Text „Was geht uns Israel an?" zieht Vogel auch ganz explizit diese Parallele und projiziert dabei die deutsche Nachkriegssituation auf Israel: „In den zehn Jahren ihres Bestehens haben die 650.000 Israelis des Jahres 1948 rund 1,2 Millionen Neueinwanderer eingeordnet. Flüchtlinge, ein uns schrecklich vertrautes Wort. Sie haben überhaupt vieles mit uns Deutschen der Nachkriegszeit gemeinsam, nicht zuletzt die geteilte Hauptstadt: Jerusalem."[55] Bewundernde Idealisierung und Identifikation aufgrund von ahistorischen Gleichsetzungen fallen hier deutlich zusammen und prägen den bundesdeutschen Blick auf den jüdischen Staat in *Israel, Staat der Hoffnung*.

Dennoch: die Kamera, weiterhin dem Reisefilm eng verwandt, beobachtet Straßenszenen und schwenkt Gesichter ab. Großaufnahmen von jemenitischen und aschkenasischen Juden verdeutlichen das Zusammenleben unterschiedlicher Kulturen: „Ihre gemeinsame Heimat ist Israel". Hebräische Schilder und Zeitungen machen das scheinbar Vertraute fremd. Doch sogleich verweist der Kommentar auch auf deutsche Tageszeitungen und deutsche Literatur.

Weite Teile des Films funktionieren hingegen ähnlich wie die frühen zionistischen Reisefilme, die das Land und seinen Aufbau aufzeichneten. *Israel, Staat der Hoffnung* zeigt wissenschaftliche Errungenschaften, Forschungsinstitute, verweist auf die Hebräische Universität, filmt Krankenhäuser und stellt das Gesundheitssystem und die „großzügige Sozialversicherung" vor. Im Kontext dieser Passagen verweist der Film auch auf deutsche Wiedergutmachungszahlungen und zeigt im Bild beispielsweise technische Geräte aus Deutschland: „Diese Waren helfen überall im Lande." Immer wieder geht es darum, die Nähe zwischen der Bundesrepublik und Israel über die trennende Vergangenheit hinweg herauszustellen. So betont der Kommentar, die Bundesregierung habe mit den Zahlungen große Not lindern wollen, „die vergangene Politik ihr als Erbe hinterließ".

Entspricht diese Montagesequenz den Aufnahmen von Arbeit und Aufbau in den frühen zionistischen Filmen, folgt darauf eine Passage über Freizeit. Strandaufnahmen in Tel Aviv werden als lebendiger

55 Vogel: Was geht uns Israel an?, S. 21.

Anziehungspunkt inszeniert. Nach Tel Aviv wird Haifa vorgestellt, aufgenommen vom Karmelgebirge. Stadtaufnahmen mit Hochhäusern aus Beton und Stahl, der Hafen und die, wie der Kommentar betont, von deutschen Werften gelieferte Hochseeflotte werden gezeigt. Dazu ist triumphale Musik des israelischen Komponisten Sascha Parnes zu hören. Wieder geht der Film auf die Situation von Einwanderer_innen ein, dieses Mal aus Nordafrika. „Bald werden diese Kinder vergessen haben, dass sie in anderen Ländern geboren wurden“, heißt es dazu, bevor Aufnahmen eines Flüchtlingslagers mit kleinen Barackenhäusern und dann wieder Fabriken mit rauchenden Schloten zu sehen sind: „Israel braucht Industrien aller Art.“ In dieser Verbindung wird die Intention des Films deutlich herausgestellt, einerseits die Vielfalt der jüdischen Bevölkerung Israels dem antisemitischen Bild ‚des Juden‘ gegenüberzustellen und andererseits, in durchaus idealisierend-bewundernder Art, die Produktivität der israelischen Gesellschaft hervorzuheben.

Desweiteren werden auch dem bundesdeutschen Publikum die kollektivistischen Gemeinschaftssiedlungen vorgestellt. Die Kamera schwenkt über ein Kibbutz: „Hier gibt es kein Privateigentum.“ Eine Kuhherde ist zu sehen, Bauern, Pferde, ein Traktor. Der Kommentar verweist auf schwäbische Juden, die 1938 ins Land kamen. „Nicht alle von ihnen waren früher Bauern, aber ihr Schicksal lehrte sie, das fruchtbare Land in Galiläa zu bewässern und zu bestellen.“ Wieder wird eine explizite Verbindung zu Deutschland gezogen, die gleichzeitig implizit auf die nationalsozialistische Verfolgung und den Novemberpogrom von 1938, verweist, ein Bezug, der aber sogleich wieder vom idealisierenden Blick auf die israelischen Aufbauleistungen verdeckt wird. Stattdessen werden Kinder aus dem Kibbutz gezeigt, die zu verspielter Musik in die Kamera lachen. Orangen werden geerntet: „Jaffa-Apfelsinen kennt die ganze Welt“. Zu Großaufnahmen von Orangen-Kisten heißt es mit impliziten Bezug zum Wiederaufbau in Deutschland: „Auch auf unseren Märkten sind sie wieder zu sehen.“ Wen wundert es da, dass bei so vielen Gemeinsamkeiten auch das Schiff „Tapuz“ (Apfelsine bzw. Orange), das die Jaffa-Orangen exportiert, in Deutschland gebaut wurde.

Israel, Staat der Hoffnung sucht im neugierig-idealisierenden Blick der Reisekamera das Bild einer reichen deutsch-israelischen Beziehungsgeschichte zu zeigen, die die ausgeblendete NS-Vergangenheit kompensieren soll. Darum zeigt der Film auch eine von deutschen Juden errichtete Siedlung bei Tel Aviv, deren Bewohner aus Berlin stammen. Rechtsanwälte, Professoren und Ärzte wurden Geflügelzüchter, berichtet der Kommentar anerkennend, während die Farmen in Israel mit Schrebergärten am Rande von Berlin verglichen werden: „Daraus ist nun ihr Beruf geworden." Auch am Beispiel der nördlichen Küstenstadt Naharia, die 1935 von deutschen Juden gegründet wurde, wird die deutsche Prägung des Landes illustriert. Inschriften sind auf Deutsch und Hebräisch zu sehen. Angeboten werden Hebräischkurse für die Einwanderer_innen. Ältere Menschen nehmen am Sprachkurs teil: „Die Jugend kennt dieses Problem nicht mehr. Hebräisch ist ihre Muttersprache". Der Kaufmann aus Deutschland, muss mit den Kindern schon Hebräisch sprechen.

Die folgenden Passagen können als Reisebericht gelesen werden, der sich allerdings hauptsächlich für den bewunderten Aufbau des Landes interessiert: Straßenbau am Toten Meer, Ölbohrungen in der Wüste Negev, der Abbau von Mineralstoffen und Salzgewinnung am Toten Meer, chemische Werke bei Haifa. Dem werden, ähnlich den frühen zionistischen Reisefilmen, die Traditionen der lokalen Bevölkerung gegenübergestellt. In der Wüstenstadt Be'er Sheva wird ein Kamelmarkt gezeigt. Der Kommentar berichtet über die Situation der arabischen Bevölkerung: „Sie sind völlig gleichberechtigt. Kultur und Religionsfreiheit sind Grundsätze des jungen Staates." Eine Beduinengemeinschaft wird vorgestellt, insbesondere der für sie organisierte Gesundheitsdienst. Wieder zieht der Kommentar Parallelen zu Deutschland: Dr. Hirsch, früher Arzt in Berlin, arbeitet nun in einem Gesundheitszentrum in Be'er Sheva. Zu dem idealisierenden gesellt sich ein exotisierender Blick auf die ‚ursprüngliche' Bevölkerung und ihre Traditionen „wie zu biblischen Zeiten".

All dies kulminiert im Porträt von Jerusalem. Neubauwohnungen, Straßen- und Marktszenen. Auch ein Mann vor einem Kinoplakat ist zu sehen, genauso wie die Präsenz der UN in der geteilten Stadt. Nur deren weiße Jeeps können die Grenze zwischen Ost- und West-Jerusalem überqueren. Neben der UN werden deutsche Ordensschwestern als Mittlerfiguren präsentiert, die in einem Hospiz mit christlichen, arabischen Waisenkindern tanzen und ein „friedliches Leben hinter Klostermauern wie einst in der deutschen Heimat" führten. Grenzschilder sind zu sehen. Die Stadtmauer der Altstadt ist Grenze zu Jordanien: „Zweigeteilte Stadt, wie wir es von Berlin kennen." Eine Glocke ist zu hören: „Und eine Freiheitsglocke, wie sie in Berlin mahnend klingt." Überdeutlich parallelisiert der Film die Situation in Israel mit der zwischen DDR und Bundesrepublik, um das deutsche Publikum durch Identifikation zur Empathie zu nötigen, womit aber die historischen, politischen und existentiellen Differenzen beider Teilungserfahrungen nivelliert werden.

Inwieweit *Israel, Staat der Hoffnung* auch ein Bestandteil der Intensivierung politischer Beziehungen und zur Vorbereitung der Aufnahme diplomatischer Beziehungen zwischen Deutschland und Israel gewesen ist, ist unklar. Vogel vermittelte in jedem Fall politische und persönliche Begegnungen, die sich zwischen einzelnen Vertretern beider Länder entspannen, und die Aufnahmen von der Knesset, der Auftritt von Präsident Yitzhak Ben Zvi und Moshe Sharett sowie eine Ansprache von Ministerpräsident Ben Gurion im Stadion von Ramat Gan am Unabhängigkeitstag könnten daher auch auf Vogels gute Kontakte zu israelischen Politikern zurückzuführen sein. Entsprechend suchte der Film Verständnis für die politische Position der israelischen Politik zu wecken, die „den arabischen Nachbarn die Hand" reiche, aber auch „Sicherheit und Freiheit" wolle.

In den Schlusssequenzen werden dann wieder modernes und traditionelles Israel gegen- oder besser ineinander montiert. Zunächst hebt der Kommentar zu Aufnahmen des Flughafens und einer El-Al-Maschine die Zahl von 30.000 Besuchern aus Europa, den USA und Südafrika hervor. Pilger und Touristen landeten hier im steten Wechsel. Dann wird mit Nazareth ein Bezugspunkt christlicher Religion und arabischen Lebens in Israel vorgestellt. Am Rande der Stadt befindet sich ein deutscher Soldatenfriedhof mit Gräbern aus dem Ersten Weltkrieg: „Die Politik ließ diesen Friedhof unberührt." Es folgen weitere, aus dem christlichen Kontext bekannte Aufnahmen von Ausgrabungsstätten, Kapernaums und eines Franziskanerklosters.

Diese Hervorhebung des christlichen Erbes wird dann in der Schlussszene ‚zionisiert', beide Bezüge – Christentum und Judentum, Israel und Deutschland – sollen auf diese Weise miteinander verwoben werden. Die Ha-Tikva, die israelische Nationalhymne, wird angespielt, dazu ist das Grab von Herzl auf einem Berg bei

Jerusalem zu sehen. Die Kamera schwenkt über einen weiteren Soldatenfriedhof, dieses Mal einen jüdischen: „Israel ein Staat der Hoffnung und der Zukunft für die Jugend". Die letzten Aufnahmen zeigen Kinder und Jugendliche, die tatkräftig und fahnenschwenkend in die Zukunft zu schreiten scheinen.

Für die (deutsche) Jugend war dieser erste Israel-Film auch in erster Linie gedacht, wie Vogel 1967 in dem Buch *Deutschlands Weg nach Israel* rückblickend schildert:

> Für die staatspolitische Bildung, für die heute in Deutschland mehr als 40 000 Schmalfilmgeräte bei Jugendgruppen, Schulen, Verbänden, Gewerkschaften, Polizei- und Bundeswehreinheiten und ähnlichen Einrichtungen zur Verfügung stehen, wurden etliche Filme in deutschen Produktionen geschaffen, die das Leben in Israel immer wieder von neuem unter den verschiedensten Gesichtspunkten darstellen. Das begann 1955 mit dem ersten derartigen Film ‚Israel – Staat der Hoffnung', der mit 250 Kopien in diese Kanäle geleitet wurde.[56]

Der Film sollte Israel in Deutschland besser bekannt machen. „Kennenlernen heißt verstehen", hatte Vogel seine Mission anlässlich der Premiere von *Paradies und Feuerofen* 1958 beschrieben.[57]

Israel, Staat der Hoffnung wurde tatsächlich in den folgenden Jahren hauptsächlich zur politischen Bildung eingesetzt. Im März 1956 sahen beispielsweise rund 400 Schüler_innen verschiedener Schulen den Film bei einer Nachmittagsvorführung in Spaichingen. Der anwesende Rabbiner Boschinski, „dem durch seinen langjährigen Aufenthalt in Israel alle Oertlichkeiten des Filmgeschehens genauestens vertraut sind, hat sich anerkennend darüber ausgesprochen, daß ein solcher die Völker versöhnender Film so stark von der deutschen Jugend besucht werde."[58]

In Baden-Württemberg kam es aber nur kurze Zeit nach der Vorführung in Spaichingen auch zu einer Kontroverse um den Film. Eine Gutachterkommission der Landesbildstellen hatte entschieden, *Israel, Staat der Hoffnung* „als nicht geeignet zur Vorführung in den Schulen" zu erklären. Schnell hatte die Landesbildstelle Württemberg betont, dass dieser Entscheidung „keinerlei politische, sondern nur erzieherische Gesichtspunkte" zugrunde gelegen

56 Rolf Vogel: *Deutschlands Weg nach Israel. Eine Dokumentation*. Stuttgart: Seewald 1967, S. 301.

57 Vogel: Was geht uns Israel an?, S. 21.

58 Viele Spaichinger sahen Israel-Film. In: *Schwarzwälder Bote*, 15.03.1956.

hätten. Anlass für das Urteil sei die „Überfülle von Einzelbildern, die in dem Film ohne weiteren Zusammenhang an dem Beschauer vorüberziehe“, gewesen.[59] Trotzdem wurde der Film an anderen Orten noch bis zum Beginn der 1960er Jahre gezeigt. In Berlin sind Vorführungen für Dezember 1957 und Mai 1960 nachgewiesen. Im Jüdischen Altersheim in der Iranischen Straße wurde der Film bei einer Veranstaltung zusammen mit synagogalen Chorliedern vorgeführt,[60] die Arbeitsgemeinschaft für Nachbarschaften in Spandau präsentierte den Film mit einer Einführung von Hans Waldmann, der 1935 aus Deutschland emigriert und 1945 nach Berlin zurückgekehrt war. „In großen Zügen“, so *Der Tagesspiegel*, „entwarf er ein Bild der wechselvollen Geschichte des Judentums und der wahrhaft heroischen, ebenso opferreichen wie von überlegener Klugheit geleiteten Entstehung des Staates Israel.“[61]

Israel, Staat der Hoffnung löste aber Mitte der 1950er Jahre auch einen kleinen außenpolitischen Skandal aus. Wie die Akten des Auswärtigen Amtes zeigen, führte Vogels Israelfilm zu arabischen Protesten. Am 21. Februar 1956 findet sich ein Vermerk, aus dem deutlich wird, dass der „Israel-Film des Herrn Rolf Vogel“ bereits zum widerholten Male kritische Nachfragen eines irakischen Geschäftsträgers provoziert hatte. „Der irakische Geschäftsträger, Mumayiz“, heißt es in dem Bericht von Hermann Voigt,

> kam heute auf den Israel-Film des Herrn Rolf Vogel zurück und sagte, seine Regierung habe die ihm von mir in unserer letzten Unterredung gegebene Auskunft, dass es sich um einen privaten, ohne finanzielle Unterstützung durch die Bundesregierung hergestellten Film handele, als ihres Erachtens nicht zutreffend bezeichnet und nochmals um Erkundigungen gebeten. Im Bulletin des Presseamtes Nr. 34, Band III (?) [sic] vom 25.8.1955 sei ausdrücklich erwähnt, dass eine deutsche Kommission zur Herstellung des Filmes nach Israel gefahren sei, dass die Herstellung des Filmes aus amtlichen Mitteln der Bundesregierung unterstützt worden sei, dass die Hersteller (er sprach von ‚artistes‘, also von Schauspielern) Deutsche gewesen seien, und dass der Film einerseits allgemein für Israel Propaganda mache, andererseits die deutschen Reparationslieferungen für Israel ins Licht rücken solle.[62]

59 Kulturfilm ‚Israel, Staat der Hoffnung‘ für Schulen nicht geeignet. In: *Neckar- und Enzbote*, 29.03.1956.

60 Vgl. emb.: Filmvorführung im Berliner Altenheim. In: *Berliner Allgemeine Wochenzeitung der Juden in Deutschland*, 20.12.1957.

61 O.B.: Die Jugend Israels. In: *Der Tagesspiegel*, 22.05.1960.

62 Hermann Voigt: Vermerk vom 21.02.1956. In: Archiv des Auswärtigen Amtes, PAAA, B10, Bd. 2386. Ich danke Ulrike Becker für den Hinweis auf dieses Dokument.

Die Unmutsbekundung aus dem Irak verdeutlicht einerseits das diplomatische Spannungsfeld, in dem sich Vogel und sein Film Mitte der 1950er Jahre bewegten. Nur wenige deutsche Außenpolitiker hatten Interesse an der Etablierung von diplomatischen Beziehungen mit dem jüdischen Staat. Zu wichtig erschienen die arabischen Partner, deren Ziel auch weiterhin die Beseitigung jüdischen Lebens im Nahen Osten war und die für viele Mitarbeiter des Auswärtigen Amtes zu langjährigen Partnern geworden waren. Berichterstatter Hermann Voigt, der im Juni 1956 die Leitung der deutschen Gesandtschaft in Bagdad und der Außenstelle in Amman übernommen hatte, gehörte zu jenen deutschen Diplomaten, die sich bemühten, die Aufnahme diplomatischer Beziehungen zu Israel zu hintertreiben und verkörperte „den Typus des ‚Arabisten' par excellence".[63] Eine jüngst vom Auswärtigen Amt in Auftrag gegebene Studie über dessen Geschichte hält fest, dass solchen Israel kritisch bis feindlich gegenüberstehenden Diplomaten

> in den Kontroversen um die Formalisierung der deutsch-israelischen Beziehungen einiges an Gewicht zukam. Deren spezifische Perspektive dürfte langfristig dazu beigetragen haben, dass das Auswärtige Amt bis Mitte der sechziger Jahre an der Überzeugung festhielt, deutschland- und außenhandelspolitische Gründe sprächen gegen eine Aufnahme der Beziehungen mit Israel.[64]

Gleichzeitig aber zeigt der Vermerk von Voigt auch den Einfluss, den ein Einzelner wie Vogel auf die außenpolitische Ausrichtung der Bundesrepublik ausüben konnte. Als Journalist mit guten persönlichen Kontakten zu wichtigen deutschen und israelischen Politikern gelang es ihm, sowohl die Presse- und Öffentlichkeitsstellen des Bundes wie auch Geheimdienststrukturen für sein persönliches Anliegen, die Intensivierung der Kontakte mit Israel, nutzbar zu machen.

63 Eckart Conze / Norbert Frei / Peter Hayes / Moshe Zimmermann: *Das Amt und die Vergangenheit. Deutsche Diplomaten im Dritten Reich und in der Bundesrepublik*. Bonn: bpb 2011, S. 574.

64 Ebd.

Mit dem VW-Bus durch Israel

Auch 1958 war ein Film über Israel aus der Bundesrepublik noch ein „außenpolitisches Politikum“[65]. *Paradies und Feuerofen* zog jedoch vor allem in Israel politische Auseinandersetzungen nach sich. Zunächst wurde der Film, obwohl mit Unterstützung israelischer Stellen realisiert, nicht zur öffentlichen Vorführung in Israel zugelassen. Erst 1960 gab es eine Freigabe, allerdings unter der Vorgabe den Titel in „Paradies und Schmelztiegel“ zu ändern, um die unangenehme Assoziation des Originaltitels zu den Verbrennungsöfen in den Vernichtungslagern zu verhindern. Schließlich wurde der Film erst im Juni 1962 in hebräischer Fassung im Umfeld des Eichmannprozesses aufgeführt.[66]

Auch diesen ersten farbigen Langdokumentarfilm über Israel hatte Rolf Vogel initiiert. Realisiert wurde er von dem 1922 geborenen Regisseur Herbert Viktor, der nach seiner Rückkehr aus der Kriegsgefangenschaft zunächst zum Rundfunk gegangen war und kurz zuvor den preisgekrönten Reisefilm *Hongkong, Insel im Roten Meer* (BRD 1958) hergestellt hatte.[67]

Seit *Israel, Staat der Hoffnung* war bereits „eine Reihe von deutschen Kamerateams in den Nahen Osten gereist, um dort für Film und Fernsehen Aufnahmen zu drehen. […] Doch waren alle diese Berichte zumeist nichts mehr als schnelle Reportagen, oft genug unter der Perspektive des mit der Kamera reisenden Touristen“[68]. *Paradies und Feuerofen* verknüpfte nun Reportage, Reisebericht und Landesporträt mit einem subjektiven Ton und dem Interesse an den „menschlichen, politischen, wirtschaftlichen und sachlichen Problemen dieses Landes“[69]. Politisch und inhaltlich entsprach er dabei weitgehend seinem Vorgänger *Israel, Staat der Hoffnung*. Wieder stehen, in der Tradition des Reisefilms, die touristischen Stätten und die Dynamik des Landes im Mittelpunkt. Allerdings folgt Viktor deutlicher einem Reportagestil, der, wie der Filmhistoriker Jeanpaul Goergen hervorgehoben hat, eine „Entwicklung weg

65 Jeanpaul Goergen: Kulturfilm und Filmreportage. *Paradies und Feuerofen* (BRD 1958, R: Herbert Viktor). In: *Filmblatt* 23 (2003), S. 15–20, hier S. 15.

66 Goergen: Kulturfilm und Filmreportage, S. 15.

67 Ebd., S. 18.

68 kjf: ‚Paradies und Feuerofen‘. In: *Westdeutsche Allgemeine*, 09.08.1958.

69 Ebd.

vom traditionellen Kulturfilm hin zu dem von der Persönlichkeit des Autors geprägten Dokumentarfilm"[70] darstellt.

„Der Fernsehjournalist Herbert Viktor hat darauf verzichtet, einen wohlgegliederten Kulturfilm zu drehen", merkte denn auch die Filmbegutachtungskommission für Jugend und Schule in Berlin an, „er schuf eine farbige Reportage über die Probleme des Staates Israel. Ein unkonventioneller, unterhaltsamer Kommentar und die vorzügliche Montage der einfallsreich photographierten Szenen erheben diesen Film auch in seiner Gestaltung über die meisten abendfüllenden Dokumentarfilme."[71] Während *Israel, Staat der Hoffnung* mit der Ha-Tikva endete, beginnt *Paradies und Feuerofen* mit der israelischen Nationalhymne. Über Aufnahmen der Wüste wird der Titel geblendet. Die flirrenden Farben intensivieren den Eindruck des unbekannten Blicks auf das Land, dieses Mal in Agfacolor. Ein Kamel ist zu sehen, daneben ein VW-Bus und ein VW-Käfer mit Berliner Kennzeichen. Kontrastmontage und der Gestus der Ironie treffen aufeinander. Ideengeber Rolf Vogel ist beim Aufpumpen des Reifens eines der liegengebliebenen Autos der Filmcrew zu sehen. Drei Monate lang war das deutsche Filmteam durch Israel gereist.[72] Ihr Reisefilm beginnt als Roadmovie im Aufschub. Nun ist es das deutsche Filmteam, das dem Publikum den Zugang zur Israel als „politische[r] Wetterecke zwischen Morgen und Abend" bereiten soll.

Wie in *Israel, Staat der Hoffnung* wird auch in *Paradies und Feuerofen* das Land als „Schmelztiegel" präsentiert. Als Beispiele dienen das israelische Orchester mit Mitgliedern aus verschiedenen Ländern der Welt und ein Nachtclub, in dem man sich in allen Sprachen verständigen kann. Es folgen die typischen Reisebilder, die offensichtlich aber die Intensität der Farben besonders hervorheben: Aufnahmen von Tel Aviv, der Ben Yehuda und Allenby Straße, einer Orangenplantage in Rishon Le-Zion und dem Hafen von Haifa, der mit Honkong, Marseille und Hamburg verglichen und als Tor zum Gelobten Land bezeichnet wird.

Mit Bewunderung beschreibt der Kommentar dann Bewässerungsanlagen in der Wüste: „Mit ihrem Leben haben sie die Natur wieder

70 Goergen: Kulturfilm und Filmreportage, S. 19.

71 Filmbegutachtungskommission für Jugend und Schule, Berlin. Paradies und Feuerofen. In: *Pressedokumentation der Filmuniversität Babelsberg KONRAD WOLF.*

72 Vgl. Ein deutscher Film über Israel. In: *Aufbau*, 25.07.1958.

zum Leben erweckt" und grenzt davon „Jahre der Mißwirtschaft" ab, wozu, ganz im Sinne der Gegenüberstellung von Tradition und Moderne, Aufnahmen von Beduinen und arabischen Einwohner_innen zu sehen sind. Der subjektive Kommentar macht die enthusiastische Bewunderung und die idealisierende Projektion des deutschen Blicks auf Israel besonders deutlich. Zur Panoramaaufnahme eines Feldes sind die Worte zu hören: „Ich stand an diesem Weizenfeld, ich stand unter rauchenden Schornsteinen. Ich habe gesehen, was aus dem Menschen werden kann, wenn er sein Leben ganz und gar und ohne Vorbehalt einer Idee unterordnet." Die Aussage dient als Übergang zum bekannten Themenkomplex Arbeit und Aufbau, der gleichzeitig gängige antijüdische Vorurteile parieren soll.

Im Sinne der Gegenüberstellung von Tradition und Moderne folgt der Besuch bei einem Beduinenstamm. Dort werde man Zeuge eines „vielleicht historischen Ereignisses in der Wüste", denn es sollen erste Beduinensiedlungen gebaut werden. Dies leitet wieder zur Wüstenstadt Be'er Sheva über, deren Bahnsteig den Kommentar „an eine Siedlerstadt des amerikanischen Westens" erinnert. In der Montage von Bild und Ton prallen Vergangenheit und Gegenwart aufeinander: deutsche Märsche auf Schallplatten, Einwanderer_innen aus verschiedenen Ländern, Araber_innen, Beduinen, die Kamera zeigt die Gesichter verschiedener Menschen auf den Straßen. Das „ist das meisterhaft zusammengesetzte Mosaik eines Schmelztiegels der Nationen"[73], so ein deutscher Kritiker.

„Aus scheinbar zufällig zusammengestellten Reiseskizzen", so das Filmprogramm des Arbeitskreises Film und Jugend in Mannheim, „baut sich zum Schluß ein geschlossenes Ganzes auf, die eigenen Gedanken des Zuschauers in höherem Maße bewegend, als ein systematisch-lehrhafter Aufbau es vermag."[74] Dazu trägt aber auch die Entscheidung bei, den allgemeinen Reisebericht an eine persönliche Biographie zurückzubinden, die eine junge Stewardess vorstellt, die vor zehn Jahren nach Israel kam. Es werden Episoden aus ihrem Leben berichtet, wie sie zur Schule ging (zum dritten

73 Uralte Traditionen und neuer Staat. Zu Herbert Viktors Israel-Reportage ‚Paradies und Feuerofen'. In: *Mannheimer Morgen*, 19.08.1959.

74 Arbeitskreis Film und Jugend Mannheim: Paradies und Feuerofen. Programm zur Vorführung am 30. November 1961. In: *Pressedokumentation der Filmuniversität Babelsberg KONRAD WOLF*.

Mal nach Polen und Österreich), wie sie auf dem Land arbeitete, um die „Heimat Israel friedlich zu erobern", und dann zur Armee ging. Wenn „wir stolz und aufrecht unsere Uniformen tragen", so die junge Frau, „wünschen wir uns doch nichts mehr als einen endgültigen Frieden, der den Zwang der Bewaffnung von uns nimmt." Zu sehen sind dazu junge Soldatinnen beim Appell. „Wir sind kein militaristisches Land", betont sie zu Aufnahmen von Soldaten unterschiedlicher Formationen und Brigaden, „auch wir brauchen unsere Armee, sonst werden wir eines Tages überrollt. Ist es denn irgendwo anders auf dieser Welt?".

Die folgenden Reisenotizen entsprechen in erster Linie dem touristischen Blick auf das Land, in dessen Fokus aber auch immer wieder Bezüge zu Geschichte und Gegenwart rücken. Die Stadt Eilat am Roten Meer wird porträtiert und auf die Nähe zu Jordanien verwiesen. Die Wüste und archäologische Ausgrabungen werden präsentiert zusammen mit der Anspielung auf biblische Geschichten aus der „beklommensten, aber auch grandiosesten Landschaft der Welt". Das Tote Meer und die Oase Ein Gedi werden vorgestellt, ebenso wie die Qumran-Rollen, über die ein Professor der Hebräischen Universität berichtet. Das Team besucht Massada, Cäsarea und Akko. „Dieses Land ist eigenartig, fremd und schön", erklärt der Kommentar idealisierend, hier lebten „Menschen, die seit Jahrhunderten ihre Lebensgewohnheiten nicht abgelegt haben."

Nun folgt eine Reihe von Impressionen christlicher Pilgerstätten, von Kapernaum und der Brotvermehrungskirche, dazu ein Interview mit einem deutschen Franziskanermönch, sowie eine Fahrt durch Nazareth mit dem Deutsch sprechenden Fremdenführer Tufik. Diese Passagen sollen vor allem dem christlich geprägten Publikum den Zugang zum Land erleichtern. Der „Bericht erstarrt nicht in Ehrfurcht, wenn er sich biblischen Orten nähert", so eine Bewertung der *Evangelischen Filmgilde* in Österreich, die *Paradies und Feuerofen* als monatsbesten Film auszeichnete. „Die Nazareth-Passage gehört zum Großartigsten in diesem Film. Sie beginnt, nachdem ein alter Mönch am See Genezareth Worte verklärter Beschaulichkeit sprach, mit Jazzklängen, die über den Marktplatz einer fremdenverkehrstüchtigen Stadt wehen".[75] Nazareth und die

75 Paradies und Feuerofen. Monatsbester Film der Evangelischen Filmgilde in Österreich 1959. In: *Pressedokumentation der Filmuniversität Babelsberg KONRAD WOLF*.

christlichen Städten werden mit der knapp 50 Jahre alten Stadt Tel Aviv kontrastiert. Aufnahmen von Straßen, Verkehr, Kinos, dem Bahnhof, Straßenbau und Autobussen betonen Dynamik und Mobilität. Nach einer inszenierten Schmuggelszene kehrt der Film noch einmal zu Israel als einem Land im Kriegszustand zurück.

Am Ende des Films steht, wie in *Israel, Staat der Hoffnung*, Jerusalem, auch religiöses jüdisches Leben in dem haredisch geprägten Stadtteil Me'a She'arim. Wieder wird Jerusalem als geteilte Stadt gezeigt, Stacheldraht ist durch die Stadt gespannt, Barrikaden und Schutzwände. Die Grenze ist die Frontlinie von 1948. Die Altstadt kann man nur mit dem Teleobjektiv sehen. Schließlich kehrt der Film an den Anfang zurück: Ein Soldatenstiefel tritt auf Wüstenboden gefolgt von der Aufnahme einer der Wüstenoasen des Anfangs. Ein Kritiker beschrieb die Haltung des Films:

> Es ist schwer, ohne Zweifel, dokumentarische Filmberichte zu schaffen, die nicht sofort Widerspruch herausfordern. Weil sie entweder zu sehr ‚pro' sind oder gar zu neutral allen anfallenden Problemen ausweichen. Victor ist weder ‚pro' noch ‚contra': er berichtet, indem er die Menschen und sachliche Entwicklung gegeneinanderstellt.[76]

Bei den Filmfestspielen in Berlin wurde *Paradies und Feuerofen* mit einem Filmband in Gold ausgezeichnet. Zuvor hatte es allerdings Auseinandersetzungen über seine Vorführung im Festivalprogramm gegeben. Schon die Auswahl des Films war umstritten gewesen: „Der Berliner Filmreferent Herbert Antoine kritisierte die Prädikatisierung ‚besonders wertvoll' durch die Filmbewertungsstelle. Er und Senator Tiburtius verwiesen auf das ihrer Meinung nach subjektive Israelbild."[77] Als Argument, den Film nicht zu zeigen, führten sie ferner an, dass einzelne Aufnahmen scheinbar ohne Drehgenehmigungen entstanden seien und es daher zu unangenehmen Protesten von israelischer Seite kommen könnte. Doch die Befürworter des Films setzten sich durch. *Paradies und Feuerofen* wurde der deutsche Beitrag im Dokumentarfilmwettbewerb. Dort gewann er auch den Preis des *Internationalen Katholischen Filmbüros*, allerdings unter Protest und gegen die Stimme von Mary Ghadban, einem ägyptischen Jurymitglied. Wie bei *Israel, Staat der Hoffnung* kam es auch wieder zu internationalen Protesten. „In ‚Al-Alam',

76 kjf: ‚Paradies und Feuerofen'.

77 Wolfgang Jacobsen: *50 Jahre Berlinale – Internationale Filmfestspiele Berlin*. Berlin: Nicolai 2000, S. 92.

einer in Damaskus erscheinenden ‚Unabhängigen Tageszeitung für die Arabische Welt', wird gegen den Film scharf polemisiert und auf die ungeklärte Palästina-Frage verwiesen."[78]
Ungeachtet solcher Proteste folgte im Juli 1959, kurz nach der Berlinale, eine weitere Vorführung in Berlin, dieses Mal unter der Schirmherrschaft von Bürgermeister Willy Brandt (Abb. 7). „Ohne eine künstlerische Wertung vorzunehmen", so der spätere Bundeskanzler,

> möchte ich feststellen, daß allein schon die Herstellung des Films ‚Paradies und Feuerofen' für die deutsche Filmkunst verdienstvoll ist. Dieser Film vermittelt uns einen ergreifenden und erregenden Eindruck des Landes Israel, bei dessen Bewohnern unser Volk in einer tiefen Schuld steht. Ich glaube, daß ein Kennen- und Verstehenlernen eines entfernten Landes, um dessen Freundschaft wir bemüht sind, gerade durch einen derartigen Film, der die vielen Probleme und auch die Sorgen und Nöte dieses Landes dokumentarisch festhält, ermöglicht wird. Deshalb habe ich die Schirmherrschaft über diesen Film gerne übernommen.[79]

Brandts Kontextualisierung des Films vor dem Hintergrund der jüngsten Vergangenheit machte aber auch auf die fehlende Thematisierung von Shoah und Nationalsozialismus im Film selbst aufmerksam, obwohl die Begegnung mit dem Land Israel und seinen Bewohnern stark von dieser geteilten und teilenden Vergangenheit beeinflusst war. Trotz der Ausblendung dieser Bezüge, trafen Abwehr und Ressentiment auch *Paradies und Feuerofen*:

> Es ist schade und spricht nicht gerade für die Bewältigung unserer jüngsten Vergangenheit, daß ‚Paradies und Feuerofen' in mehreren bundesrepublikanischen Großstädten ‚nicht ankam', weil das Kinopublikum offenbar mit dem Begriff Israel unbequeme Reminiszenzen verband und fürchtete, sich gar langweilen zu müssen.[80]

Auch dieser Film war vor allem dafür gedacht, tiefere Kenntnisse über Israel zu vermitteln und vor allem Anschaulichkeit zu ermöglichen, „die irgendwo bei jedermann eine Wissenslücke schließt, denn – so vieles man in den letzten Jahren von Israel hörte – eine direkte Anschaulichkeit fehlte doch."[81] Auch der *Berliner Kurier*

78 Ebd.

79 Einladung zu einer Vorstellung am 8. Juli 1959 in der Filmbühne Wien (Berlin). In: *Pressedokumentation der Filmuniversität Babelsberg KONRAD WOLF*.

80 Uralte Traditionen und neuer Staat.

81 a.: ‚Paradies und Feuerofen'. In: *Weser Kurier*, 14.10.1959.

Paradies und Feuerofen

Die Farbfilm-Reportage über Israel auf den IX. Internationalen Filmfestspielen Berlin 1959 mit dem „Filmband in Gold" als bester abendfüllender Dokumentarfilm ausgezeichnet

Regie und Kommentar	Herbert Viktor
ausgezeichnet mit dem „Filmband in Gold	
Kamera	Heinz Hölscher
Kamera-Assistent	Hans Münzhuber
Musik	Bernhard Eichhorn
Schnitt	Ludolf Grisebach
Ton	Reginald Beuthner
Sprecher	Herbert Viktor

Ein IFAG-Dokumentar-Farbfilm in Agfacolor nach einer Idee von Rolf Vogel

Die Filmbewertungsstelle der Länder gab diesem Film das höchste Prädikat
„besonders wertvoll"

Ohne eine künstlerische Wertung vornehmen zu wollen – eine solche erfolgte schon sehr eindeutig während unserer Internationalen Filmfestspiele –, möchte ich feststellen, daß allein schon die Herstellung des Filmes „Paradies und Feuerofen" für die deutsche Filmkunst verdienstvoll ist.

Dieser Film vermittelt uns einen ergreifenden und erregenden Eindruck des Landes Israel, bei dessen Bewohnern unser Volk in einer tiefen Schuld steht. Ich glaube, daß ein Kennen- und Verstehenlernen eines entfernten Landes, um dessen Freundschaft wir bemüht sind, gerade durch einen derartigen Film, der die vielen Probleme und auch die Sorgen und Nöte dieses Landes dokumentarisch festhält, ermöglicht wird. Deshalb habe ich die Schirmherrschaft über diesen Film gern übernommen.

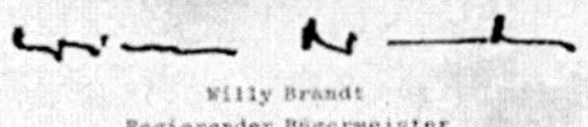

Willy Brandt
Regierender Bügermeister

3. Juli 1959

Abb. 7: Einladungskarte für die Vorführung von *Paradies und Feuerofen* unter der Schirmherrschaft von Willy Brandt.

lobte die „Manier der einfachen Daseinsschilderung" des Films, die „Menschen zu zeigen, ihre Lebensgeschichte aufzugreifen, ihre Aufgaben zu umreißen" und so dazu beizutragen, „das Spannungsfeld des Nahen Ostens in seiner Vielseitigkeit zu begreifen."[82] Dabei verletze der Film auch nicht „die Gefühle anderer Nationen".[83] Das war auch mit ein Grund dafür, dass die Filmbegutachtungskommission für Jugend und Schule den Film für Jugend- und Schulvorführungen empfahl: „Die vorzügliche Montage verdeutlicht die vielschichtigen Probleme und die schnelle Entwicklung des Landes. Die filmische Gestaltung, einfallsreiche Kameraführung und ein unkonventioneller, unterhaltsamer Kommentar rechtfertigen die Empfehlung."[84] Allerdings wurde in der Empfehlung auch betont, dass die „problematische innenpolitische Lage Israels und vor allem die Unmenschlichkeiten des nazistischen Antisemitismus"[85] im Film nicht erwähnt wurden. Dies sei aber, so die Einschätzung weiter, „kein billiges Ausweichen vor der Last der Vergangenheit".[86] Wie bei *Israel, Staat der Hoffnung* wird auch am Beispiel von *Paradies und Feuerofen* hervorgehoben, das Filmporträt widerlege durch seine Darstellung des Landes, seiner Bewohner und ihrer Leistungen „gerade die faschistische Propaganda", die Juden seien „von Natur aus ‚arbeitsscheu und kulturfeindlich'".[87] Daher besäße der Film „neben seinem informatorischen Charakter einen unschätzbar grossen Wert für die politische Bildungsarbeit."[88] Neben thematischen und geschichtlichen Aspekten – vorgeschlagen wurden zur Diskussion mit Schülern und Jugendlichen beispielsweise die Themen „Die Probleme des Staates Israel" und „Das faschistische Bild vom Juden und die israelische Wirklichkeit" – provozierte der Film aber auch filmkundliche und medienkritische Fragestellungen, wie „Montage als Stilmittel".[89] Neben der Montage und der unterhaltend-berichtenden Erzählform des Films trat dabei auch die Frage

82 Paradies und Feuerofen. Abendfüllender Farbfilm über Israel. In: *Der Kurier*, 15.08.1958.

83 Empfehlung der Filmbegutachtungskommission für Jugend und Schule vom 8. Juli 1959. In: *Pressedokumentation der Filmuniversität Babelsberg KONRAD WOLF*.

84 Ebd.

85 Ebd.

86 Ebd.

87 Ebd.

88 Ebd.

89 Vgl. Goergen: Kulturfilm und Filmreportage, S. 17.

nach dem spezifischen Blick der Filmemacher und ihrer Kamera hervor: „Die Kamera sieht anders als das Auge, sie sieht pathetischer, sie sieht mehr und weniger zugleich“[90], bemerkte die *Frankfurter Allgemeine Zeitung*. Doch dieser von Projektionen, Idealisierung und Aussparungen geprägte deutsche Blick auf Israel und die Aufzeichnung eines erst aus dem Sammelsurium der Eindrücke sich zusammensetzenden Bildes eines Landes im Werden ermöglichten Ende der 1960er Jahre dennoch für bundesdeutsche Zuschauer eine erste Begegnung mit Israel auf der Leinwand.

Von *Sissi* zu *Wir Wunderkinder*

In die andere Richtung blieb diese Begegnung weiter aufgeschoben. Bis Anfang 1967 konnten Filme aus der Bundesrepublik nicht in Israel aufgeführt werden. *Paradies und Feuerofen* war wohl einer der spektakulärsten Fälle dieser politisch und historisch motivierten Zensur, die größere Aufmerksamkeit erregten. „Das ging so weit“, berichtete Vogel in *Deutschlands Weg nach Israel*,

> daß Ben Gurion 1960 im Kabinett eine Sondererlaubnis der israelischen Regierung erwirkte, um den abendfüllenden Dokumentarfilm ‚Paradies und Feuerofen‘, der mit allen Unterstützungen und Genehmigungen israelischer Regierungsstellen und des israelischen Militärs 1958 gedreht worden war, für die Aufführung in Israel, wenigstens in hebräischer Sprache, freizubekommen. Die deutsche Originalfassung konnte nach diesem Beschluß in den Filmtheatern Israels nicht gezeigt werden. Zur selben Zeit aber kaufte die israelische Regierung damals sechs Kopien in englischer und französischer Sprache, um sie als Public-Relations-Film über Israel in afrikanischen und asiatischen Ländern zu zeigen. Es war also keineswegs eine Aversion gegen den Film oder die Darstellung Israels, was die Zensur bewog, den Film nicht zuzulassen, sondern die generelle Haltung, Filme aus Deutschland abzulehnen.[91]

Die Entscheidung stieß in Deutschland durchaus auf Verständnis, denn oft sei von Juden und Israelis,

> eine gewisse Hast und ein fast aufdringlich bemühtes Streben, mit jüdischen Themen und jüdischen Problemen auf Bühne und Fernsehen Demonstrationen zu bereiten, mit Mißtrauen betrachtet worden. Wie oft stecken hinter den Übereifrigen, die sich zwischen Warschauer Ghetto und Israel bewegten, aktive Nazis oder ihre Nachkommen, die einen Anschluß an die Konjunktur gewinnen wollten.[92]

90 S.-F.: Blick auf Israel. Der Film *Paradies und Feuerofen*. In: *Frankfurter Allgemeine Zeitung*, 28.07.1959, zit. n. Goergen: Kulturfilm und Filmreportage, S. 17.

91 Vogel: *Deutschlands Weg nach Israel*, S. 300–301.

92 H. G. Sellenthin: Israel ohne Israel-Film? In: *Berliner Stimme*, 15.08.1959.

Aus Israel kamen hingegen kritische Stimmen zu dem Verbot, *Paradies und Feuerofen* in Israel zu zeigen. „Ob es nun gut oder schlecht ist, daß ein Film über Israel von Deutschen produziert wurde – sein Inhalt darf unserem Publikum kein Geheimnis bleiben“[93], wurde die Zeitung *Yediot Hadashot* zitiert.
Dennoch erneuerte, auch nach Widerspruch der Forum-Filmgesellschaft im September 1960, das Oberste Gericht in Jerusalem den Beschluss des Zensurausschusses, *Paradies und Feuerofen* weiterhin von der Vorführung in deutscher Sprache auszuschließen. Als Schlupfloch wurde den Produzenten jedoch vorgeschlagen, „den Film als österreichische Koproduktion nach Israel zu bringen.“[94] Denn trotz Verbots gelangten auch vor 1967 bundesdeutsche Filme in deutscher Sprache auf israelische Leinwände, allerdings offiziell „als österreichische Filme, auf dem Papier ‚koproduziert‘. Für uns Deutsche verwunderlich“, erklärte der Korrespondent der *Allgemeinen Wochenzeitung der Juden in Deutschland* diesen Umstand, „denn nicht nur Braunau, die Geburtsstadt Hitlers, liegt am Inn, sondern auch mancher stramme Braunheld und ‚Endlöser‘ kam aus diesem erst ‚heimgekehrten‘, später aber wieder ‚befreiten‘ Österreich.“[95]
Während des Eichmannprozesses hatte sich Regierungschef Ben Gurion „persönlich“ den Film angesehen. „Rund 80 seiner engsten Mitarbeiter waren mit ihm gekommen und der israelische Ministerpräsident war höchst erstaunt, daß man diesem Film soviel Schwierigkeiten bereitet hatte.“[96] Nach der Sondererlaubnis zur Vorführung in Jerusalem waren die öffentlichen Reaktionen auf *Paradies und Feuerofen* in Israel weitgehend positiv. Filmkritiker waren sich einig: „Die Deutschen haben den besten Film über Israel gedreht.“[97] Am Vorabend der Urteilsverkündung im Eichmannprozess brachte das israelische Radio Kol Israel sogar eine Sondersendung über den deutschen Israelfilm:

> „Gan Eden Bamidbar (Paradies und Feuerofen [wörtlich aber ‚Paradies in der Wüste‘]) ist der Name eines Dokumentarfilmes, der von deutschen Produzenten in verschiedenen Versionen hergestellt wurde, darunter auch in hebräischer“, sagte [Moderator und Filmkritiker Uri] Kessary. „Man kann darüber streiten, ob dies ein Film mit einer Mission oder ein Film mit einer frohen

93 Ebd.
94 Vogel: *Deutschlands Weg nach Israel*, S. 301.
95 Paradies und Feuerofen Film in Israel.
96 Ebd.
97 Ebd.

Botschaft ist. Aber in jedem Fall muß man gestehen, daß dieser Film ausgezeichnet ist und vielen Produzenten Beispiel und Vorbild sein sollte, wenn sie Filme über Länder und Völker drehen. […]" Nach Uri Kessary fügte Schmuel Rosen hinzu: „Ich wollte nur sagen, daß nicht nur einmal, wenn man über das generelle Problem des Israel-Films diskutierte, gesagt wurde, daß man den Israel-Film mit Licht und Schattenseiten schaffen müßte. Das Negative davon haben wir immer in den Filmen des Keren Hayessod [der Jüdische Nationalfonds] gesehen, in denen der Pionier (Chaluz) seine Herde hütet und ein Mann mit schützender Hand vor Augen den Horizont betrachtet, um mit der anderen Hand auf diesen Horizont hinzuweisen. Wir haben begonnen, an der Wahrheit dieser Filme zu zweifeln. Der Film ‚Paradies und Feuerofen' ist nicht weniger zionistisch als alle Filme des Keren Hayessod, die wir gesehen haben. […] Dieses Mal beweisen uns die Deutschen, die diesen Film drehten, daß man einen Film von Israel machen kann, der ganz Licht ist und Lob und trotzdem ein guter Film. Das aber setzt voraus, daß man zu photographieren versteht, dem Film das richtige Tempo zu geben, die richtige Stimmung zu verleihen, und daß man versteht, das Problem in umfassender und dennoch nicht langweiliger Weise anzupacken."[98]

Für den Korrespondenten der *Allgemeinen Wochenzeitung der Juden in Deutschland* stand außer Frage, dass *Paradies und Feuerofen* „in Israel eine starke Wirkung auf gute kulturelle Beziehungen zwischen Deutschland und Israel ausüben"[99] würde, doch die Zulassung des Films blieb eine Ausnahme und der Boykott deutscher Filme im jüdischen Staat auch in den nächsten Jahren bestehen.

Dabei gab es in Israel, vor allem unter den deutschsprachigen Einwanderer_innen, durchaus Interesse am deutschen Nachkriegskino, und in Koproduktionen mit Österreich oder der Schweiz schafften es neben jungen Stars wie Romy Schneider, deren *Sissi*-Filme auch das israelische Publikum verzauberten, auch veritable ehemalige NS-Schauspieler wie Heinz Rühmann auf israelische Leinwände. Dessen deutsch-schweizerische Dürrenmatt-Verfilmung *Es geschah am hellichten Tag* (BRD/CH/E 1958, R: Ladislao Vajda) lief wie der dritte Teil von *Sissi – Schicksalsjahre einer Kaiserin* (A 1957, R: Ernst Marischka) 1960 in einigen Kinos in Tel Aviv und Haifa.[100]

Trotz wiederkehrender Lockerungen blieb der Boykott deutscher Filme bestehen. Anfang 1951 hatte die Filmzensurstelle in Jerusalem den „Gebrauch der deutschen Sprache in öffentlichen

98 Paradies und Feuerofen Film in Israel.

99 Ebd.

100 Vgl. Ende der Blockade. In: *Der Spiegel*, 1/1960, S. 59–60, hier 59.

Veranstaltungen verboten."[101] Das betraf auch die Vorführung deutschsprachiger Filme. Erst 1957 waren dann erstmals deutsche Produktionen, allerdings in nicht-deutschen Fassungen, in israelischen Kinos zu sehen. Dazu gehörten Märchenfilme wie *Rotkäppchen* (BRD 1954, R: Walter Janssen) und *Hänsel und Gretel* (BRD 1954, R: Walter Janssen) sowie der Spielfilm *Rose Bernd* (BRD 1957, R: Wolfgang Staudte) mit Maria Schell. Im Herbst desselben Jahres lief in einem Kino in Israel dann der erste deutschsprachige Spielfilm *Dunja* (A 1955, R: Josef von Báky), „nachdem die Regierung kurz zuvor die Vorführung deutschsprachiger Filme aus Österreich und der Schweiz zugelassen hatte."[102] Schon kurze Zeit später wurden diese Filme wieder abgesetzt. Es war zu Protesten von Naziopfern und Widerstandskämpfer_innen gekommen. Im Februar 1958 aber gestattete die Filmkontrollstelle wieder die Einfuhr von Filmen aus der Schweiz und Österreich sowie nicht-deutschsprachiger Fassungen bundesdeutscher Filme. *Ich denke oft an Piroschka* (BRD 1955, R: Kurt Hoffmann) und *Feuerwerk* (BRD/CH, R: Kurt Hoffmann) waren deutsche Filme, die in fremdsprachigen Versionen in Israel zu sehen waren, bevor Romy Schneider als Kaiserin Sissi einen „Boom deutschsprachiger Filme"[103] auslöste.

Dieser aber kam aufgrund der antisemitisch motivierten Schändungen einer Kölner Synagoge zum Jahreswechsel 1959/60 wieder zum Erliegen. Durch die Ereignisse war die Ablehnung deutscher Produkte in Israel wieder verschärft worden. Eingesetzt für den Filmboykott hatte sich der Verband ehemaliger Partisanen und Ghettokämpfer_innen. Doch im Verlauf des Jahres 1960 kündigte sich erneut eine Lockerung im Umgang mit bundesdeutschen Produktionen an: „Die Tageszeitungen meldeten, daß Maria Schell – ‚eine der beliebtesten Filmschauspielerinnen' – in Kürze eintreffen werde, um der Premiere ihres deutschen Spielfilms ‚Die Ratten' beizuwohnen."[104] In dieser Phase wurde auch die neuerliche Initiative zur Vorführung von *Paradies und Feuerofen* gestartet, „der bisher nur in einer geschlossenen Veranstaltung vor Regierungsmitgliedern lief und von ihnen […] ‚dankbar, zum Teil begeistert'

101 Ebd.
102 Ebd.
103 Ebd.
104 Ebd.

aufgenommen wurde.“[105] Aber Victors Film musste noch einige Jahre warten, bis es zu einer – hebräisch-sprachigen – Vorführung in Israel kam. Noch schwieriger gestaltete sich der Weg auf die Leinwand für einen anderen bundesdeutschen Film, für den man sich auch bereits 1960 um eine Zulassung bemüht hatte: Kurt Hoffmanns Nachkriegssatire *Wir Wunderkinder* (BRD 1958).[106] Darin entwirft Hoffmann nach einer Vorlage von Hugo Hartung ein Panorama vom Kaiserreich über die Zwischenkriegszeit und den Nationalsozialismus bis in die junge Bundesrepublik hinein und spiegelt diese in den Lebensgeschichten zweier Protagonisten, des unpolitischen Zeitgenossen Hans Boeckel (Hansjörg Felmy) und des Opportunisten Tiches (Robert Graf). Inhaltlich und formal gelang Hoffmann mit diesem Film eine prägnante Anklage von Opportunismus und Kontinuität in der jungen Bundesrepublik und ein kritisches Bild der fehlgeleiteten ‚Vergangenheitsbewältigung‘.[107] Durch diese Ausrichtung schien der Film geeignet, Interesse beim Publikum in Israel hervorzurufen und ein ebenso aktuelles wie kritisches Bild der bundesdeutschen Realität zu vermitteln. Doch die Überlegung der Produzenten und Verleiher fruchtete nicht. Bis 1966 durfte *Wir Wunderkinder* trotz verschiedener Initiativen in Israel nicht aufgeführt werden. „Endlich deutscher Film in Israel“, titelte die *Westfälische Rundschau* ihren Bericht von der Israel-Premiere des Films im April 1966 in Tel Aviv. Über 100.000 Besucher sahen dort die hebräisch untertitelte deutsche Version des Films, der „fast acht Jahre lang ‚unerledigt‘ bei der israelischen Filmzensurstelle gelegen [hatte], bevor der [Film] durch Fürsprache des Innenministeriums in Jerusalem für die Vorführung freigegeben wurde.“[108] Erneut handelte es sich also um eine Ausnahmeregelung, die aufgrund der Gesetzeslage im Juli 1966 wieder rückgängig gemacht wurde. Das Verbotsgesetz sei „noch nicht aufgehoben, der Ausschuß werde aber über ‚Wir Wunderkinder‘ noch einmal beraten. Man erwartet, daß das israelische Parlament demnächst eine Gesetzesänderung

105 Ende der Blockade, S. 60.

106 Ebd., S. 59.

107 Vgl. Tobias Ebbrecht: Kalkulierte Fehlleistungen – Erinnerungsspuren an den Nationalsozialismus in Kurt Hoffmanns Spessart-Filmen. In: Chris Wahl (Hrsg.): *Der Mann mit der leichten Hand – Kurt Hoffmann und seine Filme*. München: Belleville 2010, S. 97–111, hier S. 98.

108 Endlich deutscher Film in Israel. In: *Westfälische Rundschau*, 10.04.1966.

vornehmen wird, die es ermöglicht, ‚unter bestimmten Umständen' die Einfuhr deutscher Filme zu gestatten.“[109] Erst ein weiteres Jahr später, zwei Jahre nach Aufnahme der diplomatischen Beziehungen zwischen Deutschland und Israel, sollte es dann möglich werden, dass bundesdeutsche Produktionen regulär in den israelischen Verleih kamen.

Wir Wunderkinder hat dennoch dazu beigetragen, die deutsch-israelischen Filmbeziehungen weiterzuentwickeln. Euphorisch berichteten deutsche Zeitungen davon, der Film sei „ein großer Erfolg“. Auch in Haifa und Jerusalem seien 30.000 bzw. 15.000 Zuschauer in die Kinos gekommen, um Hoffmanns Film zu sehen.[110] „Ich habe den Film schon zweimal gesehen. ich werde wohl noch ein drittes Mal hineingehen. Ich habe es nicht für möglich gehalten, daß die Deutschen einen so selbstkritischen Film drehen könnten“, bemerkte eine israelische Besucherin gegenüber einem deutschen Journalisten.[111]

> Der Andrang im ‚Orion'-Kino, wo ‚Wir Wunderkinder' gespielt wurden, stellt alle bisherigen Rekorde in den Schatten. Für viele Israelis deutscher Herkunft ist dieser Filmbesuch ein Wiedersehen mit der alten Heimat. […] Mit dem hebräischen Text sind viele Besucher nicht recht zufrieden, weil durch eine wenig griffige Übersetzung manche Pointe verpatzt wird. Einige Kritiker empfehlen den Übersetzern sogar, ‚ein paar Kurse am Goethe-Institut zu belegen', um die Deutsch-Kenntnisse aufzupolieren.[112]

Beinahe zeitgleich zu dem späten Erfolg seines Films in Israel setzte Hoffmann auf eigene Weise die deutsch-israelischen Begegnungen im und durch den Film durch die Verfilmung des Buches *Das Haus in der Karpfengasse* (BRD 1965) des israelischen Schriftstellers Moshe Ya'akov Ben-Gavriel fort.[113] In diesem dreiteiligen Fernsehfilm thematisierte Hoffmann erneut die NS-Vergangenheit und ging dabei auch explizit auf die jüdische Erfahrung der Shoah ein. Anlässlich dieses Filmprojekts betonte Hoffmann die Bedeutung der filmischen Auseinandersetzung mit der deutsch-jüdischen

109 ‚Wir Wunderkinder' in Israel verboten. In: *Die Welt*, 06.07.1966.

110 ‚Wunderkinder' in Israel erfolgreich. In: *Neue Ruhr-Zeitung*, 10.04.1966.

111 Heinz Schewe: Ansturm auf ‚Wir Wunderkinder'. Erfolg in Israel. In: *Die Welt*, 10.02.1966.

112 Ebd.

113 Vgl. Christoph Fuchs: Kaprova 115 oder: Ist Sterben eine politische Angelegenheit? – Kurt Hoffmann und *Das Haus in der Karpfengasse*. In: Wahl (Hrsg.): *Der Mann mit der leichten Hand*, S. 123–139.

Vergangenheit: „Ich habe mich mit diesen Themen schon lange beschäftigt, hielt es aber für besser, damit noch zu warten. Ich finde es falsch, zu viel zu bringen, es stumpft nur ab, und das wäre das schlimmste, was passieren könnte; aber ich bin der Meinung, daß es richtig ist, die Vergangenheit nicht zu begraben."[114]

Deutsch-israelische Gemeinschaftsproduktionen

Andere Filmemacher hatten sich bereits an deutsch-israelischen Grenzüberschreitungen bei der Produktion von Filmen versucht. Als erste deutsch-israelische Gemeinschaftsproduktion gilt Raphael Nussbaums *Brennender Sand* (IL/BRD 1960) mit dem deutschen Hauptdarsteller Gert Günther Hoffmann und der jungen Israelin Daliah Lavi.[115] Nussbaum, ein gebürtiger Berliner, war mit einem Team des amerikanischen Fernsehsenders CBS nach Berlin zurückgekehrt und hatte dort eine Produktionsfirma gegründet.[116] Gegenstand seines Films ist die Geschichte israelischer Jugendlicher, die sich trotz Verbots zu dem legendären Ort Citra in Jordanien aufmachen, um dort verborgene Schriftrollen zu bergen. Citra steht für die antike Stadt Petra, die kurz hinter der israelisch-jordanischen Grenze in Jordanien liegt, und die Handlung basiert auf dem zeitgenössischen Phänomen der Petra-Läufer. Tatsächlich hatten es sich junge Israelis Anfang der 1960er Jahre zum mörderischen Sport gemacht, trotz scharf bewachter Grenze und schwer bewaffneter jordanischer Grenzsoldaten heimlich Petra zu besuchen. „Wer durchaus gefährlich leben will, kann das auch bei uns", hatte Ministerpräsident Ben Gurion auf diese Mode verärgert reagiert. „Er findet Aufgaben genug. Er braucht nicht noch außenpolitische Komplikationen heraufzubeschwören".[117]

Nussbaum hatte mit seinem gemischten Team in Israel gedreht. Doch in den Film gingen auch Originalaufnahmen aus Petra mit ein. Dies war möglich geworden, weil Kameramann Pitt Albrecht eine Dreherlaubnis für einen Kulturfilm über die Ausgrabungsstätte

114 Kurt Hoffmann: Die Vergangenheit nicht begraben. DVZ-Interview mit Kurt Hoffmann über den Film: *Das Haus in der Karpfengasse*. In: *Deutsche Volkszeitung*, 16.07.1965.

115 Vgl. Brennender Sand. In: *Der Abend*, 14.07.1960.

116 Vgl. Gsl: Durch die Wüste im Bikini. In: *Berliner Morgenpost*, 23.07.1960.

117 Zit. n. ‚Von hier kehrt keiner zurück'. In: *Der Kurier*, 23.07.1966.

von den jordanischen Behörden erhalten hatte.[118] Diese Kulturfilmaufnahmen unterstreichen auch, dass das Projekt weniger an der Situation Israels, sondern vielmehr am Effekt verschiedenster visueller Eindrücke und unterhaltsamer Genreelemente interessiert war. Elemente des Reisefilms mischen sich mit dem Genre des Abenteuerfilms, was einige Rezensenten in Deutschland stark kritisierten. „‚Brennender Sand' wird als der erste deutsch-israelische Gemeinschaftsfilm angekündigt. Wir haben ihn, eben wegen dieser Gemeinschaft, mit besonderer Sympathie erwartet. Er erwies sich leider nur als ein Filmchen, weder gut noch ausgesprochen schlecht, als recht konventioneller Durchschnitt"[119], eröffnete Friedrich Roemer seine Besprechung in *Die Welt* enttäuscht. Und das *Spandauer Volksblatt* kommentierte kritisch:

> Israel, eingezäunt von Feindschaft, umgeben von tödlichen Grenzen, die zu überschreiten, jungen Menschen zur abenteuerlichen Verlockung wird, das hätte das Thema sein können. […] Man hat das Gefühl, das [sic] überall ursprüngliche Intentionen nicht zu Ende gedacht wurden. Vielleicht aus Sorge um den Kassenerfolg, vielleicht aus Mangel an geistiger Kraft. Vom unsicheren Boden der Probleme rettete der Film jedenfalls Meter für Meter ins feste Gleis des Abenteuerfilms.[120]

Allerdings drängt sich der Eindruck auf, dass nicht nur die seichtkonstruierte Story, der Ausflug in die Gefilde populärer Unterhaltung und der unbeholfene Regie- und Schauspielstil diese kritische Wertung der deutschen Kritiker provozierte. Vielmehr scheint sich, wie bereits im Fall von *Israel, Staat der Hoffnung* die ‚deutsche Frage' und insbesondere die Situation der ‚Frontstadt Berlin' über Israel als Projektionsfläche zu legen. So kritisierte der Berliner *Telegraf*: „wenn man sagt, wir bewältigten unser Ost-West-Problem filmisch nicht, diese deutsch-israelische Koproduktion bewältigt das Thema Israel-Jordanien erst recht nicht."[121] Derselbe Kritiker verglich die Grenzgeschichte des Films auch mit der Situation in Berlin, das ebenfalls „von einer unlogischen Grenze durchzogen" sei.[122] Ein Jahr vor dem Mauerbau wird eine Abenteuergeschichte

118 Vgl. ebd.

119 Friedrich Roemer: Krawall um biblische Schriftrollen. In: *Die Welt*, 23.07.1960.

120 Or: Nicht zu Ende gedacht. In: *Spandauer Volksblatt*, 23.07.1960.

121 D. F.: Dina und die Männer. In: *Telegraf*, 23.07.1960.

122 Ebd.

an der israelisch-jordanischen Demarkationslinie zum Anstoß von Verärgerung.

Nussbaum hingegen erhoffte sich, „mit diesem Film einen aktiven Beitrag zur deutsch-israelischen Verständigung zu leisten.“[123] Und trotz des aufreizenden Spiels von Daliah Lavi und der dünnen Geschichte, die nur wenig Bezüge zum israelischen Alltag hatte und, trotz der Grenzscharmützel, kaum auf die politischen Lage des zwischen feindlich gesinnten Nachbarn eingezwängten Landes einging, wurde *Brennender Sand* unter Jugendschutz-Aspekten positiv begutachtet. Interessanterweise betonte man dabei erneut einen Aspekt, der bereits den Umgang mit *Israel, Staat der Hoffnung* und *Paradies und Feuerofen* bestimmt hatte, nämlich dass der Film ein anderes Bild von Juden zeichne als die nationalsozialistische Propaganda:

> Lobend wurde über den Film hervorgehoben, daß er das in Deutschland weitverbreitete Klischee über den jüdischen Menschen heilsam abbaut. Gerade durch seine unaufdringliche Selbstverständlichkeit, die völlig unpolitisch und rein menschlich ist, dürfte er besonders unter den Heranwachsenden etwaigen antisemitischen Tendenzen wohltuend entgegenwirken, warum man sich nur noch mehr solcher und ähnlicher Filme wünschen könnte.[124]

Der deutsch-israelische Western fand aber zunächst keine Nachahmer. Im Gegenteil sprachen die israelischen Behörden dem von der Berliner Aero-Film und der Ran-Produktionsgesellschaft aus Tel Aviv hergestellten Film grundsätzlich ab, eine israelisch-deutsche Gemeinschaftsproduktion zu sein, und verweigertem dem Film die Anerkennung, weil „Thema und Verarbeitung denkbar ungeeignet seien, eine so schwierige Unternehmung wie israelisch-deutsche Gemeinschaftsfilme einzuleiten“.[125]

Und trotzdem, vielleicht als kleine Ironie der Geschichte, begründete Nussbaums Film unfreiwillig eine spezifische Form deutsch-israelischer Koproduktionen, die sich nach 1967 intensivierte und schließlich in ebenso unpolitisch wie reißerischen Jugendfilmen wie der erfolgreichen Reihe *Eskimo Limon* (*Eis am Stiel*, IL/BRD 1978–1988, R: Boaz Davidson u. a.) in den 1980er Jahren mündete. Vater dieser Art bundesdeutsch-israelischer Koproduktionen war

123 H. B.: Heißes Eisen und ‚Brennender Sand‘. In: *Westdeutsche Allgemeine*, 13.02.1960.

124 Jugendprotokoll zu *Brennender Sand* vom 11.4.1960. In: *Pressedokumentation der Filmuniversität Babelsberg KONRAD WOLF*.

125 Gsl: Durch die Wüste im Bikini.

der Produzent Menachem Golan, der bereits Ende der 1960er Jahre begann, mit dem Berliner Produzenten Artur Brauner als Partner zusammenzuarbeiten.

Die Leidenschaft des 1930 in Tiberias geborenen Golan für das Kino begann früh, wie er sich später erinnerte:

> Nein, nicht meine Eltern haben mich inspiriert. Es waren die Filme aus Hollywood mit Humphrey Bogart, Elizabeth Taylor, Gary Cooper, Shirley Temple… Dreimal in der Woche ging ich ins Kino, denn ich wuchs in einer kleinen israelischen Stadt auf. Und das Kino bestimmte hier mein Leben.[126]

Nach Deutschland verschlug es Golan Mitte der 1960er Jahre. „Israelischer Filmregisseur dreht in Berlin“, wusste die *Frankfurter Rundschau* im September 1965 zu vermelden. Mit Marianne Koch drehte Golan dort Szenen für seinen Film *Mivtsa Kahir* (*Im Koffer nach Kairo*/*Einer spielt falsch*, IL/BRD 1966, R: Menachem Golan), in dem es um die Mitarbeit eines deutschen Wissenschaftlers an ägyptischen Waffensystemen geht. Das Thema war gerade aktuell geworden, Berichte über die Tätigkeit westdeutscher Raketenspezialisten für Ägypten hatten 1963/64 in den westdeutsch-israelischen Beziehungen für Spannungen gesorgt.[127] Mit seinem Film wolle er, so Golan, „Kritik üben an Wissenschaftlern, und in diesem Fall insbesondere an deutschen Forschern, die ihre Fähigkeiten und Erkenntnisse, ohne sich der Konsequenzen zu vergewissern, ausländischen Mächten zur Verfügung stellen.“[128]

Schon während der Berliner Filmfestspiele desselben Jahres war Golan mit dem von Ephraim Kishon verfilmten Wettbewerbsbeitrag *Sallah Shabbati* in Deutschland aufgefallen. Doch im November kam es noch zu einem weiteren folgenschweren Besuch des israelischen Produzenten und Regisseurs in der Bundesrepublik. Eigentlich war Golan erneut nach Berlin gereist, um *Mivtsa Kahir* für den deutschen Kinostart synchronisieren zu lassen. Doch dabei traf er auch mit Artur Brauner zusammen, dem Chef der CCC-Filmkunst in Berlin:

126 Olaf Opitz: Sein Weg ganz nach oben. Gespräch mit dem unabhängigen Produzenten und Chairman der 21st Century Filmcorporation, Menachem Golan. In: *Der Morgen*, 30.05.1990.

127 Vgl. Timm: *Hammer, Zirkel, Davidstern*, S. 192.

128 Israelischer Filmregisseur dreht in Berlin. In: *Frankfurter Rundschau*, 09.09.1965.

> Stimuliert von schwarzem Kaffee und geistigen Getränken, hatten die langwierigen und zähen Verhandlungen bis zum Morgengrauen gedauert. Dann endlich – beiderseitige Ermattungserscheinungen mögen den Geschäftsabschluß beschleunigt haben – waren sich die Herren, die sich bei einer Kneipp-Kur in Bad Wöringshofen kennengelernt hatten, handelseinig[.][129]

Besprochen wurde zwischen den beiden Filmenthusiasten im Jahr der Aufnahme der diplomatischen Beziehungen zwischen der Bundesrepublik und Israel eine deutsch-israelische Koproduktion, die in Israel gedreht und mit erfolgreichen Schauspielern aus Brauners *Karl May*-Filmen besetzt werden sollte, zu denen mittlerweile auch die junge Israelin Daliah Lavi aus *Brennender Sand* gehörte. „Der Botschafteraustausch zwischen der Bundesrepublik und Israel wird zwar“, kommentierte Golan die Auswirkungen der diplomatischen Verbindungen für das Filmgeschäft, „von vielen Menschen in Israel heftig kritisiert, aber die Mehrheit der israelischen Bevölkerung begrüßt dieses wichtigen Schritt, der uns allen, sicherlich auch auf dem Gebiet kultureller Zusammenarbeit, von Nutzen sein wird.“[130]

Wie nützlich der Austausch von Botschaftern zwischen beiden Ländern sein würde, stellte sich aber für Golan und seinen Mitproduzenten Artur Brauner erst drei Jahre später heraus, als nämlich der erste israelische Botschafter in der Bundesrepublik, Asher Ben-Natan, anlässlich des israelischen Unabhängigkeitstages ins Bonner Stern-Theater zu einer Vorführung der deutsch-israelischen Gemeinschaftsproduktion *Tevye und seine sieben Töchter* (IL/BRD 1968, R: Menachem Golan) lud. Nach der Vorführung „umarmte der frühere Bundeskanzler Professor Ludwig Erhard den israelischen Schauspieler Shmuel Rodensky. ‚Wunderbar‘, sagte er, ‚ich bin ganz begeistert.‘“[131] Im April desselben Jahres, hatte eine kleine Notiz in der *Stuttgarter Zeitung* das Projekt von Brauners CCC-Filmkunst und Golans Tel Aviver Firma Noah Films angekündigt. Neben Rodensky wirkten „Peter van Eyk, Robert Hoffmann und der erst kürzlich in die Sowjetzone umgesiedelte Wolfgang Kieling mit.“[132] Während sich die israelischen Botschaftsmitarbeiter

129 Henning Harmssen: Zwischen Tel Aviv und Spandau. In: *Stuttgarter Zeitung*, 05.11.1965.

130 Harmssen: Zwischen Tel Aviv und Spandau.

131 Erhard fand es wunderbar. In: *Bonner Rundschau*, 02.05.1968.

132 ‚Tewje der Milchmann‘ nun auch als Film. In: *Stuttgarter Zeitung*, 02.04.1968.

Avner Idan und Itshak D. Unna bei der Bonner Premiere als „passionierte Kinogänger“[133] erwiesen, schien Erhard eher dem Kitsch des Films, der dann zunächst im *Zweiten Deutschen Fernsehen* ausgestrahlt wurde, erlegen zu sein.[134] In Israel nämlich wurde der Film gleich zerrissen. Nach seiner Uraufführung in Jerusalem und Tel Aviv überschlugen sich die Zeitungen mit Kritik, die sich vor allem gegen die deutsche Seite richtete:

> „Der Einfluß von Brauner ist viel mehr spürbar, als wir es bei dieser deutsch-israelischen Gemeisnchaftsproduktion gewünscht hätten“, schrieb die Tel Aviver Zeitung „Jedioth Achronot“. „Der deutsche Partner hat sich mit kitschigen und schmalzigen Filmen einen Namen gemacht … Im Kampf gegen den saftigen, volkstümlichen Humor von Schalom Aleichem hat Brauners meodramatische Linie gesiegt. Positiv ist die Leistung Rodenskys. Peter van Eyck dagegen wirkt als russischer Pope lächerlich.“[135]

Tevye und seine sieben Töchter erzählt die Geschichte eines gläubigen Juden in einem ukrainischen Dorf, der als Milchmann erfolgreich wird, seine Töchter verheiraten soll und mit den Schwierigkeiten zu kämpfen hat, als Jude in einem nichtjüdischen Umfeld zu leben. Die populäre Erzählung des bekannten jüdischen Autors Scholem Alejchem feierte zeitgleich auch als Musical Erfolge in Deutschland und wurde auch in den USA erfolgreich verfilmt. Golans und Brauners Film hingegen mischt in die tragikomische Geschichte seichte Unterhaltung und zeichnet ein exotisch-fremdes Bild des osteuropäischen jüdischen Lebens, das den Vorstellungen des nichtjüdischen Publikums entsprechen sollte. Im Gegensatz zu Brauners zahlreichen Versuchen, neben seinen populären Unterhaltungsfilmen ernste Stoffe, vor allem über die Shoah und Antisemitismus, zu realisieren und diese trotz finanzieller Einbußen auf die Leinwand zu bringen, scheint *Tevye und seine sieben Töchter* eher auf das populäre Unterhaltungspublikum zu schielen und bedient dazu auch manches philosemitische Klischee. Zwar berichtet ein Eingangstitel über die Situation der Juden in Polen, die Pogrome und Tevye in dem Dorf Anatevka, aber die Geschichte selbst ist doch weitgehend an einer auf schnelle Pointen angelegten, oberflächlichen Handlung orientiert. Der Zufall, der Tevye zu einem angesehenen und erfolgreichen Mann macht, der Traum von Reichtum und einer

133 Erhard fand es wunderbar.

134 Ebd.

135 Israelische Kritik an ‚Tevye‘. In: *Die Welt*, 11.05.1968.

Mischung aus Palast und Melkerei ist gleichzeitig der Beginn eines permanentes Wechselspiels zwischen Utopie und Realität, Tradition und Moderne, Assimilation und dem selbstgewählten oder von außen aufgezwungenen Anderssein. Am stärksten, weil ungewöhnlichsten ist noch die geträumte Hochzeitsszene seiner Tochter Zettl, die in surrealistischem Stil gehalten ist, der sich einerseits an den Gemälden Marc Chagalls und andererseits an den Filmen Federico Fellinis zu orientieren scheint: Musiker stehen mit Ziegen auf weißen Dächern, eine weiße Kutsche vor blauem Himmel, Glückwunschtelegramme vom Zaren und der Familie Rothschild. Scharf wechselt der Film dann in die triste Realität des Schtetls, als der Bräutigam am Schluss der Zeremonie ein Glas zertritt. Es regnet, eine Band spielt, Tanz auf der Straße. Das Bild friert ein.

Immer wieder webt der Film solche Traumsequenzen ein, um den Kontrast zwischen Wunsch und Wirklichkeit zu illustrieren, doch die weiteren Szenen dieser Art fügen sich letzlich bruchlos in die Aneinanderreihung von Situationen und Episoden ein, welche die spannungslose Erzählstruktur des Films charakterisiert. Einfälle wie die taumelnde Kamera in einer Situation von Trunkenheit wirken daher meist nur wie die Wiederholung von Klischees. Erst die Schlusssequenz, in der die Dorfbewohner_innen ein Pogrom gegen den einzigen Juden in ihrer Mitte veranstalten wollen, birgt eine Ahnung von der Erfahrung der Ausgrenzung und Demütigung, die sich hinter Scholem Alejchems Tragikomik verbirgt. Schließlich verlassen Tevye und seine Familie den Ort, nachdem der ‚inszenierte' Pogrom aus dem Ruder gelaufen ist und die Zerstörungswut der Dorfbewohner sich an ihrem Besitz ausgelassen hat. An dieser Stelle ändert der Film den Ton, wechselt von einer diffusen, exotisch-fremden Vergangenheit in die Gegenwart. Die Familie geht nach Palästina, worauf ein Nachbar zum Abschied erklärt: „Trotz allem. Wir waren doch recht gute Nachbarn. Ich möchte dir nur wünschen, dass die Nachbarn, die du nun in Palästina haben wirst, nicht schlimmer sind als wir." Der Schwenk über das zerstörte und verbrannte Haus geht über in die Fahrt der Familie in eine neue Zukunft, im Hintergrund Berge, die an das Golan-Gebirge im Nordosten Israels erinnern und ein hebräisches Lied, das fragt: „Wohin?"

Selbst in einen klischeehaften Unterhaltungsfilm wie *Tevye und seine sieben Töchter* mischen sich also noch Momente sowohl der frühen zionistischen Reisefilme als auch der Einwanderergeschichten und späteren Israel-Filme: die Fahrt in ein neues Leben, das Wechselspiel zwischen Tradition und Moderne und schließlich der Blick über die Landschaft, die hier allerdings bloß „die Rolle von träumerischen Kulturfilmeinlagen“[136] spielt. Trotz der auch von der deutschen Kritik bemängelten „gradlinigen Darstellung“ einer „unbekümmerte[n] Realität“ in diesem „bunten Bilderbuchschinken“,[137] fand die FSK in ihrem Jugendentscheid zu Golans und Brauners Film zwar nicht viele Worte, konnte ihm aber Harmlosigkeit attestieren:

> Der Film, der heiter, liebenswürdig und mit visionären Einblendungen poetisiert wird, konnte für alle Altersgruppen freigegeben werden. Selbst die Darstellung der sozialistischen Revolution, des Hausbrandes, der Vertreibung und der Tod einer Tochter wirken durch die Gesamtgestaltung des Films fast irreal und sind daher ab 6 Jahren zuträglich.[138]

Ob dieser Film in „Thema und Verarbeitung“ geeigneter war, um „eine so schwierige Unternehmung wie israelisch-deutsche Gemeinschaftsfilme einzuleiten“, bleibt dahingestellt. Die deutsch-israelischen Gemeinschaftsproduktionen pendelten sich zumindest bis in die 1980er Jahre auf dem Level des seichten Unterhaltungsfilms ein. Brauner realisierte noch zwei weitere Filme mit israelischen Partnern. Den in Berlin und Israel zwischen Juni und August 1973 zusammen mit dem ZDF und der israelischen Firma Bar Kochba Film hergestellten Film *Sie sind frei, Dr. Korczak* (BRD/IL 1975) in der Regie des polnischen Regisseurs Aleksander Ford, der sich allerdings durch sein Thema grundlegend von anderen Gemeinschaftsfilmen aus dem Genrebereich unterschied und direkt die geteilte und teilende Vergangenheit beider Länder thematisierte, und die Klamotte *Pinups und ein heißer Typ* (BRD/IL 1981) von Yoel Silberg, die bereits im Kontext der von Menachem Golan produzierten erfolgreichsten deutsch-israelischen Gemeinschaftsproduktion *Eskimo Limon* gesehen werden muss, deren erster Teil 1978 im Wettbewerb der Berlinale seine Premiere feierte.

Im Mai 1971 waren die deutsch-israelischen Filmbeziehungen auch endlich durch ein Abkommen zwischen beiden Ländern

136 Friedrich Roemer: Gott und Tevje. In: *Die Welt*, 13.06.1970.

137 Ebd.

138 Jugendentscheid zu dem Film Tevye und seine sieben Töchter vom 2.5.1968. In: *Pressedokumentation der Filmuniversität Babelsberg KONRAD WOLF*.

formalisiert worden.[139] Dieses Abkommen regelte, dass Gemeinschaftsproduktionen in beiden Ländern wie inländische Filme behandelt werden sollten und entsprechende Förderungen erhalten konnten (Artikel 2). Ferner wurde festgelegt, dass solcherart behandelte Produktionen „grundsätzlich in der Bundesrepublik Deutschland oder in Israel hergestellt werden" und „in deutscher und in hebräischer Sprache hergestellt werden" mussten (Artikel 3). Verantwortlich für die Umsetzung und Kontrolle der gemeinsamen Filmproduktion war eine Kommission, die aus je einem Angehörigen des Bundeswirtschaftsministeriums und des israelischen Handels- und Industrieministeriums bestand (Artikel 9).

Die Filmbeziehungen zwischen der Bundesrepublik und Israel, die zunächst vor allem als persönliche Initiativen zustande kamen und wie im Fall von *Israel, Staat der Hoffnung* und *Paradies und Feuerofen* sogar zu Unterstützern, aber auch Hemmnissen auf dem Weg zu politischen und schließlich diplomatischen Beziehungen wurden, waren nun ein fester Bestandteil der Kontakte und des Austauschs, der sich zwischen beiden Ländern entwickelte.

139 Abkommen zwischen der Regierung der Bundesrepublik Deutschland und der Regierung des Staates Israel über die Gemeinschaftsproduktion von Filmen (30.01.1975). https://www.bundesregierung.de/Content/DE/_Anlagen/BKM/Filmabkommen/2011-12-01-filmabkommen-israel.pdf?__blob=publicationFile (Zugriff am 27.08.2014).

5.
Geschichten einer Nichtbeziehung – Israel und die DDR

Das Verhältnis zwischen Israel und dem östlichen deutschen Staat, der Deutschen Demokratischen Republik (DDR), kann am besten als eine Form der Nichtbeziehung beschrieben werden. Bis zum Ende der DDR im Jahr 1990 gab es weder eine gegenseitige völkerrechtliche Anerkennung der beiden Staaten noch war die Aufnahme diplomatischer Beziehungen möglich geworden, obwohl eine der letzten Initiativen des ersten freigewählten Parlaments der DDR, der Volkskammer, genau darauf zielte. Es blieb bei den „politisch-diplomatischen ‚Nichtbeziehungen'", die dennoch immer wieder auch Begegnungen und Anstöße zu „versuchten Annäherungen unterhalb der staatlichen Ebene" implizierten.[1] Ohne Zweifel standen sich spätestens seit Mitte der 1960er Jahre die Führungen beider Staaten skeptisch bis feindlich gegenüber, doch weder für Israel noch für die DDR hatte der jeweils andere Staat eine besonders hohe Priorität in der Ausgestaltung der eigenen Politik. Übergänge gab es wenig, doch sie zeigten sich u. a. auf dem Gebiet des Films und der Medien; nicht nur in Gestalt einer verzerrenden DDR-Propaganda, der Israel meist bloß als Material für deutsch-deutsche Auseinandersetzungen diente, sondern auch durch kleine Episoden, in denen andere Blicke auf und Begegnungen mit Israel und Israelis möglich wurden. Hauptsächlich aber waren die Beziehungen zwischen der DDR und Israel auch im Bereich des Films immer

1 Timm: *Hammer, Zirkel, Davidstern*, S. 9.

vermittelt über eine dritte Perspektive: zunächst die der deutsch-deutschen Auseinandersetzungen und seit den 1970er Jahren verstärkt über die positive Wahrnehmung der Palästinenser_innen und Yassir Arafats Palästinensischer Befreiungsorganisation (PLO) in der DDR.

Fremd- und Feindbilder

Ein Jahr nach Israel und im selben Jahr wie die Bundesrepublik wurde im von der sowjetischen Besatzungsmacht kontrollierten östlichen Teil Deutschlands die DDR gegründet. Schon vorher hatte sich eine eigenständige Filmproduktion, die DEFA, in der sowjetischen Besatzungszone entwickelt, aus der dann die zentrale, staatliche Filmproduktionsstätte der DDR werden sollte. Erste Bilder aus Israel bzw. Palästina enthielt bereits die seit 1947 regelmäßig produzierte ostdeutsche Kinowochenschausendung *Der Augenzeuge*. Auf der Grundlage zugänglicher Filmberichte dokumentierte sie nicht ohne Sympathie für die jüdischen Einwanderer_innen die Entwicklungen im Mandatsgebiet Palästina und berichtete von Unruhen, jüdischen Siedlungen und den Aktivitäten der UN. Ein eindringlicher Bericht hatte das Schicksal des Flüchtlingsschiffs *Exodus* zum Gegenstand, das die Aufmerksamkeit der Weltöffentlichkeit auf die in DP-Lagern festgehaltenen jüdischen Überlebenden lenkte. Versuche, die Flüchtlinge illegal über den Seeweg nach Palästina zu schleusen, scheiterten am rigorosen Einschreiten der britischen Mandatsmacht. Die *Exodus* wurde wie zahlreiche andere Schiffe vor der Küste Haifas aufgebracht und schließlich nach Europa zurückgeschickt. Sie wurde zum Symbol des Überlebenswillens des jüdischen Volkes und der repressiven Maßnahmen Großbritanniens, das schließlich seine Einwanderungsbestimmungen aufgrund des steigenden internationalen Drucks ändern musste.

Während *Der Augenzeuge* 1947 noch regelmäßig über die Situation in Palästina berichtete, ließ das Interesse in den 1950er Jahren merklich nach. Erst rund um den Eichmannprozess intensivierte sich die Berichterstattung wieder, was auch mit der von der DDR geführten Kampagne gegen Adenauers Kanzleramtschef Globke und der außen- und deutschlandpolitischen Aufmerksamkeit zusammenhing, die die DDR dem Ereignis in Jerusalem zumaß. 1966 berichtete *Der Augenzeuge* über die Entsendung westdeutscher Diplomaten und ein Jahr später über den Sechstagekrieg. Danach finden sich nur mehr Beiträge, die sich mit den zunehmend zu engen Verbündeten werdenden Palästinensern beschäftigen. Zu dieser Zeit aber hatte das DDR-Fernsehen schon längst den wichtigeren Platz sowohl in der aktuellen Berichterstattung als auch für die Verstärkung und Kommunikation ideologisch motivierter außenpolitischer Leitlinien eingenommen. Daher realisierten sich auch die ostdeutsch-israelischen ‚Nichtbeziehungen' vor allem im Medium des Fernsehens.

Eine tiefgehende Zäsur erfuhr das Verhältnis zwischen der DDR und Israel im Zusammenhang mit der sich anbahnenden, aber von der Bundesrepublik aus Rücksicht auf ihre arabischen Partner immer wieder aufgeschobenen Aufnahme diplomatischer Beziehungen zwischen dem westdeutschen Staat und Israel. Im Frühjahr 1965 reiste der Regierungschef der DDR Walter Ulbricht nach Ägypten, um dort mit dem ägyptischen Führer Gamal Abdel Nasser zusammenzutreffen. Ziel der Reise war es, Ägypten und weitere arabische Staaten zur Anerkennung der DDR zu bewegen und den westdeutschen Einfluss in der arabischen Welt zurückzudrängen. Israel, dessen Gründung Ägypten zusammen mit anderen arabischen Staaten 1948 mit allen Mitteln bekämpft hatte und weiter bekämpfte, eignete sich dabei in besonderer Weise als geteiltes Feindbild. Dies spiegelte sich auch in der gemeinsamen Erklärung beider Politiker wieder, in der Israel als von imperialistischen Interessen geschaffene ‚Speerspitze' bezeichnet wurde.[2] Unverhohlen stellte diese Formulierung das Existenzrecht des jüdischen Staates in Frage und entsprach damit maximal den Forderungen und Einstellungen der arabischen Seite. Nicht nur in Israel und in westlichen Ländern zog diese Erklärung Kritik nach sich. Auch innerhalb der DDR wurde mit Unverständnis auf die neue Linie reagiert. „Wir sollten nicht weitergehen als in der Erklärung Ulbricht-Nasser, nicht arabischer sein als die Araber", merkte beispielsweise der damalige stellvertretende DDR-Außenminister Wolfgang Kiesewetter an.[3]

Trotzdem sollte sich diese Haltung weiter durchsetzen, insbesondere nach dem Abbruch der diplomatischen Beziehungen zu Israel von Seiten der osteuropäischen Staaten nach dem Sechstagekrieg 1967.

2 Vgl. Timm: *Hammer, Zirkel, Davidstern*, S. 186.

3 Zit. n. ebd., S. 188.

Bis zu diesem Zeitpunkt hatte es noch vereinzelten Austausch, auch auf kulturellem Gebiet, gegeben, der nun einer teils offenen Konfrontation wichen.[4]

> Galten die arabischen Völker und die Regierungen in Kairo, Damaskus und Bagdad, später zeitweilig auch Algier, Tripolis, Khartoum und Aden, per se als auf der Seite des gesellschaftlichen Fortschritts stehend, so kennzeichnete die DDR Israel als Hort der Reaktion. Bereits in den sechziger Jahren verinnerlichten DDR-Politiker zunehmend eine Vorstellungswelt, wonach die herrschenden Kreise Israels auf der Seite des Imperialismus standen und gemeinsam mit den USA, England, Frankreich und der Bundesrepublik gegen die arabische nationale Befreiungsbewegung kämpften.[5]

Israel wurde zunehmend zum Feindbild. Dies tangierte auch die nach dem Eichmannprozess vertieften Beziehungen zur Kommunistischen Partei Israels. Als diese sich im Sommer 1965 in eine gemäßigte, ‚jüdisch-nationale' Fraktion, die Anschluss zu linkszionistischen Kreisen suchte, und eine Gegenfraktion um Meir Vilner und Toufik Toubi spaltete, die sich um die Mobilisierung der arabischen Bürger Israels bemühte, entschied die SED, „‚angesichts des weiteren Abgleitens der von den Genossen [Schmuel] Mikunis und Genossen [Mosche] Shneh geleiteten Minderheitengruppe der ehemals einheitlichen KP Israels auf nationalistisch-zionistische Positionen' die Gruppe Vilner/Toubi zu unterstützen."[6]

Auch Entscheidungen über die Produktion und Vorführungen von Filmen wurden von solchen außenpolitischen Schwerpunktverlagerungen tangiert. 1965 hatte der Dokumentarfilmregisseur Karlheinz Mund für das DEFA-Dokumentarfilmstudio ein außergewöhnliches Filmporträt über den in Ostberlin liegenden jüdischen Friedhof in Weißensee realisiert. Als einer der wenigen antifaschistisch ausgerichteten Filme jener Zeit thematisierte *Memento* ganz explizit die jüdische Perspektive und neben historischen und politischen auch kulturelle und religiöse Aspekte jüdischen Lebens während des Nationalsozialismus und in der DDR. Die von seinem Kameramann Werner Kohlert gefilmte Aufnahme eines mit Ölfarbe auf ein Friedhofsgebäude geschmierten Hakenkreuzes hatte Mund ganz selbstverständlich neben ein Pressefoto aus Westdeutschland montiert, das geschändete jüdische Friedhöfe zeigte. Die Schmierereien

4 Vgl. Timm: *Hammer, Zirkel, Davidstern*, S. 206.

5 Vgl. ebd., S. 194–195.

6 Ebd., S. 203.

aus der Bundesrepublik, die zur geschichtspolitischen Kampagne der DDR passten, durften bleiben, der Verweis auf antisemitische Tendenzen in der DDR musste weggeschnitten werden. Doch kurz darauf verschwand der Film vollständig im Archiv. In Reaktion auf den Sechstagekrieg wurde *Memento* gesperrt. Der neugierig die jüdische Geschichte beleuchtende Film passte nicht zum neuen Feindbild Israel.

Die Wahrnehmung Israels nach dem Sechstagekrieg vermittelte ein Film, den Dagobert Loewenberg mit einem Kollektiv des *Augenzeugen* 1967 als visualisierte Presseschau aus abgefilmten Presseartikeln und Fotos zusammengestellt hatte und der der in den DDR-Medien „zunehmende[n] antiisraelische[n] Polemik" entsprach.[7] Allerdings stand Loewenbergs *Die Stürmer* noch deutlich im Spannungsfeld deutsch-deutscher Auseinandersetzungen, für die sich die Ereignisse in Israel instrumentalisieren ließen. „Zahlreiche Bundesbürger", so eröffnet der Kommentar, seien „für Verhandlungen mit der DDR", die von der Bundesregierung verweigert würden. „Wer Stürmen will, greift zu Stürmer-Methoden", folgt der Leitsatz des Films, der dem auf die aktuelle Situation bezogenen Urteil eine vergangenheitspolitisch orientierte Legitimation zu geben versucht. Von Aufnahmen der NS-Zeitung *Der Stürmer* blendet der Film zur Aufnahme eines *Stern*-Artikels: „STERN in Israel: Sieben Tage auf dem Pulverfaß". Ein weiteres Pressefoto wird gezeigt, auf dem man israelische Soldaten auf einem Panzer und Menschen am Strand sieht. „In Bonn wartete man auch", erklärt der Kommentar und konkretisiert anhand eines Presseauszugs: „Gehlen [der Chef des Bundesnachrichtendienstes] wußte: In fünf Tagen stürmen die Israelis". ‚Belegt' durch weitere Presseartikel wird betont, dass die Bundesregierung im Vorfeld über Termin und Ziele des Sechstagekrieges informiert gewesen sei. Durch Zooms und den Kommentar werden daraufhin in einer Montage von Presseartikeln bestimmte Schlagzeilen hervorgehoben, z. B. „Tötet, tötet" oder die Betonung des „Blitzkrieg"-Begriffs. Damit werden biblische Rachemotive und Vergleiche mit dem NS-Vernichtungskrieg angedeutet. Der Vergleich mit dem Nationalsozialismus war explizit von Politbüro-Mitglied Albert Norden am 9. Juni 1967 als wichtiger Bestandteil des medial zu vermittelnden Bildes gefordert

7 Ebd., S. 217.

worden. In einem Brief an den Leiter der Agitationsabteilung hatte Norden angeordnet, „die israelische Intervention solle so dargestellt werden, daß der Vergleich mit Hitlers Überfall auf die Sowjetunion naheliege."[8]
Formal besteht die Montage von *Die Stürmer* aus schnellen Schnitten, dem Aufblinken von Titelbildern (z. B. von *Der Spiegel*) und Detailaufnahmen aus dem Layout (z. B. „Das war Israels Blitzkrieg"). Dazu wird dramatische Musik gemischt. Auf den Kameraschwenk über die Schlagzeilen von Israels militärischer Härte folgen – als Gegenstück – Fotos von gefangenen arabischen Soldaten und palästinensischen Verletzten, deren Situation mit Vietnam verglichen wird. Dieses Muster entsprach der medienpolitischen Leitlinie der DDR nach dem Sechstagekrieg: „Während sie einerseits demonstrativ die Solidarität mit den Völkern der arabischen Nationalbewegung unter Beweis stellte, führte sie andererseits am Beispiel Israels einen ‚aggressiven Juniorpartner des Imperialismus' vor"[9].
Der Vorwurf israelischer Aggression verbindet sich in *Die Stürmer* dann mit verschwörungstheoretischen Annahmen einer amerikanischen Geheimkonferenz, die angeblich, wie der Kommentar bemerkt, „Maßnahmen gegen die arabische sozialistische Flut" beschlossen hätte. Trotz oder gerade wegen des starken arabischen Nationalismus und wenig ausgebildeter Sympathien für das sozialistische Gesellschaftskonzept in der arabischen Welt musste immer wieder betont werden, dass Israels Kampf um seine Existenz Teil antikommunistischer Aktivitäten sei.[10] Zur Unterstützung dieser These werden wieder gefangene Soldaten und die Aufnahme eines Mädchens in einem brennenden Dorf sowie Filmaufnahmen von Verletzten, gefangenen Kämpfern und versenkten Schiffen gezeigt, die auch visuell Parallelen zum Geschehen in Vietnam konstruieren sollen.
Als Hauptakteur der proisraelischen ‚Propaganda' wird besonders die Springer-Presse hervorgehoben. Die *Bild*-Zeitung, so der Kommentar, „feierte die Aggressoren wie seinerzeit der Stürmer die SS". Dazu ist ein Foto von Adenauer mit Ben Gurion zu sehen, zusammen mit dem Verweis auf einen geheimen Militärpakt von

8 Timm: *Hammer, Zirkel, Davidstern*, S. 219.
9 Ebd., S. 218.
10 Vgl. ebd., S. 212.

1960, den Besuch des bundesdeutschen Verteidigungsministers Franz-Josef Strauß 1962 in Israel und gefolgt von einer Passage zu Eichmann und Globke: „Ein Eichmann wurde verurteilt, aber der andere Schreibtischmörder blieb verschont". Damit wird wieder der Bogen zum geschichtspolitischen Feld der Systemauseinandersetzung geschlossen. Die folgende Passage kritisiert die Entsendung eines Botschafters mit NS-Vergangenheit nach Israel und verweist anhand von Hakenkreuzschmierereien auf Neofaschismus und Militarismus in der Bundesrepublik. Zu sehen sind Bundeswehr, Soldaten, Politiker. Dazu erklärt der Kommentar, endgültig vom Nahen Osten zur deutsch-deutschen Konfrontation hinüberwechselnd: „Und ihre Söldner morden unsere Grenzsoldaten". Dazu sind Aufnahmen von westlichen Politikern an der Berliner Mauer zu sehen.

Wie auch in bundesrepublikanischen Produktionen der späten 1950er Jahre diente Israel in den DDR-Medien als Projektionsfläche für die eigene Situation und die deutsch-deutschen Auseinandersetzungen. Doch zunehmend wurde es auch zu einem gesichtslosen Feindbild, das sich nur noch vermittelt durch die idealisierende Darstellung seiner vermeintlichen Opfer zeigte. Diese Tendenz nahm in den Jahren nach 1967 zu. 1969 hatte der Irak als erster arabischer Staat mit der DDR diplomatische Beziehungen aufgenommen.[11] Es folgten kurz darauf der Sudan, Syrien, Südjemen und Ägypten.[12] Zunehmend traten auch die Palästinenser_innen als eigenständige Kraft auf, zu der die DDR enge Beziehungen suchte. Obwohl ihre Nahostpolitik mit der Sowjetunion und anderen sozialistischen Ländern abgestimmt war, nahm sie dabei doch deutlich eine „Vorreiterrolle" ein.[13]

Der außenpolitische Handlungsspielraum der DDR wurde außerdem Anfang der 1970er Jahre durch die Aufnahme in die Vereinten Nationen und zunehmende Entspannung in Europa erweitert. „Die neue Konstellation trug jedoch nicht dazu bei, gemäßigtere Positionen zum Nahostkonflikt zu beziehen; sie führte vielmehr zu einem verstärkten proarabischen und antiisraelischen Agieren

11 Vgl. ebd., S. 231.

12 Vgl. ebd., S. 232.

13 Ebd., S. 229.

auf internationaler Ebene, ein Trend, der sich auch in den DDR-Medien widerspiegelte."[14]
Während nun die Situation in den arabischen Nachbarstaaten Israels stärker ins Blickfeld rückte, wurde Israel immer mehr zum ‚Phantom'. Das verdeutlicht beispielsweise die in der Reihe „Arabien im Wandel" im September 1972 ausgestrahlte Reportage *Phantome aus Bethlehem* von Günter Nerlich aus Damaskus. Wenige Wochen zuvor waren am 5. September bei den Olympischen Spielen in München Sportler der israelischen Mannschaft von palästinensischen Terroristen als Geiseln genommen und von diesen während eines missglückten Befreiungsversuchs durch die bundesdeutsche Polizei erschossen worden. Die Entführung war teilweise live von Fernsehteams gefilmt worden. Das DDR-Fernsehen sendete dabei Aufnahmen von einem ersten Befreiungsversuch im olympischen Dorf, die die Geiselnehmer in den verbarrikadierten Zimmern verfolgen konnten.
In *Phantome aus Bethlehem* bleiben die Israelis gesichtslos. Sie sind mit ihren Phantom-Düsenjägern nur als permanente Bedrohung der vom Film porträtierten syrischen Gesellschaft zwischen Tradition und Moderne präsent. „Angriff aus dem Heiligen Land", verkündet der Kommentar in dramatischem Tonfall. „Aus Bethlehem, wo die Krippe des Verkünders christlicher Nächstenliebe stand, starten heute Phantombomber mit dem Davidstern der israelischen Luftwaffe." Vieldeutig wird mit kulturellen Markierungen gespielt, werden friedliebendes Christentum und gewalttätiges Judentum, markiert durch den Davidstern, gegenübergestellt. Damaskus, so der Kommentar, sei Frontstadt. Von der anderen Seite der Front sehen die Zuschauer allerdings nichts. Stattdessen sucht der Film vor dem Hintergrund der wiederholt verbal aufgerufenen ‚israelischen Aggression' das Bild eines arabischen Staates im Aufbruch zu zeichnen. Ein syrischer Militärangehöriger und die Luftwaffe werden vorgestellt, außerdem das mit Hilfe der Sowjetunion realisierte Euphrat-Staudammprojekt und ein daran beteiligter junger und motivierter Ingenieur, „Syriens zweite Front". Ihnen gegenüber steht ein Bauer, Repräsentant einer „anderen Welt". Technisierung und traditionelle Landwirtschaft, moderne militärische und industrielle Maschinen und ein Esel bilden die Kontraste, an

14 Timm: *Hammer, Zirkel, Davidstern*, S. 236.

denen sich die narrative Struktur der Reportage orientiert. Darin unterscheidet sie sich nur wenig von den bundesdeutschen Filmberichten über Israel. Derselbe faszinierte, mitunter touristische, mitunter exotisierende Blick richtete sich allerdings in diesem Film von Deutschland aus auf Israels Nachbarn.

Aber auch sozialistisches Sendungsbewusstsein wurde deutlich. Der Film verfolgt das Ziel, die arabische Gesellschaft im Wandel zu präsentieren und gerade jene Tendenzen hervorzuheben, die die autoritär-archaische Grundhaltung der arabischen Staaten aufweichen könnten. Dazu gehört der emphatische Blick auf die Emanzipation von Frauen, am Beispiel der Ehefrau des Ingenieurs, die, „noch eine Ausnahme“, in einem Labor arbeitet. Doch primär wird das intendierte Porträt des Fortschritts durch die ideologische Dämonisierung Israels erreicht. Als Land und Gesellschaft bleibt Israel daher vollständig unsichtbar, eine Projektionsflache der negativen Zuschreibungen, notwendig allerdings, um den einseitigen und die undemokratischen und religiös-autoritären Strukturen der Gesellschaft ausblendenden Blick auf Syrien als fortschrittliches, progressives und sozialistisches Land zu betonen. Nur ganz am Ende ist ein Israeli zu sehen, als schwarzweiße Aufnahmen eines abgeschossenen israelischen Flugzeuges präsentiert werden. Triumphierend zoomt die Kamera auf den aufgemalten Davidstern. Ein gefangen genommener Pilot wird bei einer medizinischen Untersuchung gezeigt. Die Kamera schwenkt registrierend über ein Foto des Gefangenen. Dann folgen Farbaufnahmen der syrischen Bomber. Die Zeit des Blitzkriegs sei vorbei, erklärt der Kommentar und fordert von Israel die Räumung der 1967 besetzten Gebiete und eine gerechte Lösung für die palästinensischen Flüchtlinge, „damit Syrien nur noch an der wirtschaftlichen Front kämpfen muss.“

Bereits einige Jahre zuvor war der DEFA-Regisseur Winfried Junge mit einem Kamerateam aus der DDR nach Syrien gereist und hatte die Filme *Syrien auf Montage* (DDR 1970/71) und *Syrien auf den zweiten Blick* (DDR 1970/71) mitgebracht. In ihrer Struktur und Ausrichtung ähneln sie der Reportage *Phantome aus Bethlehem*, doch während Nerlich für sein Syrienporträt Israel als permanent drohendes Feindbild zur Abgrenzung braucht, sind die Bezüge zum Nahostkonflikt bei Junge nur peripherer Art. *Syrien auf Montage* nähert sich dem Land und seinen Bewohnern über eine Gruppe von Montagearbeitern aus der DDR in einer staatlichen syrischen

Textilfabrik. Als Ergebnis der Aufnahme diplomatischer Beziehungen zwischen beiden Ländern wurden auch die wirtschaftliche Zusammenarbeit und der Austausch von Fachkräften intensiviert. Der touristische Blick vermischt sich mit dem Bekannten, durch die Augen der Arbeiter aus dem eigenen Land lernen die Zuschauer in der DDR das neue Syrien kennen.

In den Straßenaufnahmen und Fabrikszenen dominiert der Modus der Beobachtung. Die deutschen Monteure und ein syrischer Vorarbeiter kommen in Interviews selbst zu Wort. Arbeit und Alltag bestimmen den Film, die Begegnung von Menschen aus unterschiedlichen Ländern. Die Kamera beobachtet Arbeitsprozesse, oft in langen Einstellungen, so wie auch in vergleichbaren Dokumentarfilmen über den Arbeitsalltag in der DDR. Nebenbei wird die fremde Kultur vorgestellt: „Freitag ist Sonntag in der arabischen Welt". Erst zum Schluss des Films, bei einer Busfahrt zum Mittelmeer, taucht der Nahostkonflikt am Rande auf: „Die Nachrichten melden heute Ruhe an der Grenze zum israelisch besetzten Gebiet." Derweil fährt die Kamera vorbei an Karawanen, durch Hügellandschaften und blickt schließlich auf das Mittelmeer. Sie schwenkt umher, zeigt Tanz, Musik und am Ende wieder Aufnahmen in der Fabrik: „Sie kommen aus Karl-Marx-Stadt. Sie sind sechs von uns."

Syrien auf den zweiten Blick, die erste Koproduktion zwischen dem DEFA-Studio für Dokumentarfilme und der Nationalen Organisation der Syrischen Arabischen Republik,[15] beginnt, wie der Vorgänger endete, mit einer Fahrt am Meer entlang und über Wüstenstraßen. Am Wegrand sind Hirten, Berg- und Wüstendörfer zu sehen. Der Kommentar berichtet von der Geschichte Syriens und von Damaskus als „Spiegel der Zeiten". Die Pressenotiz der DEFA zu dem Film beschreibt Syrien als „eines der ältesten Kulturländer der Welt, das sich vom kapitalistischen Weg losgesagt hat und sich mit Unterstützung der sozialistischen Länder zu einem modernen Agrar-Industriestaat entwickelt."[16] Israel wird in der Notiz noch nicht einmal erwähnt. Junge interessieren für seinen Film ähnlich wie bei *Phantome aus Bethlehem* viel mehr die Modernisierungstendenzen in Syrien, und er arbeitet darum ebenfalls mit Kontrasten

15 Vgl. Neues aus den DEFA-Studios: Syrien auf den zweiten Blick. In: *Kino DDR*, 9/1971. In: *Pressedokumentation der Filmuniversität Babelsberg KONRAD WOLF*.

16 Ebd.

zwischen Geschichte und Gegenwart, Tradition und Moderne. Er berichtet über den Bau eines Staudamms am Euphrat, zeigt Maschinen, Bauarbeiten und interviewt Arbeiter, die sich und ihre Arbeit vorstellen. Dann wird der Aufbau landwirtschaftlicher Genossenschaften porträtiert, „um die Epoche des Feudalismus in Syrien ein für alle Mal abzuschließen“. Es scheint beinahe so, als projiziere die DDR ihr eigenes Ideal in das erhoffte neue Syrien.
Auch das syrische Militär spielt wieder eine Rolle. Straßenszenen zeigen vor allem Soldaten. Im Hintergrund taucht wieder Israel als Feindbild auf: „Doch nur sechzig Kilometer von ihrer Hauptstadt entfernt im Lande steht der israelische Aggressor.“ Aber nicht die militärische Kraft interessiert den Film, sondern die Möglichkeiten, die die Armee zur Emanzipation bietet. Hier „meldet sich die arabische Frau, die Jahrhunderte lang zum Schweigen erzogen wurde, zu Wort.“ Jungen Frauen in Uniform stehen Aufnahmen von verschleierten Frauen gegenüber. Der Film aber unterstützt die Forderung der Mädchen, die „Frau zu einem aktiven Mitglied der Gesellschaft zu machen“. Dazu zeigt er Frauen im Badeanzug und Bikini am Strand und erklärt, es brauche „viel Anstrengung, das Gesetz der Gleichberechtigung gegen die Unwissenheit und die Tradition durchzusetzen“. Zu Trainings- und Ausbildungsszenen erzählen junge Syrerinnen über ihre Berufswünsche. „Ich möchte Schauspielerin werden, um in der ganzen Welt vom Problem Palästina zu künden“, erklärt eine Frau, woraufhin der Film zu einem palästinensischen Flüchtlingslager schneidet und von hunderttausenden Arabern berichtet, die „von den israelischen Eindringlingen vertrieben“ wurden. Hier dient Israel noch am deutlichsten als Gegenbild, doch die Tendenz von *Syrien auf den zweiten Blick* zielt viel stärker auf die Befreiung von repressiver Tradition und Unwissenheit. Zu Bildern von Soldaten bei Schießübungen und tanzenden Mädchen erklärt der Kommentar, „sie sind freie Menschen. Sie wissen ihre Unabhängigkeit zu schützen. Sie bauen ihren Staat, sie sollen in Frieden leben und arbeiten können.“ Während *Syrien auf Montage* einen Zugang zu den neuen Verbündeten für die DDR-Zuschauer sucht, ist *Syrien auf den zweiten Blick* ein Film, der versucht, die arabischen Staaten als fortschrittliche Partner zu charakterisieren, obwohl die antiisraelischen Obertöne, den Schnitt und Kommentar dominierenden Gedanken von Entwicklung, Freiheit und Gleichberechtigung eigentlich zuwiderlaufen.

Unterschwellig wurde aber mit der Gegenüberstellung sich entwickelnder arabischer Gesellschaften und der permanenten Bedrohung durch den „Aggressor Israel" ein Bild vorbereitet, das sich mit dem Angriff Ägyptens und Syriens während des höchsten jüdischen Feiertags Yom Kippur im Oktober 1973 in der DDR-Öffentlichkeit festsetzen sollte. Entgegen der realen Entwicklungen wurde der Krieg in den Medien der DDR „als ‚israelische Aggression' dargestellt, um das seit 1967 propagandistisch gesetzte Stereotyp vom Aggressor Israel nicht zu gefährden."[17] Dabei war den Verantwortlichen in der DDR durchaus bekannt, „wie und wer den Oktoberkrieg begann. Das Ministerium für Staatssicherheit hatte bereits am 5. Oktober 1973, 48 Stunden vor Kriegsausbruch, informiert, man müsse damit rechnen, ‚daß von arabischer Seite in den heutigen Nacht- bzw. Morgenstunden mit bestimmten militärischen Handlungen gegen Israel begonnen wird.'"[18]

Im Spannungsfeld zwischen Ideologie und Wirklichkeit

Ein Jahr später entstand in der DDR ein Fernsehbericht mit dem Titel *Israel 74*. Der zweiteilige, im März und April 1974 ausgestrahlte Dokumentarfilm von Sabine Katins entspricht einerseits völlig der ideologischen Grundhaltung der DDR gegenüber Israel und dem Nahen Osten und war trotzdem eine Besonderheit im ostdeutschen Fernsehen. Denn er zeigte eine Fülle von in Israel aufgenommenen Bildern und Eindrücken und ermöglichte so jenseits des Feindbildes auch einen kleinen Einblick in das Leben im jüdischen Staat. „Wir blicken in die Gesichter seiner Bewohner während der Wochen nach dem Oktoberkrieg 1973. Man versteht besser, welche Prozesse in diesem Gebiet nach jenen entscheidenden Tagen vom Spätherbst vergangenen Jahres unwiderruflich in Gang gekommen sind", schrieb das *Neue Deutschland* nach der Ausstrahlung.[19] Im Modus eines Reiseberichts schwenkt zu Beginn des ersten Teils die Handkamera über steinige Felsen. Doch bald wird dabei auch die antizionistische Argumentationslinie des Films deutlich: Ein Mann berichtet, dass nur die Moschee des Ortes stehen blieb, während alle anderen Häuser gesprengt und auf dem Boden

17 Timm: *Hammer, Zirkel, Davidstern*, S. 239.

18 Ebd., S. 240.

19 Werner Müller: Eine aufschlußreiche Fernsehdokumentation. In: *Neues Deutschland*, 06.04.1974.

des arabischen Dorfes ein Kibbutz gegründet worden sei. Dazu fixiert die Kamera arabische Bewohner eines eineinhalb Kilometer entfernten neuen Dorfes. Israel, so die DDR-Presse, sei ein Staat, „der weit von dem Propagandaidol der kapitalistischen Massenmedien entfernt ist: Israel – das bedeutet zerstörte Dörfer, vertriebene Araber, orientalische Juden als Menschen ‚zweiter Klasse'".[20] Der exotisierende Blick mischt sich mit politischer Propaganda über israelische Politik als Raub und Vertreibung. Ruinen werden gefilmt, dazu ist das Friedenslied *Sag mir wo die Blumen sind* zu hören, ein Ausdruck von Pathos und Kitsch. Vergleiche zwischen der israelischen Politik und Nazideutschland werden konstruiert. Wieder rückt der Davidstern als Symbol ins Zentrum. Zu der visuellen und verbalen Verschaltung der israelischen Fahne mit dem gelben Stern und der Rampe von Auschwitz mit israelischen Soldaten erklärt der Kommentar, dass die israelische Armee „im Zeichen des Davidsterns" hunderte arabische Dörfer „vernichtet" habe. Die Stellung der Palästinenser entspräche der von Schwarzen in Südafrika oder Juden in Nazideutschland.

Die Gleichsetzung von israelischer Politik und Naziverbrechen wird durch die sozialkritisch gemeinte Gegenüberstellung von ‚arabischer Armut' und ‚israelischem Reichtum' ergänzt, der durch den vermeintlichen Wohlstand von Tel Aviv bebildert werden soll. Die folgende Montage von Banken und der Diamantenbörse ruft aber auch alte antisemitische Klischees auf, vor allem wenn der Kommentar erklärt, die israelische Bourgeoisie sei durch die Kriege stark und mächtig geworden.

In Kontrast zum Reichtum werden ärmliche Hütten und Elendsviertel am Rand der Städte gezeigt. Sie gehören jüdischen Flüchtlingen aus arabischen Ländern. Obwohl ihr Schicksal, die Vertreibung durch ihre arabischen Nachbarn nach der Gründung Israels, nicht erwähnt wird, vermittelt der Film doch, dass es soziale und kulturelle Unterschiede in der ansonsten meinst homogen und stereotyp gezeichneten israelischen Gesellschaft gibt. Trotz der Kritik am Zionismus erzählen Araber aus Gaza wiederum, dass sie froh seien, zur Arbeit nach Israel kommen zu können. Der Film sucht dies in ein klassenkämpferisches Modell zu zwängen: „Israel 74 das ist ein kapitalistisches Land mit allen Widerspruchen des Kapitalismus."

20 Dr. R. Bernhardt: „Israel 74" im Visier. In: *Freiheit* (Halle), 23.03.1974.

Identifizieren soll sich das DDR-Publikum hingegen mit dem Generalsekretar der Kommunistischen Partei Israels Meir Vilner, der zwei Monate nach der Ausstrahlung, am 30. Mai 1973, die DDR besuchte und von Staatschef Honecker empfangen wurde.[21] Seit Ende der 1960er Jahre hatten sich die Beziehungen der DDR zu Vilners KP-Fraktion intensiviert. Die „Kontakte reichten vom Delegationsaustausch anläßlich von Parteitagen oder zu Studienzwecken über Berufsausbildung und Studium israelischer Jungkommunisten in der DDR bis zur finanziellen Unterstützung der KPI durch die SED."[22]

Im zweiten Teil wird Mordechai Avi Shaul von der Liga für Menschenrechte als Identifikationsfigur aufgebaut. Der Dichter besucht arabische Familien und fühlt sich schuldig. Jüdischer Trauergesang, ein Kaddisch mit den eingewobenen Namen Auschwitz, Majdanek und Treblinka ist im Off zu hören. Shaul betont, dass freundschaftliche Beziehungen zwischen Palästinensern und Israelis möglich seien, und führt als Beispiel die Kommunistische Partei an. Ein Bild von Lenin hängt in seinem Arbeitszimmer. Zur selben Zeit weigerten sich aber die von der DDR hofierten Palästinenser noch standhaft, mit Israelis jeglicher politischer Richtung in Kontakt zu treten. Zu Problemen hatte diese Ablehnung beispielsweise ein Jahr zuvor bei den Weltfestspielen der Jugend in Berlin geführt, zu denen auch Delegierte der KP Israels, ihres Jugendverbandes und der Gruppe Schwarze Panther anreisten, die sich für Juden aus den arabischen Ländern einsetzte.[23] Aufgrund von arabischen Protesten, konnten die israelischen Teilnehmer nicht an der Eröffnung teilnehmen, wurden von den arabischen Teilnehmern separiert, streng bewacht und durften noch nicht einmal ihre Fahne vor ihrem Quartier hissen.[24]

Als Gegenfigur zu Shaul baut die Reportage *Israel 74* den Zionisten Israel Eldad auf, einen Freund des rechtsorientierten Politikers Menachem Begin. Trotz der Delegitimierung seiner Position kommen aber in Eldads Ausführungen doch auch andere Positionen zum Ausdruck, als sie für gewöhnlich in Beiträgen über den Nahostkonflikt zu hören waren. Am Ende werden israelische

21 Vgl. Timm: *Hammer, Zirkel, Davidstern*, S. 266.

22 Ebd.

23 Ebd., S. 263–264.

24 Ebd., S. 264.

Passanten auf der Straße interviewt. Jugendliche erzählen, sie möchten keine Helden des Krieges sein. Mehrere junge Israelis in den offensichtlich gestellten Interviews erklären, sie sympathisierten mit der Kommunistischen Partei. „In vorderster Reihe dieser noch kleinen Schar kämpfen die Mitglieder der Kommunistischen Partei Israels, in der sowohl jüdische wie arabische Bürger eine gemeinsame Heimat haben, und die, wie gezeigt wird, unter der Jugend an Einfluß gewinnt“[25], schrieb das *Neue Deutschland* anerkennend. Autorin des Zweiteilers war Sabine Katins, die zuvor über *Fernsehjournalistische Formen der Menschengestaltung* in Leipzig promoviert hatte. Über den Herstellungsprozess ist wenig bekannt. Es scheint, als habe eine Produktion der Gruppe Prometheus aus München mit dem Titel *Gelobtes Land, Traum und Wirklichkeit* die Materialgrundlage für die Reportage gebildet, die – wie es in einer Selbstdarstellung heißt – in ‚proletarisch-revolutionärer' Tradition hergestellt worden sei. „Israels Regierung wird nur in Nebenpersonen gezeigt, hingegen werden zwei israelischen Kommunisten sowjetischer Prägung viele Fernseh-Minuten zugestanden, viel Sendezeit für eine sehr schmale politische Gruppe“[26], kritisierte Georg Zivier diesen Prometheus-Film im *Tagesspiegel.* Doch trotz vehementen Protests gegen die verzerrte Darstellung Israels und des Zionismus musste auch der Westberliner Journalist feststellen: „Im übrigen ist der Report weniger zynisch und weniger aggressiv, ja weniger böse, als man hätte befürchten können.“[27]

In einer Diplomarbeit über *Israel 74* an der Babelsberger Hochschule für Film und Fernsehen der DDR war neben den üblichen Urteilen über „Israel als Aggressor“[28] daher auch zu lesen:

> Die in der Reportage widergespiegelten gesellschaftlichen Widersprüche werden am Menschen demonstriert, besser, sie werden in den menschlichen Beziehungen sichtbar gemacht. Dadurch hat der Zuschauer die Möglichkeit, sich mit den abgebildeten Menschen zu identifizieren, mit ihren Aussagen und Verhaltensweisen, oder aber sich von ihnen zu distanzieren.[29]

25 Müller: Eine aufschlußreiche Fernsehdokumentation.

26 Georg Zivier: Israel-Report. In: *Der Tagesspiegel*, 15.01.1974.

27 Ebd.

28 Eveline Schwarz: *Die fernseh-publizistische Widerspiegelung der gesellschaftlichen Widersprüche des Imperialismus in der Fernsehreportage „ISRAEL '74" von Dr. Sabine Katins.* Diplomarbeit. Hochschule für Film und Fernsehen der DDR Potsdam-Babelsberg, Februar 1976, S. 5.

29 Schwarz: *Die fernseh-publizistische Widerspiegelung*, S. 57.

Trotz der ideologisch konformen Darstellung lieferte der Film also einen eher untypischen Einblick in die israelische Politik und den Alltag der dortigen Bevölkerung.

Davon ungeachtet intensivierte sich in der Folgezeit die Konstruktion von Israel als Feindbild. 1975 unterstützte die DDR eine Resolution der UN-Vollversammlung, die den Zionismus als „eine Form von Rassismus und Rassendiskriminierung" brandmarkte.[30] Die Friedensverhandlungen zwischen Israel und Ägypten Ende der 1970er Jahre wurden „als ‚Bestandteil der Gegenattacken des Imperialismus gegen den weiteren Vormarsch der Kräfte des Sozialismus und des Friedens'" abgelehnt.[31]

Vor allem aber der gegen die dort stationierte PLO unter Yassir Arafat gerichtete israelische Einmarsch in den Libanon am 6. Juni 1982 verschärfte den anti-israelischen Ton. Ohne die kritische Haltung einer großen Mehrheit von Israelis gegenüber der Militäraktion „Frieden für Galiläa", insbesondere die Kritik an den in ihrem Schatten begangenen Verbrechen von christlichen Milizen in palästinensischen Flüchtlingslagern, überhaupt wahrzunehmen, „wurde einer weitgehenden Gleichsetzung von israelischer Politik und Nationalsozialismus das Wort geredet."[32] Dies manifestierte sich auch in der publizistischen Flankierung einer verdienstvollen Fernsehserie, die erstmals im Mai 1972 in der DDR ausgestrahlt und zehn Jahre später rund um den 9. November 1982 wiederholt wurde. Der vierteiligen Serie *Die Bilder des Zeugen Schattmann* lag der gleichnamige autobiographische Roman des Schriftstellers Peter Edel zugrunde. Edel hatte selbst die Konzentrationslager Großbeeren, Auschwitz, Sachsenhausen, Mauthausen und Ebensee überlebt. Sein Roman und der Film von Regisseur Kurt-Jung Alsen handeln von dem nach Auschwitz deportierten jüdischen Maler Schattmann, der in einem von der DDR gegen Adenauers Kanzleramtschef Globke in Abwesenheit geführten Prozess aussagen soll. In Rückblicken werden Erinnerungen visualisiert, an eine improvisierte Schabbat-Feier im Oktober 1942, Zwangsarbeit und Widerstand und die Verhaftung durch die Gestapo. Schattmanns ehemaliger Peiniger lebt später unbescholten in der Bundesrepublik und trifft dort auf Schattmanns mittlerweile in Großbritannien

30 Zit. n. Timm: *Hammer, Zirkel, Davidstern*, S. 251–252.

31 Ebd., S. 280.

32 Ebd., S. 282.

lebenden Onkel, der sich um eine Wiedergutmachungszahlung bemüht. Im Gespräch kommt das Thema auf Israel und der ehemalige Gestapomann identifiziert den Überlebenden aufgrund von dessen jüdischer Herkunft mit Israels Politik. Schließlich kehrt Schattmann nach Auschwitz zurück und erinnert sich an die dort erlittene Pein. Bei einer Ausstrahlung Anfang 1979 wurde *Die Bilder des Zeugen Schattmann* als Antwort der DDR auf die US-amerikanische Fernsehserie *Holocaust* programmiert. Tatsächlich sticht der Fernsehfilm aus dem Gros anderer antifaschistischer Produktionen heraus, weil er offen und dezidiert jüdisches Leben und Religion und auch Bezüge zu Israel enthält, die allerdings weiterhin in das in der DDR herrschende offizielle und vor allem am innerdeutschen Konflikt orientierte Geschichtsbild eingebunden bleiben. Bei der Wiederholung des Mehrteilers im November 1982 wurde die Geschichte von Schattmann dann ganz explizit mit dem zeitgleich stattfindenden Libanonkrieg kurzgeschlossen. Edel, selbst in einer liberalen jüdischen Familie aufgewachsen und dann zum Kommunisten geworden, eröffnete eine die Ausstrahlung begleitende Rede „An meine Leser, Hörer, Zuschauer“ mit:

> Wie sollte unsereiner nicht mitleiden mit schuldlosen arabischen Eltern und Kindern, solidarisch mit den gepeinigten Opfern des Angriffskrieges jener wahnbesessenen, auch ihrer eigenen Bevölkerung nur Unheil bringenden Beherrscher Israels; wie könnte der Autor der „Bilder des Zeugen Schattmann“, in vielen Zügen mit ihm identisch, je vergessen, was ‚Endlösung‘ heißt?! Hundertfach hat er's enthüllt, seinen bittersten Erfahrungen aus dem finsteren Jahrzwölft gemäß, und kann darum nicht aus dem Gedächtnis tilgen, was er so lange danach empfand. Allabendlich am Bildschirm, wenn schwarzes Qualmgewölk über den Ruinen Beiruts an die Krematoriums-Rauchsäulen und die Leichenberge jenes Vernichtungslagers erinnerte, in dem auch meine liebsten Angehörigen, meine besten Kameraden zu Asche wurden.[33]

Dem Vergleich von Israel mit den Naziverbrechen Vorschub leistend, betont Edel hier aber auch explizit seine spezifische Position als Überlebender, den angesichts der Nachrichtenbilder die eigenen Erinnerungen heimsuchen. Noch fünfzehn Jahre zuvor, angesichts des Sechstagekriegs, hatte sich Edel der eindeutigen Parteinahme und der Instrumentalisierung durch die DDR-Propaganda entzogen. Auf Initiative der SED-Führung war damals eine Erklärung

33 Elke Schieber: *Recherche zu einem Fernsehfilm: Die Bilder des Zeugen Schattmann*. Potsdam: Filmmuseum 2007, S. 45.

veröffentlich worden, in der es hieß: „Schon die Geburt Israels ist behaftet mit Wortbruch und Annexion."[34] Sie war von zehn jüdischen Parteimitgliedern unterzeichnet worden, unter ihnen auch der Anwalt Friedrich Karl Kaul. Doch Albert Norden, der die erforderlichen Unterschriften einholen sollte, war auch auf Zweifel und Widerstand gestoßen. Arnold Zweig hatte seine Unterschrift verweigert, laut Norden, „angesichts seiner althergebrachten prozionistischen Einstellung nicht erstaunlich."[35] Auch Peter Edel hatte seine Unterschrift mit dem Hinweis abgelehnt, eine eigene Erklärung zu formulieren, die dann, anders als die *Die Bilder des Zeugen Schattmann* begleitende Erklärung zum Libanonkrieg, allerdings nicht zustande kam.[36] Auch anlässlich des Libanonkrieges gab es wieder Druck auf prominente Juden in der DDR, die israelfeindliche offizielle Haltung der DDR zu unterstützen. Der Historiker Helmut Eschwege, Autor des Buches *Kennzeichen J*, beschwerte sich beispielsweise, dass von ihm „als jüdischem Bürger der DDR eine Erklärung zum neuen Krieg im Nahen Osten gefordert" werde und seine Tochter kurz zuvor ihre Arbeit mit dem Grund verloren habe, „sie unterstütze nicht die Politik der Partei gegenüber der PLO".[37]

(Ost-) Deutsch-Palästinensische (Film-)Beziehungen

Die Palästinenser waren in der DDR längst zum neuen Prototyp des Opfers geworden: „Mit Hilfe der Palästinenser, der DDR-Bevölkerung ausschließlich als ‚Opfer imperialistischer Politik' dargestellt, konnte das gängige Freund-Feind-Bild mit neuen, noch nicht abgenutzten Argumenten untersetzt und belegt werden."[38] So wurde „die idealisierende Darstellung der Palästinenser […] immer mehr zum Gegenstück des negativen Israel-Bildes in der DDR."[39] Das schlug sich auch im Filmbereich nieder. So unterstützte die DDR die Realisierung des Films *Palästina – Chronik eines Volkes*, den der in der DDR ausgebildete palästinensische Regisseur Kaiss Al-Zubaidi für die Palästinensische Befreiungsorganisation,

34 Zit. n. Timm: *Hammer, Zirkel, Davidstern*, S. 233.
35 Zit. n. ebd., S. 244.
36 Vgl. ebd., S. 223.
37 Zit. n. ebd., S. 286.
38 Ebd., S. 271.
39 Ebd.

Abteilung Information und Kultur erstellte. Trotz antiisraelischer und propalästinensischer Stoßrichtung lässt sich eine gewisse Bewunderung für die zionistische Aufbauleistung und die Verteidigungsfähigkeit Israels nicht verbergen. Überhaupt scheint der hauptsächlich aus disparaten Filmmaterialien zusammenmontierte Film sich durchaus narrativ und ästhetisch an den frühen zionistischen Filmen, aus denen auch Filmmaterial in *Palästina – Chronik eines Volkes* eingeschnitten wurde, aber auch den bundesrepublikanischen Reisefilmen über Israel zu orientieren und sich mit seiner sozialistisch geprägten Argumentation deutlich an ein osteuropäisches Publikum zu richten. Dennoch zeichnet der Film ein sehr einseitiges und verzerrtes Geschichtsbild. Über die der Machtübernahme der Nationalsozialisten in Deutschland folgende jüdische Einwanderung nach Palästina heißt es beispielsweise: „Die dritte jüdische Einwanderungswelle war durch eine steigende Zahl jüdischer Finanzmänner gekennzeichnet. Im Jahre 1933 betrug der Anteil kapitalkräftiger Juden elf Prozent der Einwanderer." Merklich wird der nationalsozialistische Antisemitismus verharmlost, wenn es zu Aufnahmen jüdischer Pioniere bei der Landarbeit weiter heißt: „Die wachsende Zahl von Spezialisten aus Nazi-Deutschland und anderen Ländern und die verstärkten finanziellen Investitionen beschleunigten den Bau von Siedlungen."

1964 war die PLO in Ostjerusalem gegründet wurden und 1969 hatte Yassir Arafat die Führung der Organisation übernommen.[40] Bei der Zusammenarbeit mit der palästinensischen Terrorgruppe kam der DDR meist eine Vorreiterrolle zu. Die Historikerin Angelika Timm meint sogar, dass der engen Beziehung zu Arafat und der PLO auf Seiten Ostdeutschlands „auch ein gewisses Sendungsbewußtsein zugrunde lag."[41] 1973 gestatte die DDR die Einrichtung einer offiziellen PLO-Vertretung in Ostberlin, um „das gegenseitige Verständnis zwischen dem Volk der DDR und dem arabischen palästinensischen Volk weiter zu fördern und die kämpferische Solidarität im gemeinsamen Kampf gegen Imperialismus und Zionismus für den sozialen Fortschritt zu vertiefen."[42]

Ein Forum dafür bildete die Internationale Dokumentarfilmwoche der DDR in Leipzig. Seit 1973 nahm regelmäßig eine Delegation

40 Ebd., S. 269.

41 Ebd., S. 271.

42 Zit. n. ebd., S. 276.

der PLO am Festival teil, darunter auch aktuelle oder ehemalige palästinensische Studenten der Staatlichen Filmhochschule der DDR wie Kaiss Al-Zubaidi, der mehrfach seine Filme auf dem Festival präsentierte. Für die palästinensischen Regisseure bot Leipzig eine gute Möglichkeit, ihre Sache öffentlichkeitswirksam zu artikulieren. Einmal kam es zu einem kleinen Skandal, als die palästinensische Delegation als Gastgeschenk eine aus Holz geschnitzte Landkarte mitbrachte, auf der Israel nicht eingezeichnet war. Sollte diese ‚unvollständige' Karte nicht akzeptiert werden, drohten sie mit Abreise.[43] Auch die Filmhochschule in Babelsberg war bereits zum Forum palästinensischer Propaganda geworden. 1972 hatte dort eine „gespenstische außerordentliche Studentenvollversammlung" stattgefunden, die von palästinensischen Studenten initiiert worden war:

> Sie befaßte sich mit den entsetzlichen Ereignissen während der Olympischen Sommerspiele in München, als palästinensische militante Extremisten das Leben eines großen Teils der israelischen Olympiamannschaft auslöschten. Die palästinensischen Ideologen verteidigten auf dieser Vollversammlung den Mord an den unschuldigen israelischen Sportlern als legitimen Einsatz im Kampf der Palästinenser gegen den feindlichen israelischen Staat.[44]

1978 wurde der Vertretung der PLO in Ostberlin der diplomatische Status verliehen und zwei Jahre später zwischen der DDR und der PLO ein gemeinsames Kulturabkommen unterzeichnet. 1982 dann erhielt die PLO-Vertretung auf persönliche Initiative des DDR-Staatschefs Erich Honecker und „zur größten Überraschung Arafats" den Rang einer Botschaft.[45]

Filmisch schlug sich die ‚Solidarität mit Palästina' in verschiedenen dokumentarischen Filmen nieder. „Über das Schicksal der aus ihrer Heimat vertriebenen 500 000 Palästinenser und die an ihnen von Zionisten begangenen Verbrechen sind in den vergangenen Jahren zahlreiche Filme entstanden", schrieb das *Neue Deutschland* anlässlich der Berliner Kinopremiere von Kurt Tezlaffs Film *Die Kinder Palästinas* (DDR 1980). „Dem Leipziger Festival gebührt das

43 Heidi Martini: *Dokumentarfilm-Festival Leipzig. Filme und Politik im Blick und Gegenblick*. Berlin: DEFA-Stiftung 2007, S. 360.

44 Egbert Lipowski: Curriculum vitae einer Berühmten. 50 Jahre Filmhochschule in Babelsberg im Wandel des Zeitgeistes. In: Horst Schättle / Dieter Wiedemann (Hrsg.): *Bewegte Bilder, Bewegte Zeit. 50 Jahre Film- und Fernsehausbildung HFF ‚Konrad Wolf' Potsdam-Babelsberg*. Berlin: Vistas 2004, S. 53–111, hier S. 81.

45 Timm: *Hammer, Zirkel, Davidstern*, S. 278–279.

Verdienst, viele davon zum erstenmal einer internationalen Öffentlichkeit vorgestellt zu haben."[46] Tetzlaffs im Libanon gedrehter Filmbericht beginnt mit Aufnahmen von Kindern und einem Panoramaschwenk über ein Flüchtlingslager am Rande Beiruts. Der Kommentar führt in die Situation ein: „Flüchtlinge seit mehr als 30 Jahren, sie wollen zurückkehren in ihre Heimat und zu ihrem Besitz". Aufgenommen 1979 will der Film „über die Kinder und damit über die Eltern und ihren Kampf" erzählen. Straßen- und Alltagsszenen sollen mit dem Leben im Flüchtlingslager bekannt machen. Die Kamera beobachtet. Zwischendurch fragen die Filmemacher Bewohner nach ihrem Leben, ihrer Herkunft und wie lange sie im Flüchtlingslager wohnen. Ein Toter wird ins Lager gebracht, auf seinem Sarg liegt eine palästinensische Fahne. Der Kommentar erklärt, an der arabischen Universität seien Granaten explodiert. Kinder steigen aus einem Schulbus, eine Betreuerin berichtet. Auf einem Bett sitzend erzählt sie über das Verhältnis zu den Kindern und von ihrem Leben. Dazu schneidet der Film Alltagsbeobachtungen aus dem Kinderheim. Die Kamera schwenkt durch die Räume, zeigt singende Kinder und ihre Betreuerinnen und fokussiert kleine Details.

Zwölf Tage vor den Dreharbeiten hätten israelische Flugzeuge den Ort bombardiert, erklärt der Kommentar, während die Kamera über die Landschaft schwenkt. Ziegen sind zu sehen, ein Mann mit Gewehr, zerstörte Häuser: „in diesen Trümmern versuchen sie ihr Leben einzurichten". Wie in *Phantome aus Bethlehem* ist Israel ein unsichtbarer Feind, der das Leben von Kindern und unschuldigen Frauen bedroht.

Der Direktor eines Betriebs, der über sechs Jahre in israelischer Gefangenschaft gewesen ist, wird interviewt: „Wir bettelten bei der UNO um Frieden, wir forderten die Rückkehr in unsere Häuser, anstatt uns unseren Boden zu geben und unsere Häuser, gaben sie uns Zelte. All dieses Unheil ist durch mein Blut geflossen. Ich hab's nicht aus der Zeitung, nicht aus der Presse oder von sonst wem, nein ich habe es selbst erlebt". Familienfotos an einer Wand werden gezeigt, dazu der auf Kassette gesprochene Brief des jüngsten Sohnes, der getötet wurde, sein Foto und sein Grab. Er habe

46 Horst Knietzsch: Gesichter sprechen vom Schicksal eines Volkes. In: *Neues Deutschland*, 29.08.1981.

nie eine Waffe getragen, sei anders als die anderen gewesen, wollte Arzt werden. Der Film sucht menschliches Leid zu zeigen, aber der Grund dafür bleibt unklar. Kein Wort über den Umgang der arabischen Länder mit den palästinensischen Flüchtlingen, keine Erwähnung der Instrumentalisierung der Flüchtlingslager durch die PLO. Stattdessen bleibt nur Israel als nebulöses Feindbild. Ein Libanese, der aus der Grenzregion geflüchtet ist, berichtet: „Israel bombardiert wahllos, egal ob klein oder groß, Kämpfer oder Zivilist". Und ein Arzt unterstellt die Bombardierungen verfolgten die „Absicht, das libanesische Volk aufzubringen gegen die palästinensischen Flüchtlinge".

Der letzte Teil des Films widmet sich dann beinahe ausschließlich dem Titelthema des politisch intendierten Reiseberichts, allerdings zeichnet er ein Bild der „Kinder Palästinas", das nicht so recht zum propagierten Bild des unschuldigen Opfers passen will. Ein Junge berichtet, er sei zu der paramilitärischen Gruppe Junge Löwen gegangen, weil man ihm erzählt habe, dass diese Israel bekämpfe. Kinder werden dort als Soldaten ausgebildet, man sieht sie in ihren blauen Hemden bei Kampfübungen, beim Waffenladen und Laufübungen: Jemand schießt auf den Boden und die Kinder müssen durch die Schüsse hindurchlaufen. Lächelnde, glückliche Kinder schließen sich den Fedajin an. Ihre Eltern sagen: „Wir opfern alles für die Heimat!" Man hofft auf eine Lösung „mit der Hilfe Gottes und der Aktivität der Fedajin".

Die Filmemacher sind irritiert oder nehmen zumindest an, dass die Bilder bewaffneter Kinder den Vorstellungen ihres Publikums widersprechen könnten: „Wir haben Kinder mit Waffen gesehen. Dieses Bild hat uns erschreckt. Warum tragen diese Kinder Waffen?" Um das politisch-ideologische Koordinatensystem wieder ins Lot zu bringen, steht darum am Ende ein Interview mit Arafat, der an das „internationale Gewissen" appelliert, „an der Seite dieses palästinensischen Kindes zu stehen, damit es ein würdiges Leben in seiner unabhängigen Heimat führen kann." Auf der 23. Internationalen Leipziger Dokumentar- und Kurzfilmwoche 1980 erhielt *Die Kinder Palästinas* den Hani-Jawharie-Ehrenpreis der PLO.[47]

47 Vgl. die Angaben auf *filmportal.de* unter http://www.filmportal.de/film/die-kinder-palaestinas_37b66a8e53ad4ebeab2c935dcc148829 (Zugriff am 18.10.2014).

Israelis in Babelsberg

Eine ganz eigene (ost-)deutsch-israelische Filmgeschichte ereignete sich in Babelsberg, nahe des Grenzgebietes am Griebnitzsee. Dort befand sich seit Mitte der 1950er Jahre die Deutsche Hochschule für Filmkunst und spätere Hochschule für Film und Fernsehen der DDR. Schon früh wurden an der Filmhochschule auch ausländische Studierende ausgebildet. Sie kamen aus den verbündeten Staaten Osteuropas und ab den 1960er Jahren auch verstärkt aus den sogenannten jungen Nationalstaaten in Afrika und von befreundeten oder mit der DDR kooperierenden nationalen Befreiungsbewegungen und Kommunistischen Parteien aus Lateinamerika und dem Nahen Osten. Studenten wurden von diesen Organisationen und Staaten an die DDR-Filmhochschule delegiert, wo sie zu Kameraleuten und Regisseuren ausgebildet wurden, die die immer stärker medial geführten Kämpfe für den Sozialismus mit der Kamera begleiten und zum Aufbau der Filmproduktion in ihren Heimatländern beitragen sollten. So begegneten in Babelsberg, unmittelbar an der Demarkationslinie des Kalten Krieges, Studenten aus der DDR Gleichaltrigen aus Chile, dem Sudan und dem Libanon, aber auch aus Belgien und England.

Der erste Student aus Israel war Stefan Jerzy Zweig, der ab 1964 an der Hochschule Kamera studierte. Sein Weg zum Studium aber verlief anders als der seiner in- und ausländischen Kommilitonen, denn der in Polen geborene Zweig war bereits früher einmal, allerdings unfreiwillig, auf deutschem Boden gewesen. 1944 wurde er, zusammen mit seinem Vater, dem Krakauer Rechtsanwalt Dr. Zacharias Zweig, ins KZ Buchenwald deportiert. Zuvor hatten die beiden das Ghetto in Krakau und das von dem berüchtigten Kommandanten Amon Göth geleitete Lager Plaszow überlebt. In Buchenwald erhielt der vierjährige Junge die Häftlingsnummer 67509. Stefan und sein Vater überlebten das Lager wie durch ein Wunder. Doch dieses Wunder hatte konkrete Namen. Politische Häftlinge, unter ihnen der später in der Bundesrepublik aktive sozialdemokratische Gewerkschafter Willi Bleicher und der spätere sächsische Innenminister Robert Siewert, hatten sich des Jungen angenommen, ihn versteckt und vor der Deportation beschützt.[48] Die wundersame Rettung eines jüdischen Kindes in Buchenwald wurde in der DDR

48 Ulrich Weinzierl: Das Kind von Buchenwald. In: *Die Welt*, 09.04.2005.

Stoff für einen Roman. Ende der 1950er Jahre machte Bruno Apitz' Buch *Nackt unter Wölfen* die Geschichte von Stefan Jerzy Zweig und seinen Rettern bekannt. Mit etwas Verzögerung wurde der Roman zu einem Prototyp antifaschistischen Gedenkens in der DDR, natürlich immer in einer Lesart, die den kommunistischen Widerstand betonte und die jüdische Herkunft des Kindes in den Hintergrund treten ließ.

Als die Geschichte des Buchenwaldkindes dann 1963 von dem DEFA-Regisseur Frank Beyer für das Kino verfilmt wurde und mit Starbesetzung, u. a. spielten Erwin Geschonneck und Armin Müller-Stahl zentrale Rollen, ein einschlagender Erfolg wurde, begann in der DDR die Suche nach dem ‚wirklichen' Jungen von Buchenwald. In einer großangelegten Kampagne der *B. Z. am Abend* wurde Zacharias Zweig schließlich in Israel aufgespürt, wohin er mit seinem Sohn nach der Befreiung ausgewandert war. Stefan Jerzy Zweig hatte soeben seinen Militärdienst abgeleistet und studierte zu dieser Zeit in Frankreich. Im Februar 1964 wurden beide von der DDR eingeladen, die DDR und das ehemalige Lager Buchenwald zu besuchen. Bewegende Aufnahmen des DDR-Fernsehens zeigen den jungen Mann bei der herzlichen Begrüßung durch den Autor Bruno Apitz, der selbst zu den Häftlingen in Buchenwald gehörte. Das Hofieren von Stefan Jerzy Zweig und seinem Vater erfolgte nicht ganz uneigennützig. Die SED versuchte Zweig als „Zeuge[n] für ihre vorgeblich philosemitische Haltung wie auch als Sprachrohr ihrer antizionistischen Gesinnung einzusetzen."[49] Doch dieser entzog sich Versuchen der Instrumentalisierung. In einem FDJ-Bericht über das Deutschlandtreffen, an dem Zweig 1964 teilgenommen hatte, heißt es beispielsweise, er habe unbequeme Fragen gestellt, z. B. warum so viele Araber in sozialistischen Ländern studierten und kaum Israelis, weshalb der Berichterstatter über Zweig urteilte: „Er unterliegt sehr starken Stimmungsschwankungen und zeigt körperliche und geistige Labilität."[50]

Nach diesem zweiten Besuch zog Zweig in die DDR. Die Staatsführung hatte ihm angeboten, dort ein Studium seiner Wahl zu absolvieren. Zweig hatte sich für die Filmhochschule entschieden,

49 Bill Niven: *Das Buchenwaldkind. Wahrheit, Fiktion und Propaganda.* Bonn: bpb 2009, S. 179.

50 Zit. n. ebd.

weniger eine Entscheidung für die DDR als ein persönlich motivierter Ausweg aus der Unbeständigkeit seines Lebens.[51]

> Ich fand hier jede Unterstützung, bereitete mich auf das Studium vor, lernte erst einmal die deutsche Sprache und nahm dann das Studium an der Deutschen Hochschule für Filmkunst, Fakultät Kamera, auf. Mein Interesse galt schon immer der Fotografie, davon war ich begeistert. Die Fotografie war mein Hobby.[52]

In Babelsberg begann sein Studium in einer unruhigen Zeit. Soeben hatte ein Plenum des Zentralkomitees der SED eine ganze Jahresproduktion von DEFA-Filmen verboten und auch an der Filmhochschule war es zu politisch motivierten Entlassungen gekommen. Zweig studierte mit deutschen, aber vor allem zahlreichen internationalen Studenten, unter ihnen auch Studierende aus arabischen Ländern und Palästinenser.

1967 verschärfte sich die antizionistische Propaganda der DDR gegen Israel. Daraufhin übte Zweig vorsichtige Kritik an der Israelpolitik der DDR, was seine Studiensituation erschwerte, vor allem, weil sich die politische Lage an der Hochschule wieder zuspitzte, nachdem Studierende gegen die Niederschlagung des Prager Frühlings durch Truppen des Warschauer Pakts demonstriert hatten. Der Dramaturgiestudent Thomas Brasch musste daraufhin die Hochschule verlassen. Andere, unter ihnen auch der Regiestudent Konrad Weiß, der in seinem Film *Flammen* (DDR 1967) das Schicksal der jüdisch-kommunistischen Widerstandsgruppe um Herbert Baum bearbeitet hatte, standen unter Beobachtung. Trotzdem konnte Zweig 1968 sein Studium abschließen und wurde vom Fernsehfunk als Kameramann eingestellt, wo er allerdings kurze Zeit später wieder Ärger bekam, weil er sich zynisch über die Weigerung seiner Kollegen geäußert hatte, über die Hinrichtung vermeintlich „zionistischer Agenten" in Bagdad zu berichten.[53] „Als sich die Beziehungen zwischen Israel und dem Ostblock verschlechterten, schien Stefan immer weniger gewillt, seine Unterstützung für Israel zu verbergen."[54] Schließlich verließ er 1972 mit seiner Familie die

51 Vgl. ebd., S. 204.

52 Stefan-Jerzy Zweig drehte Buchenwaldfilm. In: *Märkische Volksstimme*, 04.05.1966.

53 Niven: *Das Buchenwaldkind*, S. 210.

54 Ebd.

DDR in Richtung Wien und arbeitete dort als Kameramann für den ORF.

In seinen Hochschulfilmen beschäftigte sich Zweig immer wieder mit dem Ort Buchenwald und der Erinnerung daran. Besonders intensiv geschieht dies in dem Film *Erinnerung im Herzen* (DDR 1965), der sich vor allem seinem Retter Robert Siewert zuwendet. „Wo Menschen wie Robert Siewert und seine Kampfgenossen, die selbst unter dem Faschismus gelitten haben, regieren, da kann es keine Faschisten geben", hatte der junge Regisseur zu seinem Film gegenüber der Presse erklärt.[55] Was wie eine Idealisierung des Sozialismus in der DDR klingt, barg aber auch eine implizite Kritik. Nach Gründung der DDR war Siewert Innenminister in Sachsen geworden, hatte diese Stellung aber wegen seiner einstigen Mitgliedschaft in der stalinkritischen Kommunistischen Partei Deutschlands – Opposition (KPO) verloren und war in eine untergeordnete Stellung versetzt worden.

> Stefan wusste mit Sicherheit, dass Siewert nicht gerade eine einflussreiche Persönlichkeit in der ostdeutschen Politik war. Sein Film über Siewert und seine Äußerungen in Interviews zu seinem Film drücken sein Mitgefühl für die ehemaligen Buchenwaldhäftlinge aus und sind ein unterschwelliger Vorwurf gegen die doppelbödige SED-Politik, einerseits die Leistungen der Kommunisten Buchenwalds zur Propaganda zu benutzen, während sie sie gleichzeitig von wirklicher Macht in der DDR ausschloss.[56]

Der achtminütige Kurzfilm enthält vor allem Impressionen von einer Gedenkveranstaltung im ehemaligen KZ Buchenwald und verortet sich durch eine einleitende Texttafel klar im gängigen geschichtspolitischen Diskurs der DDR. „Dieser Film entstand nicht etwa, weil man mir den Auftrag gab, einen Film über Buchenwald zu drehen", erklärte Zweig den Hintergrund seiner Entstehung.

> Am 11. April 1965 wurde hier in der DDR der 20. Jahrestag der Befreiung Buchenwalds begangen. Das war für mich eigentlich der Anlaß, dieses Thema aufzugreifen. Ich habe diesen Film allein gemacht, vom optischen Drehbuch bis zur Endfertigung. Dozenten der Filmhochschule haben mich beraten und mir auch bei der Verwirklichung des Projekts geholfen.[57]

Die Kamera folgt vor allem Sievert, zeigt den Überlebenden aber nicht als aktiven Zeugen. Zwar nehmen die Zuschauer das Lager

55 Zit. n. Niven: *Das Buchenwaldkind*, S. 211.

56 Ebd.

57 Stefan-Jerzy Zweig drehte Buchenwaldfilm.

und die Gedenkfeiern durch seine Augen wahr, doch Sievert selbst bleibt sprachlos, während die stark emotionalisierende Musik den Eindruck verstärkt, der Film kreiere Pathos, statt aufzuklären und historisches Wissen zu vermitteln. Dies ist aber zum Teil auch auf die damals von den Studenten genutzte Aufnahmetechnik zurückzuführen, die Direkttonaufnahmen und damit Interviews und O-Töne erschwerte bzw. noch unmöglich machte. Aber auch die im Film gezeigten Motive orientieren sich an den markanten Ikonen des Gedenkens, zeigen die Gedenkflamme, das Lagertor, das Krematorium, Stacheldraht und die Öfen. Allerdings verzichtet Zweig auf die Montage von vielfach verwendeten historischen Fotografien oder Filmen, die nach der Befreiung der Lager, auch in Buchenwald, aufgenommen worden waren. „Ich wollte aber nur meine Gedanken und Gefühle zum Ausdruck bringen, nicht fremdes, historisches Material über Buchenwald in dem Maße mit einbeziehen. Deshalb habe ich allein gedreht. Auch wenn das schwer war, so hat es mir doch sehr viel Freude gemacht", so Zweig über diese Entscheidung.[58] Dem entsprechen, die immer wieder eingeschnittenen subjektiven Einstellungen, die aber dennoch den ikonischen Charakter des Films nicht ganz durchbrechen. Stattdessen stellt die Kamera durch Großaufnahmen von jungen und alten Gesichtern eine Gedenkgemeinschaft her, die mit Hilfe des Zooms auf den Hauptredner zuläuft.

Diese Nähe zur gängigen antifaschistischen Ästhetik entspricht durchaus Zweigs hauptsächlicher Intention, ein filmisches Monument zu Ehren seiner Retter zu schaffen:

> Robert Siewert und Willi Bleicher waren für viele Kinder die Väter in Buchenwald. Robert Siewert war auch mein Lagervater. [...] Robert Siewert hat Hunderten geholfen, hat ihnen das Leben gerettet. Robert Siewert ist eine Persönlichkeit, in der sich all das ausdrückt, wofür die Widerstandskämpfer sich einsetzten, in Buchenwald wie im Leben.[59]

Erst Anfang der 1980er Jahre begann wieder ein Student aus Israel ein Studium an der ostdeutschen Filmhochschule, die mittlerweile zur Hochschule für Film und Fernsehen der DDR geworden war. Wieder handelte es sich um eine schwierige Zeit. Die Hochschule war von den Nachwehen der Ausbürgerung des Sängers Wolf

58 Ebd.

59 Ebd.

Biermann erschüttert worden. Projekte wurden abgebrochen oder verhindert und Studenten bespitzelt und genötigt, die Schule zu verlassen. Gleichzeitig spitzte sich die ‚Nichtbeziehung' mit Israel erneut propagandistisch zu. Der Libanonkrieg brachte eine neue Welle antiisraelischer Propaganda hervor.

In dieser Zeit studierte Malik El Hag, ein arabischer Israeli, an der HFF Regie. Hag war von der Kommunistischen Partei Israels an die Hochschule delegiert worden, zu der die DDR ihre Beziehungen in den vergangenen Jahren intensiviert hatte. Dazu gehörten nicht nur der Austausch und die Schulung von politischen Kadern sondern auch die Möglichkeit, in der DDR zu studieren. Meir Vilners KP Israel war durch ihre antizionistische Grundhaltung, aber auch wegen ihrer intensiven Arabisierungsbemühungen zum einzigen Verbündeten der Sowjetunion und auch der DDR in Israel geworden. Trotzdem vermieden die mit den Ostblockstaaten verbündeten arabischen Staaten und auch die von der DDR unterstützte PLO weiterhin jeden Kontakt mit Israelis. Umso spezieller erscheint das Aufeinandertreffen eines arabischen Jungkommunisten aus Israel nicht nur mit Studenten aus der DDR, sondern auch mit Palästinsensern, die von der PLO nach Babelsberg delegiert wurden. Denn auch die palästinensische ‚Befreiungsorganisation' hatte mit der DDR den Austausch von Kadern und Studenten vereinbart. Neben Malik Hag studierte auch der Palästinenser Marwan Salamah in Potsdam und Kommilitonen erinnern sich, dass der arabische Israeli und der PLO-Vertreter damals nicht immer einer Meinung waren.

Malik Hags Kurzfilm *Die Verbündeten* von 1979/80, in dem seine Mitstudenten teilweise selbst mitspielen, thematisierte dieses Aufeinandertreffen als Lehrstück palästinensisch-israelischer Freundschaft auf der Grundlage des revolutionären Kampfes und des Antizionismus. Eine junge Studentin aus Israel kommt erstmals in das Internat der Filmhochschule, wo sie herzlich von anderen Studenten begrüßt wird, darunter auch ein Palästinenser. Als dieser aber an ihrer Tür den jüdisch klingenden Namen entdeckt und herausfindet, dass sie aus Israel stammt, reagiert er aggressiv und abweisend. Erst als die Studentin ihm eine Schallplatte mit propalästinensischen Liedern schenkt, können sich die beiden die Hände reichen. Auch in Hags Diplomfilm *Eine Mutter – Nadja Bunke* (DDR 1982) blieb dieses Thema, zumindest unterschwellig präsent. Darin

porträtierte er die jüdische Kommunistin Nadja Bunke, Mutter von Tamara Bunke, der Geliebten Che Guevaras. Etwas unbeholfen nähert sich Hag der alten Dame. Revolutionsromantik und entsprechende Devotionalien bilden schließlich zusammen mit Erinnerungsstücken der Tochter die Grundlagen des Films. Doch gerade in jenen Szenen, in denen der junge Israeli mit um den Hals geschlungenem Palästinensertuch Nadja Bunke nach ihren Erfahrungen im Widerstand und während des Nationalsozialismus und dadurch auch nach ihrer jüdischen Herkunft befragt, die in der DDR kaum bekannt war, wird vielleicht etwas von der ambivalenten Zerrissenheit deutlich, die Hags Position als arabischer Israeli in der DDR kennzeichnete. Die Rückkehr nach Israel fiel nicht leicht. Melancholisch und mit traurigem Blick berichtet Hag in dem Dokumentarfilm *Marmor, Stein und Eisen* (D 1994, R: Petra Tschörtner) Anfang der 1990er Jahre seiner Kommilitonin Petra Tschörtner über diese Zeit. Bis heute hat er wenige Freunde. In seinem Beruf als Regisseur konnte er nie arbeiten, zeitweise drehte er Hochzeitsvideos und übersetzte den ersten Band der Filmgeschichte des polnischen Filmhistorikers Toeplitz ins Arabische. Doch niemand interessierte sich dafür, weder in Israel noch auf der arabischen und palästinensischen Seite. Hag, so erscheint es zumindest in Tschörtners Film, blieb im Zwischenraum zwischen der DDR, Deutschland, Israel und einem imaginären Palästina stecken, überholt von einer Geschichte, die seine einzige Heimat, die marxistische Weltanschauung, auch in den politischen Auseinandersetzungen zwischen Israel und den Palästinensern obsolet gemacht hatte.
1982 kam noch ein Israeli nach Babelsberg. Auch er wurde von der Kommunistischen Partei Israels an die Filmhochschule delegiert. Mit 23 wollte Dror Zahavi einfach weg aus Israel. Seine Mutter, eine Lehrerin und Aktivistin, hatte mit ihm bereits 1967 Antikriegsdemonstrationen besucht. „Araberfreundin", hatte man ihr hinterhergerufen. Als Jugendlicher hatte Zahavi politische Parolen gesprüht und war von der Schule geflogen. Später verweigerte er den Wehrdienst in den besetzten Gebieten und hatte im Militärgefängnis gesessen. „Wenn Israel angegriffen wird, werde ich es immer verteidigen", sagt er noch heute. Aber er wollte kein Besatzer sein.[60]

60 Anna Kemper: Tatort Tel Aviv. Israeli mit DDR-Biografie: Eine Begegnung mit dem Regisseur Dror Zahavi. In: *Jüdische Allgemeine*, 22.01.2009.

Ein Filmstudium in Israel schien auch aus finanziellen Gründen unerreichbar. „Er suchte ein Land, in dem er seinen Traum vom Film wahrmachen konnte, er suchte die Freiheit. 1982 hatte er dieses Land gefunden: die DDR. Heute finde er das auch seltsam, sagt Zahavi, aber damals habe er nicht in solchen Kategorien gedacht. Er wollte unbedingt Regie studieren. Und in der DDR bekam er ein Stipendium.“[61] Die Möglichkeit dazu bot ihm sein Vater. Als Mitglied der Kommunistischen Partei Israels konnte dieser erreichen, dass sein Sohn in ein sozialistisches Land zum Studieren delegiert wurde.[62] Zahavi entschied sich für die DDR. Westdeutschland wäre für ihn sowieso nicht als Ziel in Frage gekommen. Für ihn war die Bundesrepublik das Land der Täter. Dass das ‚Opfer-Land‘ DDR aber große Teile der eigenen Vergangenheit einfach ausblendete, stellte er erst später fest. In seinem ersten Winter in Deutschland lernte er in Greifswald die Sprache und zog dann ins Internat der Filmschule in Babelsberg.[63]

Nur in einem seiner Studentenfilme thematisierte Zahavi explizit die Situation in Israel. In *Mein Gewissen ist rein* (DDR 1983) dramatisiert er Redefragmente von israelischen Politikern und Offizieren. Die von ihm übersetzten Zitate, u. a. von Verteidigungsminister Ariel Sharon, werden von einem Sprecher aus dem Off vorgetragen. Dazu sieht man einen Mann in Uniform, nur beleuchtet von einer Lampe in der Mitte eines Raums sitzen. Die Kamera betrachtet ihn aus der Distanz von hinten. Redefragmente und Inszenierung entsprechen einerseits dem gängigen Darstellungsmuster eines gesichtslosen Israels, das ausschließlich auf Politiker und Militärs reduziert wird. Andererseits experimentiert Zahavi mit Methoden eines an Bertolt Brecht orientierten Theaters, das einer Typisierung gerade Vorschub leisten will, damit man sich der Logik von – ansonsten auf Distanz gehaltenen – Positionen bewusst werden kann. Dieser Ansatz entsprach nicht den bisherigen Darstellungsmustern des Nahostkonflikts. Bei der Präsentation des Films auf der Leipziger Dokumentarfilmwoche war Zahavis Methode daher auch nicht unumstritten, auch wenn sie sich „durch eigenwillige Bildideen“ ausgezeichnet habe.[64] Spätestens die von Zahavi aus

61 Kemper: Tatort Tel Aviv.

62 Katja Hübner: Der Grenzgänger. In: *Der Tagesspiegel*, 06.12.2011.

63 Kemper: Tatort Tel Aviv.

64 Frank-Burkhard Habel: Chencho. Hochschulfilme auf der Leipziger Dokumentarfilmwoche. In: *Sonntag*, 51/1983.

Nachrichtensendungen über den Nahen Osten eingeschnittenen ikonischen Film- und Fotoaufnahmen leisteten aber wiederum den stereotypen Wahrnehmungsmustern der ideologisch geprägten DDR-Sicht auf die „aggressive Politik Israels“ Vorschub.[65]
In seinen folgenden Arbeiten entwickelte Zahavi vor allem das experimentelle Moment weiter, probierte Genreformen und surrealistische Erzählweisen aus. Nur in einem kurzen Beitrag für das DDR-Fernsehen ging er, unter seinem in der DDR gebräuchlichen Spitznamen „Dudu“, noch einmal auf die Situation in Israel ein. Am 8. Mai 1986 brachte die Sendereihe *Objektiv* einen Bericht über „Israels Siedlungspolitik“, in dem Zahavi die Siedlerbewegung Gush Emunim vorstellte. Zu sehen sind Demonstrationen und Aufnahmen des radikalen Siedlerführers Meir Kahane. Die Tendenz des Berichts entspricht politisch vollständig der Leitlinie in der DDR-Berichterstattung über Israel. Aber wie in *Mein Gewissen ist rein* ermöglicht Zahavis Blick auf die vermeintlichen ‚Täter‘ gleichzeitig eine andere Auseinandersetzung mit ihren Positionen als die verzerrten Darstellungen von Israel als gesichtslosem „Aggressorstaat“. Dabei wird deutlich, dass selbst ein ‚zionistischer‘ Politiker wie Shimon Peres, der früher ausschließlich als Erfüllungsgehilfe des Imperialismus dargestellt wurde, den Radikalismus der Siedler ablehnte. Am Ende zeigt der Bericht eine Demonstrationen von linken und antirassistischen Gruppen. „Das“, so Zahavis Kommentar, „sei Ausdruck der wahren Interessen des Volkes, das andere Gesicht Israels.“
Zur gleichen Zeit arbeitete Zahavi bereits an seinem Diplomfilm. Dafür beschäftigte er sich intensiv mit der Biographie eines Grenzgängers. Ausgangspunkt des Drehbuchs war das Leben des russisch-jüdisch-zionistischen Dichters Alexander Penn zwischen revolutionärem Russland, dem vorstaatlichen Palästina und Israel. Zahavi wollte ein Leben im Aufschub erzählen, in einem zeitlichen und geographischen Zwischenraum, der auch visuell die Wüste Palästinas und die Landschaften Russlands miteinander verbindet. Doch die Idee stieß in Babelsberg nicht auf Gegenliebe: „Sein Diplomfilm wurde vor Beginn der Dreharbeiten verboten, er rücke die DDR in ein diktatorisches Licht, so die Begründung.“[66] Dabei

65 Kemper: Tatort Tel Aviv.
66 Ebd.

ging es in dem Film gar nicht um die DDR, zumindest nie explizit, doch offensichtlich erschien schon der Bezug zu Israel und linkszionistischen Positionen den Verantwortlichen an der Hochschule zu problematisch.

> Zahavi besoff sich fürchterlich. Dann ging er in den Studentenclub der Hochschule, wo alle in Aufruhr waren: Der neue Direktor sei da gewesen, sie hätten ihm von dem Verbot erzählt. Zahavi sollte zu ihm ins Büro kommen, gleich am nächsten Tag. Das machte er, gab dem Direktor das Drehbuch zu lesen. Zwei Tage später hatte er die Drehgenehmigung. Der Direktor hieß Lothar Bisky.[67]

Mit dessen Antritt war 1986 ein Hauch von Perestroika in die Hochschule eingezogen. Zahavi durfte nicht nur mit einer Delegation nach Moskau, um dort nach möglichen Drehorten und Kooperationsmöglichkeiten für seinen Film zu suchen, sondern begleitete HFF-Vertreter auch zu einem Besuch an die Hochschule für Fernsehen und Film in München, wo über deutsch-deutsche Kooperationen gesprochen wurde. Als sein Film *Alexander Penn – Ich will sein in allem* dann 1987 fertiggestellt war, wurde er auf das Filmfestival der Filmhochschulen in München eingeladen. Auf poetische Art verwebt Zahavi Werk und Biographie des Dichters, stellt ihn in zwei Figuren dar, einem 40- und einem 60-jährigen Penn, die vom selben Schauspieler gespielt werden.

> Es gibt sogenannte poetische Filme, die mißtrauisch machen, weil sie sich in gequälten Welträtseln erschöpfen, keinen Anfang und kein Ende finden. Dror Zahavi aber entging auch einer platten Illustration der prallen Dichtung Penns, vielleicht auch deshalb, weil alle Nachdichtungen aus der Feder des Regisseurs selbst stammen. Außerdem gewann auch die Kamera von Matthias Tschiedel Bilder von überzeugender Präzision, weil allem ein Vorgang zugrunde liegt: In fiktiven Dialogszenen begegnen sich der alte und der junge Alexander Penn und resümieren vorwurfsvoll ihr Geschick.[68]

Im Disput der beiden treten die Widersprüche von Penns Leben zutage, die Suche nach Heimat und die Zerrissenheit seiner poetischen und politischen Existenz. Strukturiert von Gedichten Penns spiegeln die Episoden aus dem Leben des Dichters gleichzeitig die Ereignisse des 20. Jahrhunderts. In expressiven, manchmal surrealistischen Situationen, die deutlich von sowjetischen Regisseuren

67 Kemper: Tatort Tel Aviv.

68 Hans Maennling: Zeitgeist und Seelenlandschaft. In: *Märkische Allgemeine*, 09.12.1991.

Abb. 8: Eine Tür symbolisiert den Übergang zwischen Russland und Palästina in Dror Zahavis Abschlussfilm *Alexander Penn – Ich will sein in allem.*

wie Andrei Tarkowski und polnischen Filmemachern wie Andrzej Wajda oder Roman Polanski inspiriert sind, einwickelt sich eine Reise, die von Russland nach Palästina und Israel führt und gleichzeitig in Verlorenheit und Einsamkeit, deren letztes Refugium die Sprache des Dichters ist. Dazu wechselt der Film von Innenaufnahmen einer kathedralen Halle und katakombenartigen Kellern, an Siegfried Kracauers „Hohlräume und Blasen“ im „Katarakt der Zeiten“ erinnernd,[69] zu weiten Landschaftsaufnahmen, die das Eismeer Russlands und die felsige Landschaft Israels darstellen sollen. Eine einsame Tür inmitten dieser Landschaften symbolisiert den Übergang vom einen in das andere Leben, der gleichzeitig keinen Weg zurück mehr lässt (Abb. 8). Judentum und Zionismus, aber auch die Erfahrung von Shoah und Nationalsozialismus werden in die episodische Handlung verwoben, die sich zwischen der Resignation des alten und den Idealen des jungen Dichters entwickelt.

Kurz vor dem Ende der DDR wurde Zahavis Film für den Studentenoskar nominiert. Doch auch bei ihm blieben ähnliche Widersprüche bestehen wie bei dem Protagonisten seines Films. Nach Ende seines Studiums kehrte Zahavi nach Israel zurück, arbeitete

69 Vgl. auch die Überlegungen zu dem Film *The Wooden Gun* in Kap. 2.

dort als Filmkritiker, fand aber keine Anstellung als Regisseur. 1992 ging er wieder in das nun vereinigte Berlin zurück und arbeitete vor allem für das Fernsehen, drehte dort Folgen für Serien wie *Verbotene Liebe* oder *Alarm für Cobra 11*. Israel spielte in seinen Filmen zunächst keine Rolle mehr, bis er für seinen einzigen Kinospielfilm in seine Heimatstadt Tel Aviv zurückkehrte. Das war 2008 *Sof Shavu'a Be-Tel Aviv* (*Alles für meinen Vater*, D/IL 2008). Im Zentrum der Handlung steht ein palästinensischer Selbstmordattentäter. Zahavi blickt in diesem Film durch die Augen eines Palästinensers auf seine alte Heimat. Und mit ihm lernen er und die Zuschauer die Bewohner im Süden Tel Avivs kennen, die der junge Tarek töten soll, um die Ehre seiner Familie wiederherzustellen. Zum Beispiel den jüdischen Elektrohändler Katz, bei dem der Attentäter ein Ersatzteil zu erhalten hofft, weil er seine tödliche Sprengstoffweste nicht aktiviert bekommt. Als Zahavi diese Geschichte schrieb und mit den Dreharbeiten begann, waren Selbstmordattentate in Israel noch schrecklicher Alltag.

> Damals habe ich die immergleichen Bekennervideos gesehen und mich gefragt: Was sind das für Leute? Ich möchte mit dem Film zeigen, dass es sich bei den Attentätern auch um Menschen handelt. Um Menschen, die sich ändern können. Der Film ist immer noch aktuell, denn er hat eine universelle Aussage: Überall auf der Welt wünschen sich die Menschen doch Frieden und Verständigung.[70]

Wieder sind es Täterfiguren, die ihn interessieren, doch die Perspektive verschiebt sich nun von Israel zu palästinensischen Selbstmordattentätern. Anders als den israelischen Akteuren in den 1980er Jahren wird den palästinensischen Figuren nun allerdings ein gewisses ‚Verständnis' entgegengebracht. Trotzdem unterscheidet sich Zahavis Film deutlich von palästinensischer Filmpropaganda wie Hani Abu Assads *Al-Dschanna al-ān* (*Paradise Now*, Palästinensische Autonomiegebiete/NL/IL/D/F 2004), in denen der Attentäter als tragischer Held verklärt wird. Bei Zahavi sehen die Zuschauer nicht nur stereotype Bilder von Israel, Bilder von Reichtum und sexueller Ausschweifung, hier sind Israelis nicht nur gesichtslose Soldaten. Vielmehr ist der Palästinenser Tarek ein Wiedergänger jenes Fremden, durch dessen Augen Israel und seine Bewohner ein Gesicht und eine Geschichte bekommen.

70 Dror Zahavi zit. n. Sven Sakowitz: Auch Bombenbastler haben Gefühle. In: *die tageszeitung*, 05.09.2012.

Geschichte ist auch eines der zentralen Themen von Zahavis Fernsehfilmen. 2009 verfilmte er die Biographie von Marel Reich-Ranicki *Mein Leben.* Nach seinem Abschlussfilm wieder ein Film über einen jüdischen Grenzgänger, wieder ein Film über Literatur und Poesie und doch ganz anders, geprägt von der historischen Erfahrung der Vertreibung und Ermordung der Juden insbesondere in Osteuropa. In diesen Film spielte auch Zahavis eigene Familiengeschichte mit hinein. Zwar kam Zahavis Großmutter bereits vor dem Zweiten Weltkrieg aus der Ukraine nach Palästina, aber von ihren zehn Geschwistern, die in Osteuropa zurückblieben, überlebte keines.[71] Auch auf der Seite seines Vaters gab es nur zwei, die den Krieg überlebten, sein Vater und sein Onkel.[72] Doch nicht nur dieses Kapitel der deutsch-jüdischen Geschichte verband Zahavi, den Israeli aus der DDR, mit Reich-Ranicki, dem Polen aus der Bundesrepublik, sondern auch „das Leben an einem Ort, der die Landschaft der Kindheit nicht ersetzen kann."[73]

In Zahavis letzten Arbeiten kehrte das Thema Israel noch zwei weitere Male auf den Bildschirm zurück. In *München 72 – Das Attentat* (D 2012) wendete er sich erstmals dezidiert der deutsch-israelischen Geschichte zu. Das blutige palästinensische Terrorattentat während der Olympischen Spiele in München wird anhand von zwei Familien erzählt, der Frau des ermordeten israelischen Fechters André Spitzer und einer deutschen Polizistin, der Freundin eines Hubschrauberpiloten, welcher an der schließlich scheiternden Befreiungsaktion beteiligt ist. Obwohl im ästhetischen Schema des gängigen historischen Eventfernsehens erzählt, findet sich in *München 72* eine Akzentverschiebung, zum einen von den Palästinensern zu den Israelis und zum anderen zu einer weiblichen Perspektive. Hier ist es dramaturgisch gesehen die junge deutsche Polizistin, die stellvertretend für das deutsche Fernsehpublikum Empathie für die israelische Seite zu empfinden lernt (Abb. 9).

Zuletzt drehte Zahavi wieder in Israel. Sein Fernsehthriller *Das Jerusalem-Syndrom* (D 2013) hat religiösen Fanatismus zum Gegenstand, spart dabei aber den eigentlichen religiösen Extremismus, den Islamismus von Hamas und Hisbollah, vollständig aus. Stattdessen stehen eine aus Deutschland finanzierte christliche Sekte,

71 Hübner: Der Grenzgänger.

72 Kemper: Tatort Tel Aviv.

73 Ebd.

Abb. 9: Deutsch-israelische Geschichte im Fernsehen: Dror Zahavis *München 72 – Das Attentat.*

eine junge Deutsche, die ihre Schwester vor den fanatischen Heilsbringern zu retten versucht, und ein israelischer Psychologe mit deutsch-jüdischem Familienhintergrund im Zentrum der stark konstruiert wirkenden Handlung. „Frei von jedem Esprit wird aus Jerusalem erzählt. Die üblichen Postkartenbilder, christliche Pilger als gemarterter Jesus verkleidet, die Tore der Altstadt, der Hotelblick auf den Felsendom mit goldener Kuppel. Ja, schon oft gesehen“[74], klagte Nicolaus von Festenberg im *Tagesspiegel.* Grenzgänge im Modus des Populären, vielleicht aber auch ein Zeichen dafür, dass ein israelischer Regisseur mittlerweile weder in West- noch in Ost-Deutschland eine Besonderheit ist und Israel sogar als Kulisse eines x-beliebigen Fernsehfilms fungieren kann.

Ein anderer Blick

Parallel zu Zahavis Studium in Babelsberg änderte sich im Verlauf der 1980er Jahre das Bild von Israel auch in der DDR sukzessive, parallel zu Veränderungen im offiziellen Umgang mit der Situation im Nahen Osten. Ab 1984 wurden regelmäßiger israelische Filme und Filmemacher zum Festival nach Leipzig eingeladen.[75] Im Juni

74 Nikolaus von Festenberg: Krudes Krippenspiel. In: *Der Tagesspiegel*, 10.12.2013. http://www.tagesspiegel.de/medien/das-jerusalem-syndrom-in-der-ard-krudes-krippenspiel/9199528.html (Zugriff am 16.07.2014).

75 Timm: *Hammer, Zirkel, Davidstern*, S. 292.

1987 besuchte eine Delegation von israelischen Friedensaktivisten die DDR, unter ihnen der Übersetzer und Theaterwissenschaftler Avraham Oz.[76] Umgekehrt besuchten ostdeutsche Künstler Israel und fanden eine vielfältigere und kontroversere Gesellschaft vor, als sie erwartet hatten.[77] 1986 nahm beispielsweise der bekannte DDR-Film- und Theaterschauspieler Ekkehard Schall am Jerusalem-Festival teil. „Auf geistig-kulturellem Gebiet zeichneten sich weitere vorsichtige Lockerungen des bisherigen Reglements der ‚Nichtbeziehungen' ab."[78] Auch wenn die DDR weiterhin betonte, dass keine offiziellen Beziehungen zwischen beiden Ländern bestünden, suchte man nun auch Kontakte zu anderen linken Parteien und Friedensorganisationen jenseits der Kommunistischen Partei.[79] Zwar blieb die politisch-ideologische Leitlinie bestehen, aber trotzdem fanden sich nun auch gelegentlich Filme, die neben dem Fokus auf die Palästinenser auch das Leben in Israel streiften. 1980 wurde beispielsweise im Fernsehen Mario Offenbergs Film *Sie nennen sie Fula* (o. A.) ausgestrahlt, der politisch durchaus der offiziellen Linie der DDR entsprach, aber die gängige Sicht auf den Konflikt aus der Perspektive einer israelischen Aktivistin zeigte. Im Mittelpunkt des Filmporträts steht die Rechtsanwältin Felicia Langer, die sich für die Rechte von Palästinensern einsetzt. Langer genoss in der DDR bereits eine gewisse Prominenz. Während der Weltfestspiele der Jugend in Berlin war es bei einem Empfang im Schloß Niederschönhausen am 4. August 1973 zu einer denkwürdigen Begegnung gekommen. Ehrengast Langer war auf den Führer der PLO Yassir Arafat zugegangen und hatte ihm die Hand geschüttelt.[80] Formal besteht *Sie nennen sie Fula* hauptsächlich aus Interviews und Gesprächen vor der Kamera. Teilweise werden Familienfotos eingeschnitten, genauso wie Fotos von Palästinensern und von Langer bei Gericht, sowie gezeichnete Karten. Wenn auch in Israel gedreht, zeigt der Film wenig vom Land. Im Zentrum stehen palästinensische Schicksale. Am Ende ist Langer, die von ihren palästinensischen Klienten Fula genannt wird, die einzige positiv besetzte Israelin, eine, die sich selbst nicht zugehörig fühlt,

76 Ebd., S. 297.
77 Ebd., S. 292.
78 Ebd., S. 297.
79 Ebd., S. 289.
80 Ebd., S. 265.

ähnlich dem Regisseur des Films, der aus Israel nach Westberlin gezogen war, um dort über die Geschichte der Kommunistischen Partei Israels zu forschen und schließlich seine Bestimmung in der Wiederbelebung der ostberliner Gemeinde Adass Jisroel fand.[81] Kurz vor Ende der DDR entstand mit *Felicia Langer – Anwältin in Israel* (DDR 1989) von Silvia Kauffeld dann noch ein weiterer Film über die israelische Rechtsanwältin, der im Juli 1989 im DDR-Fernsehen ausgestrahlt wurde, sich aber ebenfalls weitgehend an den, auch von der Porträtierten bedienten, bekannten Mustern und stereotypen Zuschreibungen orientierte.

Ein anderer Blick auf Israel wurde eher durch eine neue Beschäftigung mit der Geschichte möglich. Seit Beginn der 1980er Jahre suchten junge Filmemacher in der DDR andere filmische Zugänge zur nationalsozialistischen Vergangenheit und sparten dabei die jüdische Perspektive nicht länger aus. Ein Beispiel für diesen Zugang sind die Filme von Konrad Weiß, Regisseur im DEFA-Dokumentarfilmstudio. Weiß erinnert sich an den Beginn der Arbeit an seinem Film *Dawids Tagebuch* (DDR 1980), in dessen Zentrum das Schicksal eines in der Shoah ermordeten jüdischen Jungen aus Osteuropa steht:

> Erst bei der Arbeit wurde uns bewußt, daß eine ganze Generation aufgewachsen war, die nichts mehr über Juden und Judentum wußte, nichts über jüdische Religion, Geschichte und Tradition, und nichts über Israel. Die antifaschistische Erziehung war schrecklich erstarrt, formalisiert, kalt, entfremdet; die Besuche der Gedenkstätten waren ungeliebte Pflichtübungen, die mehr schadeten als nutzten. Der Nationalsozialismus war für diese Generation eine ferne historische Epoche, eine Schulbuchwahrheit, die mit dem eigenen Leben nichts zu tun hatte. Und Israel war ein feindliches Land.[82]

Weiß fiel es nicht leicht, seinen Film gegen die Skeptiker durchzusetzen. Ein Argument gegen das Projekt war, er könne mit der Sympathie für den jungen Dawid auch Sympathien für Israel wecken.[83] Aber *Dawids Tagebuch* wurde produziert. Doch bei Vorführungen vor Jugendlichen und Schülern wurde Weiß fast immer mit einer

81 Vgl. Timm: *Hammer, Zirkel, Davidstern*, S. 305.

82 Konrad Weiß: „Du hast den Frieden frech ans Kreuz geschlagen…“ Israelfeindschaft und Antisemitismus in der DDR. In: Ralph Giordano (Hrsg.): *Deutschland und Israel. Solidarität in Bewährung*. Gerlingen: Bleicher 1992, S. 73–85, hier S. 73.

83 Ebd.

„niederschmetternden Unwissenheit über das Judentum, mit den verfestigten Vorurteilen gegenüber Israel konfrontiert.“[84]
Erst Mitte der 1980er Jahre begann sich ein Wandel im offiziellen Verhältnis zum Judentum und auch zu Israel abzuzeichnen – insbesondere weil Honecker hoffte, durch bessere Kontakte zu jüdischen Organisationen das Verhältnis zu den USA zu verbessern[85] –, und das wirkte sich auch auf die Filmproduktion aus. Nun entstand eine Vielzahl kürzerer und längerer, vor allem dokumentarischer Filme, die neben dem antifaschistischen Widerstand auch die Shoah in den Blick nahmen. „Die außenpolitischen und außenwirtschaftlichen Erwägungen der SED-Führung kreuzten sich mit einem während der letzten Jahre gewachsenen Interesse größerer Teile der DDR-Bevölkerung für jüdische Themen“[86]. Israel als Land und Gesellschaft blieben aber trotzdem noch weitgehend unsichtbar, auch weil es für einen DDR-Bürger noch immer schwer möglich war, einfach ins Land zu reisen und dort zu filmen. Aber es kamen Israelis in die DDR. Sechzehn Israelis reisten 1988 als offizielle Repräsentanten ihres Staates und auf Einladung der DDR-Staatsführung zu den Feierlichkeiten zum 50. Jahrestag des Novemberpogroms von 1938 an. Weiß konnte mit Überlebenden sprechen, die den von den Nazis ermordeten Pädagogen Janusz Korczak gekannt hatten und nun die DDR besuchten. Die Interviews gingen in seinen Dokumentarfilm *Ich bin klein aber wichtig* (DDR 1989) über Korczak ein.
Mit diesem Film wurde Weiß 1989 im Oktober zur Internationalen Korczak-Konferenz eingeladen, die in Israel stattfand, und für die er sich fast ein Jahr um eine Reiseerlaubnis bemüht hatte. Die Reise war für ihn ein „lange geträumter Traum“[87]. Während dieses Aufenthalts wurde die Berliner Mauer durchlässig.

> Mit unseren Gedanken waren wir in Berlin und Leipzig, in der Gethsemanekirche und auf der Schönhauser Allee. Aber niemand brachte es fertig, vorzeitig zurückzukehren. Wie sollten wir auch wissen, daß der Fall der Mauer nah war und daß eine Israelreise schon bald nichts Einzigartiges mehr sein würde, auf das man sein Leben lang wartet.[88]

84 Ebd., S. 74.
85 Vgl. Timm: *Hammer, Zirkel, Davidstern*, S. 298.
86 Ebd., S. 303.
87 Weiß: „Du hast den Frieden frech ans Kreuz geschlagen…“, S. 82.
88 Timm: *Hammer, Zirkel, Davidstern*, S. 83.

Trotz nachfolgender Initiativen, doch noch diplomatische Beziehungen zwischen der DDR und Israel aufzunehmen, blieb dieser Schritt aufgeschoben. Bis zuletzt blieben es ‚Nichtbeziehungen', neben denen trotzdem immer wieder Begegnungen verzerrter wie auch anderer Art möglich geworden waren. Nicht als Regisseur, aber als Politiker und Mitglied der ersten frei gewählten Volkskammer gelang es Weiß noch kurz vor der Abblende ein letztes Kapitel aufzuschlagen. In einer von ihm initiierten Erklärung bat das Parlament der DDR „um Verzeihung für Heuchelei und Feindseligkeit der offiziellen DDR-Politik gegenüber dem Staat Israel".[89]

Filmische Beziehungen zwischen der DDR und Israel realisierten sich aber tatsächlich erst 2007, siebzehn Jahre nach dem Ende des ostdeutschen Staates. Auf Initiative von Ralf Dittrich machte es die DEFA-Stiftung in jenem Herbst möglich, dass zweieinhalb Wochen lang in Jerusalem, Tel Aviv und Haifa dreizehn Programme mit insgesamt sechzehn DEFA-Filmen in neuen Kopien und mit hebräischen Untertiteln gezeigt werden konnten.[90] Rund 6.000 Zuschauer konnten so erstmals einen umfassenden filmisch vermittelten Blick auf die DDR werfen und einen bisher weitgehend unbekannten Ausschnitt ihres audiovisuellen Erbes kennenlernen. Ein anderer Blick wurde möglich, nun auch in Israel – auf die DDR. Dittrich erinnert sich:

89 Timm: *Hammer, Zirkel, Davidstern*, S. 83. Im Oktober 1991 feierte mit *Zwischen Bibel und Schwert* (D 1991, R: Hans-Dieter Rutsch) eine der letzten für die DEFA hergestellten Filmreportagen ihre Premiere. Gegenstand des Reisefilms, der in einer längeren Fassung auch als *Sich ein Bild machen* (D 1991, R: Hans-Dieter Rutsch) veröffentlicht wurde, war die Begegnung mit Israel aus der Perspektive der nun zuende gegangenen DDR: „Zwei Wochen durchreisten wir mit der Kamera von Tel Aviv aus weite Teile des Landes mit dem Ziel, uns von den Dimensionen israelischer Existenz selbst ein Bild zu machen und erste konkrete Vorstellungen zu gewinnen von den Ausmaßen des Nahostkonfliktes. Zu deutlich empfanden wir ein Defizit an Wissen und Vorstellungen über diese Region. Hinzu kam, dass Israel nach jahrzehntelanger einseitiger Berichterstattung – in den Medien der DDR als Aggressor und Handlanger des amerikanischen Monopolkapitals bezeichnet – die besondere Anziehungskraft des verbotenen Landes besaß. Eigentlich war es ein weißer Fleck auf unserer inneren Landkarte." In: *Filmdatenbank der DEFA-Stiftung*. http://www.defa.de/DesktopDefault.aspx?TabID=412&FilmID=Q6UJ9A003A7L (Zugriff am 13.10.2014).

90 Ralf Dittrich: 2007: DEFA Goes (Middle) East. Eine Retrospektive in Israel. In: Barbara Eichinger / Frank Stern (Hrsg.): *Film im Sozialismus – Die DEFA*. Wien: Mandelbaum 2009, S. 165–181, hier S. 166.

> Natürlich kamen die alten Jeckes [...], weil sie ein dankbares Publikum für fast jede deutschsprachige Veranstaltung sind. Aber mit ihnen kamen ihre Kinder und Kindeskinder. Es kamen Rentner und Studenten, es kamen Geschichtsinteressierte und Filmleute. Es kamen Ashkenasim – also Juden mit europäischem Hintergrund –, und es kamen Orientalen.

Im Rahmen der Reihe waren Klassiker der DEFA zu sehen, Filme, die 1965/66 nach dem 11. Plenum des ZK der SED verboten worden waren und im Keller des Archivs verschwanden, sowie bekannte und weniger bekannte Versuche, filmisch an Nationalsozialismus und Shoah zu erinnern. Oft waren die Kinos bis zum letzten Platz ausverkauft und mit zusätzlichen Stühlen bis in den letzten Winkel vollgestellt, Kinosäle, die – so Dittrich im Rückblick auf die Eröffnung in Haifa –, „eine deutsche Feuerwehr geräumt hätte".[91]

91 Ebd., S. 177.

6. Im Transit – Zwischen Deutschland und Israel

In Israel war der Übergang zwischen Deutschland und Israel noch immer blockiert durch die Erfahrung der Shoah. Erst Ende der 1970er Jahre begann das israelische Kino langsam auch Bezüge zu Deutschland und deutscher Kultur zuzulassen.[1] Der Film *Roveh Huliot* war ein wichtiger Wendepunkt, der die Wiederkehr der traumatischen Erinnerung an die Shoah mit einer kritischen Sicht auf die Glorifizierung des Heroismus in der jungen israelischen Gesellschaft zusammenbrachte. In einer eindrucksvollen Szene wird auch die spezifisch deutsch-jüdische Erfahrung der Flucht und des Heimatverlusts angedeutet. Im Hintergrund der Kriegsspiele, die die jungen Protagonisten veranstalten und die später zum blutigen Ernst werden, kann man leise unübersetzte deutsche Worte einer Unterhaltung verstehen. Die nach der Staatsgründung auch in Israel marginalisierte jüdisch-deutsche Erfahrung wird so auf einer hintergründigen auditiven Ebene ausgedrückt, und es entsteht ein Eindruck verbal-auditiver Instabilität. Hinter den hebräischen Schreien der die israelischen Kriege nachstellenden Kinder kommen verborgene und unterdrückte sprachliche Spuren der Diaspora zum Vorschein.

Israelische Filme gaben diesen Spuren auf verschiedene Weise Raum. In unterschiedlicher Form, ob als Wiederkehr des verdrängten

1 Ido Ramati: Images in Transformation. Representations of Germany and Germans in Contemporary Israeli Fiction Cinema. http://www.cgs.huji.ac.il/Ramati_Images%20in%20transformation.pdf (Zugriff am 17.07.2014), S. 5.

Traumas, in dem die Deutschen die Rolle der Peiniger innehaben, oder als unstillbare Sehnsucht nach der verlorenen Heimat, bewohnt das ‚deutsche Thema' Zwischen- und Transiträume in israelischen Filmen, ähnlich den von Marc Augé als flüchtig beschriebenen Orten der „Durchreise" und des „Provisorischen".[2]

Kino-Operation Entebbe

> Am 4. Juli dieses Jahres ging ein Aufatmen durch die Welt. Das Geiseldrama von Entebbe war mit einem sensationellen letzten Akt zu Ende gegangen. Die Israelis hatten den Terroristen, die anfangs 257 Geiseln in ihre Gewalt gebracht hatten, um die Freilassung von 53 Gesinnungsgenossen zu erpressen, die Regie aus der Hand genommen und den Schlußakt des blutigen Dramas selbst inszeniert.[3]

So berichtete Emil Bölte im August 1976, nur kurz nach den Ereignissen, bei denen eine israelische Militäreinheit auf dem Flughafen Entebbe die Geiseln aus den Händen der Entführer befreit hatte, über die Pläne, die Aktion schnell zum Stoff eines Films zu machen. Aus dem einen Film, den die US-Firma Warner Brothers in Israel zu drehen beabsichtigte, wurden schließlich drei Verfilmungen, die fast zeitgleich weltweit in die Kinos kamen und kontrovers aufgenommen wurden.[4]

Eine dieser Verfilmungen unter dem Titel *Mivtsa Yonatan* realisierte der israelische Produzent Menachem Golan. Gedreht wurde auf dem Messegelände von Tel Aviv, wo ein Pavillon als Flughafengebäude von Entebbe hergerichtet wurde, in dem die Entführer die Geiseln gefangen gehalten hatten.[5] Auf diesem Gelände, zwischen uniformierten Statisten, Hubschraubern, Drehstab und internationalem Schauspielcast, filmte und fotografierte auch ein junger israelischer Regisseur, der nicht zu Golans Crew gehörte. David Perlov arbeitete an einem dokumentarischen Film über die Ereignisse von Entebbe und ihre Rezeption. Das zum Flughafen umgestaltete Messegelände bot sich darum als geeigneter Drehort an. Dort lernte er

2 Marc Augé: *Nicht-Orte*. München: Beck 2010, S. 83.

3 Emil Bölte: Israel behält Regie für Entebbe in der Hand. In: *Augsburger Allgemeine*, 14.08.1976.

4 Der ursprünglich intendierte Film von Warner Brothers aber wurde letztlich nicht realisiert. Am Ende hatte es doch „eine Menge Schwierigkeiten mit Israel gegeben". (Shraga Har-Gil: Eine Schlacht wird ausgeschlachtet. Das Unternehmen Entebbe in mehreren Filmversionen. In: *Hannoversche Allgemeine*, 06.01.1977.)

5 Ebd.

auch einen der Darsteller kennen. Klaus Kinski, der bereits Anfang der 1950er Jahre mit seinem Freund Thomas Harlan unter falscher Identität nach Israel gereist war, spielte nun eine deutsche Figur in dem Terrorismus-Spektakel, denn maßgeblich beteiligt an der Entführung waren auch zwei Deutsche. Kinski verkörperte Wilfried Böse, der zusammen mit Brigitte Kuhlmann (gespielt von der österreichischen Schauspielerin Sibyll Danning) Mitte der 1970er Jahre die linksterroristischen Revolutionären Zellen (RZ) in Frankfurt mitbegründet hatte.[6] Wie die RAF und die Bewegung 2. Juni hielten auch die RZ enge Kontakte zu palästinensischen Gruppen. Böse und Kuhlmann hatten auch schon 1972, noch vor der Gründung der RZ, logistische Unterstützung bei der Vorbereitung des Olympia-Attentats in München geleistet.[7]

Mit einem Kameramann und seinem Fotoapparat begleitete David Perlov Kinski auf einem Spaziergang durch Jerusalem. Die Aufnahmen sind in Perlvos Film *Yoman* (*Diary*, IL 1983) enthalten. Als Tourist bewegt sich der Schauspieler mit seiner kleinen Tochter und seiner Frau durch den Ort. Die Fotokamera von Perlov beobachtet die Filmkamera seines Kameramannes, der wiederum Kinski beobachtet. Die Sequenz ist selbst ein kleiner Reisefilm, hält die Begegnung zwischen Kinski und dem israelischen Filmemacher, aber auch zwischen Kinski und einem kleinen arabischen Jungen fest, der den Touristen für ein Erinnerungsfoto ein Lamm in den Arm drückt. Am Ende hält die Fotokamera von Perlov noch eine andere Begegnung fest, die zwischen dem Jungen und Perlov selbst bzw. seiner Kamera. Zwei Posen vollzieht das Kind angesichts des auf ihn gerichteten Objektivs: es salutiert wie ein Soldat und es hebt seine Arme, so als würde es sich ergeben. Zwei Gesten des Krieges durchkreuzen so den kleinen Reisefilm und lokalisieren ihn wiederum innerhalb jenes Konflikts, den nachzustellen auch eine Absicht der Filmemacher auf dem Messegelände Tel Avivs gewesen war (Abb. 10).

Unweigerlich blitzt dabei die Erinnerung an die Shoah auf, in verschiedenen Formen: in der Unterwerfungsgeste des Jungen, aber auch in einer Wiederholunggeste, die das palästinensisch-deutsche Terrorkommando in Entebbe vollzog. Denn in dem stickigen

6 Vgl. Gerd Koenen: *Das rote Jahrzehnt. Unsere kleine deutsche Kulturrevolution 1967–1977*. Frankfurt am Main: Fischer 2002, S. 337.

7 Vgl. ebd., S. 367.

Abb. 10: Szenen aus David Perlovs *Yoman* mit Klaus Kinski.

Flughafengebäude führten die Terroristen Selektionen durch, die unwillkürlich an diejenigen in den Vernichtungslagern erinnerten. Säuberlich unterschieden sie die Passagiere eines Air France-Fluges aus Athen in jüdisch-israelische und nicht-jüdische Passagiere.[8] Die gespenstische Wiederholung des Antisemitismus der Nationalsozialisten – nun in einem vorgeblich links-emanzipatorischen bzw. pro-palästinensischen Gewand – wurde in Tel Aviv wiederum wiederholt: Das Reenactment dieser Aktion nimmt in Menachem Golans Film breiten Raum ein. Kinski als Wilfried Böse und Danning als Kuhlmann rufen anhand der Pässe die jüdischen Passagiere auf – oder besser gesagt jene, die sie dafür halten – und zwingen, trotz Protesten seitens der Geiseln, die Menschen durch ein Loch in der Wand in einen separaten kleinen Raum, von den Filmemachern durchaus in assoziativer Anlehnung an die Barracken in den Lagern gestaltet.

Kinski lieh dieser Wiederkehr der verdrängten Vergangenheit in Gestalt eines jungen, revolutionär gesinnten Deutschen sein Gesicht und er übertrug, trotz eines „erstaunlich verhaltenen“[9] Spiels, die Abgründigkeit seiner früheren Charaktere, aber auch

8 Vgl. Annette Vowinckel: Terror als Doku-Soap. Die Flugzeugentführungen von Entebbe und Mogadischu in Film und Fernsehen, 1976–1997. In: Frank Bösch / Manuel Borutta (Hrsg.): *Die Massen bewegen. Medien und Emotionen in der Moderne*. Frankfurt am Main / New York: Campus 2006, S. 284–303, hier 295.

9 Ritz: „Operation Thunderboat“. In: *Neue Züricher Zeitung*, 17.03.1978.

ihre Ambivalenz und Hilflosigkeit auf die Figur des deutschen Terroristen. Über die Gründe seiner Mitwirkung an den Dreharbeiten in Israel berichtete Kinski einem Journalisten:

> Ich lese nie Zeitungen. Über Entebbe wußte ich nur flüchtig durch das Fernsehen Bescheid. Plötzlich bekam ich einen Anruf von meinem Agenten, daß mir eine Rolle in dem Entebbe-Film von Menachem Golan angeboten wird. Da erkundigte ich mich erst, was Entebbe überhaupt bedeutet. Aber dann war ich Feuer und Flamme. Ich habe zwei Filmangebote mit hohen Gagen abgelehnt, um für einen ganz niedrigen Satz bei diesem Film mitzumachen.[10]

Fast zeitgleich wurden auch noch weitere Spielfilme über die Entführung gedreht. Nur sechs Monate nach der Befreiung der rund 100 Geiseln durch eine israelische Militäreinheit unter Führung von Jonathan Netanyahu brachte der Produzent David L. Wolper als Erster eine Filmversion der Ereignisse auf die Leinwand.[11] Regisseur des Films war Marvin Chomsky, dessen Fernsehserie *Holocaust* (USA 1979) drei Jahre später in der Bundesrepublik zu einer breiten Beschäftigung mit dem Schicksal der Juden im Zweiten Weltkrieg führen sollte. Auch sein Film *Victory at Entebbe* (*Unternehmen Entebbe*, USA 1976) enthielt trotz des Aktualitätsbezugs bereits Elemente, die auf die nationalsozialistische Vergangenheit hinwiesen und vor allem in den Szenen hervortreten, die die Selektion jüdischer Passagiere durch den von Helmut Berger gespielten Böse zeigen. Als *Victory at Entebbe* kurz vor Weihnachten 1976 in deutschen Kinos startete, folgten gemischte Kritiken. „Unternehmen Hollywood – kläglich gescheitert" titelte die *Badische Zeitung* und kritisierte, der Film zeige „immer das gleiche", nämlich „die Verherrlichung erfolgreicher militärischer Aktionen und der an ihnen beteiligten Supermänner."[12] Die *Neue Rhein Zeitung* wusste zumindest zu loben, der Drehbuchautor habe sich „erfreulicherweise nicht zu allzu simpler Schwarzweißmalerei hinreißen lassen." Hervorgehoben wurde der innere Konflikt der Figur des deutschen Terroristen. Dieser sei „keineswegs nur kalt und gefühllos. Da wird ein Konflikt deutlich, ausgelöst durch einen ehemaligen KZ-Häftling, der in ihm nicht

10 Har-Gil: Eine Schlacht wird ausgeschlachtet.

11 Es gab noch einen dritten Film: *Raid on Entebbe* (*Die keine Gnade kennen*, USA 1977, R: Irvin Kershner). Darin spielte Horst Buchholz die Rolle des deutschen Terroristen Böse.

12 Will G. Kruft: Unternehmen Hollywood – kläglich gescheitert. In: *Badische Zeitung*, 25.12.1976.

den Freiheitskämpfer sieht, sondern einen Nachfolger nazistischer Antisemiten."[13] Helmut Schmitz nahm in der *Frankfurter Rundschau* hauptsächlich diesen Bezug auf die NS-Vergangenheit in den Blick, „von der wir Deutsche, zusammen mit den Israelis, am stärksten betroffen sind"[14], und sah darin auch die überraschende Qualität des Films:

> Wie ein roter Faden ziehen sich durch ‚Unternehmen Entebbe' stete Hinweise auf das, was Juden vom Nationalsozialismus angetan wurde. [...] Die Rampe von Auschwitz, sie wird in Entebbe von Deutschen neu errichtet.[15]

Hinter der erfolgversprechenden Mischung aus Melodram und Actionfilm verbarg sich also „auch ein Auschwitz-Film", zumindest wurde *Victory at Entebbe* zu Beginn des Jahres 1977 durchaus so interpretiert.[16] Damit machte der Film auf eine Kontinuitätslinie aufmerksam, die zu einem neuen linken Antizionismus hinführte, der sich vor allem nach dem Sechstagekrieg Bahn gebrochen hatte. Tatsächlich rekonstruierte Chomsky sehr präzise diese Wiederkehr des Vergangenen in der Inszenierung seines, ansonsten sehr frei verfahrenden, Films und illustrierte das Aufeinanderprallen der Handlungen der Terroristen und ihrer Wahrnehmung durch die Entführten in einer Reihe von Anspielungen, beispielsweise die (deutschsprachigen) Rufe der Kuhlmannfigur („Los, schnell") und die Inszenierung der Selektionsszene, die an einen Deportationszug erinnert.[17]

Als dieser erste Entebbe-Film in deutschen Kinos startete, kam es zu Protesten und sogar militanten Anschlägen von linken Aktivisten und Gruppen. Am Morgen des 5. Januar 1977 entdeckte das Reinigungspersonal unter einem Logenplatz im Aachener Gloria-Palast eine Plastiktüte mit einer Zeitbombe.[18] Nach einer Warnung der Polizei kontrollierte auch der Geschäftsführer des Düsseldorfer

13 Tatjana Pawlowski: Loblied auf das tapfere Israel. In: *Neue Rhein Zeitung*, 23.12.1976.

14 Helmuth Schmitz: An der Rampe. Mehr als eine Kino-Spekulation: Unternehmen Entebbe. In: *Frankfurter Rundschau*, 04.01.1977.

15 Ebd.

16 Ebd.

17 Vgl. zur Szenerie in Entebbe auch die Erinnerungen des ehemaligen Entführungsopfers Ilan Hartuv. Vgl. Yossi Melman: Setting the Record Straight: Entebbe Was Not Auschwitz. In: *Haaretz*, 08.07.2011.

18 Vgl. Zeitbomben in deutschen Kinos: Entebbe-Film wurde abgesetzt. In: *Hamburger Morgenpost*, 06.01.1977.

Residenzkinos vor der Vorführung den Zuschauerraum und fand dort ein sechs Pfund schweres Bombenpaket. Erst fünf Minuten vor Ablauf des Zeitzünders gelang es, den Brandsatz zu entschärfen. In zahlreichen Kinos der Bundesrepublik wurde der Film daraufhin abgesetzt.[19] Im Berliner City-Kino wurde die Vorführung von Zivilpolizisten überwacht, die gegen Störer einschritten.[20] Auch in Münster und in Mainz lief der Film unter Polizeischutz.[21]
Zu den Anschlägen in Aachen und Düsseldorf bekannten sich die RZ. In einem mit „Kämpfer für ein freies Palästina" unterzeichneten Schreiben erklärten sie:

> Wir haben heute in mehreren westdeutschen Kinos, die den Film ‚Unternehmen Entebbe' spielen, Feuer gelegt. Dies soll als Warnung verstanden werden von den Filmverleihern und Kinobesitzern, die an der rassistischen Hetze verdienen wollen, aber auch als Warnung an die Zuschauer. Diesmal haben wir durch Art und Umfang unserer Aktion sichergestellt, daß niemandem etwas geschehen kann. Um vermeidbare Risiken für die Zukunft auszuschalten, fordern wir: Die sofortige Absetzung des Hetzfilms ‚Unternehmen Entebbe'! Boykott aller nachfolgenden Entebbe-Filme![22]

Die Drohung betraf also auch Golans Film *Mivtsa Yonatan*, der gemeinsam mit Chomskys Film in einen politischen Deutungsstreit geriet, in dem die Gegner des Films das ‚Ansehen' ihrer Kampfgenossen um jeden Preis zu verteidigen versuchten. Ausgespart und ausgeblendet auf Seiten der Gegner blieb dabei der unheimliche Widerholungscharakter der Selektion von Entebbe. Aber die Art, wie diese auf der Leinwand gezeigt wurde, musste das Weltbild der linken Sympathisanten des palästinensischen ‚Befreiungskampfes' erschüttern. Indem der Film daher als Teil einer „rassistischen Hetze" interpretiert wurde, konnte man die unangenehme Erinnerung an den eigenen Antisemitismus ausblenden.[23]

19 Vgl. Beate Bröhl: Viele Kinos müssen Angst vor Bombenterror haben. In: *Neue Rhein Zeitung*, 06.01.1977.

20 Vgl. ebd.

21 Vgl. Entebbe-Film unter Polizeischutz. In: *Die Welt*, 07.01.1977.

22 Zit. n. Brandanschläge auf deutsche Kinos. Erste Festnahmen in Aachen. In: *Frankfurter Allgemeine Zeitung*, 07.01.1977.

23 Der Wiederholungscharakter der Selektionen wurde nur in seiner Zurückweisung und entsprechenden Abwehrreaktionen thematisiert. Ein Beispiel ist ein Bericht in der Zeitung *Rote Fahne*, der kritisiert, dass der „israelische Piratenakt von Entebbe von der Filmindustrie des USA-Imperialismus zu Profitzwecken und für prozionistische Propaganda vermarktet werde." Als ‚Beleg' werden „[k] orrupte und z. T. offen prozionistische Hollywood-Schauspieler" angeführt. Als

Nur wenige Tage nach den versuchten Anschlägen kam es zu den ersten Festnahmen. Unter den Festgenommenen war auch Gerhard Albartus. Im September 1977, kurz nach der Entführung von Hanns Martin Schleyer durch ein RAF-Kommando, kam es vor dem Oberlandesgericht Düsseldorf zur Anklage gegen ihn und zwei weitere „arbeitslose Akademiker" und daran anschließend zu Albartus' Verurteilung.[24] Nach seiner Haftentlassung 1981 nahm er wieder Kontakt zu den RZ-Gründern Johannes Weinrich und Magdalena Kopp auf. 1983 war er an den Vorbereitungen eines Anschlags auf das französische Kulturzentrum in Berlin beteiligt, lebte aber für die Öffentlichkeit ein normales Leben u. a. als Journalist, als welcher er sich beispielsweise im Rundfunk mit Skinheads, Asylbewerbern und den Schicksalen von Überlebenden der Shoah beschäftigte.[25] Nach wie vor hatte er jedoch zu Israel eine „sehr, sehr rigide Haltung", wie sich ein Freund erinnert.[26]

Am 6. Dezember 1987, zehn Jahre nach dem versuchten Anschlag auf das Kino in Aaachen, flog Albartus nach Damaskus. Dort sollte er Johannes Weinrich treffen. Mit diesem wollte Albartus über seinen Ausstieg aus den Terrorstrukturen sprechen. Kurz vor Weihnachten tagte dann im Libanon ein Femegericht gegen Albartus. Vorgeworfen wurde ihm Verrat. Verurteilt wurde er zum Tode.[27] Allerdings wurde dieser politisch motivierte Mord erst fünf Jahre später öffentlich bekannt. In einer berühmt gewordenen Erklärung distanzierten sich Mitglieder der RZ 1991 von dem geschichtsvergessenen Vorgehen, das *Victory at Entebbe* auf die Leinwand gebracht hatte und gegen dessen Thematisierung Albartus selbst mit Brandbomben vorgegangen war:

„Perversität" wird gebranntmarkt, dass „die deutschen Anarchisten als Nazis dargestellt [werden], als arische Typen." Daher werden die Filme in eine „Serie vornehmlich aus den USA stammender faschistischer und rassistischer Machwerke" eingereiht. Gegen das rassistische Filmmachwerk „Unternehmen Entebbe"! In: *Rote Fahne*, 12.01.1977.

24 Anklage gegen Entebbe-Film-Brandstifter. In: *Frankfurter Allgemeine Zeitung*, 08.09.1977.

25 Vgl. Peter Hillebrand: Freiflug in den Tod. Auf den Spuren von Gerd Albartus. In: *SWR2 Feature*, 14.09.2011. http://www.swr.de/swr2/programm/sendungen/feature/-/id=8433974/property=download/nid=659934/1vips1h/swr2-feature-20110914.pdf (Zugriff am 05.07.2013), S. 1–20, hier S. 15.

26 Ebd., S. 8.

27 Wilhelm Dietl: Eiskalter Vollstrecker. In: *Fokus Magazin*, 4/2000.

> Die Solidarität mit dem Widerstand der Palästinenser ist umgeschlagen in die Bereitschaft, jüdische Passagiere gleich welcher Staatsangehörigkeit für den Terror und die Grausamkeiten des israelischen Regimes haftbar zu machen und damit sozialrevolutionäre Maßstäbe gegen die der Sippenhaft einzutauschen. Das Ausmaß an historischer Amnesie und moralischer Desintegration, das in dieser Bereitschaft zum Ausdruck kommt, ist die schwerste Hypothek, mit der unsere Geschichte belastet ist.[28]

Auch in *Mivtsa Yonatan* bildet die Wiederkehr des Verdrängten in Gestalt der Selektion eine Schlüsselszene der ansonsten weitgehend auf die Actionszenen am Schluss des Films zulaufenden Handlung.

> When the terrorists seperate Israeli and Jewish passengers from the others, the film clearly evokes the notorious selection scenes from the Holocaust. This is why the Israeli commander of the rescue operation tells his soldiers that their mission is to save Jews who are victimized because they are Jews and because nobody will help them, expressing the idea 'never again.'[29]

Auch in diesen Szenen wird vielsprachiger Dialog durch seine Durchsetzung mit deutschsprachigen Rufen wie „Schnell, schnell" zu einem auditiven Zwischenraum, in dem die Vergangenheit wiederkehrt. Auch der Ort, an dem sich die Gegenwart der propalästinensischen Aktion und die Vergangenheit des verleugneten Nazi-Erbes begegnen, ist ein Ort des Transits, die Flugzeughalle auf einem Flughafen, ein provisorischer „Nicht-Ort", wie Augé diesen Raum des Übergangs beschreiben würde, „ein Raum, der keine Identität besitzt und sich weder als relational noch als historisch bezeichnen lässt"[30]. Hier treffen Vergangenheit und Gegenwart, Deutsche, Israelis und Palästinenser aufeinander (Abb. 11).
So ist letztlich auch *Mivtsa Yonatan* ein Reisefilm. Er führt an einen Ort des Übergangs, des Transits, zeigt Begegnungen an einem ‚dritten Ort', Entebbe, an dem sich israelisch-palästinensische und israelisch-deutsche Beziehungen überkreuzen und die unheimlichen Flucht- und Identitätslinien offenlegen, die bis in die Nazivergangenheit zurückreichen. Diese prägt noch immer die Wahrnehmung der Deutschen durch die israelischen Passagiere, aber auch die jungen Deutschen, die sich einbilden, das mörderische Erbe ihrer

28 Zit. n. Hillebrand: Freiflug in den Tod.

29 Ilan Avisar: The Holocaust in Israeli Cinema as a Conflict between Survival and Morality. In: Peleg / Talmon (Hrsg.): *Israeli Cinema*, S. 151–167, hier S. 156.

30 Augé: *Nicht-Orte*, S. 83.

Abb. 11: Der Flughafen als Nicht-Ort in *Mivtsa Yonatan*.

Väter überwunden zu haben, geraten gerade in ihrer Suche nach einer stabilen Identität, der Identifikation mit den Palästinensern als Opfern, in den Sog der Wiederholung verleugneter Vergangenheit. Der Transitort ist ein Ort, an dem das verdrängte Trauma wiederkehrt, aber mit ihm auch das, was verbindet, denn es sind die ehemaligen Flüchtlinge aus Deutschland, die Überlebenden, die mit den Terroristen eine gemeinsame Sprache teilen und schließlich – in Golans Filmversion – bei Kinski/Böse Momente der Einsicht und einer Reflexion von Schuld erahnen lassen.

Golans Film konstruiert aber auch formal und ästhetisch einen Zwischenraum und versucht, im Gegensatz zum melodramatischen *Victory at Entebbe* und dem Actionfilm *Raid on Entebbe*, eindeutige Genrezuordnungen zu vermeiden: „Der Film enthält Elemente des Actionfilms wie des Melodrams, aber auch einige Elemente des Westerns […], des Abenteuerfilms und auch der Satire. Außerdem wirft Golan […] immer wieder einen ironischen Blick auf verschiedene Medien (Zeitung, Film, Fernsehen, Radio, Roman).“[31] Auch wenn dem Film angelastet wurde, „dass sich die Rolle des Vermittlers

31 Vowinckel: Terror als Doku-Soap, S. 296.

exakter historischer Fakten und Bezüge schlecht verträgt mit jener des Unterhalters" und die „bestmögliche Annäherung an die komplexe Realität eben doch dem Dokumentarfilm vorbehalten" sei,[32] versucht *Mivtsa Yonatan* die Vermischung dokumentarischer und fiktionaler Formen, die der Verbindung von Filmbericht und Spielfilm des frühen zionistischen Kinos durchaus ähneln. Entsprechend hob Golan als Besonderheit des Films gerade diese „Möglichkeit, Dokumentarisches mit Elementen der Fiktion zu vermischen und daraus eine dramatische Spannung zu entwickeln" hervor.[33] Dies charakterisierte vor allem die mit Stilisierung arbeitenden Schlüsselszenen in der Flugzeughalle, wo sich in diesem stilistischen Zwischenraum auch Übergänge zur Erinnerung an und Erfahrung von (verdrängter) Vergangenheit eröffneten.

Kino der unstillbaren Sehnsucht

Trotz des deutlich patriotischen Charakters von *Mivtsa Yonatan*, in den sich aber wie gezeigt auch ironische und vor allem medienkritische Elemente mischten, handelte es sich bei Golans Version der Ereignisse von Entebbe nicht nur um ein „hochexplosives Gemisch"[34], das zusammen mit den anderen Entebbe-Verfilmungen in der Bundesrepublik einen Kino-Krieg heraufbeschwor, sondern eröffnete mit der Rekonstruktion des Flughafens von Entebbe im israelischen Kino auch einen neuen (Transit-)Ort für die Erfahrung der Shoah, der dann von Ilan Moshenson in *Roveh Huliot* als baufällige Hütte der Überlebenden Palästina an der Küste Israels ausgestaltet wurde. Ein Jahr nach *Roveh Huliot* drehte der israelische Regisseur Daniel Wachsmann den Film *Transit* (*Zwischenstation*, IL 1980), ein erstes Beispiel für eine ganze Reihe von Filmen, die das gängige Bild des deutschsprachigen Einwanderers und Flüchtlings veränderten. Aus Olim, Neueinwanderern, die mit hoffnungsfrohen Vorstellungen von der Verwirklichung des zionistischen Traums in Land gekommen waren und als Protagonisten die frühen zionistischen Filme bevölkerten, wurden nun „desperate immigrants who display open longings for the German past"[35].

32 Ritz: „Operation Thunderboat".

33 Wirklichkeit und Fiktion: Ein hochexplosives Gemisch. In: *Westfälischer Anzeiger*, 07.04.1979.

34 Ebd.

35 Avisar: The Holocaust in Israeli Cinema, S. 159.

Bisher wurde *Transit* zumeist im Kontext einer allegorischen Thematisierung des kontrovers betrachteten nationalen israelischen Selbstverständnisses gesehen, als Beginn einer Reihe von Filmen, die das dominante Narrativ in Frage stellen und Risse und Bruchstellen im Bild des ‚neuen Hebräers' sichtbar machen wollten:

> Die israelischen Filme wurden existenzieller, intimer, auch politischer. David Perlov und Yehuda Judd Ne'eman klagten in *Yoman* oder *Paratroopers* (IL/USA 1979) Zynismus und Brutalität der Armee an, Daniel Wachsman zeigte in *Transit*, wie unwohl sich auch ein Jude in Israel fühlen kann, und Ram Levy sorgte 1978 mit seinem Drama *Hirbeth Hiz'ah* über die Vertreibung der Palästinenser 1948 für Aufruhr.[36]

Aber Wachsmans Film verkehrt nicht nur die Bedeutung des zionistischen Narrativs, indem er Deutschland von einem abgelehnten Nicht-Ort in einen projektiven Ort unerreichbarer Sehnsucht und ungestillten Heimwehs verwandelt. *Transit* beerbt auch die stilistischen Elemente des frühen zionistischen Kinos, überträgt das Motiv der Reise und die Momente des Übergangs und des Aufschubs in seine spezifische Ästhetik der „Nicht-Orte".

Bereits der Beginn des Films verortet ihn innerhalb der Motivik des Reisens, indem die Kamera ein Flugzeug einfängt, das in der Nacht über Tel Aviv mit seinen leeren und einsamen Straßen hinwegfliegt. Der Film beginnt also in einem Moment, in dem Bewegung und Stillstand aufeinandertreffen, in dem gleichzeitig Nähe und Ferne in einem Bild zusammengefasst werden. Die Ankunft ist ein aufgeschobener Abschied. Der Blick auf die Stadt ist ein Blick, der bereits gezeichnet ist vom Verlust und der Heimatlosigkeit. Dieser symbolische Gegenschuss des typischen Schwenks über das Land in den frühen zionistischen Filmen, des Blicks des Einwanderers über die Weiten Eretz Israels, führt in *Transit* in eine einsame Wohnung. Diese Wohnung ist einerseits Rückzugsort und andererseits unvollständiger Ersatz des Verlorenen. In diesem Sinne kann sie auch als Gegenstück des zerfallenen Hauses gesehen werden, das die Einwanderer_innen am Anfang von *Hem Hayu Asarah* auffinden und zum Ausgangspunkt ihres Neubeginns machen. Sie ist aber auch eine Entsprechung der an die felsige Küste gebauten Holzhütte der Überlebenden Palästina in *Roveh Huliot*. In *Transit*

36 Thekla Dannenberg: Brennweiten. Arte zeigt die Geschichte des israelischen Films – und die des Landes gleich mit. In: *Jüdische Allgemeine*, 14.05.2009. http://www.juedische-allgemeine.de/article/view/id/808 (Zugriff am 17.07.2014).

ist die Wohnung Beginn einer umgekehrten Reise, Ausgangspunkt eines Verlassens, das sich im Verlauf des Films als wiederholte Aufgabe eines versprochenen Zuhauses herausstellt, einer Reise, die zunächst durch leere Straßen und Transitorte führt. Solch ein Transitort ist zum Beispiel ein Hotel, in das der Protagonist einzieht, Augé zufolge „eine Welt, die solcherart der einsamen Individualität, der Durchreise, dem Provisorischen und Ephemeren überantwortet ist“[37]. Ausgehend von diesen Nicht-Orten, die eigentlich Orte sind, an denen es keine Geschichte und keine Identität gibt, entstehen im Film Rückblenden, die das Leben des Protagonisten und insbesondere das Zerfallen seiner Familie und das Verhältnis zu seinem Sohn in Bruchstücken erhellen. Dieser Emigrant, gezeichnet von der Unmöglichkeit des Neubeginns, bleibt ein Fremder in seiner Umgebung. In diesem Sinne erzählt Wachsman, wie Barbara Bernauer bemerkt,

> eine gewissermaßen typisch jüdische Geschichte, aber er erzählt sie sehr ungewöhnlich, rollt von hinten auf, erzählt auch nicht flüssig, sondern tut sich mit dem Ablauf so schwer wie sein Protagonist mit dem Leben. [...] Dieser Erich Nußbaum, der heute ziellos durch Tel Aviv irrt, besaß vor vielen Jahren in Berlin wohl einmal alles, was man sich als junger Mensch erträumt. Er, der frischgebackene Dr., hatte gerade eine vielversprechende Stellung als Konservator am Museum angetreten, die Tochter eines einflußreichen Vaters geheiratet, ein selbständiges Leben begonnen. Dann übernahmen die Nazis die Macht. Für den Juden Nußbaum war damit seine erste Existenz beendet. Danach klappte dann wohl nichts mehr. Die neue Ehe mit Jael, einer sehr viel jüngeren Sabra, zerbrach, eine Beziehung zu Sohn Michael kam nie zustande, das Antiquitätenlädchen verhalf immer gerade nur zum Überleben. Der Alltag wurde für Nußbaum zu einer endlosen Folge von sinnlosen Schwierigkeiten, die ihn auslaugten.[38]

Diese Entwicklung erzählt Wachsman jedoch in fragmentierter Form. Keine Kausalitäten, keine Gründe für das Scheitern, sondern eine in die episodisch-zersplitterte Erzählstruktur übersetzte diachrone Zeiterfahrung charakterisieren den Film. Der Protagonist, ehemals Konservator am Museum, konserviert die verlorene Zeit als Erfahrung des Verlusts. Und er versucht, in seinem Beruf als Antiquar, die Reste dieser verlorenen Welt zu bewahren. Nußbaum ähnelt darin dem von Siegfried Kracauer als Fremder

37 Augé: *Nicht-Orte*, S. 83

38 Barbara Bernauer: Keine Heimat gefunden. „Zwischenstation“ – Spielfilm aus Israel. In: *Frankfurter Rundschau*, 09.03.1981.

beschriebenen Historiker: „Als Fremder in einer Welt, die von Quellen evoziert ist, sieht er sich vor die Aufgabe gestellt – die Aufgabe des Exilierten –, deren Oberflächenerscheinungen zu durchdringen, um jene Welt von innen her verstehen zu lernen.“[39]

An den Orten des Films, dem Hotel, Wohnungen, den Straßen Tel Avivs stellen sich also, vermittelt durch die offene filmische Erzählung, wieder Beziehungen, wenn auch als unterbrochene, her. „Orte und Nicht-Orte sind fliehende Pole“, in denen sich „Orte neu zusammen[setzen], Relationen werden rekonstruiert“.[40] An diesen Orten und auch wieder in einem auditiv charakterisierten filmischen Raum wird aber auch das Fragmentarische dieser Beziehungen besonders deutlich. Hin und wieder unterbrechen deutsche Sätze und Worte die hauptsächlich in Hebräisch geführten Gespräche. „Die Menschen um diese gebrochene, zerbrochene Gestalt herum sprechen Iwrjth, doch plötzlich sind deutsche Worte, deutsche Sätze zu vernehmen – eindringlicher läßt sich die Diskrepanz zwischen Sehnsucht und Realität kaum zeigen.“[41] So entsteht in *Transit* eine Struktur von Passagen und Zwischenräumen, die den Eindruck von Offenheit im Sinne von Kontingenz und Fragmentierung verstärkt.

Auf diese Weise übersetzt der Film das Unbehagen des Protagonisten, in Israel zu bleiben, und seine Sehnsucht nach der deutschen ‚Heimat‘ in Berlin in einen visuellen Stil, der auf Seiten der Zuschauer Verstörung und Verunsicherung produziert. Die Reise in ein neues Heimatland, Israel, wird in eine Bewegung des Wegdriftens transformiert, Hoffnung wandelt sich in Verzweiflung. Der Ursprungsort der Entwurzelung und Vertreibung, Deutschland, wird die Projektionsfläche für Nostalgie und Melancholie. Der Neueinwanderer verwandelt sich zurück in den heimatlosen Juden aus der Diaspora, obwohl er es ins Gelobte Land geschafft hat. „Ich habe keine Wurzeln hier“, erklärt Nußbaum seinem Sohn. Egal, wohin der verschlungene Weg durch das Dickicht von nostalgischer Erinnerung und Verzweiflung an der Realität führt, Nußbaum wird „auf Dauer heimatlos bleiben, auch wenn er das Berlin-Ticket

39 Kracauer: *Geschichte*, S. 96.

40 Augé: *Nicht-Orte*, S. 83.

41 Volker Baer: „Transit“. In: *Der Tagesspiegel*, 21.02.1980.

bereits in der Tasche hat, Ahasver heute, ein Transitpassagier im eigenen Land."[42]

Die letzten Einstellungen des Films verdichten diesen Eindruck. Im Hintergrund das Geräusch eines Flugzeugs, fokussiert die Kamera Michael, Nußbaums Sohn, an der Küste Tel Avivs. Dann zoomt sie zurück von dieser nächsten Generation, von der Stadt und dem Heimatland. Es handelt sich um eine Gegenbewegung, die gleichzeitig die Ankunft der neuen Einwanderer_innen in den 1920er und 1940er Jahren spiegelt. Doch dieses Mal bewegt sich die Kamera, die Küste, das aufgeschobene Versprechen der Erlösung fest im Blick, in die entgegengesetzte Richtung.

Wachsmans Film lagen seine eigenen Erfahrungen mit seinem Vater zugrunde. Diesem gelang es zwar, die Sprache des neuen Landes zu lernen, aber trotzdem konnte er die Menschen dort nie richtig verstehen. Er blieb ein Außenseiter. „Daraus entstanden Szenen aus dem Leben eines Einzelgängers, die Tragödie eines Flüchtlings, der sich durch Einsamkeit, Heimweh, unerfüllte Träume und den mangelnden Kontakt mit anderen Menschen unbehaust und fremd fühlt, dem die Zuflucht nicht zur Heimat wird."[43] Auf diese Weise als resignativer Film (miss-)verstanden, machte *Transit* gleichzeitig auf den bisher ignorierten Ort aufmerksam, den die Erinnerung an die Diaspora, an das Leben vor der ‚Neugeburt' als Einwanderer_in, in der israelischen Kultur und Gesellschaft einnahm. Erst jetzt wurde dieser Ort, ebenfalls ein Ort des Übergangs, zusammen mit der Vorgeschichte des Staates und der nach Palästina/Israel geflohenen Menschen auch zum Thema israelischer Filmemacher. Damit verbunden blieben das Motiv der Reise und die Ästhetik des Reisens, die sich in fließenden, teilweise episodischen Erzählweisen spiegelte, die zum typischen Merkmal von Filmen wurden, die Geschichten der Einwanderung und des Einwanderns zum Gegenstand hatten – auch solchen, die die (historischen, biographischen und kulturellen) Übergänge zwischen Deutschland und Israel ausloteten.

In *Berlin-Jerusalem* parallelisiert Amos Gitai die Lebensgeschichten zweier Einwandererinnen. Die eine Protagonistin seines Films ist die deutsch-jüdische Schriftstellerin Else Lasker-Schüler, die

42 Bleiche und andere Mütter. In: *Stuttgarter Zeitung*, 22.02.1980.

43 MvS: Zuflucht, aber keine Heimat. In: *Die Welt*, 11.03.1981.

Abb. 12: Berlin als theatraler Raum in *Berlin-Jerusalem*.

1933 – von den Nationalsozialisten vertrieben – in die Schweiz emigrieren musste. Von dort reiste die Dichterin zwei Mal nach Palästina. Nach ihrem dritten Besuch im Jahr 1939 konnte sie aufgrund des Ausbruchs des Zweiten Weltkriegs nicht wieder in die Schweiz zurückkehren. Anfang 1945 starb sie in Jerusalem. Die zweite Protagonistin des Films ist Manja Schochat. Schochat, geboren in Russland, war eine der Mitbegründerinnnen der linkszionistischen Jugendbewegung Ha-Shomer Ha-Tsa'ir. Anfang des 20. Jahrhunderts kam sie zum ersten Mal nach Palästina und gründete dort ein Kibbutz. Verbannt von den osmanischen Autoritäten, die zu dieser Zeit das Land beherrschten, kehrte sie erst 1919 wieder nach Palästina zurück und engagierte sich im Umfeld der Gewerkschaft und linker zionistischer Parteien. Beide Lebensgeschichten werden von Gitai ineinander montiert. *Berlin-Jerusalem* nahm also einerseits das Thema Emigration und Entwurzelung explizit auf und schuf gleichzeitig einen filmischen Raum, in dem verschiedene Zeiten, Biographien und Zentren jüdischen Lebens und jüdischer Geschichte einander überlagerten. Berlin und Jerusalem werden als mythische und hochgradig stilisierte Orte in Szene gesetzt. Lasker-Schülers Berlin besteht hauptsächlich aus theatralen Tableaus, in denen sich die politischen Kämpfe der 1920er und frühen 1930er

Jahre in Form von Choreographien entfalten (Abb. 12). Das Setting ist stark beeinflusst vom Stil des Expressionismus, vor allem der Malerei und dem Theater der Weimarer Zeit. Die filmischen Räume fungieren wie opake Bühnen, poröse Spielräume einer aufgeführten Vergangenheit, und werden bespielt von Mitgliedern des Ensembles der bekannten Tänzerin und Choreographin Pina Bausch. „In post-World War I Berlin, they move among the ruins, looking like creatures out of Georg Grosz, some saying wickedly decadent things while others parrot Marxist platitudes."[44]

Gerade diese theaterhafte Inszenierung unterstützt die Entstehung von Zwischenräumen und Übergängen zwischen verschiedenen subjektiven Welten, geografischen Orten und Zeitebenen. Indem der Film mehrfach zwischen den beiden Protagonistinnen und ihren Biographien hin und her wechselt, entsteht die Collage zweier Einwanderergeschichten, in der sich die Orte Berlin und Jerusalem zunehmend ineinander verweben. Während Jerusalem als Ort inszeniert wird, an dem sich verschiedene Identitätskonzepte und historische Zeitebenen aneinanderlagern, ist Berlin ein Ort des Exzesses und der Gewalt, aber auch der verlorenen oder zerstörten Hoffnungen und Utopien. Gleichzeitig entsteht in *Berlin-Jerusalem* aber auch ein ikonographischer Zwischenraum. Versatzstücke und visuelle Anspielungen auf die jüdisch-palästinensische Kultur werden mit Zitaten aus der deutschen Avantgarde der 1920er Jahre durchsetzt. Auf diese Weise findet die deutsche Kultur, bzw. ein spezifisches Erbe dieser Kultur, einen Platz in der israelischen Filmkultur und es wird ein Stück deutscher Filmgeschichte in das israelische Kino eingebracht. Nachdem dieses von Einwanderer_innen aus Deutschland mitbegründet wurde, die auch Techniken und Ästhetiken des Weimarer Kinos in die palästinensisch-zionistischen Filme mit einbrachten, verweist Gitais Film implizit also auch auf die der deutschen Filmavantgarde entliehenen Techniken der Fragmentierung, die beispielsweise die Arbeiten von Helmar Lerski charakterisierten.

Transit und *Berlin-Jerusalem* lehnen also, trotz der Kritik, die beide Filme an der Situation in Israel und der israelischen Gesellschaft ihrer Zeit üben, das Erbe und die Tradition nicht einfach ab,

44 Vincent Canby: Two Movies Examine Israel. In: *New York Times*, 08.03.1991. http://www.nytimes.com/1991/03/08/movies/review-film-2-movies-examine-israel.html (Zugriff am 17.07.2014).

sondern transformieren sie in ihren Filmen. Das gilt nicht nur für die Erfahrung der Diaspora, die in beiden Filmen einen Platz findet und damit auch die deutsch-jüdische Erfahrung integriert, sondern auch für das zionistische Erbe und dessen Filme des Reisens, Betrachtens und Entdeckens einer Gesellschaft und eines Kinos im Stadium des Übergangs. Ihr Ort ist in beiden Filmen ein in erster Linie filmisch erzeugter Zwischenraum, ein Ort des Transits.

Orte und Nicht-Orte

Ende der 1980er Jahre entstand in Deutschland ein filmisches Gegenstück zu den deutsch-israelischen Transitgeschichten aus Israel. In der Ankunftshalle des Münchener Flughafens begegnen sich zwei alte Frauen. Sie gehen aufeinander zu. Die Kamera nimmt beide gemeinsam in den Blick. Doch bevor sie sich treffen, blendet der Film ab. Mit dieser vollständig filmisch konstruierten, aber aufgeschoben bleibenden Begegnung endet Dominik Grafs Fernsehfilm *Bei Thea*. Der Film erzählt von David (Hannes Jaenicke), einem jungen Israeli, der zum Studium nach München kommt. Aufgewachsen ist er bei seinen Großeltern, die vor den Nazis aus Deutschland geflohen und ins heutige Israel ausgewandert sind. Doch in ihrer Wohnung in Tel Aviv sind die deutsche Sprache und die deutsche Kultur noch immer präsent. Neben seinen Großeltern mütterlicherseits lebt David dort mit seiner ‚Stief-Oma' Else (Ida Ehre) zusammen. Else floh in der Nazizeit ebenfalls aus Deutschland, zusammen mit Davids Vater und seinem Großvater, nachdem diese von dessen erster Frau, einer nichtjüdischen Deutschen, verlassen wurden.

So wird David zu einem Wanderer zwischen zwei Welten, zwischen der heißen Mittelmeermetropole Tel Aviv und dem winterlichen München, zwischen jüdisch-israelischem und deutschem Alltag, zwischen der Erinnerung an eine vergangene und zerstörte deutsch-jüdische Kultur und der bundesdeutschen Gegenwart der 1980er Jahre. Von einer Szene zur anderen schneidet der Film von Israel nach München und mit dem Protagonisten begegnen die Zuschauer dort dem deutschen Alltag und treffen auf Thea (Marianne Hoppe), die im Stadtteil um den Münchener Gärtnerplatz eine Kneipe betreibt, die zu einem Zufluchtsort der Schwulenszene vor Repression und Verfolgung geworden ist. Thea erkennt schließlich in David ihren jüdischen Enkel und dieser muss sich mit seiner

‚arischen' Großmutter und einem befremdlichen Teil seiner eigenen Familiengeschichte auseinandersetzen.

Bei Thea scheint auf den ersten Blick Ausdruck einer Zeit zu sein, in der die alte Bundesrepublik begann, sich ihrer lange verleugneten Vergangenheit, der Vertreibung und Ermordung der Juden, zu erinnern. 1988 jährte sich zum fünfzigsten Mal das Pogrom vom November 1938, nach dem vierzigsten Jahrestag des Kriegsendes 1985 eine weitere Zäsur in der späten Konfrontation mit der nationalsozialistischen Vergangenheit und insbesondere der bis dahin lediglich am Rande thematisierten jüdischen Erfahrung. Wie zahlreiche andere Filme, die Ende der 1980er Jahre zu diesem Thema in Deutschland gedreht wurden, erzählt *Bei Thea*, der im Januar 1988 im ZDF ausgestrahlt wurde, auf den ersten Blick anhand eines Generationenkonflikts von der fortdauernden Gegenwart der Vergangenheit.[45] „Auch bei Thea erscheint mit David eines dieser Gespenster, die jetzt durch die Kunst (und die Republik) geistern, Erinyen gleich: spätes Ende der Schonzeit für Täter und Mitläufer der Nazis."[46]

Dennoch beginnt der Film an einem für deutsche Fernseh- und Spielfilmproduktionen bis heute ungewöhnlichen Ausgangspunkt, im heutigen Israel, und wählt als Protagonisten einen jungen Israeli, der sich als Jude mit seinem Land identifiziert, ohne deshalb unkritisch beispielsweise mit dessen Rolle im libanesischen Bürgerkrieg umzugehen. Ein junger Mann, der neugierig auf das Leben in Deutschland ist, das er nur aus den ambivalenten Erinnerungen seiner Großeltern kennt, der aber auf einseitige Schuldzuweisungen von deutscher Seite gegen sein Heimatland auch unwirsch reagieren kann. Ein jüdischer Israeli, der sich mit der deutschen Kultur verbunden fühlt, aber dennoch manchmal etwas unsicher auf die bundesdeutsche Normalität blickt.

Diese Grundkonzeption der Geschichte, ihre Verortung in einem transnational ausgerichteten Geschichtsraum und an grenzüberschreitenden Schauplätzen, begründet die besondere Perspektive des Films auf die Gegenwart der Vergangenheit. Dazu gehört auch, dass *Bei Thea* die Bezüge zu Geschichte und Politik eher im Vorbeigehen streift, als sie explizit zu thematisieren. Damit arbeitet der

45 Vgl. Ebbrecht: *Geschichtsbilder im medialen Gedächtnis*, S. 153.

46 Helmut Schödel: Bei Thea. In: *Die Zeit*, 07.01.1988.

Film einer Offenheit zu, die auf der Topographie von Zwischenräumen und einer Ambiguität des Nebeneinanders verschiedener Positionen und Perspektiven basiert, wie sie Siegfried Kracauer als wesentlich für den von ihm als vorläufig charakterisierten Bereich des ‚Vorraums' skizziert hat.[47] Der Film zeigt topografisch strukturierte Begegnungen, die in einem Modus der Vorläufigkeit verbleiben, die seine Atmosphäre deutlich prägt. Dazu trägt auch die spezifische Ästhetik des Films bei, die sich als Ästhetik des Aufschubs beschreiben lässt und welche die Schlussszene exemplarisch verdeutlicht.

Auch in *Bei Thea* sind touristisch besetzte Orte in besonderer Weise präsent: die Isar, zu deren schneebedecktem Ufer der Film abrupt vom flirrenden Weißgelb Tel Avivs hinüberschneidet, und der Viktualienmarkt, über den David und sein schwuler israelischer Freund Buki mit Thea beim Einkaufen schlendern. Dazu kommen die Orte rund um den Gärtnerplatz und vor allem die Kneipe „Bei Thea", die, ähnlich wie die Wohnung der deutschsprachigen Emigranten in Tel Aviv, einen in das topographische Geflecht der Stadt hinein geschachtelten Zwischenraum darstellt. Die Spannung zwischen Vergangenheit, Gegenwart und Zukunft wird in *Bei Thea* konsequent über Räume, Orte und Figurenbeziehungen erzählt. Sie verdeutlichen, „dass jede Mauer, die man entlang geht, nicht nur eine Mauer von heute ist."[48] Dadurch unterstreicht der Film auch, dass die „Orte immer in die Vergangenheit, in die Vorgeschichte, die der Film hat, hineinzielen."[49] *Bei Thea* kann somit auf alle Hilfsmittel der filmischen Evozierung von Vergangenem verzichten. Weder Rückblenden in die NS-Zeit noch Nachstellungen vergangener Ereignisse kommen zum Einsatz. Rückbezüge auf die Vorgeschichte, die für das Verständnis der Gegenwartshandlung notwendig sind, werden (sehr sparsam) in Dialogen entwickelt. Die Prägung der Figuren durch die Geschichte und ihr Fortleben vermitteln sich hingegen hauptsächlich filmisch. Sie zeigt sich beispielsweise in den Handlungen und Reaktionen, aber auch im Zusammenspiel der Figuren untereinander und mit den Orten, an denen sie auftreten.

47 Vgl. Kracauer: *Geschichte*, S. 236. Siehe auch die Ausführungen im ersten Kapitel.

48 Vgl. Graf im *Cargo*-Gespräch unter http://www.cargo-film.de/kino-dvd/fighter-im-system-dominik-graf-im-gesprach-teil-1/12/ (Zugriff am 17.07.2014).

49 Ebd.

So wird Geschichte selbst als etwas Unabgeschlossenes wahrnehmbar. Auf diese Weise bleibt auch ihre von Kracauer betonte Ambiguität bestehen.[50] Mit Hilfe der Montage entsteht ein filmischer Geschichtsraum, der porös und durchlässig bleibt. Einerseits werden geographische Grenzen überschritten, indem beispielsweise München und Tel Aviv mit Hilfe des Schnitts miteinander verbunden werden. Andererseits spiegelt der Film in der temporalen Durchlässigkeit seiner Orte und der darin manifestierten Kopräsenz von Vergangenheit und Gegenwart auch die Erschütterungen der Identitätsposition seines Protagonisten.

Historische Orte wie das ehemalige Konzentrationslager Dachau oder die Münchener Feldherrnhalle, die als Monumente der Erinnerung an den Nationalsozialismus verstanden werden könnten, spart Graf hingegen vollständig aus. Der Film betrachtet München durch die Augen seines Protagonisten fern aller „totfotografierten Klischeebilder"[51] von der Peripherie her, von Wohnhäusern, Parks und Plätzen aus. Die Wahrzeichen Münchens sind eher vom Rand her zu sehen. Wo der Film touristische Orte aufsucht, überlagern sich Zeit- und Bedeutungsschichten. Auf dem Viktualienmarkt begegnet David einer Gruppe grölender Männer. Angetrunken singen sie einen alten Wehrmachtsschlager; ein Echo der nationalsozialistischen Vergangenheit, das aber gleich wieder mehrfach gebrochen wird. So entsteht ein vielschichtiger Vergangenheitsbezug, der sich durch das Wechselspiel von Figuren und Orten konstituiert. Graf geht es nicht um monumentale Geschichts-Orte sondern um „Topographien der Gefühle".[52] In *Bei Thea* sind München und Tel Aviv zwar zu erkennen, aber die Städte bilden vor allem ein urbanes Feld, in dem sich die relationalen Beziehungen zwischen Vergangenheit und Gegenwart, Opfern und Tätern, Israelis und Deutschen, Schwulen und Heterosexuellen entwickeln.

Marc Augé zufolge stehen Identität und Geschichte in einem topographischen Zusammenhang.[53] Geordnet wird dieser Zusammenhang durch Monumente als „greifbare[r] Ausdruck des Bleibenden

50 Vgl. Kracauer: *Geschichte*, S. 236.

51 Rüdiger Suchsland: Erinnerungsräume der Gefühle. In: *film-dienst*, 4/2006, S. 6–9, hier S. 8.

52 Vgl. ebd.

53 Vgl. Augé: *Nicht-Orte*, S. 64.

oder zumindest der Dauer."[54] Solche Monumente strukturieren das Gedächtnis, auch jenes der Stadt:

> Die Städte haben ein Gedächtnis, das mit unserem kommuniziert, es aufweckt und herausfordert. Sie haben ein historisches Gedächtnis: Der modernen Auffassung der Stadt entsprechend, wird Monument an Monument gereiht, um der Landschaft eine zeitliche Dimension zu verleihen. Der Städter ist Tag für Tag mit den Spuren der Vergangenheit konfrontiert, der er auf seinen eigenen Wegen begegnet, die er wieder zudeckt und hinter sich läßt.[55]

Graf unterläuft in seinen Filmen das an Monumenten ausgerichtete Gedächtnis der Stadt und folgt stattdessen der im zweiten Teil des Zitats angedeuteten Suchbewegung: „Jeder Mensch aber, jeder Einzelne, konnte seine eigene Geschichte inmitten der Stadt erleben. Im Verlaufe seiner Wege, seiner Spazierwege oder jener Strecken, die er zwischen Wohnung und Arbeitsplatz zurücklegt, kann er seine Erinnerungen kreuzen, sich an Zeiten erinnern, in denen er noch jünger war"[56]. Mehrfach begleitet die Kamera David beim Durchstreifen der Stadt, beim Joggen, wo sich auch die Wege von ihm und Thea kreuzen. Einmal, als David durch das winterliche München läuft, dringen weihnachtliche Lieder an sein Ohr. Er bleibt stehen und sieht durch beschlagene Scheiben einen Chor. Plötzlich schneidet der Film von Davids Gesicht auf das eines kleinen Jungen, die einzige, wenn auch völlig unmarkierte und traumhafte, Rückblende des Films. Nur der Gesichtsausdruck des Jungen und der orientalisch anmutende Gesang im Hintergrund weisen darauf hin, dass die Szene eine Erinnerung Davids visualisiert. Gedankenverloren blättert der Junge in einem Fotoalbum. Mit seinem Blick schwenkt die Kamera über Postkartenansichten von bekannten deutschen Orten, der Pfalz und dem Rhein. Obwohl die Bilder lediglich Ansichten von Ansichten markieren, werden sie Teil von Davids Erinnerungen, die durch die Weihnachtslieder assoziativ wieder aufgerufen werden. Der touristische Blick wird zu einem sekundären Ortsgedächtnis aus der Ferne. So tragen die von der Kamera abgefilmten Bilder dazu bei, die filmischen Orte durchlässig zu machen. Die Grenzen und Übergänge zwischen verschiedenen Zeiten (Kindheit und Erwachsenenalter)

54 Ebd., S. 65.

55 Marc Augé: Orte und Nicht-Orte der Stadt. In: Haus der Architektur (Hrsg.): *Spaces of Solitude* (= *Dokumente zur Architektur* 9). Graz: HDA 1997, S. 12–25, hier S. 17.

56 Ebd., S. 17–19.

und Orten (Israel und München) verschwimmen. In ihnen verdichten und überlagern sich die historischen und urbanen Orte und werden gleichzeitig zu Kulissen, die in die Vergangenheit, in die Gegenwart und in die Zukunft hineinreichen. Sie ähneln damit dem von Augé hervorgehobenen Potential des Films, die „gestaltlosen Räume der Stadt neu“ zu erfinden: „Das Bild eilt hier der Funktion voraus. Es bezeichnet Räume, die konstruiert oder neu erfunden werden müssen und entwirft einen Raum der Begegnung. Es verharrt im leeren Gelände, bei Rändern, Brachen, irrt herum, beobachtet.“[57]

Dies entspricht auch der Bewegung von *Bei Thea*. München wird zur „Begegnungs-Stadt“, zu einem „Raum der Begegnung […]: ein Raum, der in diesem Sinne zur Zukunft und zum anderen hin offen ist.“ [58] So konstituieren sich mit Hilfe der Wege, Achsen, Schnitt- und Kreuzungspunkte die Beziehungen und Begegnungen in einem räumlichen Gefüge. Das Zentrum ist dabei das Viertel rund um den Gärtnerplatz und darin insbesondere die Kneipe „Bei Thea“, die damit gleichzeitig eine Art Innenseite der Stadt ist, ein Mikrokosmos der Begegnungen und der sich daraus ergebenden Beziehungen.

Darauf verweist implizit ein in mehreren Szenen des Films sichtbares Plakat des Deutschen Museums an der Eingangstür der Kneipe. Es fungiert als Brücke und Übergang zu dem tatsächlich außerhalb dieses Innenraums gelegenen Museums, das an zentralen Stellen des Films zum Handlungsort wird, so beispielsweise in einer Szene, in der sich David und eine schwäbische Wurstverkäuferin unter den Flügeln des vor dem Museum platzierten Flugzeuges einander annähern, bevor diese David durch ihre unreflektierte Kritik an der israelischen Militärpräsenz im Libanon brüskiert. Das 1925 eröffnete Museum verweist dabei gleichzeitig auf seine Funktion als monumentaler Repräsentationsort von Geschichte als auch auf seinen Charakter als historischer Übergangsraum. Als Geschichts- wie Begegnungs-Ort verweist das Deutsche Museum auch auf die Verflechtung und Überlagerung von historischen Erinnerungsorten und der Topographie von Geschichte. Dazu gehören auch jene untergründigen Resonanzen der Vergangenheit in der Gegenwart wie die Tatsache, dass in der Bibliothek des Museums vom

57 Augé: Orte und Nicht-Orte, S. 25.

58 Ebd., S. 19.

November 1937 bis Januar 1938, also genau fünfzig Jahre vor der Ausstrahlung von *Bei Thea*, die antisemitische Hetzausstellung „Der ewige Jude" gezeigt worden war.

Wie bereits angedeutet wird die Vergangenheit in *Bei Thea* weder szenisch rekonstruiert noch wird Geschichte repräsentiert. Sie sind vielmehr als bestimmender Teil der im Film erzählten Konflikte immer präsent und drücken sich sowohl im Handeln und in den Beziehungen der Figuren als auch in ihrem spannungsvollen Verhältnis zu den Orten aus, die selber von Geschichte gezeichnet sind. Zwei Räume fungieren dabei im Film als Orte, die sich dem Fluss der Zeit entziehen und daher mit Kracauer als Zwischenräume beschrieben werden können, als jene bereits aus *Roveh Huliot* und Dror Zahavis *Alexander Penn – Ich will sein in allem* bekannten „Hohlräume und Blasen" im „Katarakt der Zeiten"[59] und damit als der Ort der ‚lost causes', jener „erfolglosen Dinge" und „nicht verwirklichten Möglichkeiten"[60], die „in den Zwischenräumen der bestehenden Lehren hoher Allgemeinheit existieren und auf ihre Bestätigung warten"[61].

Diese exterritorialen Räume, die zwar in einem Spannungsverhältnis zu ihrer Umwelt und zur Geschichte, aber gleichzeitig quer zum Lauf der Zeit stehen, können, wiederum in Anknüpfung an jene Flughafenhalle in *Mivtsa Yonatan*, aber vor allem die Räume in Wachsmans *Transit*, als Transiträume bezeichnet werden. Sie sind Orte der Begegnung und des Übergangs, aber auch Orte, an denen eine vergangene Zukunft festgehalten wird. Als Transitraum sind sie geprägt vom Modus der Vorläufigkeit und des Wartens. Besonders deutlich kommt dieser Charakter in der Wohnung von Davids Großeltern in Tel Aviv zum Ausdruck. Diese Wohnung, in der die ersten Szenen des Fernsehfilms spielen, ist eine deutschsprachige Insel inmitten des israelisch-orientalischen Alltags, ein Ort des Wartens und des Aufschubs:

> Mit schöner Geduld protokolliert der Film die kleinen Unterhaltungen in Tel Aviv. Wie traurig-komische Argonauten wirken die drei Alten. Im Grunde haben sie nie ein neues Ufer erreicht. Seit über fünfzig Jahren ist ihr Leben ohne Ankunft, ein nicht enden wollender Abschied von Deutschland.[62]

59 Vgl. dazu auch die entsprechenden Überlegungen in Kap. 2 und 5.

60 Kracauer: *Geschichte*, S. 218.

61 Ebd., S. 235.

62 Schödel: Bei Thea.

Die Wohnung ist voll mit Erinnerungsstücken. Wie die Musik, die Sprache und das Kartenspiel erinnern sie an Deutschland und an eine zerstörte und verlorene Zukunft. In dieser Wohnung „brechen Erinnerungen durch bei Emigranten, die ihr Deutschland nicht vergessen können/wollen“, was sich in einer „Atmosphäre von unterdrückter Wehmut [und] von forscher Tapferkeit [äußert], mit der die unüberbrückbaren Verluste hingenommen werden“.[63] Die kleine Emigrantengemeinschaft ist darin die genaue Entsprechung zu Nußbaum und seinen Schicksalsgenossen in *Transit*.

Der israelische Alltag dringt mit der heißen Luft durch die Ritzen der Wohnung und macht den Alten zu schaffen. Der Transitraum ist ein Hohlraum, der aber mit seiner Umgebung verbunden bleibt. Graf verdeutlicht diese Porosität bereits in den ersten Einstellungen. Zunächst sehen wir eine junge Soldatin auf einem Fahrrad im Kreis fahren. Sie singt hebräische Lieder, symbolisiert die junge, bereits in Israel aufgewachsene Generation. Die Kamera setzt sich ebenfalls in Bewegung, fährt an der jungen Frau vorbei und geht dann über in eine Innenraumfahrt entlang der beiden alten Frauen und David beim Kartenspiel. Der Außenraum geht, verbunden durch die Fahrtbewegung der Kamera, in den Innenraum über. Dies ist auch gleichzeitig ein Übergang von einer Sprache in eine andere. Singt die Soldatin noch auf Hebräisch, sprechen die Bewohner des Innenraums deutsch, „hört man Gespräche: im Kölner Dialekt statt in Hebräisch (und Mozart-Musik).“[64] So leben sie gleichzeitig in und außerhalb des sie umgebenen Landes, reisen wie antiquierte Relikte in einem alten Auto durch das Land, um ihren Enkel zum Flughafen zu begleiten, müssen aber selbst zurückbleiben und beobachten aus der Distanz das startende Flugzeug, da sie nicht an den Ort zurückkehren können, auf den doch ihr ganzes Leben ausgerichtet ist: ein Deutschland, das nur noch in ihren Erinnerungen existiert. Somit ist David selbst das Bindeglied zwischen Innen und Außen, zwischen dem Transitraum, der eine verlorene Vergangenheit bewahrt, und der Gegenwart, zwischen der deutsch-jüdischen Kultur, dem israelischen Alltag und dem heutigen Deutschland. So überlagern sich im Transitraum der Tel Aviver Wohnung mehrere Zeiten und Orte.

63 Birgit Weidinger: Stau der Gefühle. In: *Süddeutsche Zeitung*, 12.01.1988.

64 Ebd.

Dieses zu Beginn des Films gestaltete Geflecht von Beziehungen, Positionen und Platzierungen und die darin ausgedrückte Gegenläufigkeit jüdischer und deutscher Erinnerung, israelischer und bundesdeutscher Gegenwart führt Graf in einem zweiten Transitraum zusammen, der der Emigrantenwohnung komplementär gegenübersteht. Ist der Transitraum in Tel Aviv eine Blase, die etwas Verlorenes konservieren und damit als mögliche Zukunft bewahren soll, ist Theas Münchener Kneipe ein Raum, der Beziehungen und Platzierungen stiftet, ohne Entweder-Oder-Entscheidungen vorzunehmen. „Schon wieder ist David unter Außenseitern der deutschen Gesellschaft geraten (und wieder protokolliert der Film voll Zuneigung und Nachsicht deren Alltag)."[65] Als Zufluchtsort von Schwulen, die durch die Fortexistenz des diskriminierenden Paragraphen 175 ausgestoßen und verfolgt wurden, ist Theas Kneipe ebenfalls ein Ort, der die Ausgeschlossenen und Verstoßenen versammelt, ein Freiraum zur Stiftung von Beziehungen und zur Realisierung verhinderter Möglichkeiten. Als solcher ist er ein exterritorialer Raum inmitten des bundesdeutschen Alltags und wird zum Schnittpunkt von „Querverbindungen durch die deutsche Geschichte"[66]. Dennoch handelt es sich nicht um einen konfliktfreien Ort, an dem die Verfolgten einträchtig zusammenleben. Darauf verweist bereits der teilweise handgreifliche Streit, der zwischen einigen Gästen ausbricht, kurz nachdem David das erste Mal Theas Kneipe betritt und dort seinen Freund Buki trifft, der seinem deutschen Freund Fotos von sich als Kind zeigt. Die in Großaufnahme abgefilmten Fotos zeigen einen Jungen mit Kippa und Schläfenlocken und Ansichten jüdisch-orthodoxen Lebens in Jerusalem. Unterschiedliche Zeitebenen und Lebenswelten werden miteinander verbunden und beginnen sich zu überlagern. Die Homosexualität geht „eine Verbindung ein mit dem Ausgeschlossensein, die das Judentum hatte."[67]

Intensiviert werden diese Querverbindungen in den Szenen, in denen die Vergangenheit in Form der gemeinsam geteilten Familiengeschichte von Thea und David aus den Ritzen und Fugen

65 Schödel: Bei Thea.

66 Dominik Graf zit. n. Egon Netenjakob: Action auf engstem Raum. Dominik Graf (*1952), Regisseur. In: Ders.: *Es geht auch anders. Gespräche über Leben, Film und Fernsehen.* Berlin: Bertz + Fischer 2006, S. 355–374, hier S. 367.

67 Ebd.

der Kneipenwände hervortritt. 1937 hatte sich Thea von ihrem damaligen Mann, Davids Großvater, scheiden lassen und einen Nazi geheiratet. Theas Kneipe wird nun zum Ort der Vergegenwärtigung dieser Vergangenheit, die sich durch die Erinnerung an Gegenstände mitteilt. Der Ring an Davids Finger, den er von seiner Stief-Großmutter Else zum Abschied in Tel Aviv geschenkt bekam, ist das Zeichen, an dem Thea ihren jüdischen Enkel erkennt. „Auch Erinnerungen verbinden sich eher entweder mit Gegenständen [...] oder mit Orten. Dort lagern sich Gefühle ab und bilden Schichten"[68], beschreibt Graf diese Spurensuche der Erinnerung. Schließlich sind es Fotografien, die den Transitraum zur Vergangenheit hin öffnen. Mit Hilfe fotografischer Entwicklungstechnik wird die verleugnete Verwandtschaft aufgeklärt. Thea reicht David ein Foto mit der Vergrößerung eines Details aus einer alten Fotografie, die seinen Großvater mit dem Ring zeigt. In den Transitraum bricht somit eine Geschichte der Freundschaft und der Trennung, der Hilfe und des Verrats ein. Thea und Else, die beiden Schulfreundinnen wurden durch die Gewalt der Verhältnisse getrennt, die eine von den Nazis wegen ihrer ‚Abstammung' vertrieben, die andere durfte bleiben. „Es entsteht eine widerwillig aufkeimende Vertrautheit; der Knoten der Irrungen und Wirrungen wird nicht durchschnitten – keine schnellen Lösungen werden angeboten."[69]

Theas und Elses Begegnung am Ende des Films bleibt aufgeschoben. Der Tod des Großvaters bringt David zunächst zurück nach Tel Aviv und ermöglicht zuvor noch die Wiederannäherung an seine deutsche Großmutter. „Lass uns noch ein bisschen heulen", sagt Thea zu ihrem Enkel, nachdem dieser ihr vom Tod seines Großvaters berichtet hat. Schatten wischen über die Wände ihrer Kneipe wie Gespenster aus der Vergangenheit. „Ich kann dir nicht helfen, Thea", entgegnet David. Ihre Annäherung kann sich nur auf ihre gemeinsame Gegenwart gründen. Was in der Vergangenheit geschah, kann nicht ungeschehen gemacht werden.

Wieder ist es ein einziger Schnitt, mit dem Raum und Zeit übersprungen werden. Buki und Thea warten gemeinsam in der Ankunftshalle des Münchener Flughafens, nach Augé Prototyp

68 Dominik Graf zit. n. Felix Lenz: Widerspruch in Bewegung. Zum Filmwerk von Dominik Graf. In: *Augenblick* 47 (2010), S. 6–35, hier S. 23.

69 Weidinger: Stau der Gefühle.

eines „Nicht-Ortes", an dem Graf nun das Finale seines Films situiert. Das topographische Geflecht von Städten und Transiträumen verknotet sich gerade an diesem flüchtigen Ort der „Durchreise" und des „Provisorischen".[70]

Ein Gegenschnitt zeigt David, der aus dem Transitbereich kommt. Dann sehen wir Thea. Die Kamera fährt neben ihr entlang, bleibt jedoch in Distanz. Hindernisse wie Säulen oder andere Reisende geraten ins Bild. Als sich Thea und David begegnen, beginnt sich die Kamera im Halbkreis um beide herum zu drehen und verbindet sie auf diese Weise miteinander. „Ich habe noch jemanden mitgebracht", berichtet David. Wir sehen Theas Gesicht in Nahaufnahme, die Kamera dreht sich im Halbkreis um ihren Kopf, ihr Blick richtet sich nach rechts ins Off.

Die folgende filmische Bewegung fungiert als komplementäres Gegenstück zur Begegnung von David und Thea. Der Blick der Kamera aus Theas Perspektive wird von Reisenden verstellt, die soeben angekommen sind. Erst allmählich geben sie die Sicht auf Else frei, die sich im Hintergrund aus der Menge der Passagiere herausschält. Dann ein Schnitt auf Theas Gesicht und wieder zurück auf das Gesicht von Else, gefilmt mit einem Zoom-Objektiv. Menschen wischen wie Schatten vor ihrem Gesicht vorbei. Die von Ida Ehre verkörperte Else befindet sich so in einem visuell markierten Zwischenraum, der auch einer der deutsch-jüdischen Geschichte ist und von der Schauspielerin Ehre und ihrer eigenen Lebensgeschichte mit verkörpert wird. Ehre, 1900 im österreichisch-ungarischen Prerau als Tochter eines Oberkantors geboren, besuchte die Wiener Akademie für Musik und darstellende Kunst und arbeitete seit 1918 als Schauspielerin. 1933 wurde sie als Jüdin von den Nationalsozialisten mit Berufsverbot belegt und musste fortan als Arzthelferin in der Praxis ihres Mannes arbeiten. Die nach dem Pogrom von 1938 geplante Flucht nach Chile scheiterte wegen des Kriegsausbruchs. Später wurde Ida Ehre verhaftet und im Konzentrationslager Fuhlsbüttel interniert. Trotzdem eröffnete sie nach dem Krieg die Hamburger Kammerspiele an dem Ort, wo noch bis 1941 der Jüdische Kulturbund Stücke für das in Hamburg gebliebene jüdische Publikum aufgeführt hatte. 1988 war sie eingeladen

70 Augé: *Nicht-Orte*, S. 83.

worden, während der Feierstunde zum 50. Jahrestag des Novemberpogroms im Deutschen Bundestag zu sprechen.
Diese Geschichte bringt Ehre in ihre Rolle als Else mit ein und sie drückt sich in ihrem Gesichtsausdruck ebenso aus wie in den Spannungen zwischen ihr und ihrer Schauspielpartnerin Marianne Hoppe während der Dreharbeiten. Im Gegensatz zu Ehre, und ähnlich wie die von ihr gespielte Figur der Thea, blieb Hoppe während der Nazizeit in Deutschland, ging eine Ehe mit Gustav Gründgens ein und machte Karriere bei der Ufa. Später lebte sie mit einer Schauspielerin zusammen und trat in Inszenierungen von Heiner Müller und Claus Peymann auf, sowie in Thomas Bernhards Skandalstück *Heldenplatz* über die mangelnde österreichische ‚Vergangenheitsbewältigung', das im Jahr der Ausstrahlung von *Bei Thea* am Wiener Burgtheater uraufgeführt wurde.
Die Montage wechselt zwischen den Gesichtern der beiden Frauen hin- und her. Ein schweigendes Gespräch der Blicke, ein Wechselspiel von Distanz und Nähe, Fremdheit und Vertrautheit. Else setzt den Koffer ab. Wir sehen noch immer nur ihr Gesicht. Die Kamera schwenkt langsam nach unten. Ihre Hände kramen in einer Handtasche. Heraus zieht sie – „wie eine Distanzwaffe"[71] – ihre Pfeife. Gegenschnitt auf Thea. In der nächsten Einstellung schwenkt die Kamera wieder langsam zurück auf Elses Gesicht. Sie steckt die Pfeife in den Mund. Wieder ein Schnitt auf Thea. Die Kamera bewegt sich leicht; ein Vibrieren, Zittern. Thea geht auf die Kamera zu. Diese beginnt langsam zurückzufahren. Weiterhin sehen wir ihr Gesicht in einer nahen Einstellung. Im Gegenschnitt ist das von Else zu sehen. Auch sie beginnt auf die Kamera zuzugehen, während wir ihr Gesicht in Nahaufnahme sehen und die Kamera zurückfährt. Schnitt auf die zwei wartenden jungen Männer David und Buki. Sie unterhalten sich in Hebräisch.
In der folgenden Einstellung sehen wir wieder Thea von der Seite. Die Kamera fährt parallel neben ihr und schwenkt nach rechts. Im Gegenschnitt sehen wir Else. Dann, nur in diesem einen Moment des Films, stehen sich die beiden Frauen in einer Einstellung gegenüber. Noch einmal ein Schnitt auf Davids Gesicht. Darauf folgt der Schlusstitel: „Bei Thea". „Frau Ehre stand da, ganz allein in ihrem Schnitt, und Marianne Hoppe ihr gegenüber", erinnert sich

71 Schödel: Bei Thea.

Regisseur Dominik Graf. „Dieser Schluss, die beiden Frauen, die sich das erste Mal wieder angucken und wie sie sich angucken, rührt mich doch immer sehr. Ich kann's nicht interpretieren, aber ich fand das einen kleinen historischen Moment."[72]

Vollständig ohne (deutschsprachige) Dialoge erzählt der Film hier nur durch den Schnitt und über die Gesichter und Blicke der Schauspielerinnen und Schauspieler von einer Begegnung in einem Zwischenraum, der zwischen den Zeiten, zwischen Vergangenheit und Gegenwart, angesiedelt ist. Der „Nicht-Ort" des Flughafens ist Schauplatz einer Begegnung, die sich lediglich durch die Kamera und ihre Bewegungen vollzieht und letztlich aufgeschoben bleibt. Wie Augé betont, „gilt für den Nicht-Ort geradeso wie für den Ort, dass er niemals in reiner Gestalt existiert, vielmehr setzen sich darin Orte neu zusammen, Relationen werden rekonstruiert"[73]. Gerade an diesem Ort des Übergangs kann sich also die geschichtliche Relation in ihrer Spannung ausdrücken, ohne sich dabei aufzulösen. Wie im Wechselspiel von Orten und „Nicht-Orten" entstehen in den Beziehungen und Begegnungen von Figuren und Räumen „Palimpseste, auf denen das verworrene Spiel von Identität und Relation ständig aufs Neue seine Spiegelung findet."[74] Die beiden Frauen, die der Film bisher an entfernten Orten, in Tel Aviv und in München, gezeigt hatte, stehen sich nun gegenüber, ohne sich tatsächlich zu begegnen. Beide bringen ihre Geschichte mit sich, die an diesem Ort der permanenten Gegenwärtigkeit in die Vergangenheit zurückreicht. So kann die topographische Struktur von *Bei Thea* neue Beziehungen und aufgeschobene Begegnungen initiieren und es gelingt dem Film nicht nur die „Schwierigkeit deutsch-israelischer Kommunikation"[75], sondern auch die vielfältige Schichtung von Vergangenheit und Gegenwart zum Ausdruck zu bringen. Eine Lösung wie auch jede Versöhnung bleibt jedoch im Modus der Vorläufigkeit und des Wartens zugunsten der Heterogenität von in die Vergangenheit zielenden Räumen und einer für den vermittelnden Bereich des Films wesentlichen Ambiguität aufgeschoben.

72 Dominik Graf zit. n. Netenjacob: Action auf engstem Raum, S. 359.

73 Augé: *Nicht-Orte*, S. 83.

74 Ebd., S. 84.

75 Dominik Graf zit. n. Netenjacob: Action auf engstem Raum, S. 359.

7.
Gespenstergeschichten – Die Wiederkehr der Vergangenheit

Ende der 1980er Jahre kehrte mit David in *Bei Thea* also ein Geist unbewältigter Vergangenheit nach Deutschland zurück. Wenige Monate nach der Ausstrahlung des Fernsehfilms kam es bei der Gedenkfeier zum 50. Jahrestag des Novemberpogroms von 1938 im Bundestag zu einem Eklat, als Bundestagspräsident Philipp Jenninger versuchte, mit seiner Festrede die Geister seiner (Familien-)Geschichte auszutreiben. Es gelang ihm nicht. In Form einer Sprache, die keinen Raum für Reflexion ließ, blieb die Vergangenheit weiter präsent – unbewältigt und persistierend. Geisteraustreibungen fanden fortan in der wiedervereinigten Bundesrepublik regelmäßig statt. Die zu Wiedergängern der Nazis mutierenden gewöhnlichen Bürger von Hoyerswerda, Mölln oder Rostock, die mit emporgestrecktem Arm und Brandsätzen gegen Asylbewerber meuterten, wurden mit diesen zusammen ‚verjagt'. Das als Konsequenz aus dem Nationalsozialismus geschaffene Asylrecht wurde abgeschafft. Fortan war es leichter, die Geister der Vergangenheit andernorts auszutreiben, beispielsweise im zerfallenden Jugoslawien.

Israel wurde für die deutsche Öffentlichkeit hingegen immer mehr Gegenwart. Statt der teilenden Vergangenheit trat seit Mitte der 1980er Jahre und verstärkt wieder nach der von den Oslo-Verträgen beseelten ersten Hälfte der 1990er Jahre der Nahostkonflikt ins Zentrum der Aufmerksamkeit. Medial hat er die Deutschen seitdem nicht mehr losgelassen. Aber auch die Begegnungen mit dem

Land Israel, auf der Ebene von Jugend- und Schüleraustausch, Pilgerreisen oder Urlaubsfahrten, wurden selbstverständlicher.
Die zweite und dritte Generation in Israel, die nach der Katastrophe in Europa und der Gründung eines eigenen jüdischen Staates geboren worden war, hatte mit ihren eigenen Geistern zu kämpfen, die auch auf den Kinoleinwänden ein Nachleben in der Gegenwart führten. Die dort wiederholt auftauchenden Nazifiguren wurden dabei aber zu Personifikationen eines ganz anders gelagerten Schuldgefühls. Das Kino wurde zu einem therapeutischen Instrument, das mit dem Trauma der Shoah auch das Unbehagen angesichts der fortdauernden Besatzung in der Westbank und bis zum israelischen Rückzug 2005 in Gaza kurieren sollte. Die Deutschen spielten dabei allerdings in erster Linie eine Nebenrolle.

Die Wiederkehr der Geschichte als Geist

Zwei Dokumentarfilme und ein Theaterstück versuchten sich Mitte der 1990er Jahre an einer Form der therapeutischen Grenzverletzung. Eine Theatergruppe hatte in der stark arabisch geprägten israelischen Küstenstadt Akko und dem nahegelegenen Museum des Kibbutz der Ghettokämpfer Beit Lohamei Ha-Geta'ot eine „theatralische Orgie“[1] mit dem Titel *Arbeit macht frei mi-Toitland Europa* inszeniert. Im ersten Teil führten die drei Schauspieler des Stücks – die Tochter eines Überlebenden, ein religiöser israelischer Jude mit irakischem Familienhintergrund und ein muslimisch-palästinensischer Israeli – die Besucher durch das Museum des Ghettokämpferkibbutz. Aber nicht zur Vermittlung historischen Wissens diente dieser Besuch, sondern der Problematisierung des israelischen Umgangs mit dem Thema mit den Mitteln der Überspitzung und Verfremdung. Der zweite Teil des Stücks führte dann in die Katakomben der alten Kreuzfahrerfestung von Akko, hergerichtet in einer Mischung aus Lagerbaracke, Folterkeller und Orgiensaal, und intendiert als eine Art raumgewordenes kollektives Unbewusstes.[2] „Ich will das Publikum verletzen, aber nicht aus Sadismus“, erklärte die Schauspielerin Smadar Maayan den gewählten Ansatz.

1 Henryk M. Broder: Mischung aus Angst und Größenwahn. In: *Der Tagesspiegel*, 12.02.1995.

2 Vgl. zum Stück und der Aufführung auch Freddie Rokem: *Geschichte aufführen. Darstellungen der Vergangenheit im Gegenwartstheater*, aus d. Engl. v. Matthias Naumann. Berlin: Neofelis 2012, S. 90–113.

„Jemanden zu verletzen, das ist eine sehr schöne, therapeutische Situation.“[3]

Zwei Dokumentarfilme haben diese Aufführung zu ihrem Gegenstand gemacht. Einer wurde von dem deutschen Regisseur Andres Veiel im Auftrag des ZDF realisiert. Er dokumentiert nicht nur das Spiel, sondern rahmt es mit Porträts der drei Hauptdarsteller. Dadurch entsteht eine Ambivalenz des Materials, denn die Theaterszenen erweitern und kontrastieren die dokumentarischen Beobachtungen. Auch durch den bewussten Verzicht auf einen Kommentar verschwindet aber hinter dem Exzess der mit einer Handkamera aufgenommenen Sequenzen aus *Arbeit macht frei* und der Präsenz der drei Protagonisten die Position des deutschen Filmemachers. Deutschland ist in diesem Dokumentarfilm daher nur als skurril-schauriges Materiallager für die Inszenierung eines israelisch-palästinensischen Identitäts- und Gefühlschaos präsent. Chaos ist denn auch die wörtliche deutsche Übersetzung des von Veiel für seinen Film gewählten Titels: *Balagan* (D 1994). Deutschland, das ist also in erster Linie Gegenbild: das negative Gegenbild Israels, von dem sich das seit den 1970er Jahren immer stärker auf die Shoah gegründete nationale israelische Selbstbild abgrenzt, aber auch das Gegenbild zu diesem Selbstbild. In diesem Sine begegnet die Schauspielerin Maayan dem offiziellen israelischen Gedenken an die Shoah mit einem „Anti“, das sich in ihrer ‚philogermanischen‘ Faszination für alles Deutsche, insbesondere auch das „Horst-Wessel-Lied“, artikuliert.

Auf diese Weise übernimmt Veiel für seinen Film den ‚therapeutischen‘ Ansatz des Stücks, bezieht ihn aber nicht auf seine eigene, die deutsche Gesellschaft, sondern begibt sich selbst in die Rolle des Therapeuten: „Ich umschleiche mal den Begriff der Therapie, aber letztlich handelt es sich tatsächlich um etwas Ähnliches, eine Art Entlastung, ein Encounter.“[4] Dieser „Encounter“, die Begegnung, findet auf mehreren Ebenen statt: die Begegnung der Schauspieler und Besucher mit der Geschichte der Shoah und der Gegenwart Israels, die Begegnung der aus unterschiedlichen gesellschaftlichen Gruppen stammenden Schauspieler miteinander und

3 Wem gehört der Holocaust? „Balagan“ setzt die Diskussion fort, die mit „Schindlers Liste“ begann. In: *Der Tagesspiegel*, 01.05.1994.

4 Mariam Niroumand: Ein Encounter, eine Art Entlastung. In: *die tageszeitung*, 21.04.1994.

mit ihrem Publikum, die Begegnung Veiels mit den Schauspielern, ihrem Stück und Israel und schließlich die Begegnung des deutschen Publikums mit dem Film, der – und das ist vielleicht das Problematischste – auch den Anschein erweckt, ein Film über Israel zu sein. Dieser Eindruck wird durch die Eröffnung von *Balagan* vorgegeben, die in gewisser Weise wieder das Motiv der Reise aufruft und damit die Erzählweise der früheren deutsch-israelischen Filmbegegnungen beerbt. Der Film beginnt mit einem vom Meer aus aufgenommenen Panorama von Akko. Wie ein ankommender Reisender nähert sich der Film seinem Handlungsort mit dem Blick des Touristen. Die nächste Einstellung zeigt den arabischen Markt der Stadt und ruft beim Publikum bereits bestehende Bilder und Vorstellungen einer fremden und exotischen Welt auf. Dann taucht die Kamera in einen dunklen Gang ein. Schemenhaft sieht man Holzverschläge, hört laute Musik und steht dann sich exzessiv bewegenden nackten und halbnackten Körpern gegenüber. Aus dem Blick über die Landschaft wird ein Blick in den Abgrund (Abb. 13). Doch der Blick in den Abgrund gibt gleichzeitig vor, das Porträt einer Seelenlandschaft zu sein. Denn eingeschachtelt in diese Eröffnung werden die Protagonisten in ihrem Lebensumfeld vorgestellt:

> Die Szenen, in denen Veiel die drei porträtiert, werden durch Bilder von der Fahrt mit Madi, Khaled und Moni durch israelische Landschaften verknüpft. Damit erhebt ‚Balagan' den Anspruch, ein Film über Israel, nicht nur über das Theaterstück, zu sein. In den ruhigen Fluß des Films brechen immer wieder die aggressiven Aufnahmen aus dem Theater ein. Auch wenn die Bühnenhandlung unverständlich bleibt, man versteht: Das Stück soll schmerzen.[5]

Aber Veiels Film schmerzt nicht. Die Begegnung mit Israel und den Israelis findet durch eine pathologisierende Perspektive statt, die vor allem von der weiblichen Protagonistin, Smadar Maayan, gesetzt wird. Wiederholt klagt sie an, die Shoah sei die neue Religion Israels, das Opium für die Massen, doch deutlich wird in erster Linie ihre eigene Obsession, nicht die der israelischen Gesellschaft. Die beiden anderen Protagonisten Khaled und Moni hingegen hätten das Potential zu verstören, denn sie zeigen Perspektiven, die normalerweise ausgeblendet bleiben, wenn es um Israel geht: die des

5 Verena Neuhausen: Das Tabu zu sprengen. In: *Frankfurter Allgemeine Zeitung*, 22.04.1994.

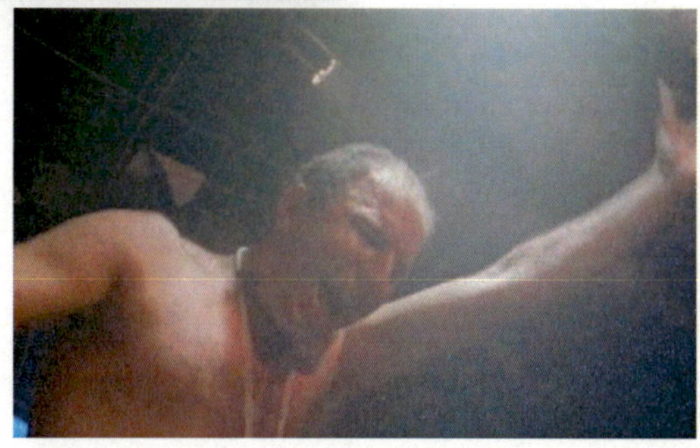

Abb. 13: Vom touristischen Blick zum Blick in den Abgrund: die Eröffnungssequenz von *Balagan*.

religiösen Siedlerkindes Moni, der das Theater liebt, auch wenn es in Konflikt mit den Vorgaben seines Lehrers gerät, und der leidenschaftlich in dem Stück aufgeht und trotzdem genau weiß, dass die Shoah ein Kinderspiel gewesen wäre, „verglichen damit, was passieren wird, wenn die Araber Palästina bekommen“[6], und die Perspektive des israelischen Arabers, der nichts von der Ermordung der Juden im Zweiten Weltkrieg wusste, bis er in einer israelischen Gedenkstätte dem Thema begegnete, und nun mit ernster Stimme dem Publikum das Funktionieren des Vernichtungslagers Treblinka erklärt, während er seinen Eltern niemals sagen könnte, dass er nackt in einem Theaterstück auftritt, und von anderen Palästinensern als Verräter angesehen wird, weil er mit Israelis zusammenarbeitet. Doch diese Perspektiven bleiben letztlich peripher. Sie alle bildeten kein vollständiges „Cinemascope vom Holocaust“ und auch nicht von Israel, aber sie ermöglichten die Begegnung mit anderen, vielleicht irritierenden Perspektiven. An einigen Stellen deutet sich in der Montage von *Balagan* diese Konstellation ambivalenter und widersprüchlicher Sichtweisen an, beispielsweise wenn Moni am Golan über die Landschaft zeigt, ein Wiedergänger des Neueinwanderers, der doch nicht mehr dem Pathos der frühen zionistischen Filme entsprechen kann, oder wenn die Verfremdungstechniken des Theaterstücks auch den Inszenierungscharakter der palästinensischen Demonstrationen aufdecken, an denen Khaled teilnimmt.

Letztlich verhindern aber der dem Stück eingeschriebene Schockeffekt und der ‚therapeutische‘ Ansatz, der aber den eigentlichen Kern – das Schuldgefühl der zweiten Generation – ausspart, mögliche Begegnungen dieser Art. Diese Festungskatakomben bergen keine Hohlräume im „Katarakt der Zeiten“, in denen eine andere Geschichte möglich werden könnte, sondern sind eine „klaustrophobische Höhle, ein Gemisch aus Folterkeller, Zoo, Kabarettbühne und Sitzungsraum für Geisterbeschwörungen.“[7] Die Geister aber sind, das macht Maayan im Gespräch mit Veiel deutlich, die Überlebenden. Sie habe, so die Schauspielerin, kein Stereotyp kreieren wollen, als sie sich überlegte, wie sie die Figur gestaltet, die die Theaterbesucher durch das Museum des Kibbutz der

6 Neuhausen: Das Tabu zu sprengen.

7 Mariam Niroumand: Balagan. In: *die tageszeitung*, 21.04.1994.

Ghettokämpfer führt. Und doch schuf Maayan mit dieser Figur „the archetypical Shoah survivor, at once very strange and very familiar: a contradiction defined by Freud as the Unheimlich, the uncanny“[8]: in Maayans eigenen Worten ein Wesen aus einer Zwischenwelt, ein Geist, eine 1.000 Jahre alte Wandererin zwischen den Welten. Aber dort, wo in *Transit* genauso wie in *Bei Thea* ein Raum zwischen den Generationen entsteht, der letztlich aber nicht aufgefüllt werden kann, füllt in Veiels Film Maayan selbst diesen Raum. Sie ist es, die sich den Geistern anverwandelt, um sie im körperlichen Exzess auszutreiben. „Das Fazit aus ‚Balagan' ist, daß der Weg zur Erinnerung über einen versuchten und nicht bewältigten Vatermord läuft, eine in der Tat deutsche Perspektive“, so ein deutscher Kritiker über den Film.[9] Veiel, der deutsche Regisseur, besetzt in diesem Setting die Rolle des Therapeuten und führt die israelische „Schocktherapie“[10] dem deutschen Publikum vor, ohne es damit aber selbst zu treffen.

Der zweite Film, der über das Stück *Arbeit macht frei* entstand, war Asher Tlalims *Al tig'u li ba-sho'a* (*Don't Touch my Holocaust*, IL 1994), der auf der Berlinale in derselben Sektion wie Claude Lanzmanns *Tsahal* (F/IL 1994)[11] und auf dem Filmfestival in Jerusalem „sehr zum Ärger von Tlalim“ zusammen mit *Balagan* gezeigt wurde.[12] Auch der Regisseur von *Al tig'u li ba-sho'a* sieht seine Funktion als die eines Therapeuten: „Nach der Vorführung“, berichtete Henryk Broder über Tlalims Auftritt auf der Berlinale, „gab der Regisseur ein Statement ab, in dem er sich als Therapeut vorstellte. Sein Film, sagte er, wirke wie eine psychoanalytische Erfahrung, man müsse durch diesen Prozeß hindurch, dies wäre der einzige Weg zur Freiheit.“[13] Auch Tlalims Fokus ist Israel, doch anders als Veiel erwähnt er dabei durchaus auch den deutschen Kontext, „der bei einem Stück über die sogenannte Erinnerungskultur ja nicht komplett unwichtig ist“[14]. Der Film begleitet das Theaterensemble nach

8 Régine Mihal Friedman: The Double Legacy of *Arbeit macht frei*. In: *Prooftexts* 22,1/2 (2002), S. 200–220, hier S. 207.

9 mn: Alles bleibt partielle Narration. In: *die tageszeitung*, 16.02.1995.

10 Stefan Reinecke: Gesprengte Grenzen. Theater als Schocktherapie – der Dokumentarfilm ‚Balagan'. In: *Süddeutsche Zeitung*, 28./29.01.1995.

11 Vgl. Broder: Mischung aus Angst und Größenwahn.

12 mn: Alles bleibt partielle Narration.

13 Broder: Mischung aus Angst und Größenwahn.

14 mn: Alles bleibt partielle Narration.

Berlin, wo das Stück in der heute zur Gedenkstätte gewordenen Villa aufgeführt wurde, in der im Januar 1942 die Wannseekonferenz stattgefunden hatte, auf der die Deportation der Juden in die Vernichtungslager besprochen wurde.

Stärker als *Balagan*, der der Konfrontation mit der geteilten und teilenden deutsch-israelischen Vergangenheit ausweicht, ist *Al tig'u li ba-sho'a* ein Film der zweiten Generation. Nicht nur involviert der Filmemacher sich und seine eigene Familiengeschichte in das durch das Stück vorgegebene transkulturelle Setting. Er verbindet therapeutische mit filmischen Bewegungen der Grenzüberschreitung und wendet das Motiv der Reise in das der Suche nach dem ‚Ursprung', indem er mit den Schauspielern an Orte ihrer Vergangenheit zurückkehrt.

Damit konserviert der Film gleichzeitig das Ereignis *Arbeit macht frei* und setzt die dem Stück zugrundeliegende Beschäftigung mit der Vergangenheit fort. Statt der Obsession des Stückes sucht *Al tig'u li ba-sho'a* also Verbindungen – zwischen der Shoah, den Familiengeschichten der Schauspieler und ihrer Gegenwart – einzufangen. Sein Ausgangspunkt ist aber nicht die Ankunft in einem fremden Land und die Begegnung mit einer zerklüfteten Seelenlandschaft, wie sie Veiel für seinen Film inszeniert. „By contrast in Tlalim's film, the mood is more intimate and direct – the issue of memory is raised from the very first moment"[15].

In ihrer Analyse des „doppelten Vermächtnisses" von *Arbeit macht frei* in den beiden Dokumentarfilmen, die über das Stück realisiert wurden, hebt Régine Mihal Friedman aber auch den spezifischen historischen Kontext hervor, in welchem diese neue und eben teilweise obsessive Beschäftigung der jungen Generation mit der Erinnerung an die Shoah entstand:

> This involvement has intensified since the Lebanon War and the Intifada, the popular uprising in the occupied territories that sensitized young Israelis to the plight of a dominated population and brought to the fore the once-hidden presence of the Palestinian, long regarded as wholly Other.[16]

Das deutsche Publikum, das auf diese Weise aus der Distanz – vor allem durch Veiels Film – dem Stück *Arbeit macht frei* und den drei israelischen Protagonisten begegnet, konnte in dieser Konstellation

15 Friedman: The Double Legacy, S. 213.

16 Ebd., S. 205.

wiederum eine dritte Position einnehmen. Sowohl im fortgesetzten Konflikt zwischen Israelis und Palästinensern als auch zunehmend gegenüber der Shoah, der hier zum Gegenstand eines innerisraelischen und intergenerationellen Disputs wird, bot sich somit eine komfortable Zuschauerposition, die die Theaterkritikerin Judith Hertzberg zu der naheliegenden Frage provozierte, wie weit das deutsche Publikum diese Art israelischer Selbstkritik zur eigenen Entlastung aufnehmen konnte.[17]

Freuds Gespenster und therapeutisches Kino

Die Keller, Höhlen und deutsch-israelischen Zwischenräume wurden im israelischen Kino bereits seit seinen Anfängen von der unheimlichen und geisterhaften Figur des ‚letzten Nazis' heimgesucht. Wie das Theaterstück *Arbeit macht frei* und die beiden daraus entstandenen Dokumentarfilme zeigen, blieb und bleibt die Shoah ein zentraler Bezugspunkt der jüdischen wie auch der israelischen Erfahrung und bestimmte, aber verhinderte auch lange Zeit deutsch-israelische Filmbeziehungen.

Eine Stellvertreterfigur Deutschlands war also in vielen Filmen die des ehemaligen Nazis, der lebendig und leibhaftig in die Gegenwart zurückkehrt und das neue israelische Selbstbild herausfordert. Schmerzhaft erinnerte diese Begegnung Israel immer wieder an seine Vorgeschichte der Verfolgung in der Diaspora und ließ diese somit auch im neuen Staat als eine unabgeschlossene fortwirken.

Der Prototyp dieser Figur des als unheimliches Gespenst Israel und seine Bewohner heimsuchenden ehemaligen Nazis wurde von *Giv'a 24 Eina Ona* geschaffen. Der Film, einer der unumstrittenen Klassiker des jungen israelischen Kinos, führt die Geschichten dreier Soldaten zusammen, die aus unterschiedlichen Gründen nach Israel gekommen sind, um sich hier dem Kampf um die Unabhängigkeit anzuschließen. Deutlich situiert sich der Film dabei in einem transnationalen Feld, das sowohl seine eigene Entstehung als Koproduktion als auch die Konstruktion der handelnden Figuren charakterisiert. Zwei der vier Soldaten sind Fremde. Den einen verbindet eigentlich nichts mit dem Kampf der Juden um Unabhängigkeit. Er ist ein Ire, der für die britische Mandatsmacht gearbeitet

17 Vgl. ebd., S. 215.

und sich in eine junge jüdische Widerstandskämpferin verliebt hat. Der zweite ist ein amerikanischer Jude, der nach Palästina gekommen ist, um am Kampf um Jerusalem teilzunehmen. „This kind of international support“, betont Uri Cohen, „is needed to enhance the point of view of the film.“[18]

Die dritte Geschichte scheint keine solchen transnationalen Bezüge aufzuweisen. Ihr Held ist ein junger Sabre, ein Vertreter der bereits in Palästina geborenen Generation. Er ist ein unbeschwerter Kämpfer, der bei militärischen Auseinandersetzungen mit der ägyptischen Armee im Sinai von seiner Einheit getrennt wurde und – verloren in der Wüste – auf einen verletzten ägyptischen Soldaten trifft, den er in eine Felsenhöhle zieht, um ihm dort zu helfen:

> The young Sabra is a cheerful guy who keeps his sense of humor and light attitudes, unburdened by the risks of the moment or the critical stakes of the war. He undergoes a drastic change of mood, however, when he realizes that the officer he just captured is a German who served in the SS. The loquacious Sabra becomes speechless when the captive tries to talk his way out of the situation. The Nazi begins with words about the value of military honor and concludes with a hateful tirade against Jews. The scene ends as his shadow appears rising, hailing in the Nazi salute as he expires in a rigid fall to the ground. This scene includes one outstanding image when the confident, happy-go-lucky Sabra transforms for a brief moment into an Orthodox Jew, meekly facing his anti-Semitic adversary. This identification of the Israeli Sabra with the diasporic Jew reveals atavistic anxieties against transhistorical enemies personified by the Nazis.[19]

Ilan Avisars Beschreibung der überraschenden Begegnung in der Wüste macht deutlich, dass sich auch in diese Episode ein transnationales Element einschreibt, sie aber gleichzeitig auch eine transhistorische Dimension bekommt, indem sich verschiedene Ereignisse aus Geschichte und Gegenwart übereinanderlegen, verbunden durch die Figur eines Wiedergängers, der ein längst überwunden geglaubtes Trauma wieder aufleben lässt. Eingekapselt in die Höhle, gefangen mit der wieder zurückkehrenden verdrängten Vergangenheit, ist auch dieser „Encounter“ – wie die Begegnung mit dem Exzess aus Nazi-Kitsch und Schockmoment in *Arbeit macht frei*, *Balagan* und *Al tig‘u li ba-sho’a* – eine therapeutische Situation. Mitten in der Wüste entsteht ein transitorischer und poröser Raum, in dem sich verschiedene Zeiten, Erinnerungen, Ängste und

18 Cohen: From Hill to Hill, S. 44.

19 Avisar: The Holocaust in Israeli Cinema, S. 154.

Abb. 14: Das Schattenspiel in einer Höhle mitten in der Wüste evoziert die Erfahrung der diasporischen Vergangenheit in *Giv'a 24 Eina Ona.*

Alptraumphantasien miteinander verbinden. Der Film wählt dazu zwei originär filmische Verfahren, ein technisches und ein historisches. Damit weist er auch auf das spezifische Vermögen des Mediums hin, solche Momente der transhistorischen Begegnung und Übergänge möglich zu machen. Mit der Hilfe einer Überblendung werden zwei widerstreitende jüdisch-israelische Identitätskonzepte zusammengebracht. Durch die Gleichzeitigkeit, die die Technik der Überblendung möglich macht, wird so die Diaspora als immerwährende Rückseite des israelischen Helden markiert. Die zweite Technik führt in die Vorgeschichte des Kinos, bis in Platos Höhle, in der Schatten an der Wand die Menschen in ihren Bann zogen. Dieses magische Moment des Schattenspiels wird in dieser Szene aufgerufen, um die unheimliche Wiederkehr des Vergangenen in Szene zu setzen (Abb. 14). Der Schatten an der Wand, der sich in die archetypische Figur des Nazis, mit emporgerecktem Arm, Stiefeln und Uniform verwandelt, ist aber gleichzeitig charakterisiert durch eine Differenz und verweist auf den Abstand zwischen der Person des Deutschen in ägyptischer Uniform und dem schattenhaften Nazischrecken. Das macht es dem israelischen Protagonisten möglich, in einem Akt der Selbstermächtigung den Schatten der NS-Vergangenheit zu überwinden. Diese Selbstermächtigung aber findet ihr Mittel weder in Gewalt noch in Rache. Vielmehr beginnt der Israeli über den ehemaligen Nazi zu lachen und treibt somit den Schrecken aus diesem geisterhaften, transhistorischen Feind aus, der aber weiterhin – in verschiedenen Gestalten und mit anderen Gesichtern – das israelische Kino heimsuchen wird.

Der Nazi als gespensterhafter Schatten treibt auch in *Ha-Martef* (*Der Keller*, IL 1963, R: Natan Gross) sein Unwesen. Der Film erzählt von Immanuel, einem deutschen Juden, der nach dem Krieg zu seinem Elternhaus zurückkehrt und dort gewahr wird, dass sein Jugendfeind zum einflussreichen Nazi aufstieg und sich den Besitz seiner Familie angeeignet hat, nachdem er veranlasste, dass diese deportiert wurde. Dem von dem bekannten israelischen Schauspieler Shimon Yisraeli gespielten Immanuel steht ein gesichtsloser Schatten gegenüber. Neben der Hauptfigur spielt Yisraeli auch noch die Rollen von Immanuels Vater und einem deutschen Lehrer, der ihm immer wohlgesonnen war. Beide Figuren tauchen in Erinnerungssequenzen auf, die in die Filmhandlung eingeschnitten sind. Die beiden anderen deutschen Figuren, Immanuels Jugendfreundin und der ehemalige Nazi werden von Komparsen gespielt:

> eine Blondine, deren Gesicht dem Zuschauer konsequent vorenthalten bleibt, und ein männlicher Partner, der seine Beine abwechselnd als Pimpf auf Fahrradpedalen und als SS-Offizier in Reithosen und Stiefeln vorführen darf, bis er schließlich in voller Größe zwar, jedoch nur als drohender Schatten mit Holzbeinprothese ins Schlußbild kommt und wie ein Spuk in sich zusammenfällt.[20]

Die Schlusssequenz, in der der Überlebende und der neue Hausherr wie in einem Westernfinale aufeinandertreffen, erscheint wie eine Wiederholung der Höhlenszene aus *Giv'a 24 Eina Ona*. Wie fast der gesamte Film ist in *Ha-Martef* auch dieses Aufeinandertreffen im Keller des Hauses situiert, wo sich Immanuel versteckt. Der Keller ist ein Schutz- und Hohlraum unterhalb der neuen bundesdeutschen Normalität, in dem die verdrängten und verborgenen Erinnerungen aufbewahrt sind, die Erinnerungen der Kindheit und an deutsch-jüdisches Leben vor dem Krieg, aber auch die Überreste der NS-Vergangenheit und das nationalsozialistische Erbe. Im Keller findet Immanuel ein Fotoalbum. Als er es durchblättert, stößt er auf Aufnahmen von SS-Größen und brennenden Synagogen. Der Keller ist in *Ha-Martef* einerseits wie in *Balagan* räumliches Sinnbild eines Unbewussten, aber andererseits auch Archiv einer in Form von Erinnerungen ans Licht tretenden Vergangenheit. „Israels erster abendfüllender Spielfilm, der völlig von der üblichen

20 Erich Richter: „Der Keller". Rache ist nicht süß. In: *Blickpunkt* 121/122 (1963), S. 58–60, hier S. 58.

Norm abweicht"[21], lobte ein deutscher Kritiker. Damit ist auch die episodische Struktur gemeint, in welcher sich aus dem begrenzten Raum des Kellers heraus, vermittelt durch Objekte und Fotografien, Erinnerungssequenzen entwickeln, die stilistisch den Film Noir genauso beerben wie sie an das Kino der französischen Nouvelle Vague, beispielsweise *Hiroshima mon amour* (F 1959, R: Alain Resnais), anknüpfen.

Das Lied einer Spieluhr und das Ticken von Uhren lösen vermittelt durch über die Leinwand kreisende Ziffernblätter die erste traumhafte Erinnerungssequenz aus, die Immanuel zurück zu seinem ermordeten Vater führt. Hier wird der Keller sinnbildlich zur Entsprechung von Kracauers „Katarakt der Zeiten". Visuelle Übergänge markieren die Transformation der Dunkelheit des Verstecks in das Licht der Erinnerung. Immanuel findet Fotos, aus denen das Gesicht seiner Jugendfreundin herausgerissen wurde. Wie durch einen zurückgezogenen Schleier bringt ihn daraufhin die Erinnerung zurück zu dieser für immer unterbrochenen Freundschaft. Er blättert in Schulheften aus früheren Zeiten, die ihn durch die jugendliche Schrift hindurch zu seinem Lehrer und seiner Klasse zurückbringen, und schließlich findet er, versteckt im Boden einer Standuhr, eine Schatulle mit den Naziutensilien des herrischen neuen Hausbesitzers, der seine Vergangenheit darin begrub, ohne sie je als Schuld anzuerkennen. In der Kiste liegen eine Hakenkreuzbinde, SS-Koppeln, Abzeichen, ein Dolch und eine Pistole, die Immanuel erhebt, als er den Schatten des Mörders seines Vaters an der Wand erkennt. „Immanuel zögert in dieser Situation nicht aus Angst vor dem Töten, sondern weil ihm die Nutzlosigkeit einer persönlichen Rache bewußt wird."[22] Dennoch lösen sich drei Schüsse. An der Wand legen sich die beiden Schatten übereinander, der des drohenden Naziwiedergängers und der des gebeugten Immanuel mit der Waffe in der Hand. Eine Begegnung zwischen dem Überlebenden und seinem Peiniger, die durch die traumhafte Ästhetik des Films zu einem imaginären Aufeinandertreffen zweier (noch) unversöhnlicher Perspektiven wird.

Im Gegensatz zum ‚therapeutischen' Ansatz von *Balagan* und *Al tig'u li ba-sho'a* lässt sich die Erinnerung nicht bewältigen. „Zu der

21 Ebd.

22 Ebd., S. 60.

Bürde der zermürbenden Erinnerungen gesellt sich [in *Ha-Martef*] die qualvolle Last des persönlichen Schuldkomplexes."[23] Der Film symbolisiert dies in seinem letzten Bild. Immanuel, nun Arbeiter auf einer Baustelle in Israel – Sinnbild für den Aufbau einer neuen Gesellschaft –, schlägt zur Pause auf eine metallene Glocke, die von einem Holzgestell hängt. Der langsame Schwenk auf den Schatten, den das Gestell in der grellen Sonne Israels wirft, zeigt die Konturen eines Galgens. „The revenge narrative may be imaginary", deutet Avisar dieses Schattenbild, „but the final image is unambiguous – in the rebuilding of the new country loom shadows of the survivor's historical trauma."[24]

Einige Filme junger israelischer Filmemacher wie *Made in Israel* (IL 2001, R: Ari Folman), *Walk on Water* oder *Ha-Hov* (*The Debt*, IL 2007, R: Assaf Bernstein) haben die Figur des ehemaligen Nazis in einen alten, gebrechlichen, aber noch immer gespenstischen Mann transformiert, der die NS-Vergangenheit in die israelische Gegenwart transportiert. Das Alter, welches den Eindruck von Unsterblichkeit vermittelt und das Unvergängliche dieser Vergangenheit symbolisiert, verstärkt die Nähe zur Figur des Gespensts, das als Figuration des Übergangs zwischen Vergangenheit und Gegenwart, dem Verdrängten und dem in unheimlicher Form Wiederkehrenden fungiert.

In seinen Überlegungen zum Phänomen des Unheimlichen betont Sigmund Freud, „das Unheimliche sei jene Art des Schreckhaften, welche auf das Altbekannte, Längstvertraute zurückgeht."[25] Obwohl es im Verborgenen bleiben sollte, kommt es hervor.[26] Die gespenstische Figur des ‚alten Nazis' verkörpert dabei im israelischen Kino vielfältige Bezüge zu einer im Verborgenen gehaltenen Vergangenheit. Als Figur der Erinnerung an den organisierten Massenmord, verkoppelt sie sich mit der für die israelische Identität konstitutiven Erinnerung an die Shoah. Sie fungiert aber auch als Erinnerungsfigur an die jüdische Tradition vor der Shoah und ihre Zerstörung; und dabei, wie bereits gezeigt, indirekt auch als Erinnerung an die Diaspora-Existenz, die verleugnet oder verdrängt

23 Richter: „Der Keller".

24 Avisar: The Holocaust in Israeli Cinema, S. 155.

25 Sigmund Freud: Das Unheimliche (1919). In: Ders.: *Psychologische Schriften. Studienausgabe*, Bd. IV. Frankfurt am Main: Fischer 2000, S. 241–274, hier S. 244.

26 Ebd., S. 249.

wird. Schließlich verkoppelt sich vor allem für die jungen Israelis die zombiehafte Existenz des ‚alten Nazis' mit einem selbst verinnerlichten Schuldgefühl und der Angst, angesichts der Verteidigung Israels gegen seine permanente existentielle Bedrohung selbst ‚wie die Nazis' zu werden.[27]

Diese letzte Dimension macht das persistierende Gespenst des ‚alten Nazis' zu einer Art Doppelgänger, zum Negativabdruck, der die Protagonisten wie der Schatten auf der Felsenwand in *Giv'a 24 Eina Ona* ständig begleitet. In seinen Überlegungen zum Unheimlichen räumt Freud der Figur des Doppelgängers daher eine zentrale Stellung ein und beschreibt das Doppelgängertum als

> die Identifizierung mit einer anderen Person, so daß man an seinem Ich irre wird oder das fremde Ich an die Stelle des eigenen versetzt, also Ich-Verdopplung, Ich-Teilung, Ich-Vertauschung – und endlich die beständige Wiederkehr des Gleichen, die Wiederholung der nämlichen Gesichtszüge, Charaktere, Schicksale, verbrecherischen Taten, ja der Namen durch mehrere aufeinanderfolgende Generationen.[28]

Indem der ‚alte Nazi' zum (negativen) Doppelgänger der israelischen Protagonisten wird, findet eine Vertauschung von deutscher Täter- und jüdischer Opfererfahrung statt. Der Mörder der eigenen Vorfahren wird zur Projektionsfläche der Ich-Verdopplung. Er wird zum unheimlichen Doppelgänger, nach Freud zu einer Art Ich-Instanz, „die der Selbstbeobachtung und Selbstkritik dient [...] und unserem Bewußtsein als ‚Gewissen' bekannt wird."[29]

Der Wiederholungszwang wird also gleichsam stellvertretend adaptiert. Das fehlende Schuldgefühl der Deutschen wird zum sekundären Schuldgefühl der dritten Generation in Israel. Dafür stehen symbolisch die gespenstischen Nazifiguren im israelischen Kino. In *Made in Israel* führt der Friedensschluss zwischen Syrien und Israel zur Überstellung des ‚letzten Nazis' Egon Schulz, gespielt von dem bekannten deutschen Schauspieler Jürgen Holtz. Danny Hoffman, ein reicher Geschäftsmann und Sohn von Überlebenden, bietet zwei Millionen Dollar für seine Entführung und es beginnt eine

27 Diese Verkopplung behandelt sehr explizit der Film *Vals Im Bashir* in Bezug auf verlorene und verdrängte Erinnerungen israelischer Soldaten an den Libanonkrieg. Allerdings wird dort das Schuld*gefühl* zu einem Ursprung von tatsächlicher Schuld umgedeutet; eine nicht unproblematische psychologische Konstruktion.

28 Freud: Das Unheimliche, S. 257.

29 Ebd., S. 258.

tragikomische Reise ganz unterschiedlicher Charaktere durch die Landschaft des Golans, an deren Ende schließlich die Verweigerung der eigentlich intendierten Rache steht. Der Nazi wird zum Weiterleben verurteilt. Das bergige und schneebedeckte israelisch-syrische Grenzland wird in diesem Film zu einer symbolischen Landschaft der Ängste und Erinnerungen, ein imaginärer Raum für eine Expedition in eine Welt verunsichernder psychologischer Affekte und des geisterhaften Nachlebens einer fernen und längst überwunden geglaubten Vergangenheit. Offensichtlich verschränkt Ari Folman in seinem Film die Auflösung der Bindungen an die Vergangenheit mit der Lösung des Nahostkonflikts. Gleichzeitig fungiert die Figur des ‚alten Nazis' aber auch als eine Art Katalysator, der unterschiedliche Perspektiven und Positionen innerhalb der israelischen Gesellschaft (Arm-Reich, Sabres-Einwanderer_innen) auf mitunter surreale Weise zusammenbringt. Der ‚letzte Nazi' ist offensichtlich eine Kunstfigur, die – trotz der im Film herausgestellten persönlichen Beziehungen, die sich zwischen ihm und seinen Entführern entwickeln – in erster Linie Auslöser für die Darstellung einer verunsicherten israelischen Selbstwahrnehmung sein soll. Diese Künstlichkeit der Figur wird bereits in der Eröffnungssequenz deutlich. „When he crosses the border, he is wearing a heavy coat that gives him the look of a dangerous shadow emerging from the fog."[30] Auf der einen Seite übernimmt Folman damit gängige Elemente der Darstellung von Nazi-Figuren wie den schwarzen Mantel. Auf der anderen Seite aber wird durch den Nebel, der das Bild auf der Leinwand mit einem durchsichtigen Schleier versieht, die Figur auch als irreal und geisterhaft charakterisiert, die plötzlich aus einer Welt jenseits von Zeit und Raum auftaucht. Als der Protagonist des Films dann am Ende seine Aufgabe, Schulz zu töten, verweigert, wird deutlich, dass der Film nicht die Absicht hatte, die obsessive Beschäftigung mit der Shoah zu ‚heilen', sondern zu transzendieren. Dies betrifft auch den Ort, den Deutschland und die Deutschen in dieser traumatischen Vergangenheit innehaben. Die intendierte „Satire auf den verkrampften Umgang der jungen israelischen Generation mit dem Nazi-Thema"[31] stieß in Israel auf ein geteiltes Echo. Und auch der Dreh selbst wurde überlagert von

30 Ramati: *Images in Transformation*, S. 23.

31 Rolf-Rüdiger Hamacher: „Made in Israel". In: *Filmdienst*, 56/2001, S. 23.

den verinnerlichten Spuren einer Vergangenheit, die auch noch die deutsch-israelische Gegenwart bestimmt: „Folman musste Wogen glätten; die Zusammenarbeit mit Holtz steigerte sich zum Phantomschmerz, als stünde da ein wirklicher Nazi vor der Kamera. Ein Schauspieler weigerte sich zunächst sogar, jenen Part zu übernehmen, der Schulz Essen bringen muss."[32] Diese Szene des Films spielt wieder in einem Hohlraum, inmitten der felsigen (Erinnerungs-)Landschaft des Golans. In einem Bunker, in den Berg hineingebaut, Überrest der Kriege, die diese Landschaft zeichneten und die israelische Gesellschaft bis heute prägen, begegnen sich Entführer und Entführter. Wie in der Höhle in *Giv'a 24 Eina Ona* findet eine Transformation statt, als

> einer der Kidnapper den Nazi um Rat fragt, wie sein Hund Günter (‚benannt nach Netzer, nicht nach Grass') endlich den Schutzhund-Test bestehen könnte. In welch feiner Abstufung Holtz jetzt die Schichten faschistoiden Denkens freilegt; wie sich in sein Englisch deutsche Worte hineinhauen, als schlügen sich Zähne fröhlich und süchtig in festes Fleisch; wie sein ganzes Wesen gleichsam SS-schwarz aufleuchtet, aber das alles getaucht in die Inbrunst einer kindlichen Freude, gebraucht zu werden, gefragt zu sein mit seiner Erfahrung – das vollführt Holtz meisterhaft lakonisch.[33]

Doch letztlich ist *Made in Israel* gar kein Film über deutsch-israelische Begegnungen oder die Auswirkungen der geteilten und teilenden Vergangenheit in der Gegenwart beider Länder. Vielmehr wird der transnationale Zwischenraum, der auf unheimliche Weise in dem Bunker entsteht, zugunsten einer innerisraelischen Perspektive aufgegeben. Der ‚letzte Nazi' ist ein Auslöser, aber gleichzeitig ein Hindernis für diese Innenperspektive. Am Ende versteht Eddie, der Protagonist des Films, was bereits Immanuel in *Ha-Martef* feststellen musste, „that this particular man has nothing to do with the Israeli remembrance, which is an internal issue. Killing him would mean nothing for the collective internalization and processing of the Holocaust."[34]

In Asaf Bernsteins *Ha-Hov* findet hingegen eine Geisteraustreibung statt, die sich auf mehreren zeitlichen Ebenen und in unterschiedlichen geographischen Räumen entwickelt. Deutschland ist dabei

32 Hans-Dieter Schmidt: Letzter Nazi, letztgültige Gerechtigkeit? In: *Neues Deutschland*, 28.03.2003.

33 Ebd.

34 Ramati: *Images in Transformation*, S. 29.

Gegenstand mehrerer Rückblenden, die die ‚Urszene' schicksalhafter Ereignisse zeigen, die nicht vergehen wollen und deutsche, aber vor allem israelische Geschichte und Gegenwart weiter bestimmen. Eine Gruppe junger Agenten soll einen ehemaligen KZ-Arzt, der offen in Deutschland als Frauenarzt praktizieren kann, nach Israel entführen, damit er dort vor Gericht gestellt werden kann. Diese Handlungsebene ist 1964 angesiedelt und zeigt die Vorbereitungen zu der Entführung, ihre erfolgreiche Durchführung und die verstörende Begegnung mit dem ehemaligen Nazi-Täter in einem Versteck. Diese Begegnung bringt auch Spannungen zwischen den drei Geheimdienstmitarbeitern, zwei Männern und einer Frau, hervor. Schließlich scheitert die Aktion, weil es dem Arzt gelingt, zu fliehen. Auf dieser Zeitebene wird Deutschland als seltsamer und verstörender Ort präsentiert. Die dunkle Wohnung, in der sich die Entführer mit ihrem Gefangenen verstecken, erinnert an den Bunker in *Made in Israel* und die Höhle in *Giv'a 24 Eina Ona.* Auch hier werden durch die Begegnung mit dem ehemaligen Nazi bei den israelischen Figuren Vorgänge des Unbehagens und der Abwehr ausgelöst. Dies ist aber nicht nur eine Reaktion auf die personifizierte Wiederkehr der traumatischen Vergangenheit, sondern auch auf die Infragestellung der Figur des heldenhaften Israelis. Wie in *Made in Israel* und *Giv'a 24 Eina Ona* ist es auch in *Ha-Hov* eine Sabre, deren Selbstbild durch die Begegnung mit dem Gespenst aus der Vergangenheit in Frage gestellt wird.

Auf der zweiten Handlungsebene erzählt der Film die Geschichte dieser Agentin im gegenwärtigen Israel, die einst an der gescheiterten Mission teilnahm, in Israel aber als Heldin gefeiert wurde, weil die drei jungen Agenten die wahren Umstände der Flucht ihres Gefangenen verschwiegen. Als nun der ehemalige Nazi-Täter in einem Altenheim in der Ukraine wieder auftaucht, muss die mittlerweile pensionierte Ex-Agentin nach Osteuropa fahren, um das zu tun, was sie damals behauptet hatten: den ‚letzten Nazi' zu eliminieren. Diese neue Mission ist also die Bewältigung zweier Vergangenheiten: der erniedrigenden, gescheiterten Aktion von 1964 und dem traumatischen Erbe der Shoah.

Hier kommt ein dritter Ort ins Spiel. Neben Deutschland als unheimlichem Ort des Nachlebens der Vergangenheit und Israel als Gegen-Ort jüdischer Verteidigungsbereitschaft tritt die Ukraine. Diese Landschaft, die in den letzten Jahren wieder ein wichtiger Bezugspunkt jüdischer und auch israelischer Tradition und Geschichte und mit den Einwanderer_innen aus der ehemaligen Sowjetunion auch ein privilegierter Ort im israelischen Film geworden ist, wird nun zum Schauplatz dieser doppelten Vergangenheitsbewältigung, an dem sich Täter und Opfer treffen. Auf diese Weise sind auch in *Ha-Hov* Reisen eine topographische Veräußerung in eine unterdrückte, aber an die Oberfläche drängende Vergangenheit, die sowohl das dunkle und graue Deutschland der 1960er Jahre als auch die post-sozialistischen ukrainischen Städte und Landschaften durchwirkt. Aber die damit verbundene therapeutische Hoffnung wird nicht befriedigt. Der Film eröffnet, wie Ido Ramati zeigt, keine Möglichkeit, die Traumata der Vergangenheit durchzuarbeiten, indem er die Zuschauer mit ihren Auswirkungen in der Gegenwart konfrontiert. Im Gegenteil, so Ramatis abschließendes Urteil, werden sie noch tiefer in den Schichten der Vergangenheit eingegraben.[35] So ist die Protagonistin weniger das Opfer von Verdrängungsleistungen, sondern scheint viel mehr in einer nicht endenden Wiederholungsschleife gefangen zu sein. Wiederholte sich die traumatische Erfahrung der Erniedrigung in der Begegnung mit dem ehemaligen Nazi, wird sie nun in den Korridoren des Altenheims – erneut eine Referenz auf die katakombenartigen Gänge, Keller und Bunker früherer Filme – erneut ‚durchgespielt'. Auch der Tod des Nazis erlöst nicht von diesem permantenten Re-enactment des Traumas. Die letzten Einstellungen zeigen die Protagonistin an einer Zugstation, wo sie nahe der Schienen verletzt zusammenbricht. Diese ikonischen Erinnerungszeichen und die von traumatischen Erinnerungen durchzogene ukrainische Landschaft verdeutlichen, dass die schmerzhafte Auseinandersetzung mit der Vergangenheit selbst die (Wieder-)Begegnung mit den ehemaligen Peinigern überdauern wird.

Dagegen verfolgt Eytan Fox' *Walk on Water*, wie Ramati herausstellt, deutlich stärker einen (film-)therapeutischen Ansatz. Auch hier taucht die Figur des ‚letzten Nazis' wieder auf, welcher am Ende wie ein gespenstischer Untoter, der noch am Tropf hängend den militärischen Drill verkörpert, eingeführt wird. Ilan Avisar zufolge visualisiert der Film „significant cracks in the image of the Israeli

35 Ramati: *Images in Transformation*, S. 31.

Sabra hero“[36] am Beispiel eines Mossad-Agenten, der nicht mehr töten kann. Er beginnt am Bosporus in Istanbul, an der Grenze zwischen Europa und Asien, wo Eyal einen islamistischen Terroristen verfolgt und diesen schließlich vor den Augen von dessen Sohn mit einer Giftinjektion tötet. Nach seiner Rückkehr nach Israel wird der Agent mit dem Selbstmord seiner Frau konfrontiert. Aus Sorge darum, dass dieser Verlust eine von Eyal abgewehrte Traumatisierung zur Folge haben könnte, die seine beruflichen ‚Fähigkeiten‘ einschränken würde, setzt sein väterlicher Vorgesetzter Menachem Eyal gegen dessen Willen auf eine junge, in Israel lebende Deutsche und ihren Bruder Axel an. Als Reiseveranstalter getarnt soll Eyal Informationen über den familiären Hintergrund der beiden sammeln und insbesondere verifizieren, ob ihr Großvater noch lebt, der ein hochrangiger Nazi war. Also begleitet Eyal den jungen Deutschen durch Israel. Als er registriert, dass dieser auch noch schwul ist, will der Israeli den sinnlosen Auftrag endgültig hinschmeißen. Doch als sich herausstellt, dass dessen Großvater tatsächlich noch lebt, folgt er Axel sogar nach Berlin.

Die Übergänge zwischen beiden Ländern, aber auch die Begegnung mit der Geschichte der Shoah und der eigenen Familie spielen in diesem Wandlungsprozess eine wichtige Rolle. Dazu gehört auch der Einsatz von Sprache. Wie Boaz Hagin gezeigt hat, spaltet sich Eyals Figur in drei Dimensionen mit jeweils drei verschiedenen Sprachen (Englisch, Hebräisch und Deutsch), wodurch Eyal mit verschiedenen Gruppen Kontakt aufnehmen und in Beziehung treten kann und entsprechende „Wir“-Gemeinschaften entstehen.[37] So entfalten sich drei verschiedene Räume, in denen sich unterschiedliche Identitäten realisieren oder konfrontieren, und die mit verschiedenen Sprachen verbunden sind. Gleichzeitig strukturieren diese imaginären, historischen und geographischen Räume die Erzählweise des Films, der Elemente des Reisefilms (und Roadmovies), des Agentenfilms und des Entwicklungsromans miteinander verbindet.

Während Hebräisch also mit der israelischen Sphäre verbunden bleibt, die vor allem durch den Geheimdienst geprägt ist und

36 Ilan Avisar: The National and the Popular in Israeli Cinema. In: *Shofar* 24,1 (2005), S. 125–143, hier S. 143.

37 Vgl. Boaz Hagin: Male Weeping as Performative: The Crying Mossad Assasin in *Walk on Water*. In: *Camera Obscura* 23,2 68 (2008), S. 103–139, hier S. 111.

somit in einem ständigen Spannungsverhältnis zur konfliktreichen israelischen Gegenwart steht, definiert das Englische einen Zwischenraum, der primär mit dem touristischen Blick korrespondiert. Große Teile des Films stellen bekannte touristische Attraktionen Istanbuls, Israels und Berlins vor und entsprechen den Darstellungsformen des Reisefilms. „You start in beautiful Istanbul, then you travel around Israel, the Sea of Galilee, the Dead Sea, Jerusalem, and then to Berlin. Three different climates, different atmospheres, different moods, I think it adds a lot and gives the film a more epic feeling“[38], begründete Regisseur Fox diese Struktur. Neben dem Angebot an die deutschen und israelischen Zuschauer, durch den Film das jeweils andere Land kennenzulernen, sind die transnationalen Begegnungen aber auch Veräußerungen innerer Begegnungsprozesse, was vor allem an jener Stelle des Films deutlich wird, in der die Handlung von Israel nach Berlin wechselt. Hier realisiert sich dann auch die Bedeutung der deutschen Sprache, die bisher den Charakter eine ‚Geheimsprache‘ hatte, die Axel und seine Schwester miteinander teilen und deren Kenntnis Eyal vor den beiden verbirgt.

In diesem zweiten Teil spielen wieder Transitorte eine wichtige Rolle: der Flughafen, das Taxi, ein Hotel. Deutlich nimmt der Film das Reisemotiv der frühen Filme wieder auf, nun aber in umgekehrter Richtung. Gleichzeitig wird der touristische Blick des Deutschen auf Israel im ersten Teil des Films nun durch den Blick des Israeli auf Berlin gespiegelt. Der Fernsehturm am Alexanderplatz ist dabei ein dominantes Motiv, ein touristischer Ort, der gleichzeitig als transnationales und transmediales Symbol dient. Im ersten Teil des Films hatte Eyal eine Wanze, mit der er die Gespräche der Geschwister unentdeckt abhören konnte, ausgerechnet in einem kleinen Modell des Berliner Fernsehturms platziert. Auf diese Weise verbindet sich der touristische Blick mit dem Bild von Übertragungsmedien: die Wanze, der Fernseher, das Radio, die ebenfalls Zwischenräume markieren und gleichzeitig Vermittlungs- und Übersetzungsarbeit leisten, wodurch auch noch einmal deutlich wird, dass der filmische Blick immer auch auf das Kino selbst als Ort des Übergangs und der Begegnung verweist (Abb. 15).

38 Eytan Fox zit. n. Edna Fainaro: A Conversation with Eytan Fox. In: *Walk on Water* – Presseheft, hrsg. v. FilmPressPlus, 54. Internationale Filmfestspiele Berlin – Panorama 2004, S. 4.

Abb. 15: Der Berliner Fernsehturm als Motiv der Übertragung in *Walk on Water.*

Der Vorgang des Abhörens, der Präsenz Eyals bei gleichzeitiger Nicht-Präsenz, das Einschalten an der Schnittstelle des Mediums, bekommt aber neben der narrativen auch eine symbolische Funktion. Wenn Eyal dem Gespräch der beiden Deutschen aus der Distanz zuhört, kommt noch ein dritter, weitgehend unterdrückter Teil von Eyals Identitätsposition zum Vorschein. Die deutsche Sprache steht für die Herkunft seiner Eltern aus Deutschland und markiert ihn als Erben ihrer Vertreibung und Entwurzelung. Die medialen Apparaturen der Übertragung und die Kopfhörer bringen Eyal in die passive Position eines Zuhörers:

> Listening in on Axel and Pia speaking in German constitutes a symbolic reenactment of the primal scene in which the child eavesdrops on his parents' intimate secret. In this retroactive reconstruction of the traumatic scene of origin, Eyal witnesses the process of his own creation, his muted history, the unspoken Holocaust past that has constituted his subjectivity.[39]

Diese Wiederholung der ‚Urszene' stellt aber gleichzeitig – und dafür steht der Fernsehturm am Alexanderplatz – Eyals Verbindung zur deutschen Tradition und ihrem kulturellen Erbe her und ermöglicht seinen Übergang nach Deutschland.[40]

All dies kondensiert sich in einer zentralen Szene des Films, die an einem U-Bahnhof, eben am Alexanderplatz spielt. Wieder ist es ein Verkehrs- und Transitort, an dem Israel und Deutschland, NS-Vergangenheit und Gegenwart aufeinanderprallen. Eyal und Axel treffen auf eine Gruppe von Drag Queens, die sie freudig begrüßen. Im nächsten Moment hören sie, wie die Gruppe von herumlungernden Neonazis angegriffen wird. Eyal stürzt ihnen zu Hilfe und schlägt die Neonazis schließlich in die Flucht, indem er seine aus Israel mitgebrachte Waffe zückt und die Schläger auf Deutsch zum Verlassen des Bahnhofs auffordert.

„Eyal marks himself as a member of the German-Jewish diaspora by revealing his linguistic and affective ties to Germany."[41] Im Kampf gegen die neuen Nazis und auf der Seite jener, die sich – als Drag Queens und Transsexuelle – klassischen Identitätskonzepten entziehen, findet also eine Symbiose zwischen Eyal dem israelischen Sabre und Kämpfer und Eyal dem Sohn von deutsch-jüdischen Flüchtlingen statt, der von seinen Eltern die deutsche Sprache aufgeschnappt, dies aber gegenüber Axel verheimlicht hatte. Gleichzeitig zeigt der Film, dass auch im Weltbild des scheinbar moralisch so integren (und darin etwas stereotyp positiv gezeichneten) Deutschen Axel menschenfeindliche Denkformen vorhanden sind – wenn er über die Neonazis als „Shit" redet, den man vernichten

39 Yosef Raz: Homonational Desires. Masculinity, Sexuality, and Trauma in the Cinema of Eytan Fox. In: Peleg / Talmon (Hrsg.): *Israeli Cinema*, S. 181–198, hier S. 189.

40 Vgl. Uta Larkey: Mehrsprachigkeit in neueren israelischen Spielfilmen, S. 10.

41 Nicholas Baer: Points of Entanglement: The Overdetermination of German Space and Identity in *Lola + Bilidikid* and *Walk on Water*. In: *Transit* 4,1 (2008). http://escholarship.org/uc/item/8q04k8v1#page-17 (Zugriff am 18.04.2014), S. 1–26, hier S. 17.

müsse – und damit auch eine Spur zur intergenerationellen Tradierung des Nazi-Erbes gezogen wird.

Am Ende tötet Axel, der Enkel des Nazis, seinen Großvater. Allerdings ist es weniger die deutsche Schuld, die in der kathartischen Wendung durchbrochen wird. Vielmehr bezieht sich der therapeutische Ansatz des Films auf die Therapierung des israelischen Sabre zum Gewaltverzicht. Die Wiederkehr des alten Nazis entspringt so weniger der deutschen Kontinuität, anders als die Neonazis, die der Protagonist in Berlin gekonnt zur Strecke bringt. Sie ist vielmehr bereits Ausdruck einer Verschiebung, Personifizierung eines israelischen Schuldgefühls, das sich mehr aus der Gegenwart des Nahostkonflikts als aus der Vergangenheit der Naziverbrechen speist.

Umgekehrt ist Deutschland in *Walk on Water* dadurch ein nahezu vollständig imaginärer Ort. In einem Interview hat Eytan Fox seine Erinnerungen an seinen ersten Besuch in Deutschland als Referenz für die Zeichnung ‚seines' Deutschlands in dem Film genannt:

> Als ich siebzehn war und mit einer Gruppe Jugendlicher Deutschland besuchte, erlebte ich eine Überraschung. Die Jugendlichen dort waren anders, als ich erwartet hatte. Ich war vollkommen verblüfft: Diese jungen Leute waren aufgeweckt, politisch interessiert, sie hatten soziales Empfinden und Umweltbewusstsein. Mir wurde klar, dass unser Bild von den Deutschen einem psychologischen Mechanismus entspricht, der zwar verständlich, aber fatal ist.[42]

Aber das Ergebnis seines filmischen ‚Therapie'-Versuchs ist – ähnlich dem Philo-Germanismus der Protagonistin von *Balagan*, wenn auch nicht so obsessiv – ein idealisierender Blick auf das gegenwärtige Deutschland, das hauptsächlich durch einen offenen, toleranten, schwulen, friedensbewegten, antirassistischen und teilweise auch sehr naiven deutschen Vertreter der ‚Dritten Generation' repräsentiert wird. Alles, was in dieses Ideal-Bild nicht passt, wird – wie die Neonazis und gegenläufige (Familien-) Erinnerungen – abgespalten.

Umgekehrt hatten deutsche Zuschauer durchaus Schwierigkeiten, sich mit dem von Axel verkörperten Ideal-Bild des Deutschen und der von der Figur und dem Regisseur favorisierten Harmonisierung

42 Daniela Pogade: In Israel war „Schindlers Liste" ein Flop. Der israelische Regisseur Eytan Fox über „Walk on Water". In: *Berliner Zeitung*, 13.05.2005.

aller das deutsch-israelische Verhältnis weiterhin beeinflussenden Widersprüche zu identifizieren. In einer geradezu gegen-intentionalen Lektüre des Films lobte beispielsweise die Filmkritikerin der *Berliner Zeitung*: „Für das deutsche Publikum lohnt sich dieser Film, um einer hochinteressanten Erfahrung willen: Den eigenen, oft realitätsfernen Idealismus in den Augen eines jungen Israelis gespiegelt zu sehen."[43] Für *Walk on Water* aber dient das ‚deutsche Thema' in genau entgegengesetzter Weise als Spiegel einer verunsicherten israelischen Selbstwahrnehmung. Darüber hinaus werden Deutschland bzw. Berlin hauptsächlich als Orte beschrieben, an denen die NS-Vergangenheit nur in dunklen Eichenholzzimmern oder U-Bahnhöfen durch gespenstische Wiedergänger aufgerufen wird, denen eine neue, bunte und weltoffene deutsche Hauptstadtwelt gegenüber gestellt wird.

Bleibende Vergangenheit und verstörende Gegenwart

Das Bild von Deutschland in israelischen Filmen bewegt sich zwischen diesen beiden Polen. Einerseits ist Deutschland ein unheimlicher Ort, an dem die Spuren der Vergangenheit immer wieder sichtbar werden. Andererseits handelt es sich um ein Ideal, an dem – jenseits der traumatischen Vergangenheit und jenseits der politischen Konflikte der Gegenwart – Begegnungen möglich werden können. Innerhalb solcher Filmgeschichten verschränken sich also Vergangenheit und Gegenwart mit Figurationen des Übergangs. Doppelgänger, Traumsequenzen und Geister schließen visuelle Räume auf, die sich zwischen den Zeiten bewegen. Eindrucksvoll zeigt dies *Metallic Blues*, der nahezu vollständig in Deutschland gedreht wurde. Der Besuch zweier Mechaniker im Land der Täter wechselt immer wieder vom Alten zum Neuen, pendelt zwischen dem gegenwärtigen ‚neuen' Deutschland und der wiederbelebten Vergangenheit, die plötzlich und schockhaft von einem Augenblick zum nächsten mitten im deutschen Alltag wiederkehrt.

Der Film nimmt seinen Ausgangspunkt in einer Werkstatt in Israel. An diesem Ort treffen, kristallisiert im Motiv einer amerikanischen Lincoln Continental Limousine, verschiedene nationale und kulturelle Perspektiven aufeinander. Die israelischen Autohändler kaufen

43 Daniela Pogade: Geheimdienst am Gutmenschen. „Walk on Water" – Eytan Fox reflektiert israelische Gegenwart und deutsche Vergangenheit. In: *Berliner Zeitung*, 12.05.2005.

das Auto von einem Araber, der aus familiären Gründen von Kanada nach Israel zurückgekehrt ist. Die Werkstatt, geschmückt mit bunten Wimpeln, wirkt wie ein Zwischenraum inmitten der sie umgebenden Häuser. Das blau glänzende Auto wiederum erscheint als Fremdkörper, Botschafter einer fremden Welt und Verführung zugleich. „Das ist kein Auto, das ist Amerika", erklärt Sisso, einer der beiden Verkäufer anerkennend. Bereits hier, am Anfang des Films, wird aber auch die Ästhetik der Übergänge eingeführt. Die Protagonisten wechseln die Sprachen, von Hebräisch zu einer dritten, dem Englischen. Sie planen, den Wagen in Deutschland zu verkaufen, an einen Autohändler in Düsseldorf. Hier kommt zum ersten Mal Deutschland ins Spiel, das sie wie das Auto mit Reichtum und Wohlstand verbinden.

Die beiden Israelis werden wiederum mit unterschiedlichem kulturellem Hintergrund ausgestattet. Einer der beiden Autohändler entstammt einer aschkenasisch-europäischen Familie, der andere einer sephardisch-marokkanischen. So werden konträre Perspektiven innerhalb der israelischen Gesellschaft präsentiert, vor allem im Hinblick auf Deutschland und die Erfahrung der Shoah. „Es sind nur ein paar Tage", erklärt Shmuel beim Abschied Sissos Frau: „Er zieht nicht in den Krieg." Dieser ironische Verweis ist doppelbödig. Er verweist gleichzeitig auf ‚den Krieg', die Vertreibung und Ermordung der Juden im Zweiten Weltkrieg, und die Alltäglichkeit des In-den-Krieg-Ziehens in Israel aufgrund der fortgesetzten Feindschaft seiner Nachbarn. Sisso bekommt von seiner Frau eine Jacke überreicht: „Es ist kalt dort." Die Kälte ist neben dem Wohlstand das einzige Charaktermerkmal des für die beiden Israelis weit entfernten Landes.

Der Übergang von Israel nach Deutschland wird in *Metallic Blues* von einem ‚Zwischenbild' markiert. Von der einfachen Wohnsiedlung, in der Sisso und seine Frau leben, schneidet der Film auf eine Aufnahme der ruhigen Wellen des Meeres. Das Meer ist der Zwischenraum, der Deutschland und Israel trennt, wiederum auch eine Reminiszenz an die frühen zionistischen Filme und ihre Ikonographie des Meeres als Transitweg ins Gelobte Land. Doch in *Metallic Blues* findet eine umgekehrte Reise statt. Das gelobte Land ist nun Deutschland. Die Kamera schwenkt langsam empor, der Hamburger Hafen kommt ins Blickfeld. Sie schwenkt an einem Schiff vorbei. Ein Kran entlädt die Limousine. Davor stehen zitternd

Abb. 16: Der Übergang zwischen Israel und Deutschland in *Metallic Blues.*

Sisso und Shmuel (Abb. 16). In dieser Kamerabewegung sind alle vorher angeführten Elemente, die Reise, der Traum vom Wohlstand und die Kälte, enthalten und schaffen eine ambivalente Stimmung. „Deutsche verstehen was von ihrer Arbeit", entgegnet Shmuel, als Sisso unsicher fragt, ob das Auto den Transport sicher überstanden hat. Im weiteren Verlauf des Films werden immer wieder Bilder und Vorstellungen des gleichzeitig bekannten und unbekannten Ortes, Deutschland, aufgerufen, Zuschreibungen und Idealisierungen genauso wie Ängste und Verunsicherungen.

Der Hafen ist aber auch ein weiterer Transitort. Genauer handelt es sich im Sinne von Augé um einen Nicht-Ort, an dem Identitäten und Zugehörigkeiten suspendiert scheinen. Das wird deutlich, wenn Shmuel und Sisso das Areal verlassen und eine ‚Grenze', den Zoll, passieren müssen. Das Auto hingegen ist eine Kapsel, ein Sicherheits- und Rückzugsraum. „Mach die Heizung an", sagt Sisso, als er den Wagen besteigt und die beiden zur Zollstelle fahren. Dort findet die erste richtige deutsch-israelische Begegnung statt. Getrennt durch die Scheibe des Wagens sitzt Shmuel einem deutschen Beamten gegenüber. Im Hintergrund ist ein Fahndungsplakat zu sehen. Terrorverdächtige werden gesucht. Wieder drängt sich hintergründig die konflikthafte Gegenwart ins Bild. Shmuel und der Beamte sprechen in Englisch miteinander. Ein anderer Polizist tritt hinzu und spricht in Deutsch mit seinem Kollegen. Er fragt, wo die Touristen herkämen. „Aus Israel", entgegnet der Zollbeamte.

Er solle die Sicherheitsbeamten holen, entgegnet der Polizist. „Was ist los?“, fragt wiederum Sisso auf Hebräisch. Alle drei Sprachen vermitteln unterschiedliche Bedeutungen. Während das Deutsche Bedrohlichkeit suggeriert und das Hebräische Shmuel und Sisso verbindet, ermöglicht erst eine für beide Seiten fremde Sprache, das Englische, die deutsch-israelische Kommunikation, die aber – und das wird in dem Film immer wieder deutlich – keine Sprache der Verständigung, des gegenseitigen Verstehens ist. Der Polizist greift Shmuel am Arm, zwei weitere Polizisten kommen mit Hunden auf die beiden zu. Nur auf der Ebene von solchen Verweisen und durch die schreckhafte Reaktion Shmuels wird deutlich, dass diese erste Begegnung mit Deutschland auch noch an eine andere Ebene rührt. Die Uniformen und Hunde rufen bei Shmuel, dem ashkenasischen Israeli mit europäischem Hintergrund, Erinnerungen an Verfolgung hervor, die er selbst, als in Israel geborener Jude, nie erlebt hat, die aber nun seinen idealisierenden Blick auf das neue Deutschland durchkreuzen.

Die Israelis werden durch Türen und Gänge in einen Durchsuchungsraum geführt, eine weitere Form jener Höhle, in der Vergangenheit und Gegenwart, Deutsche und Israelis aufeinandertreffen. „Warten sie, wir sind Touristen in Deutschland“, erklärt Shmuel dem Polizisten. „Und ich bin ein Polizist in Deutschland, also öffnen sie ihre Jacken und tun sie die Arme zur Seite“, entgegnet der Beamte in befehlendem Ton. „Warum“, fragt Shmuel. „Weil ich es befohlen habe“, antwortet der Beamte. Nicht zufällig erinnert auch diese Szene an Vergangenes, an Verhaftungen, Willkür und Demütigung. Verunsichert beobachtet Shmuel den Raum, sieht eine Gasleitung und eine Belüftungsklappe. Die Registrierung dieser transhistorischen Zeichen verknüpft sich mit sekundären Erinnerungen und dem Gefühl von Gefahr. Beim Abtasten findet der Beamte Shmuels Kette und fordert ihn auf, sie ihm zu zeigen. Shmuel holt den Davidstern hervor, in dieser Konstellation ein ambivalentes Zeichen, Erinnerung an das Stigma des Gelben Sterns und mit Stolz getragenes Symbol des jüdischen Staates. „Okay. We are finished“, erklärt der Deutsche nach kurzem Zögern. „Das ist nichts Persönliches, das ist unsere Arbeit“, sucht er sich zu rechtfertigen. „Sie wissen ja, was in der Welt passiert.“ Die Begegnungen zwischen Israelis und Deutschen, das verdeutlicht *Metallic Blues* von Anfang an, sind durch Störungen, Missverständnisse und Unterbrechungen

Abb. 17: In *Metallic Blues* verschmilzt in Shmuels Imagination die deutsche Gegenwart mit Vorstellungsbildern von Deportationen.

gekennzeichnet, die Bezüge zu einer nur unterschwellig präsenten, aber jederzeit auftauchenden Vergangenheit herstellen. Durch diese Störungen überträgt sich auch auf die Zuschauer ein Gefühl der Unsicherheit. Der temporale Status der Erzählungen ist nicht stabil. Es kommt zu paradoxen Situationen, die durch Brüche in der narrativen Kontinuität entstehen.

Ausgangspunkt solchen Zusammentreffens von Vergangenheit und Gegenwart, die den Erzählfluss des Films unterbrechen, sind – wie am Hafen bzw. im Zollgebäude – immer wieder Orte des Transits. Vom Balkon eines Hotels blickt Shmuel über die Stadt. Plötzlich verwandelt sich der leere Platz vor dem Haus. Aus dem nichts taucht eine Gruppe von Menschen auf, die von bundesdeutschen Polizisten zu einem Lastwagen geführt werden. Ein Junge versucht zu fliehen und wird von einem Beamten verfolgt. In Shmuels Imagination verschmelzen die ikonischen Bilder der Deportationen während des ‚Dritten Reiches' mit den Orten und Repräsentanten des ‚neuen' Deutschlands (Abb. 17). Erst Sissos Rufe holen ihn in die kalte Wirklichkeit zurück.

Die Reise nimmt eine andere Wendung als erwartet. Die beiden Israelis können den Wagen nicht wie geplant verkaufen. So entwickelt sich ein Roadtrip durch Deutschland, eine Reise, die gleichzeitig durch Gegenwart und Vergangenheit führt, auf der der Film verschiedene Ansichten von Deutschland präsentiert und doch zeigt, dass dieses Land – zumindest aus der Perspektive der Israelis – noch keine Normalität vermittelt.

Als Gegenstück zu der Szene auf dem Hotelbalkon und Shmuels traumhafter Begegnung mit der nicht vergehenden Vergangenheit fungiert eine andere Hotelszene im zweiten Teil des Films. Dem Luxus des ersten Hotels steht nun die armselige Peripherie, ein Deutschland der Migranten, Prostituierten und Obdachlosen gegenüber. Shmuel und Sisso finden ein kleines Hotel, das an jenes Hotel in Tel Aviv erinnert, in das in dem Film *Transit* der Emigrant Nußbaum vor seinem Abschied aus Israel gezogen war. Das Hotel in *Metallic Blues* ist eine weitere Variante des Hohlraums im „Katarakt der Zeiten", ein Ort des Übergangs, an dem unvorhergesehene Konstellationen und Begegnungen möglich werden. „Wo leben sie in Israel?", fragt der Besitzer die beiden Besucher auf Englisch, nachdem sie eingecheckt haben. „Woher wissen sie, dass wir dort herkommen?", entgegnet Shmuel. „Ich habe selbst dort ein paar Jahre gelebt", erklärt der alte Mann. Er habe in Tel Aviv in der städtischen Bibliothek gearbeitet, erzählt er den beiden Israelis, aber es habe nicht funktioniert. Der deutsche Jude, der – wie Thea ihre Kneipe – ein Hotel am Rande der Gesellschaft führt, könnte ein Doppelgänger Nußbaums sein, von jenem Emigranten, der in Israel nicht heimisch wurde, aber auch in Deutschland ein Fremder unter Fremden geblieben ist und sich dennoch zuhause fühlt. „Das hier ist ihr zuhause?", fragt Shmuel verständnislos. „Nach allem, was passiert ist?" Was solle er tun, er gehöre nun mal hierher, entgegnet der Mann. Dieses „hier" aber, so suggeriert der Film, ist nicht in erster Linie Deutschland, sondern dieser spezifische Transitort, direkt am Bahnhof gelegen, an dem auch Shmuel und Sisso eine Zuflucht finden. An diesem Ort, in einem ärmlichen Zimmer, in dem die Durchsagen der Zugverbindungen zu hören sind, zündet Sisso die Hanukkah-Kerzen an. Der Tradition entsprechend, dass das das Licht, welches für die Wiedereroberung des entweihten Tempels steht, wo wenige Tropfen Öl für acht Tage Licht spendeten, für alle zu sehen sein soll, stellt er sie ans Fenster, die Grenze und den Übergang zwischen dem israelisch-jüdisch besetzten Innenraum des Hotelzimmers und dem ambivalent gezeichneten Außen, Deutschland. „Für mich gibt es seit sechzig Jahren keinen Gott in diesem Land", entgegnet der alte Mann am Empfang, als Shmuel und Sisso ihn fragen, warum er zu Hanukkah keine Kerzen anzünde. Das jüdische Leben in Deutschland bleibt eines im Aufschub. Auch das Fenster mit den Kerzen wird in einer der folgenden Szenen wieder zu einem Übergang zwischen Vergangenheit und Gegenwart. Im Blick aus dem Zimmer auf den Bahnhof verwandeln sich plötzlich die ICEs in Deportationszüge. Traumatische Bilder, visuelle Ikonen der Vernichtung, steigen aus Shmuels ‚Erinnerung' auf.

Deutsche Vergangenheit und Gegenwart prallen aufeinander. In einer Kurzschlussreaktion greift Shmuel am Ende des Films einen Polizisten an. Auf der Flucht verstecken sich beide im Keller eines Hauses im Wald – einerseits die Wiederholung der Vergangenheit, des Überlebens von Juden im Versteck, andererseits ein Verweis auf das Kellerversteck von Immanuel in *Ha-Martef.* Wie in Natan Gross' Film beobachten Shmuel und Sisso verängstigt die Stiefel eines Mannes, der die Treppe heruntersteigt. Anders als in *Ha-Martef* und wie in den israelischen ‚Nazi-Gespenster'-Filmen bleibt die ‚Rache' aber aus. Der Film springt zurück zur vorherigen Szene. Was die Zuschauer sahen, war wieder eine Imagination Shmuels. Dieser hilft dem auf dem Boden liegenden Polizisten auf und erklärt sich dem verunsicherten Deutschen. Er erzählt von seiner Geschichte und der Geschichte seiner Eltern, der Verfolgung, der Shoah und Israel. „Wir gehen jetzt nach Hause", sagt Shmuel schließlich. „Jetzt haben wir ein Zuhause, nicht so wie damals." Am Ende lassen Shmuel und Sisso den Polizisten, ihr Auto und Deutschland zurück. Nur mit ihren Koffern in den Händen gehen sie der neuen-alten Heimat entgegen. Ein ikonisches Schlussbild, das wie der gesamte Film die Erinnerung an die Shoah, an Deportationen und Verstecke, Flucht und Neubeginn anhand von in Traumsequenzen eingeflochtenen Zitaten ikonischer Bilder in der deutsch-israelischen Gegenwart re-inszeniert. In diesen Übergängen zwischen Vergangenheit und Gegenwart, Deutschland und Israel ist *Metallic Blues* daher auch ein filmischer Versuch des Wiederholens und Durcharbeitens.

8.
Zuhause im Zwischenraum – Die Entdeckung geteilter Geschichte(n)

Während die israelischen ‚Gespenster-Filme' noch immer von einer als traumatisch erfahrenen Vergangenheit bestimmt sind, die insbesondere von der Zweiten Generation in Israel als verstörende Bürde erfahren wird, begannen sich israelische Filmemacher in den letzten Jahren zunehmend für die Entdeckung geteilter deutsch-israelischer Geschichte zu interessieren. Insbesondere Dokumentarfilme suchten nach Formen, deren Zwischenräume und Übergänge auszuloten. Diese Filme versuchen weniger, die Vergangenheit filmisch zu bewältigen, und sie verwenden die deutsch-jüdische Geschichte auch nicht als Projektionsfläche für die gegenwärtigen politischen Spannungen und Konflikte in Israel und zwischen Israelis und Palästinensern. In ihren Suchbewegungen sind sie eher an einer Wiederentdeckung vergessener, verborgener oder verdrängter Verbindungspunkte in der Geschichte interessiert. Damit durchkreuzen sie durchaus bekannte und tradierte Sichtweisen auf die deutsch-jüdische und deutsch-israelische Vergangenheit. Insbesondere ihre Konfrontation mit Deutschland und den Nazis als ‚Anderen', die nicht in geisterhaften Figuren abgespalten oder durch Idealisierung derealisiert werden, und das Ausloten von Grauzonen zwischen (jüdischen) Opfern und (deutschen) Tätern stellt in diesen Filmen dominante Geschichtsinterpretationen der israelischen Gesellschaft in Frage.

Verstörendes Erbe

Im Jahr 2007 entdeckte die israelische Filmemacherin Yael Hersonski in der israelischen Gedenkstätte Yad Vashem einen ihr unbekannten Film. Die Aufnahmen entstanden 1942 im Warschauer Ghetto und wurden von deutschen Kameraleuten zu Propagandazwecken gefilmt.[1] Die Tatsache, dass die Filme aus Warschau niemals öffentlich gezeigt und lediglich im Archiv verwahrt wurden, verdeutlicht, dass hier ein temporär aufgeschobenes visuelles Gedächtnis für eine spätere Nutzung produziert werden sollte. Doch diese spätere Nutzung durchkreuzte die ursprüngliche Intention der nationalsozialistischen Filmemacher, nach der vollständigen Zerstörung des Judentums mit den Aufnahmen aus den Ghettos das nationalsozialistische Judenbild an spätere Generationen von Deutschen zu vermitteln. Stattdessen wurden die Aufnahmen nach der Zerschlagung des ‚Dritten Reiches' zu Dokumenten des Leidensweges der europäischen Juden umfunktioniert: „Der heutige Blick sucht in den Filmbildern ein Zeugnis über das Leben von Juden in den Ghettos, vergisst aber dabei, dass eben diese Bilder von den Strategien der Nationalsozialisten vorgeformt worden sind."[2]

Als Ikonen des Leidens wurden die Naziaufnahmen also Teil eines visuellen Gedächtnisses der Opfer. Als Propagandabilder blieben sie Teil des nationalsozialistischen Erbes. Diese Ambivalenz prägt auch Hersonskis Archivrecherche in *A Film Unfinished* (*Geheimsache Ghettofilm*, IL/D 2010). Die Frage nach dem Stellenwert dieser verstörenden Archivaufnahmen für sie und ihre Generation bildete dabei den Ausgangspunkt ihrer Suche: „Was zeigen diese Bilder wirklich, und was zeigen sie nicht?", fragt der Kommentar, während die Filmrollen auf einer Sackkarre einen dunklen Gang entlanggefahren und dann in einen Projektor eingelegt und somit Operationen der Filmvorführung mit solchen der Spurensuche verbunden werden.

Neben solchen metafilmischen Arrangements und der Montage disparater Materialien greift Hersonski auch in den Lauf der Bilder ein und hält Aufnahmen an, um die zumeist letzten Abbilder jener

1 Vgl. Anja Horstmann: Film als Archivmedium und Medium des Archivs. In: Dies. / Vanina Kopp (Hrsg.): *Archiv – Macht – Wissen. Organisation und Konstruktion von Wissen und Wirklichkeiten in Archiven.* Frankfurt am Main / New York: Campus 2010, S. 190–205, hier S. 203.

2 Ebd., S. 204.

Menschen anblicken zu können, die nur kurze Zeit später deportiert wurden. Nachträglich fügt sie den stummen Archivbildern Geräusche hinzu und verstärkt damit den vermeintlichen Dokumentcharakter. Andererseits zeigt sie aber auch mediale Apparaturen wie Filmprojektoren, Fernseher oder Videorekorder, die auf den Vermittlungscharakter der Aufnahmen verweisen.

Schließlich kontrastiert sie die Archivbilder mit anderen überlieferten Zeugnissen und Materialien. Auszüge aus Tagebüchern, beispielsweise des Warschauer Judenratsvorsitzenden Adam Czerniaków, oder aus den geheimen Aufzeichnungen Emanuel Ringelblums und anderer Ghettobewohner bilden ein sprachliches Gegenarchiv zu den bildmächtigen visuellen Überresten der nationalsozialistischen Propaganda.[3] In dieser teilweise kontrastiven Gegenüberstellung von zwei gegenläufigen Gedächtnissen entsteht die eigentliche Dynamik der filmischen Spurensuche. Abseits bloß additiver oder illustrativer Aneinanderreihung von scheinbar gleichwertigen Quellen decken die Tagebuchauszüge den Propagandaschleier der Filmfragmente auf.

In Deutschland stieß dieser als naiv interpretierte Ansatz auf Kritik. Aus der Sicht einer in Deutschland seit vielen Jahren intensiv betriebenen historischen Forschung über die Shoah und insbesondere die Motivationen und die Rolle der deutschen Täter erschien der Gestus von Hersonskis Film, der suggerierte, den Archivfund erstmals aufzubereiten und so dem Vergessen zu entreißen, unangemessen:

> In Yael Hersonskis ‚A Film Unfinished' gibt es weder neue Bilder noch neue Erkenntnisse oder Einsichten. Vertieft das Filmmaterial aus dem Warschauer Ghetto unser Verständnis des Holocaust? Vielleicht, wenn es sensibel thematisiert und kontextualisiert werden würde. Um von Hunger und Massengräbern zu erfahren, brauchen wir es allerdings nicht. Und wohl auch kaum, um zu realisieren, dass die Nazis antijüdische Propaganda produziert haben.[4]

So relevant diese Kritik sowohl unter historischen als auch geschichtspolitischen Gesichtspunkten, insbesondere im deutschen

3 Vgl. Samuel D. Kassow: *Who Will Write Our History? Emanuel Ringelblum, the Warsaw Ghetto, and the Oyneg Shabes Archive.* Bloomington / Indianapolis: Indiana UP 2007.

4 Dirk Rupnow: Die Spuren nationalsozialistischer Gedächtnispolitik und unser Umgang mit den Bildern der Täter. In: *zeitgeschichte-online*, Oktober 2010. http://www.zeitgeschichte-online.de/md=AFilmUnfinished (Zugriff am 19.07.2014).

Kontext, ist, verdeutlicht sie doch auch einen zentralen Unterschied im Zugang zu diesem spezifischen Archivfilm und verweist auf die Zugehörigkeit dieser Aufnahmen zu zwei unterschiedlichen Gedächtnissen. Dirk Rupnow kritisiert den Film ausgehend von der Perspektive der deutschen Geschichtswissenschaft und im Wissen um die Zugehörigkeit dieser Aufnahmen zum visuellen Gedächtnis der Täter, die sie bis ins kleinste Detail planten und deren Perspektive die Bilder als historische Quelle determiniert. Hersonski geht es hingegen darum, die Aufnahmen ihrer eigenen Familiengeschichte und damit auch dem israelischen Filmerbe zuzuordnen. Sie fügt die verdrängten und ausgeschlossenen Bilder in ihr eigenes ‚Familienalbum' ein und stellt so eine andere genealogische Ordnung her. In einer Stellungnahme zu ihrem Film berichtete die Regisseurin über den Schock, der sie überfiel, als sie die Aufnahmen aus dem Ghetto das erste Mal sichtete: „My shock stemmed also from the fact that after so many years being an Israeli citizen, bombarded with so many films and images that concerned the Jewish Holocaust, I still didn't know anything about this film."[5] Als Enkelin einer Überlebenden füllten die Aufnahmen eine Lücke innerhalb ihrer Familiengeschichte und stellten eine Verbindung zu ihrer Großmutter her, die selbst nie von ihren Erlebnissen im Ghetto erzählt hatte.[6] Hersonski baute mit ihrem Film also um die verstörenden Ghettobilder ein filmisches Archiv, um dieses irritierende visuelle Erbe anders zu rahmen und um es anders – mit dem Blick einer Erbin und nicht einer Historikerin – anschauen zu können.

A Film Unfinished bezieht aber Vergangenheit und Gegenwart auch aufeinander, indem die historischen Filme, so wie in den auf visuellen Ikonen basierenden Erinnerungs- und Traumsequenzen von Shmuel in *Metallic Blues*, in der Gegenwart wieder aufgeführt werden. Allerdings konstruierte Hersonski dafür ähnlich wie die israelischen ‚Gespensterfilme' ein quasi-therapeutisches Setting. Sie ließ Überlebende die Filmaufnahmen in einem Kino auf der Leinwand anschauen und filmte die sich auf ihren Gesichtern abzeichnenden Reaktionen. Die Zuschauer werden dadurch – der beabsichtigten Zuschauerposition in *Balagan* entsprechend – in eine

5 Yael Hersonski: A Film Unfinshed. Director's Statement. In: *Bermuda Documentary Filmfestival.* http://bermudadocs.wordpress.com/2010/10/18/a-film-unfinished-directors-statement-by-yael-hersonski/ (Zugriff am 19.07.2014).

6 Dalia Karpel: Silence, Interrupted. In: *Haaretz*, 28.01.2011.

therapeutische Beobachterrolle gebracht, in welcher sich ihr Blick zunehmend von der kritischen Betrachtung der Archivaufnahmen hin zu einer voyeuristischen Suche nach Spuren von Traumatisierung auf den Gesichtern der Überlebenden verschiebt.[7] Unklar ist in diesen Sequenzen auch die Rolle der Überlebenden. Dienen sie als Medien zu einer entfernten Vergangenheit, geht es um eine Re-Traumatisierung, um so die Auswirkungen der Vergangenheit in der Gegenwart zu zeigen, oder intendiert das Setting die Entstehung eines transgenerationellen Familiengesprächs? Der unangenehme Eindruck des Voyeurismus belässt die Vorführungssituation in der Ambivalenz. Dadurch aber verbleiben auch die Bilder in einem Zwischenraum. Denn erst durch die ‚Spiegelung' auf den Gesichtern der Überlebenden wird die Differenz zwischen den Propagandabildern auf der Leinwand und der in Erinnerungen aufbewahrten historischen Erfahrung deutlich. So bleibt die Möglichkeit eines wirklichen Verstehens durch die Ghettobilder in *A Film Unfinished* letztlich aufgeschoben. Der unvollendete Ghettofilm wird zum Material einer filmischen Spurensuche, in der sich die Bilder letztlich der Ein-Ordnung entziehen und unleserlich bleiben. *A Film Unfinished* und seine filmischen Praktiken zur Untersuchung einer verstörenden Vergangenheit bleiben daher unabgeschlossen.

Ein unbekanntes Zimmer

Um eine eingekapselte Vergangenheit und wortwörtlich um ihr Erbe geht es auch in Arnon Goldfingers autobiographischem Dokumentarfilm *Ha-Dira.* Schon der Beginn des Films stellt einen Ort ins Zentrum, der durch ein Innen und ein Außen definiert wird: Eine Jalousie wird hochgezogen. Licht fällt in eine Wohnung. Staub wirbelt auf.[8] Das Außen ist Israel, die Stadt Tel Aviv. Das Innen ist das Erbe deutscher Einwanderer_innen. Ähnlich der Tel Aviver Wohnung in Dominik Grafs *Bei Thea* ist auch die Wohnung der Großmutter des Filmemachers ein transitorischer Ort. Mitten in Israel und doch nicht ganz dort, bildete sie für den jungen Arnon ein besonderes Reiseziel: „Ich durchquerte zu Fuß das Stadtzentrum

7 Vgl. Tobias Ebbrecht: Standhalten im Bilde? Die Kunst der Kunstlosigkeit und der filmische Umgang mit den Bildern des Grauens. In: *sans phrase* 2 (2013), S. 50–64, hier S. 62.

8 Vgl. Bert Rebhandl: Die dritte Generation. In: *die tageszeitung*, 14.06.2012. http://www.taz.de/!95273/ (Zugriff am 20.07.2014).

von Tel Aviv, stieg in den dritten Stock, drückte die Klingel, auf der ‚Tuchler' stand, und kam nach Berlin."[9]

Als topographischer Erinnerungsort ist die Wohnung seiner Großeltern Ausgangspunkt einer familienbiographischen und filmischen Reise in eine Vergangenheit jenseits klarer Zuordnungen von Tätern und Opfern, Juden und Deutschen. Diese Reise folgt den Spuren der Großeltern zurück in Zeiten der Verfolgung und deutsch-jüdischer Freundschaften, die quer zu den Spannungen der Geschichte standen. So entfaltet *Ha-Dira* eine komplexe Erzählung über jüdisches Leben im Vorkriegsdeutschland, Vertreibung, Auswanderung und die Freundschaft der Großeltern zu einem hochrangigen Nazioffizier. Gleichzeitig zeigt der Film die Begegnung Goldfingers und seiner Mutter mit dem heutigen Deutschland sowie der Tochter des ehemaligen Nazis, verdeutlicht Begegnungen und Übergänge, aber auch Brüche und unüberbrückbares Schweigen.

Den Ausgangspunkt dieser mehrschichtigen Reise zwischen Vergangenheit und Gegenwart, unterschiedlichen Generationen, Tätern und Opfern sowie Israel und Deutschland markiert der Tod von Goldfingers Großmutter und das unverhoffte und skeptisch beäugte Erbe, das ihren Kindern und Enkeln in die Hände fällt:

> Als meine Mutter Hannah die Verwandten zur Wohnungsauflösung einlädt, zeigt niemand großes Interesse an dem Erbe, das uns zugefallen ist, ebenso wenig an den Gefühlen, die es hervorruft. [...] Wir waren eingepflanzt in die israelische Erfahrungswelt und wollten nicht wahrhaben, dass die deutsche Herkunft irgendeinen Einfluss auf uns haben könnte.[10]

Es ist Arnon, der Enkel, der sich bei Tee und Apfelstrudel mit seiner Großmutter in Englisch unterhalten hatte, weil sie nie gut Hebräisch sprach und er es ablehnte, Deutsch zu lernen, der sich aufmacht, das Geheimnis dieses Erbes zu entschlüsseln. Was sich da vor der Familie und den Zuschauern ausbreitet, ist nicht nur ein Museum, sondern ein ganzes Depot deutscher Kultur der letzten acht Jahrzehnte. Kleider, Handschuhe, Bücher, alles landet auf den Betten oder dem Fußboden, fremd und skurril erscheinende Reliquien der Vergangenheit, die aber als Dinge aus einer anderen Zeit und Kultur gleichzeitig eine Verbindung zu dieser

9 Arnon Goldfinger: Ihr Freund, der Feind. In: *Die Zeit*, 16.05.2012. http://www.zeit.de/2012/21/Deutsch-Juedisches-Familiengeheimnis (Zugriff am 20.07.2014).
10 Ebd.

halten. „Durch die Objektwelt hindurch versucht dieser Film noch einmal zu der persönlichen Betroffenheit vorzudringen, die sich hinter Äußerlichkeiten verbirgt.“[11] Das gilt besonders für die unermessliche Zahl deutschsprachiger Bücher, die in einer Szene des Films aus den Regalen zu Boden flattern: Goethe, Schiller, Nietzsche – nutzlos, ungewollt und nicht gebraucht. Doch Arnon zogen und ziehen gerade diese Bücher „in ihren Bann, obwohl sie alle auf Deutsch geschrieben sind. Ich kann den Reiz, den diese Kultur auf mich ausübt, von der ich kein Wort lesen kann, nur schwer erklären.“[12]

Der Regisseur ist keineswegs ein untypischer Vertreter seiner Generation, der dritten nach der Shoah. Goldfinger wurde 1963 im Osten Tel Avivs geboren. Er sollte ein echter Sabre sein. Und trotz der geheimnisvollen Welt, die er in der Wohnung seiner Großmutter kennenlernte, wusste er genau, dass aus der Galut, der Diaspora, und insbesondere aus Deutschland nichts Gutes kommen konnte. Außer vielleicht guter Fußball. Dass der Junge 1974 bei der Weltmeisterschaft gerade für die Deutschen zitterte, durfte natürlich keiner wissen. Das ist heute anders. Ganz selbstverständlich hielt der Israeli dem deutschen Team bei der Europameisterschaft 2012 die Daumen, während der er seinen fertigen Film in Berlin vorstellte.[13] Die dritte Generation, vor allem die Enkel jener Einwanderer_innen, die aus Deutschland, aber auch osteuropäischen Ländern fliehen mussten und nach Israel einwanderten, begannen sich in den letzten Jahren stärker für die Geschichte, Herkunft und Sprache ihrer Vorfahren zu interessieren. Nicht nur, weil sie die Staatsangehörigkeiten ihrer Groß- und Urgroßeltern beantragen und auf diese Weise leichter nach Deutschland und in die EU übersiedeln können, ist die Geschichte der jüdischen Diaspora unter Teilen der israelischen Jugend wieder ein Thema. Junge Israelis lernen Jiddisch oder Deutsch und reisen an die Orte ihrer Familiengeschichten.

Ha-Dira reiht sich in diesen Trend ein und geht gleichzeitig darüber hinaus, denn der Film kreist nicht nur um das deutsche Erbe, sondern auch um ein beschwiegenes Familiengeheimnis, das neben und hinter der Fluchtgeschichte der Großeltern noch eine weitere

11 Rebhandl: Die dritte Generation.

12 Goldfinger: Ihr Freund, der Feind.

13 Vgl. Verena Hasel: Scham und Schweigen. In: *Der Tagesspiegel*, 21.05.2014.

Ebene deutsch-israelischer Begegnung tangiert. Eigentlich gibt es in *Ha-Dira* fünf Reisen, die sich ineinander verschachteln und miteinander überlagern. Die erste Reise ist die aus dem Außenraum Israel/Tel Aviv in den Innenraum der Wohnung, die „Enklave deutscher Kultur", die seine Großmutter dort geschaffen hatte.[14] Der Enkel „interessiert sich für die Geschichte, die darin erkennbar wird. Er stellt Fragen, die in seiner Familie nicht gestellt wurden. Für ihn ist die Wohnung nicht ein Raum, der zu leeren ist, sondern eine unerschöpfliche Quelle von Material".[15] Dieser ersten Reise, mit der der Regisseur seine früheren Jugendreisen aus dem Tel Aviver Außenbezirk ins Zentrum zu seiner Großmutter wiederholt, entsprechen zwei filmische Verfahren: die Suchbewegung, die den weiteren Fortgang und die Entwicklung des autobiographischen Dokumentarfilms bestimmt, und die Konservierung. Denn im Prinzip ist der Film selbst der letzte Damm, der vor der vollständigen Entleerung der Wohnung schützen soll, die seine Schlussbilder so eindringlich zeigen. Durch den Film bleibt alles aufbewahrt, liebevoll geordnet und sortiert in einem filmischen Familienalbum, das gleichzeitig viel mehr ist, weil es die Beziehungen zwischen den hier gesammelten Dingen und ihren ‚lost causes' sowohl zeitlich als auch räumlich entgrenzt. An dieser Stelle kommt die zweite Reise ins Spiel. Denn auch dieser Film ist eine umgekehrte Einwanderergeschichte. Er zeigt Goldfinger und seine Mutter, wie sie aus Israel nach Deutschland fliegen. Flugzeug und Bahn sind Transitorte, die Grenzen und Abgründe überbrücken, die die Geschichte hinterlassen hat. Dies ist nicht nur eine Reise in ein fremdes und doch vertrautes Land. Es ist auch eine Reise, die nach dem Grund des Familiengeheimnisses sucht und neue Begegnungen stiftet, die zu Beziehungen werden können (Abb. 18).

Diese beiden Reisen in der Gegenwart stehen wiederum in einem Zusammenhang mit drei Reisen, die in der Vergangenheit stattfanden. Die eine ist die erzwungene (Aus-)Reise von Goldfingers Großeltern 1936 von Deutschland nach Palästina. Nachdem sein Großvater, ein Richter, zwangsweise seine Anstellung verlor, entschied sich das Ehepaar, mit ihrer kleinen Tochter nach Palästina auszuwandern. Es ist dies also eine Reise, die eher eine Flucht

14 Rebhandl: Die dritte Generation.

15 Ebd.

Abb. 18: Flugzeug und Bahn als Orte des Übergangs in *Ha-Dira.*

gewesen ist und deren Ankunft, das wiederum dokumentiert die Wohnung der Großeltern, zumindest teilweise aufgeschoben blieb. Beim Abschied aus Deutschland stand ein anderes Ehepaar am Bahnhof. Die Tuchlers wurden von zwei Freunden begleitet, von Leopold Edler von Mildenstein und seiner Frau Gerda. Von Mildenstein aber ist zu diesem Zeitpunkt Leiter des Referats für Judenfragen im Reichssicherheitshauptamt. Beim Prozess in Jerusalem bezeichnete Adolf Eichmann ihn als seinen „Meister“.[16]

16 Goldfinger: Ihr Freund, der Feind.

Hinter der erzwungenen Reise ins Exil und dieser seltsamen Beziehung zwischen einem zionistischen deutschen Juden und einem deutschen Nazi lag noch eine weitere Reise:

> Vor knapp 80 Jahren, im Frühjahr 1933, brachen vier Menschen zu einer Reise auf. Von Berlin aus fuhren sie nach Italien, bestiegen in Triest die ‚Martha Washington' und legten ab nach Palästina. Die Fotos, die entstanden, erweckten den Eindruck einer Vergnügungsfahrt – Taubenfüttern in Venedig, Horizontblicke an Deck, Freunde unter sich. Dabei war der eine, Leopold von Mildenstein, Nazi und sollte 1935 Judenreferent im SD-Hauptamt und Chef von Adolf Eichmann werden. Der andere Kurt Tuchler, war Jude, einer der führenden deutschen Zionisten und wanderte schließlich aus.[17]

Diese Reise ist die Urszene, um die der Film herum bohrt und gräbt, immer weiter reist und fragt. „Auf der Rückfahrt nach Tel Aviv rauschen die Landschaften am Autofenster vorbei", erinnerte sich Goldfinger an den Moment, als er zum ersten Mal von der Beziehung zwischen seinen Großeltern und den von Mildensteins erfuhr.

> Sie rufen mir das Wunder der Entstehung des Staates Israel ins Gedächtnis - trotz all der vielen Probleme und Konflikte ein Ort, der Juden aus aller Welt eine Heimat verspricht. Doch beim Nachdenken über meine Großeltern werde ich das Gefühl nicht los, dass sie trotz ihres Festhaltens an der zionistischen Ideologie in diesem Land nie richtig Fuß gefasst, sich ihm nicht hingegeben haben.[18]

Dinge kommen im Verlauf von Goldfingers Spurensuche zum Vorschein, Objekte wie eine Sondermünze, auf der zwei scheinbar unvereinbare Symbole eingeprägt sind: ein Davidstern und ein Hakenkreuz. Aber auch unterbrochene und weitgehend vergessene Lebensgeschichten drängen an die Oberfläche, wie das Schicksal von Goldfingers Urgroßmutter. Aus der Wohnung, in die in den ersten Sekunden des Films ein erster Lichtschein fällt, in dem der aufgewirbelte Staub schimmert, wird ein Ort, an dem sich die Spuren der verdrängten Beziehungen und der nicht betrauerten Toten abgezeichnet haben.

Schließlich aber bleiben auch alle diese Geschichten in einem Stadium der Unabgeschlossenheit. Wie *A Film Unfinished* will und kann auch *Ha-Dira* keinen Strich unter die Geschichte ziehen. Dies ist auch deswegen unmöglich, weil sich aus der familiären Spurensuche

17 Hasel: Scham und Schweigen.

18 Goldfinger: Ihr Freund, der Feind.

eine doppelte Familiengeschichte entwickelt. Im Verlauf seiner Recherchen stieß Goldfinger auf Edda, die Tochter der von Mildensteins, die kürzlich wieder in das Haus ihrer Eltern nach Wuppertal zurückgezogen war. Zu Goldfingers Überraschung kann sich Edda an seine Großeltern erinnern. Nach Kriegsende erneuerte sich die Beziehung zwischen den Ehepaaren. Die fünfte Reise, die der Film thematisiert, ist die seiner Großeltern ins Nachkriegsdeutschland, die sie, ohne Wissen ihrer Familie in Israel, wiederholt auch zu den von Mildensteins führte: „Solange ich denken kann, stiegen sie jeden Sommer ins Flugzeug und flogen nach Deutschland. Das waren keine gelegentlichen Urlaubsreisen, Jahr für Jahr kehrten sie für zwei, drei Monate in ihre Heimat zurück", erinnert sich Goldfinger.[19] „Ich habe das Gefühl, dass von hier an alles nur noch komplizierter werden kann", dachte sich Goldfinger in diesem Moment. „Ich denke, ich werde jetzt nach Deutschland fahren."[20]

Das tat er, in seiner Rolle als Enkel, als Sohn und als Regisseur. Deutschland und Israel bilden in diesem Film eine komplexe Beziehung. Sie sind auf vielfältigen Ebenen verbunden, sie sind im jeweils anderen Land präsent, und sie bleiben doch auch voneinander getrennt. Zu diesem Eindruck des Wechselspiels von Nähe und Distanz, von Einheit und Differenz trägt die spiegelbildliche Struktur des Films bei. Der Wohnung der Großeltern entspricht die Wohnung der Familie von Mildenstein, einer – in den Worten der Tochter – „unfassbaren Sammlung von Bildern, Tagebüchern und Briefen ihrer verstorbenen Mutter", in der Edda Milz von Mildenstein geschäftig wühlt und trotzdem den Kern ihrer Familiengeschichte, die Tatsache, dass ihr Vater ein hochranginger Nazi war, auszublenden versucht. Edda ist somit in gewisser Weise auch selbst ein Spiegelbild des Regisseurs.[21] Diese Spiegelbildlichkeit begründet die Spannung, die die Begegnungen der beiden charakterisiert. In diesen Begegnungen sind Vertrautheit und Zuneigung ebenso spürbar wie Abwehr und Distanz, aber letztlich zeigen sie die Unmöglichkeit einer deutsch-jüdischen bzw. deutsch-israelischen

19 Ebd.

20 Ebd.

21 Vgl. Ofer Ashkenazi: Homecoming as a Dead End: Place and Displacement in the New Israeli Documentary Film. In: *Jewish Culture and History*, 25.07.2014. http://dx.doi.org/10.1080/1462169X.2014.939415 (Zugriff am 22.10.2014), S. 1–22, hier S. 12.

Symbiose. Eine wirkliche Begegnung bleibt auch in *Ha-Dira* aufgeschoben. Denn sie müsste das Aussprechen und Anerkennen der Differenz von Täter und Opfer durch die Grauzonen und Ambivalenzen hindurch zur Voraussetzung haben.

> So zeigt der Film [...] stellvertretend für seine Generation [...] eine markante Spannung auf: Die Versöhnung zwischen Deutschland und Israel, zwischen deutscher und jüdischer Kultur, wie die Tuchlers und Mildensteins sie nach dem Zweiten Weltkrieg anscheinend problemlos vollzogen hatten, steht immer unter dem Vorbehalt von beschwiegenen Wahrheiten.[22]

Statt diese Spannung aufzulösen, sucht Goldfinger sie in Bewegung umzuwandeln, die verschiedene Situationen der Begegnung stiftet. Er begegnet seinen verstorbenen Großeltern, setzt Mosaiksteine einer Familiengeschichte zusammen, folgt dem Gefühl der Anziehung durch Deutschland und die deutsche Kultur und macht trotzdem die Ambivalenz dieser neu gestifteten Beziehung zum Land der Täter deutlich. Schließlich aber steht im Mittelpunkt die Begegnung zwischen Mutter und Sohn. „Der Film war nicht leicht für mich", gesteht Hannah, Goldfingers Mutter, nach dessen Fertigstellung, „aber ich habe es für Arnie getan, und es hat uns einander nähergebracht."[23]

Vor dem Start des Films in Deutschland reiste Arnon Goldfinger ein weiteres Mal nach Deutschland. Wieder war sein Ziel das Haus der von Mildensteins in Wuppertal. Er wollte Edda Milz von Mildenstein den fertigen Film zeigen, bevor ihn das deutsche Publikum zu sehen bekam:

> Ob sie jedoch verstand, was der Regisseur ihr da im Wohnzimmer zeigte, bezweifelt ihr Mann Harald Milz. Am Telefon erzählt er, dass seine Frau an Alzheimer erkrankt sei. ‚Arnon hatte Glück, dass er sie noch filmen konnte.' Über die Besuche Goldfingers habe sie sich immer gefreut, ‚das Gefühl war: Da kommt der Enkel von Freunden ihrer Eltern', sie habe ja sehr an ihrem Vater gehangen.[24]

Ha-Dira zeigt, dass sich in die deutsch-israelischen Behausungen keine letzte Ordnung bringen lässt. Aber es ist auch unmöglich, sie einfach leer zu räumen, um sie neu einzurichten. Der Film konserviert einen Moment, der gleichzeitig ein Übergang ist. In diesem Übergang können neue Beziehungen gestiftet werden, durch die

22 Rebhandl: Die dritte Generation.

23 Hasel: Scham und Schweigen.

24 Ebd.

sich weitere Schichten des Verleugnens, Vergessens und Erinnerns an die unabgeschlossenen deutsch-jüdischen Geschichten anlagern.

Reisen in die Vergangenheit

Während Arnon Goldfinger in *Ha-Dira* deutlich macht, dass Deutschland zu einem Ort geworden ist, den er zwar als Teil seiner eigenen Identität akzeptieren, der aber Israel nicht ersetzen kann, ist *Farewell Mr. Schwarz* (*Schnee von Gestern*, D/IL 2013, R: Yael Reuveny) eine nachträgliche Spurensuche, die in gewisser Weise der Entscheidung einer Vertreterin der dritten Generation aus Israel für ein Leben in Deutschland folgt. Die deutsch-israelischen Filmgeschichten entstehen an neuen biographischen Schnittstellen, die eine Folge der großen Zahl von Israelis sind, die in den vergangenen Jahren nach Deutschland und vor allem nach Berlin gezogen sind. Und die deutsch-israelischen Spurensuchen bestimmen daher auch die Versuche, sich selbst – als Israeli – in Deutschland und die deutsche Geschichte einzutragen, sich gewissermaßen in einer neuen, selbstgewählten Heimat zu verwurzeln. Für viele Israelis wird die Reise nach Deutschland erst zum Ausgangspunkt für ein wachsendes Bewusstsein für ihre eigene (Familien-)Geschichte, eine Geschichte, die über die Gründung des Staates Israels hinausreicht und zum Anlass wird, sich angesichts der ambivalenten deutschen Umgebung manchmal erstmals mit ihrem Jüdischsein auseinanderzusetzen.

Yael Reuveny kam 2005 nach Berlin. Sie entstammt einer typischen israelischen Familie. Die Familie ihres Vaters wanderte einst aus dem Irak nach Israel ein. Die Mutter ihrer Mutter überlebte die Shoah und kam nach ihrer Befreiung aus Vilnius nach Palästina. Reuveny, und darauf basiert auch ihr autobiographischer Film, ist also Tochter, Enkelin und Israelin. Aber sie ist auch Regisseurin, hat an der Sam-Spiegel-Filmschule in Jerusalem studiert und realisierte mit *Farewell Mr. Schwarz* ihren ersten Film in Deutschland, einen Dokumentarfilm über ihre Familie. Wie in den meisten autobiographischen Dokumentarfilmen verschränken sich beide Rollen. Doch stärker als *Ha-Dira* folgt *Farewell Mr. Schwarz* einem Script, ersetzt die fließende Bewegung der Suche durch die Struktur der Analyse und überlagert die Unsicherheit des autobiographischen Ichs mit dem selbstbewussteren der Filmemacherin. Dadurch wird der Film zwar nicht zur Therapie, die vorgibt, die komplexe Familiengeschichte, die sich zwischen Israel und Deutschland entspinnt, zu bewältigen. Aber *Farewell Mr. Schwarz* bekommt den Charakter eines Manifests, das die Entscheidung der Filmemacherin für Berlin aus der Geschichte heraus legitimieren soll.

Auch Reuvenys Film basiert auf einer Urgeschichte, einer „imaginären Szene", um die sich eine Vielzahl von Reisen und Begegnungen herum lagern.[25] An seinem Beginn steht eine Straßenbahnfahrt durch Berlin. „Ich dürfte wegen der Geschichte meiner Großmutter eigentlich nicht hier sein", berichtet die Filmemacherin aus dem Off. „Hier", das ist Berlin. Warum Yael Reuveny hergekommen ist, erfahren die Zuschauer nicht. War es der Wunsch, auszuziehen aus dem fürsorglichen Elternhaus, war es eine bewusste Entscheidung gegen eine gefühlte Enge der israelischen Gesellschaft, waren es Liebe oder Freundschaft oder gar die Vergangenheit ihrer Familie, die sie an diesen Ort gebracht haben? Reuveny blickt aus dem Fenster der Bahn. Draußen ist es regennass und fremd. Deutschland, das ist am Anfang des Films ein befremdliches Land.

Die zweite Protagonistin, die in dieser Eröffnungsszene zur Sprache kommt, ist abwesend. Mit Reuveny ist ihre Großmutter nach Deutschland gekommen, die längst nicht mehr lebt und die aus ihrer Erfahrung der Verfolgung, als Reaktion auf den Mord an beinahe ihrer gesamten Familie, eine Verbindug zu Deutschland zeitlebens ablehnte. Die dritte Protagonistin des Films ist in dieser Szene ebenfalls abwesend. Sie ist die Bewahrerin des Erbes ihrer Mutter, engagiert sich in Israel in einem kleinen Museum zum Andenken an die Juden aus Vilnius und erinnert ihre Tochter daran, dass Deutschland niemals eine neue Heimat sein kann. Zur Mutter zurück führt Reuvenys erste Reise. Israel ist das Zuhause. Was das aber ist, kann sie mit ihren Eltern nicht befriedigend klären. Es bleibt das Gefühl, dass nur ein Zufall die Familie hierher brachte. Reuveny nennt das: „Die Klaue der Geschichte."[26]

Denn neben der neuen Familie und der ermordeten Familie gibt es auch noch eine verlorene Familie. Mit ihr verbindet Reuveny eine

25 Andreas Busche: Eine zerbröselte Familie. In: *die tageszeitung*, 10.04.2014. http://www.taz.de/!136469/ (Zugriff am 20.07.2014).

26 Hannah Pilarcyk: Eine zerrissene Familie. In: *Spiegel Online*, 10.04.2014. http://www.spiegel.de/kultur/kino/doku-schnee-von-gestern-ueber-getrennte-geschwister-startet-a-963518.html (Zugriff am 20.07.2014).

Reise ohne Begegnung, eine „Nichtgeschichte", die in Form einer Geschichte der verpassten Möglichkeiten tradiert wurde. Nach der Befreiung reisten zwei Geschwister ins polnische Łódź, um dort überlebende Verwandte zu finden. Der Krieg hatte die Familie getrennt. Der Bruder, Feiv'ke, war in ein Konzentrations- und Arbeitslager im brandenburgischen Schlieben verschleppt worden, die Schwester, Michla, kam ins Ghetto Wilna. Keiner ihrer Verwandten überlebte. In Łódźerfährt Michla, dass ihr Bruder noch lebt. Die beiden sollen sich am Bahnhof treffen. Doch ein von Polen gelegtes Feuer hatte in der Nacht zahlreiche jüdische Flüchtlinge in einer Unterkunft getötet. Michla verliert ihren Bruder Feiv'ke ein zweites Mal und wandert im Bewusstsein, die einzige Überlebende ihrer Familie zu sein, nach Palästina aus.

Der Bahnhof von Łódź, ein Nicht- und Transitort, steht stellvertretend für die verpasste Begegnung der Geschwister und eine nicht realisierte Zukunft. Statt ihres geliebten Bruders hat Michla nichts, als sie in Palästina ankommt. Nichts als die Trauer um den Verlust ihrer Freunde und Verwandten. Auf dieser Trauer gründet sich eine neue Familie. Feiv'ke Schwarz aber hatte den Krieg und auch das Feuer überlebt. Die verpasste Begegnung spülte ihn zurück nach Deutschland, nach Schlieben an den Ort seiner Pein. Hier heiratete er, gründete eine Familie, wurde leitender Angestellter einer DDR-Handelsorganisation und Mitglied im örtlichen Fußballverein. Die Geschwister sahen sich nie wieder. Diese verpasste Möglichkeit ist der Ausgangspunkt für Reuvenys filmische Spurensuche. Sie „reist zu den Orten der Geschichte, nach Lodz, nach Schlieben, nach Cottbus, wohin es die Verwandtschaft verschlagen hat."[27]

Reuvenys Reise ist keine fortschreitende. Sie folgt vielmehr einer Pendelbewegung. Mehrfach kehrt die Filmemacherin dabei auch nach Israel zurück. Hier sind die Frauen dreier Generationen vereinigt, stehen Mutter und Tochter am Grab ihrer Großmutter und erweitert sich die Familie – erst um Steine, die der unbekannte Cousin Reuveny nach Israel mitgegeben hat, und dann um dessen Neffen Stefan. Hier, das wird im Verlauf des Films immer deutlicher, vollzieht sich aber auch eine Entwicklungsgeschichte, die der Film erzählen will. Denn die Heldin dieser Geschichte ist nicht

27 Ulrich Seidler: Suche ist Denken. In: *Frankfurter Rundschau*, 10.04.2014. Nach dem Ende der DDR hatte der in Deutschland lebende Sohn von Peter Schwarz erstmals Kontakt zum israelischen Teil der Familie aufgenommen.

die Filmemacherin, sondern ihre Mutter, in deren Gesicht sich die Wandlung abzeichnet.

Wie die Aufstellung am Grab der Großmutter verdeutlicht, folgt *Farewell Mr. Schwarz* der Anordnung einer Familienaufstellung.[28] Die Struktur des Films entspricht einer generativen Reihung. Der erste Teil rekonstruiert das Leben von Reuvenys Großmutter und ihrem verloren geglaubten Bruder Feiv'ke, der in der DDR zu Peter Schwarz wurde, aus der Perspektive der ersten Generation, wobei „das Bild, das das Hinterfragen des Erzählten und Verschwiegenen hervorbringt, immer komplexer, also auch reicher an Rätseln wird."[29]

Der zweite Teil wendet sich der zweiten Generation zu. In ihrem Zentrum steht die Begegnung mit Uwe, Peter Schwarz' Sohn, der nach der sogenannten Wende Kontakt zu den Verwandten in Israel aufnahm. Uwe ist gleichzeitig – ähnlich der deutsch-israelischen Konstellation in *Ha-Dira* – Reuvenys ‚Doppelgänger'. Er steht zwar als Stellvertreter der zweiten Generation spiegelbildlich Reuvenys Mutter gegenüber, aber anders als diese ist er weniger Verwalter des familiären Erbes als dessen Archäologe. Wie Reuveny sucht er nach Spuren und fehlenden Puzzleteilen. Neben der Familiengeschichte setzt sich dabei auch eine neue Familie zusammen, vor allem während der gemeinsamen Reisen an die Kindheitsorte der Geschwister. Kann man eine neue Familie gründen? Wir sind es schon, ist sich Uwe sicher. Ihre Wurzeln haben in Israel und Deutschland ausgeschlagen, aber sie reichen noch tiefer in die europäische Geschichte.

Das dritte Kapitel des Films widmet sich der dritten Generation. Der Filmemacherin gegenüber steht Stefan, der Enkel von Peter Schwarz. Bei ihm scheint sich das verschüttete Erbe wieder neu zu realisieren. Es zeigt sich in seiner Offenheit gegenüber jüdischer Religion und Tradition, der Neugier auf jüdische Geschichte und der Verbundenheit mit Israel. Darin ist Stefan auch eine Gegenfigur zu Reuveny selbst. Er reist schließlich nach Israel und vollzieht damit auch eine alternative Bewegung zu der von Yael.

In diesen Begegnungen und Nichtbegegungen von Menschen und Orten folgt die Suchbewegung in *Farewell Mr. Schwarz* also einer

28 Busche: Eine zerbröselte Familie.

29 Seidler: Suche ist Denken.

synchronen und gleichzeitig diachronen Struktur. Angeordnet als Generationenfolge in der Zeit, zeigen sich an verschiedenen Orten immer auch Zeitschichtungen, und schließlich spiegeln sich die Protagonisten innerhalb der Generationenfolge. Drei Frauen auf der israelischen Seite, die eine davon abwesend, stehen drei Männern, ebenfalls einer davon abwesend, auf der deutschen Seite gegenüber. Nur die beiden Abwesenden hatten eine persönliche Beziehung und teilten eine gemeinsame Geschichte. Die Nachgeborenen müssen diese erst aufbauen und die „zerbröselte" Familiengeschichte zusammensetzen.[30]

Die Orte, an die Reuveny reist, geben dabei keine letztgültigen Antworten preis. „Fremd, fast schon bizarr ist diese Kleistadt-Welt aus der Perspektive der Filmemacherin. Die Begegnungen mit ihren Verwandten [...] sind satt von gutwilligem Missverstehen."[31] Dazu trägt auch die Sprache bei, ein System vielschichtiger Übersetzungen, das die Schwierigkeiten dieser Verständigung verdeutlicht: „Nicht nur die Anwesenheit der Kamera, auch die Verständigungsschwierigkeiten sorgen für gedankliche Konzentration und Entschleunigung, die dem Film gut tut."[32] An diesen Stellen wird in besonderer Weise deutlich, dass es keine einfache Synchronisierung der beiden gegenläufigen Erinnerungen und Erfahrungen geben kann.

Am Ende steht der Abriss jenes Nicht-Ortes, des Bahnhofs in Łódź, der durch die verpasste Begegnung der beiden Geschwister die Suchbewegung des Films letztlich ausgelöst hat. Dieser Abriss liefert ein symbolisches Bild. Neue Beziehungen sind gestiftet, der Zwischenraum verpasster Möglichkeiten wird daher überflüssig. Trotz der Ambivalenz, die den Film bis zum Ende durchzieht, „spürt man neben der unvermeidlichen Melancholie auch die Erleichterung von Yael Reuveny darüber, dass die Geister der Vergangenheit keine absolute Macht über die Gegenwart haben."[33]

Reuveny hat ihre neue deutsche ‚Wohnung' auf- und ausgeräumt. Die Unsicherheit des autobiographischen Ichs angesichts der ambivalenten Situation einer Israeli in Berlin konnte das Filmemacher-Ich

30 Vgl. Busche: Eine zerbröselte Familie.

31 Seidler: Suche ist Denken.

32 Ebd.

33 Andreas Platthaus: Gespenstisches zwischen Deutschland und Israel. In: *Frankfurter Allgemeine Zeitung*, 09.04.2014.

in eine Geschichte bannen, an deren Ende eine letzte Reise steht. Trotz jahrelanger Widerstände sind Reuvenys Eltern nun bereit, ihre Tochter in Berlin zu besuchen. Im Vergleich zu der Straßenbahnfahrt durch eine graue und triste Stadt haben sich die Farben nun aufgehellt. Die israelische Familie steht staunend vor dem Reichstag, dem neuen-alten Symbol der deutschen Hauptstadt. Davor wächst grünes Gras, darüber steht blauer Himmel, die schwarz-rot-goldenen Fahnen flattern leuchtend im Wind. Nun wird klar, dass die Spurensuche eigentlich eine Entwicklungsgeschichte erzählt, als deren Heldin Reuveny ihre Mutter bestimmt hat. Darum muss diese am Ende nach Deutschland kommen, damit die gespenstische Ambivalenz der weiterhin präsenten Vergangenheit gedämpft wird und Yael wirklich ankommen kann.

Dieser Wunsch nach Ankunft aber bleibt immer mit den Spannungen konfrontiert, die die deutsch-israelischen Beziehungen weiterhin bestimmen. Diese Spannungen sind es aber auch, die neue Konstellationen in der deutsch-israelischen Geschichte und Gegenwart möglich machen und damit Geschichten, wie jene in *Farewell Mr. Schwarz* oder *Ha-Dira*, erst zum Vorschein bringen. Statt des Entweder-Oder zwischen Israel und Deutschland, für das letztlich der Wunsch anzukommen weiterhin steht, entwickeln sich deutsch-israelische Zwischenräume, entsteht ein Nebeneinander, das gerade durch Filme seinen Ausdruck finden kann. Gerade die Montage bringt Menschen und Orte zusammen, zwischen denen ansonsten keine Beziehungen gestiftet werden könnten, und Filmgeschichten leben von Begegnungen, die prozesshaft und kontingent verlaufen, in denen Übergänge und Unterbrechungen einen wichtigen Platz einnehmen.

In den letzten Jahren sind mehrere Filme entstanden, die von solchen Zwischenräumen erzählen, in denen die deutsch-jüdische bzw. deutsch-israelische Vergangenheit zunehmend in den Hintergrund rückt, ohne dabei zu verschwinden. Diese Filme öffnen Zwischenräume und bilden selbst Übergänge, an denen innerhalb und durch die Filme Begegnungen zwischen Deutschland und Israel möglich werden, in denen die Spannungen nicht aufgehoben sind, sondern zum Ausgangspunkt unvorhergesehener Konstellationen und eines Nebeneinanders jenseits des letzten Ankommens werden können.

Zurück in die Zukunft

Von einem solchen Nebeneinander, durch welches die Schichten von Geschichte und Gegenwart durchsichtig und durchlässig werden, erzählt beispielsweise Eran Riklis in *Playoff*, einem Film, der vom Leben des israelischen Basketballtrainers Ralph Kein inspiriert ist. Klein, selbst Flüchtling aus Europa und deutsch-ungarischer Herkunft, war einer der erfolgreichsten Trainer in Israel. Anfang der 1980er Jahre entschied er sich, von seinem Verein Maccabi Tel Aviv in die Bundesrepublik zu gehen, um dort die erfolglose Nationalmannschaft zu trainieren. In Israel stieß seine Entscheidung auf Unverständnis und Proteste.

In *Playoff* heißt Klein Max Stoller. Stoller kommt nach Frankfurt, um Basketball in der Bundesrepublik zu einem erfolgreicheren Sport und das Nationalteam fit für die Olympischen Spiele zu machen. Wenn er nach seiner persönlichen Beziehung zu Deutschland, seiner Kindheit und Jugend in Frankfurt gefragt wird, weicht Stoller aus und verweigert eine Antwort. So wie Eyal in *Walk on Water* versucht auch Stoller, seine Kenntnis der deutschen Sprache zu verbergen. Er kommuniziert in Englisch mit den Spielern, Sportfunktionären und Journalisten und nur am Telefon mit seiner Familie sind einige hebräische Sätze zu hören.

Trotzdem wird Stoller in Deutschland vor allem als Jude und Israeli mit deutschen Wurzeln wahrgenommen und so mit einer öffentlichen Debatte über Schuld und Versöhnung konfrontiert. Diese gegenläufigen Bezüge zur Vergangenheit werden in dem Konflikt zwischen Stoller und dem Kapitän der Basketballmannschaft Thomas gespiegelt. Dieser rebelliert gegen Stoller. Der Grund dafür liegt in einem Gefühl nationaler Kränkung. Thomas projiziert in den Trainer aus Israel den Grund für eine empfundene ‚nationale Schande', den Grund dafür, dass sein Vater, im Krieg ein deutscher Held, heute ein verkannter und gebrochener Mann ist. Die Idealisierung des Vaters kippt in die Anklage gegen das Opfer.

Auf der anderen Seite ist Stoller selbst nicht in der Lage, sich mit seiner eigenen Geschichte zu konfrontieren. Die Professionalität des Sportgeschäfts ist auch eine Schutzhülle, um sein eigenes Schuldgefühl einzukapseln. Neben einem Gefühl der Schuld aufgrund seines Glücks, entkommen zu sein, ist dies auch eine ganz konkrete Schuld. Der Vater blieb in Deutschland zurück, in den Händen der Gestapo. Der Sohn machte sich in seiner kindlichen

Vorstellung dafür verantwortlich, weil er ungehorsam gewesen war und ein Stück Kuchen in der Konditorei gestohlen hatte.
Stoller schließt diese Vergangenheit aus. In Frankfurt, seiner ehemaligen Heimatstadt, wohnt er in einem Hotel. Der anonyme Ort ist ohne jede Geschichte, genauso wie die Sporthalle, die für ihn einen sicheren Rückzugsort bietet. Doch als er mit einem Fernsehteam durch die Stadt fährt, um einen Bericht über Basketball in Deutschland zu machen, trifft ihn seine Vergangenheit hart und unerwartet. Vor dem Fenster des Aufnahmewagens ziehen Straßenlandschaften vorbei. Umgeben von einem Gerüst, ein baufälliges Relikt vergangener Zeiten, taucht die Konditorei aus seiner Kindheit vor dem Fenster auf. Eine Erinnerungslandschaft entsteht vor den Augen des Protagonisten und der Zuschauer, die gleichzeitig fremd und vertraut wirkt. Andere Menschen haben auf den Straßen und an den Häusern ihre Spuren hinterlassen. Hier leben nun hauptsächlich sogenannte Gastarbeiter, Arbeitsmigranten, die aus der Türkei oder Nordafrika nach Deutschland geholt wurden, mit ihren Familien. An den Hauswänden hängen nun Plakate von Hausbesetzern und linksautonomen Gruppen. „Erkennen sie etwas wieder", fragt der Journalist den israelischen Trainer auf Englisch. „Nein, nichts", entgegnet Stoller zögerlich. „Alles hat sich verändert." *Playoff* inszeniert in dieser Szene eine komplexe Situation der Begegnung. Während die Kamera, durch Tracking Shots, langsame Schwenks und zögerliche Fahrten die genaue Beobachtung dieser bekannten und gleichzeitig fremden Welt durch den Protagonisten unterstreicht, leugnet Stoller vor der innerdiegetischen Kamera des Fernsehteams seine Betroffenheit. Das professionelle Setting, das ihm dazu verhilft, sein Schicksal zu einem von vielen, zu einer „ganz gewöhnlichen Kindheit in jener Zeit" zu machen, wird unerwartet unterbrochen. Ein türkisches Mädchen tritt im Hintergrund in den Ausschnitt der Fernsehkamera. Der Kameramann muss den Dreh abbrechen, fordert das Mädchen auf, aus dem Bild zu gehen. Stoller wendet sich zu dem Mädchen um. Ihre Blicke treffen sich. Und schon diese Verbindung der beiden Figuren durch ihren Blickwechsel und ihre Anwesenheit in einem Bildausschnitt deutet an, dass beide etwas miteinander teilen (Abb. 19). Auch Sema hat ihren Vater verloren und macht sich für dessen Verschwinden verantwortlich. Der Israeli und die junge Türkin sind Fremde in diesem Land, das auf sie durch den Sucher einer Kamera guckt. Als Sema

Abb. 19: Ungeplant treffen sich in *Playoff* die Blicke des israelischen Basketballtrainers Max Stoller und der Einwanderin Sema vor einer Fernsehkamera.

aus dem Blickfeld des Kameramanns tritt, rempelt sie diesen kurz an, ein Akt der Opposition gegen diesen voyeuristisch-exotisierenden Blick.

Auch Stoller unterbricht den Dreh und lässt die Journalisten zurück, die sich nicht für seine Arbeit, sondern nur für die Vergangenheit und seine Rolle als Israeli in Deutschland interessieren. Abends im Hotel sieht er den Bericht im Fernsehen. Das Publikum hört nur den Ton. Eine Stimme mit der deutschen Übersetzung legt sich über die zusammengestückelten englischsprachigen Aussagen Stollers. Doch die Resonanz des Fernsehreports spiegelt sich auf dem Gesicht Stollers, das die Filmkamera fixiert. Im nächsten Moment wird die Leinwand von flirrenden Streifen gefüllt. Stoller blickt aus dem Fenster eines U-Bahnzuges. Er begibt sich auf die Reise zurück an diesen Ort seiner Kindheit, die ihn nicht los lässt. Der Zug, die Rolltreppen einer U-Bahn-Station, die Transitorte kennzeichnen diesen Moment als einen Moment des Übergangs.

Sein Weg führt ihn zurück zu der Konditorei. Wie die Wohnung in *Ha-Dira* birgt auch dieser Ort ein Geheimnis. Wie sie und die Wohnung der deutschsprachigen Einwanderer_innen in *Bei Thea* hat dieser Ort eine Innen- und eine Außenseite. Stoller steht im Schein der Straßenlaternen vor dem Schaufenster wie vor der Vitrine eines Museums und blickt auf einen weiteren Hohlraum im „Katarakt der Zeiten“. In einem geisterhaften Gegenschuss blickt

Abb. 20: Die Scheibe der Konditorei konstituiert in *Playoff* einen Übergang zwischen Vergangenheit und Gegenwart.

das Geschäft zurück. Durch die Scheibe sieht man Stoller. Im Hintergrund, auf der anderen Straßenseite, leuchten Reklameschilder für ein Döner-Restaurant. Stoller steht genau in diesem Zwischenraum. Zwischen dem Relikt seiner Kindheit, dem geheimnisvollen Ursprung seines Schuldgefühls, und dem Frankfurt der Einwanderer_innen und Migrant_innen (Abb. 20). Deren Welt ist es, die ihm dabei hilft, in seine Vergangenheit zurückzukehren. Als Stoller aus dem Dunkel einer Häusernische in der nächsten Einstellung zum Fenster seiner ehemaligen Wohnung emporguckt, sieht er dort Deniz, die alleinerziehende Mutter von Sema. Wie in der Begegnung mit Sema macht auch hier die Anordnung der Blicke bereits

deutlich, dass Deniz und Stoller einander zu Doppelgängern, zu Freunden in der Fremde werden. „Im Wesentlichen“, erklärte Riklis diese Beziehung der beiden Figuren, „erzählt der Film von zwei Fremden, die eine spirituelle und physische Distanz zu ihrem Heimatland haben.“[34]
Deutschland bzw. Frankfurt werden zu einem Netz für eine dreifache Begegnung zwischen dem jüdischen Deutschen aus Israel, Deutschland und seinen türkischen Einwanderer_innen, in dem interessanterweise gerade Stoller zur Figur des Übergangs wird. Diese Übergänge vollziehen sich an Orten und Nicht-Orten, die sich gegenseitig überlappen. Sie sind „Palimpseste, auf denen das verworrene Spiel von Identität und Relation ständig aufs Neue seine Spiegelung findet.“[35] Indem die deutsch-israelischen Begegnungen um eine dritte Position, die der türkischen Migrant_innen, erweitert wird, kann Riklis auch deren Perspektive in seinen Film integrieren. Auch die alte und heruntergekommene Wohnung von Sema und Deniz wird dabei zu einem Transitort, in dem sich verschiedene Erfahrungen und Vergangenheitsschichten begegnen. Die ehemalige Kindheitswohnung Stollers und die Wohnung der unvollständigen Einwandererfamilie legen sich übereinander. Stollers Erinnerungen an die Vertreibung aus Deutschland lagern sich an Deniz Erfahrungen der Migration und ihre Situation als alleinerziehende Mutter. Wie in *Walk on Water* werden auch in *Playoff* Identitäten vervielfältigt, anstatt sie in irgendeiner Weise festschreiben zu können.
Diese Bewegung zieht sich durch den Film, der ähnlich wie viele von Riklis Filmen wie ein Roadmovie aufgebaut ist. Stollers Reise in die Vergangenheit, die ihn vor allem durch das Dickicht seiner eigenen Abwehr führt, korrespondiert mit der Suche nach Deniz’ Mann, der die Familie verlassen und ein neues Leben mit einer deutschen Frau begonnen hat. Die Autofahrt durch deutsche Landschaften bringt Deniz und Stoller einander näher, und sie wird schließlich zum Auslöser dafür, dass Stoller sich seinen Kindheitserinnerungen stellen kann und die alte Konditorin besucht, von der er die tatsächlichen Umstände erfährt, unter denen seine Mutter und er

34 Playoff – Ein Interview mit dem Regisseur Eran Riklis. http://filminsider.blog.de/2013/05/25/playoff-interview-regisseur-eran-riklis-16053449/ (Zugriff am 20.07.2014).

35 Augé: *Nicht-Orte*, S. 84.

damals emigrieren konnten. Die alte Dame ist selbst wiederum als ein Medium inszeniert, einziger persönlicher Kontakt zu einer ansonsten nur räumlich strukturierten Vergangenheit, die aber letztlich doch in einem Nebel des Uneindeutigen verschwimmt. Es wird deutlich, dass für beide Hauptfiguren, Stoller und Deniz, die Suche nach ihrer Vergangenheit noch eine andere Dimension hat: „Sie lassen etwas zurück und wissen nicht, was sie in Deutschland vorfinden werden, aber sie beide möchten ihrer Suche einen Sinn geben", erklärt Riklis. „Daher müssen sie ihre Vergangenheit begraben oder wieder aufleben lassen, um die Gegenwart und die Zukunft zu verändern."[36] Diese Veränderung deutet sich in den Schlussbildern an. Fast ein wenig zögerlich geht Stoller einen langen, katakombenartigen Gang zum Spiel ‚seiner' Nationalmannschaft entlang. Als das Spiel beginnt, klart sich sein Gesicht auf. Deniz hat mittlerweile Arbeit gefunden, mit der sie ihre Tochter und sich ernähren kann. Im Fernsehen sieht sie einen Bericht über die Basketballmanschaft. Neben Stoller steht Thomas, der das Team zuvor verlassen hatte, aber nun zurückgekehrt ist. Das Schlussbild aber zeigt Deniz nachdenkliches Gesicht. Es macht deutlich, dass die Zukunft trotzdem nicht vorbestimmt ist.

Deutschland als dritter Ort

In der Figurenkonstellation von *Playoff* bildet die türkische Einwanderungserfahrung einen dritten Ort, von dem aus das deutsch-israelische Verhältnis und seine enge Verwurzelung in der geteilten und teilenden Vergangenheit beider Länder aufgesprengt werden kann, ohne von dieser fortwährend prägenden Vergangenheit abzusehen. Genau das aber passiert in einer anderen filmischen Konstellation, in der Deutschland wiederum zu einem dritten Ort wird, vor dessen Hintergrund sich nun allerdings eine israelisch-palästinensische Geschichte entwickelt. In *Zarim* (*Strangers*, IL 2007, R: Erez Tadmor / Guy Nattiv) wandelt sich Berlin zu einer ahistorischen Bühne für israelisch-palästinensische Begegnungen vor dem Hintergrund der Fußball-Weltmeisterschaft in Deutschland 2006. Berlin ist der Ort, an dem sich die in Frankreich lebende Palästinenserin Rana und der israelische Kibbutznik Eyal treffen. Beide haben keine Verbindungen zu Deutschland, sind nur hergekommen, um

36 Playoff – Ein Interview mit dem Regisseur Eran Riklis.

an der ausgelassenen Stimmung teilzuhaben. Was sie darüber hinaus verbindet, ist die Suche nach einem Ort jenseits der Spannungen, die das Leben in ihren Heimatländern bestimmen. Was sie trennt, sind genau diese Spannungen, die sich zwischen ihre Beziehung schieben, als in Israel ein neuer Krieg ausbricht.

Die plötzliche Überlagerung der sich entwickelnden Liebesgeschichte vor dem Hintergrund der Weltmeisterschaftsfeiern und des Kriegsgeschehens im Nahen Osten, das auch den Alltag in Europa affiziert, spiegelt eine historische Koinzidenz in der Realität. Die beiden Regisseure des Films, Erez Tadmor und Guy Nattiv, hatten das Projekt gemäß der Regeln von „Dogma 95“ geplant. Der von einer Gruppe dänischer Filmemacher Mitte der 1990er Jahre ins Leben gerufene Ansatz, einfache Filme jenseits großer Produktionsbudgets zu realisieren, hatte weltweit Nachahmer gefunden. Leichte Kameras, Originalschauplätze und weitgehend improvisierte Handlungen sollten den Eindruck von Direktheit intensivieren und ein situatives Wechselspiel zwischen den Schauspielern und ihrer Umgebung in Gang setzen. Als Nummer 143 führt die Liste der Dogma-Filme als ersten israelischen Film auch *Zarim* auf.[37] Entsprechend der Regeln stand zunächst für die beiden Filmemacher nur die Grundidee fest. Zwei Schauspieler, ein Mann und eine Frau, ein Israeli und eine Palästinenserin sollten sich in Berlin während der Fußballweltmeisterschaft kennenlernen. Als sie mit einem kleinen Team nach Berlin abflogen, kannte Hautdarsteller Liron Levo seine Partnerin noch nicht. Die Filmemacher hatten die marokkanische Belgierin Lubna Azabal überzeugen können, die geheimnisvolle Palästinenserin aus Paris zu verkörpern. Alles, was sie ihr beim ersten Anruf erzählten, war die Grundidee: zwei Schauspieler, eine Kamera und die Weltmeisterschaft. Kein Drehbuch. Es sollte einfach fließen. Nach kurzem Zögern sagte Azabal zu.

„We wanted to see what happens when we put two strangers, who have never met, in a common situation“[38], erklärten die israelischen Regisseure ihr Interesse an dem filmischen Experiment. Die erste Szene des Films, in der sich der Israeli und die Palästinenserin zufällig in einer Berliner U-Bahn treffen und dabei unabsichtlich ihre Rucksäcke vertauschen, war auch die erste Szene, die aufgenommen

37 Nirit Anderman: Act Naturally and Fall in Love. In: *Haaretz*, 29.05.2008.

38 Ebd.

Abb. 21: Die Berliner U-Bahn als israelisch-palästinensischer Begegnungsort in *Zarim*.

wurde. Und es war das erste Mal, dass sich die beiden Hauptdarsteller im Leben sahen (Abb. 21).[39] Die Kamera registrierte die Dynamik dieses ersten Aufeinandertreffens: einerseits löscht der Nicht-Ort U-Bahn bestehende identitäre Zuordnungen aus – hier begegnen sich zwei Menschen und nicht ein Israeli und eine Palästinenserin –, aber zum anderen werden auch neue Beziehungen gestiftet, die in einem Möglichkeitsraum von Begegnungen entstehen, den das filmische Experiment herzustellen hilft. „We knew right from the beginning that if nothing happened between them, we would take the camera and go home"[40], berichtete Nattiv über diesen ersten Drehtag. Aber dazu kam es nicht. Von diesem Moment an entwickelte sich die Geschichte als Improvisation zwischen Levo, Azabal, der Kamera und den beiden Regisseuren inmitten der ausgelassenen Weltmeisterschaftsstimmung in Berlin 2006.

Tadmor und Nattiv nutzten den Taumel, um einen transnationalen Ort der Vorläufigkeit herzustellen, an dem eine Begegnung jenseits der israelisch-palästinensischen Geschichte möglich werden kann. Dazu löst sich auch die israelische Figur, Eyal, symbolisch von der biographisch-historischen Beziehung zwischen Israel und Deutschland. Er war eigentlich nach Berlin gereist, um seine deutsche Ex-Freundin wiederzutreffen. Telefonisch kann er sie nicht erreichen, weswegen er mit Rana zusammen bleibt, der er – inmitten eines Meers schwarz-rot-goldener Farben – auch anvertraut, dass seine

39 David Brinn: No Strangers to Sucess. In: *Jerusalem Post*, 11.02.2008.

40 Anderman: Act Naturally and Fall in Love.

Abb. 22: Die Fußball-WM in Deutschland als Hintergrund einer israelisch-palästinensischen Liebesgeschichte in *Zarim*.

Familie eine deutsche Freundin nie akzeptieren konnte. In diesem Moment rücken die Palästinenserin und der Israeli noch näher zusammen. Inmitten der feiernden Menge schafft der Film einen utopischen Moment, einen universellen Zwischenraum, bevor Rana überraschend verschwindet und Eyal ihr verstört auf der Suche nach dem plötzlichen Abbruch ihrer Beziehung nach Paris folgt (Abb. 22).

Anders als Berlin ist Paris kein leerer und neutraler Ort. Ranas Leben und ihre Freunde sind geprägt von einer tiefen Abneigung gegen Israel und radikaler Unterstützung der Palästinenser, die noch extremer wird, als der zweite Libanonkrieg beginnt und über die Fernsehbilder auch Europa erreicht. „We had about two weeks of shoting some great material [in] Berlin when the Lebanon war began. We immediately made the decision to stop shooting and return home to be with our families. When we continued shooting later in Paris, it was a different movie."[41] Zunächst wollten die Regisseure das Weltgeschehen einfach ignorieren. Doch letztlich war dies unmöglich. Der Krieg war plötzlich überall und beeinflusste schließlich auch die Beziehung der beiden fiktiven Figuren Eyal und Rana. Im Gegensatz zu Berlin, das durch diese historische Konstellation zum dritten Ort einer möglichen Zukunft geworden war, wurde Paris zum Ort, an dem die politischen Spannungen die Figuren einholen. Frankreich, wo die größte jüdische Gemeinde Europas und eine sehr große Minderheit von Einwanderer_innen

41 Brinn: No Strangers to Sucess.

aus muslimischen Ländern, vor allem aus Nordafrika, zusammen leben, wurde tatsächlich in den vergangenen Jahren mehrfach zu einem Ort, an dem sich der Nahostkonflikt in Hass und Gewalt entlud. Erst während des letzten Gazakrieges im Sommer 2014 belagerten pro-palästinensische Demonstranten eine Synagoge in Paris und drohten, die dort eingeschlossenen französischen Juden anzugreifen. Nur mit Mühe gelang es den überforderten Ordnungskräften Schlimmeres zu verhindern.
Dem Team von *Zarim* ging es darum, trotz der angespannten Stimmung im Sommer 2006, die Balance zu wahren. Dies gelang vor allem deswegen, weil sich die Figur Eyal durch die Begegnung mit Europa und Rana langsam von seiner israelischen Perspektive lösen konnte, ohne seine israelische Herkunft zu verleugnen, und Rana durch die Verbannung durch ihre Familie aufgrund einer ungewollten Schwangerschaft und eines kranken Sohnes selbst innerhalb der sich nun formierenden arabisch-palästinensischen Umgebung eine Außenseiterrolle einnahm. Schließlich ist es Eyal, der Rana mit ihrem Kind hilft, und nicht ihre aufgehetzten Freunde, die den Israeli anklagen. Doch Eyal muss auch einen inneren Konflikt darüber austragen, ob er zurückkehrt und seiner Einberufung als Reservist folgt oder bei Rana in Europa bleibt. Der Film lässt diese Entscheidung letztlich offen, auch wenn er andeutet, dass Eyal der Situation in Israel den Rücken kehrt. *Zarim* selbst aber zeigt gerade in der Wechselwirkung seiner weitgehend improvisierten Handlung und der sie beeinflussenden Entwicklungen in der politischen Realität, dass der dritte Ort eine Utopie bleiben muss, ein imaginärer Moment, der sich vielleicht derzeit nur in einem porös bleibenden Filmexperiment realisieren lässt.

Begegnungen und Unterbrechungen

Im August 2012 reiste eine deutsche Regisseurin der dritten Generation nach Israel. Julia von Heinz' Ziel war es, dort einen Film vorzubereiten. *Hannas Reise* sollte eine Geschichte zwischen Deutschland und Israel erzählen, eine Geschichte, die sich von den bestehenden Mustern und Klischees lösen sollte, ein Film, der ihren eigenen Blick auf Israel spiegeln sollte, einen Blick der Neugier und der Vertrautheit. Am 17. August, kurz nach der Ankunft, notierte die Regisseurin erschöpft in ihr Drehtagebuch:

Abb. 23: Das Flugzeug als Anfangs- und Übergangsraum in *Hannas Reise.*

> Julia, Du spürst nicht mehr, wie wichtig Dir dieser Film ist. Israel ist plötzlich ein Land wie jedes andere, alle Deine Projektionen über die Schichten, die unter der Oberfläche liegen und auch mit Deutschland zusammenhängen, sind Hirngespinste. Ich saß in meinem runtergekühlten kahlen Büro und fand alles belanglos.[42]

Ihre Protagonistin Hanna hingegen fliegt ohne große Erwartungen nach Israel. Ihr einziges Ziel ist es, ihre Karrierechancen mit etwas sozialem Engagement aufzubessern. Am liebsten hätte sie es gesehen, wenn ihre sozial engagierte Mutter ihr einfach ein entsprechendes Zeugnis ausgestellt hätte, aber die Leiterin von „Aktion Friedensdienste" in Berlin hatte sie einfach wirklich nach Israel geschickt. Nun soll sie in der Nähe von Tel Aviv in einem Behindertendorf arbeiten. Der Film stellt Hanna auf der Grenze zwischen beiden Ländern vor. Sie sitzt im Flugzeug, schaut hinunter auf die wolkenverhangenen Berge. Aus dem Off ist ein Lied des israelischen Popsängers Asaf Avidan zu hören, in dem der Erzähler auf die Zukunft seines gelebten Lebens und die möglicherweise zu erzählenden Geschichten zurückblickt: „One day we will be old…" Auch die Geschichte von Hannas Reise nach Israel ist eine mögliche Geschichte. Sie entsteht aus einem Zwischenraum, dem entleerten Übergangsort eines Flugzeugs (Abb. 23). Eigentlich ist Hannas Leben ebenso entleert. Sie verfolgt eine Karriere, die längst zum Selbstzweck geworden ist. Israel ist eine lästige Pflichtübung, aber die Begegnung mit dem Land und seinen Menschen führt zu mehr. Der Zwischenraum füllt sich und damit auch die – Hanna

42 Julia von Heinz: Drehtagebuch. In: LimeLight PR (Hrsg.): *Presseheft Hannas Reise.* Berlin 2013, S. 8–10, hier S. 9.

noch nicht einmal bewussten – beschwiegenen Lehrstellen in ihrer eigenen Biographie und der Geschichte ihrer Familie. „Es wird hart“, hatte Julia von Heinz in der Finanzierungsphase des Projekts in ihr Tagebuch notiert.

> Hannas Reise behandelt wichtige Fragen, die mich ausmachen, die mich schon lange umtreiben. Es geht darum, wie der Holocaust bis in meine Generation hineinwirkt. Es geht um eine sprachlose Familie, in der der einzelne einsam ist. Es geht um Israel.[43]

Dabei erzählt der Film zunächst gar nichts oder wenig über die Shoah und die deutsch-israelische Vergangenheit. Viel mehr gelingt es der Regisseurin zu zeigen, wie die Vergangenheit immer wieder in die Gegenwart hineinsickert. Selten als kathartischer Schock und zumeist als kleine Irritation oder doppeldeutiger Scherz, der offenlegt, wie schwierig es für die jungen Israelis und die Deutsche ist, eine gemeinsame Kommunikationsebene zu finden. „Du solltest mich heiraten!“, sagt der Psychologe Itay halb im Scherz zu Hanna, als er ihr ihren neuen Arbeitsplatz vorstellt. Seine Sehnsucht heißt Berlin. Nur wegen seiner Familie ist er noch in Israel. Und wegen seiner Nichte und der Frau seines Bruders, der sich vor einigen Jahren in den Tod fuhr, vielleicht eine Konsequenz aus der Enge, die in dem schönen und sonnigen Land doch immer wieder zu spüren ist. „Inklusive Sühne-Sex, dreimal pro Woche“, entgegnet Hanna flapsig und versucht, sich den aufdringlichen Israeli vom Leib zu halten. Ihr Leben ist wohl geordnet. Ihr Freund richtet gerade in Berlin die gemeinsame Wohnung ein und mit dem neuen Job wird es schon klappen, vor allem mit der Referenz aus Israel, denn „irgendwas mit Juden kommt immer gut. Und behinderte Juden zählen doppelt“, denkt Hanna. „Dreimal pro Tag“, bleibt Itay hartnäckig. Hinter dem teilweise grenzwertigen Humor zeigen sich feine Risse in den scheinbar selbstbewussten Figuren. Beide sind gezeichnet von der Geschichte ihres Landes und ihrer Familien. *Hannas Reise* erzählt behutsam von diesen Spuren. Aus der Beiläufigkeit entwickelt sich eine Konsequenz. Je mehr aus der Begegnung zwischen Hanna und Itay eine eigenständige Beziehung wird, desto mehr Raum scheint sich zu entfalten, um zu erzählen, wie diese Begegnung mit der Geschichte und Gegenwart beider Länder verbunden ist.

43 Von Heinz: Drehtagebuch, S. 8.

Eine wichtige Vermittlerfigur dafür ist Gertraud, die in einem Pflegeheim für Überlebende lebt. Auch dorthin kommt Hanna zunächst widerwillig und gestresst. Sie glaubt, dort eine Pflichtübung im Erinnern absolvieren zu müssen, stößt aber auf eine wache und kritische alte Frau. In der Begegnung mit ihr rückt ganz langsam die Frage ins Zentrum des Films: „Hat das Thema noch etwas mit uns zu tun? Und kann man es in einem Film verarbeiten, ohne den Reflex auszulösen: ‚Ich kann es nicht mehr hören?'"[44]
Das Altenheim und insbesondere Gertrauds Zimmer sind wiederum Zwischenräume im „Katarakt der Zeiten", die unvorhergesehene Konstellationen und Begegnungen möglich machen. Bei einem Liederabend eines Überlebenden und eines Zivildienstleistenden, schwenkt die Kamera durch die Reihen. Alte Menschen sitzen auf den Stühlen, jeder mit einer anderen Geschichte. Dazwischen die eine Ambivalenz von Anziehung und Distanz verratenden Blicke zwischen Itay und Hanna und das verschmitzte Lächeln von Gertraud, die sich über diese Freundschaft eines Israelis und einer jungen Deutschen freuen kann. Am Ende sitzt ein Überlebender am Klavier und spielt ein altes deutsches Soldatenlied.
In Gertrauds Zimmer aber begegnet Hanna nicht nur den Spuren der NS-Vergangenheit in Gertrauds Leben, sondern auch in ihrem eigenen.

> In dieser Figur haben wir vier Überlebende zusammengeführt, die wir getroffen hatten. Es sind Leute, die alles persönlich erlebten, die aber einen starken Versöhnungsgedanken haben. Sie lieben und schätzen den Umgang mit jungen Deutschen, auch wegen der Sprache und der Kultur.[45]

Wie in der Wohnung der Großmutter in *Ha-Dira* finden sich auch in Gertrauds Zimmer Objekte, die in die Vergangenheit zielen und Beziehungen stiften, so wie eine Fotografie von Hannas Mutter, die selbst einst in Israel als Freiwillige gearbeitet hat. Über Gertraud erfährt Hanna auch von der Familie Hirsch, die die Nachbarn ihrer Großeltern gewesen waren. Ein Geheimnis, das die Eltern ihrer Tochter und das auch Hannas Mutter Hanna verschwiegen hatte. Die deutsch-israelische Pendelbewegung des Films, der sich zwischen den Übergängen von Deutschland nach Israel und von Israel

44 Texte zum Film: Hannas Reise. http://www.textezumfilm.de/sub_detail.php?id=1340 (Zugriff am 20.07.2014).
45 Ebd.

nach Deutschland entfaltet, findet also eine Entsprechung in einem „Pendelschlag“ zwischen den Generationen:

> Die Großeltern, dann die Gegenbewegung der Mutter, die sich von ihren Eltern abgrenzen musste, das wiedergutmachen möchte, was ihre Eltern getan hatten. Bei Hanna wieder die Gegenbewegung. Sie empfindet das Gutmenschentum als verlogen. Was sich allerdings durch alle Generationen zieht, ist das Schweigen.[46]

Das Besondere an *Hannas Reise* ist nicht nur, dass der Film eine junge Deutsche nach Israel begleitet und dem deutschen Publikum so das Land in seiner Vielfalt und Widersprüchlichkeit jenseits der bekannten Bilder des Nahostkonflikts nahebringt. Die besondere Perspektive liegt auch darin, dass in seinem Zentrum deutsche Figuren und eine deutsche Familie stehen. Anders als in den israelischen Grenzüberschreitungen werden hier die Selbstbilder auf deutscher Seite durcheinandergebracht und in Frage gestellt. Dass gilt für die engagierte Mutter genauso wie für die karriereorientierte, unterkühlte Tochter und zieht sich bis in die Nebenfiguren, einen weichen, etwas philosemitischen deutschen Freiwilligen und eine überzeugt antiisraelische Aktivistin. Obwohl Julia von Heinz auf allen Seiten Stereotype aufruft und mit ihnen spielt, ist am Ende alles anders. So gelingt ihr tatsächlich ein „heiterer Gegenentwurf zu der Behauptung […], dass das schwierige Verhältnis zwischen Israel und Deutschland längst ‚normalisiert‘ sei.“[47] Nach Ende der Dreharbeiten kehrte Julia von Heinz nach Deutschland zurück. Als sie die letzten Einstellungen drehten, begann in Israel wieder ein Krieg. „Irgendjemand wusste es zuerst, Bomben auf Tel Aviv, die Menschen sind in den Bunkern. Dann wusste es plötzlich jeder, das Drehen hörte einfach auf, man telefonierte nach Hause, manche weinten.“[48] Einige Tage später saß die Regisseurin im Flugzeug, unter ihr die Alpen:

> Bomben auf Tel Aviv, Bomben auf Jerusalem, 75.000 Reservisten zusammengezogen, viele meines Teams sind dabei und ich haue ab, kein gutes Gefühl und doch war ich noch nie so glücklich, in Herrsching zu wohnen. […] Ich bin verwirrt und müde. Ich sehe hinunter auf die Alpen und denke an meinen Opa, der sie so liebte, und will erstmal nicht mehr zurück nach

46 Texte zum Film: Hannas Reise..

47 Brigitte Jähnigen: Ausgerechnet zurück nach Deutschland. In: *Stuttgarter Nachrichten*, 23.01.2014.

48 Von Heinz: Drehtagebuch, S. 10.

Abb. 24: Am Ende von *Hannas Reise* verschmelzen Berlin und Tel Aviv zu einem filmischen Ort.

> Israel. Es ist hart und heiß. Immer intensiv, irrsinnig anstrengend. Ich bin dankbar. Aber jetzt will ich nur noch nach Hause.[49]

Doch der Pendelschlag endet nicht. Zu Asaf Avidans Lied über Geschichten, die man eines Tages erzählt haben könnte, erschafft der Film in seinen letzten Einstellungen aus der Kraft der Montage einen neuen – rein kinematographischen – Ort. Aus dem Zwischenraum des Flugzeugs am Anfang entstehen neue utopische Übergänge, „wenn am Ende Bilder von Tel Aviv und Berlin gegeneinander geschnitten werden und die Kamera sich von der Tel Aviver Strandpromenade aus in die Richtung Berlin untergehende Sonne dreht“[50]. In diesen Bildern verschmelzen beide Sehnsuchtsorte zu einem (Abb. 24). Aber gleichzeitig verdeutlicht die fortbestehende Ungleichzeitigkeit von Hannas Entscheidung, in Tel Aviv zu bleiben, und Itays Entscheidung, nach Berlin zu gehen, dass diese Übergänge weit entfernt davon sind, harmonisch und kontrollierbar zu sein. So ist das utopische und filmisch-imaginäre Tel Aviv-Berlin am Ende von *Hannas Reise* selbst ein transitorischer Raum, ein imaginativer Ort im Werden.

Heimat im Dazwischen

Wie Itay aus *Hannas Reise* kam vor einigen Jahren auch die 23-jährige Israelin Ester Amrami nach Berlin. Unglücklich mit ihrem Mode-Design-Studium in Israel brachte sie der Zufall hierher: „Ich hatte eine irgendwie düstere, altmodische und romantische Vorstellung von der Stadt, die natürlich mit der Geschichte zu tun hat“, erinnert sie sich.

> Vor 10 Jahren war Berlin unter Israelis keine populäre Destination und ich konnte die jungen Israelis in der Stadt an 2 Händen abzählen. Ich bin also an einen komplett fremden Ort gefahren und dort habe ich den Geschmack von Freiheit und Abenteuer gefunden. Ich kann nicht sagen, ob Berlin damals wirklich so einzigartig und aufregend war, oder ob es daran lag, dass ich einfach jung war. Wahrscheinlich beides. Auf jeden Fall habe ich im Zuge einer spontanen Entscheidung, mein Studium in Israel abgebrochen, und bin ganz allein nach Berlin gezogen. Ich dachte, ich werde hier ein paar Monate verbringen. Jetzt sind es 10 Jahre.[51]

49 Von Heinz: Drehtagebuch, S. 10.

50 Kirsten Rießelmann: Israel als Karriereknick. In: *Spiegel Online*, 23.01.2014. http://www.spiegel.de/kultur/kino/hannas-reise-von-julia-von-heinz-ueber-das-moderne-israel-a-944630.html (Zugriff am 20.07.2014).

51 Interview des Autors mit Ester Amrami, 24.06.2014, S. 1.

Die junge Israelin entschied sich für ein Studium an der Hochschule für Film und Fernsehen Konrad Wolf in Babelsberg, als Regisseurin. Bereits in ihrem ersten Film, einer dokumentarisch-essayistischen Arbeit, ging es um eine junge Israelin, die in Berlin lebt. Besonders Sprache spielt in *Your Tisch Is Not My Table* (D 2007, R: Ester Amrami) eine entscheidende Rolle. „In *Your Tisch Is Not My Table*“, erklärt die Regisseurin, „lautete die Ausgangsfrage: Wie fühlt sich das an, *mit* bzw. *in* einer fremden Sprache zu leben? Ich wollte das auch auf einer sinnlichen Ebene vermitteln.“[52]

Dazu verwendete Amrami ausdruckstarke Stimmungsbilder, setzte aber auch das Verhältnis von Bild und Ton sehr künstlerisch ein. Daher wirkt der Film nicht typisch ‚dokumentarisch‘, sondern dehnt sich ins Essayistische aus, um das Thema Identität und Herkunft adäquat zu behandeln. „Ich hatte das Gefühl das Objekte ‚Seele‘ haben, und sie steckt in ihren Namen“, erklärt sie diesen Eindruck. „Und so ändert sich die Natur der Dinge von Sprache zu Sprache.“[53]

Auch in Amramis Abschlussfilm *Anderswo*, der unter anderem auf der Berlinale und dem Jüdischen Filmfestival Berlin ausgezeichnet wurde, geht es wieder um die Geschichte einer jungen Israelin, die sich zwischen Berlin und Israel bewegt. Der Spielfilm nutzt den Übergang zwischen Berlin und Israel einerseits dazu, dem deutschen Publikum einen Einblick in den israelischen Alltag jenseits der Nachrichtenbilder vom Nahostkonflikt zu ermöglichen, und andererseits in der Rückkehrerin Noa und ihrem deutschen Freund einen anderen Blick auf die israelische Realität zu spiegeln. Der touristische Blick vermischt sich mit Orten und Beziehungen, in denen Kommunikation und Übersetzungsprozesse von unterschiedlichen Erfahrungen, Sehnsüchten und Geschichten sichtbar werden. Im leichten Ton eines sentimentalen und manchmal melancholischen Feelgood-Movies erzählt die Regisseurin einerseits über ihre eigenen Erfahrungen als Frau zwischen Deutschland und Israel und stößt andererseits einen an die typischen Motive des israelischen Kinos anknüpfenden Diskurs über Heimat, Reisen, Wanderung und Einwanderung an.

52 Ebd., S. 3.
53 Ebd.

Anderswo erzählt von Noa, einer jungen Israelin, die vor einigen Jahren nach Berlin gekommen ist. Vielleicht dachte sie zunächst, wie die Protagonistin aus *Your Tisch Is Not My Table*, dass es sich nur um einen Aufenthalt auf Zeit handeln würde. In Amramis Kurz-Dokumentarfilm entscheidet sich die israelische Neu-Berlinerin erst dann, die deutsche Sprache zu lernen und letztlich in Deutschland anzukommen, als sie sich in einen Deutschen verliebt. Auch Noa hat einen deutschen Freund. Jörg ist Musiker und bewirbt sich auf eine Stelle in Stuttgart. Für die flippige Noa wäre das ein Alptraum. Eine andere Stadt außer Berlin käme nicht in Frage. Denn hier promoviert sie: über unübersetzbare Wörter. Ihre Arbeit besteht im Sammeln solcher Wörter. Dazu befragt sie Berliner aus verschiedenen Ländern über solche unübersetzbaren Wörter in ihren jeweiligen Sprachen, Wörter, die Zustände und Empfindungen ausdrücken, die im Deutschen unbeschreibbar sind. Amrami hat sich dafü selbst auf Rechercheereise begeben. Für die ‚Arbeitsproben' von Noa befragte sie einen israelischen Professor ihrer Hochschule, einen palästinensischen Fotografen und auch den russisch-jüdisch-deutschen Schriftsteller Wladimir Kaminer. Die Videosequenzen setzen die Reflexion über das Verhältnis von Sprache und Heimat fort, die Amrami bereits in *Your Tisch Is Not My Table* begonnen hatte, aber sie unterbrechen auch den Fluss der ansonsten heiter erzählten deutsch-israelischen Beziehungsgeschichte und statten sie mit einer zusätzlichen Bedeutungsebene aus.

> Aus dem Bewusstsein heraus, dass Sprache der entscheidende Ausdruck von Kultur ist, entstand die Idee, Noas Gefühle von Fremdheit und Isolation auch durch die fehlenden Wörter zu vermitteln. Gleichzeitig zeigen wir damit, dass es etwas ist, das über ihre persönliche, subjektive Geschichte hinausgeht, dass es sich sozusagen um eine globale Erfahrung eines jeden handelt, der seine Heimat verlässt.[54]

Anderswo, das wird schon in den in einem eher kalten und regnerischen Berlin spielenden Eröffnungsszenen deutlich, kreist ganz explizit um die Frage der Heimat. In den ersten Einstellungen fixiert die Kamera Eisblumen an einem Fenster und fährt dann zurück, um Noa aufzunehmen, wie sie an dem Fester steht. Der Blick nach draußen ist ein Blick in eine fremde Welt. Wie bei einem Wörterbuch legen sich die deutschen Übersetzungen über die Dinge, die

54 Interview mit Ester Amrami, S. 7.

Abb. 25: Der Übergang von Berlin nach Israel in *Anderswo*.

Noa auf der Straße vor ihrem Haus sieht. Sprache/Schrift und Blick/Bild überlagern einander.

Als Jörg dann zum Vorstellungsgespräch nach Stuttgart abreist und Noa erfährt, dass sie das Stipendium für ihre Dissertation nicht bekommen hat, entscheidet sie sich spontan, nach Israel zu fliegen. Von einer Einstellung zur nächsten schneidet der Film vom einen Land in das andere. Das Grau Berlins verwandelt sich in das flirrende, weiße Licht Israels (Abb. 25). Dort besucht sie ihre Familie und ist plötzlich wieder mittendrin in ihrer vertrauten Welt. Und doch fühlt sie sich fremd, versteht die neuesten Slang-Begriffe nicht und hat das Gefühl, nicht mehr so richtig in das ganz normale Familienchaos zu passen.

Als Noas Großmutter ins Krankenhaus kommt, beschließt sie, erst einmal in Israel zu bleiben. Schließlich folgt Jörg seiner Freundin und wird von Noas Familie freundlich, aber reserviert aufgenommen. Durch Jörgs Augen lernen die deutschen Zuschauer Israel kennen, die Innenseiten der Familienkonflikte und der familiären Solidarität und die Außenseiten eines Patriotismus und einer Normalität des Krieges, in der es immer auch zu unvorhergesehenen Wendungen kommt.

Meistens aber bilden Nahostkonflikt und Shoah in *Anderswo* nur das „Hintergrundgeräusch“ des Films.[55] Weil sie immer da sind, nimmt man sie gar nicht mehr wahr. Wie ein plötzlicher Einbruch des Realen wirken darum die Sirenen am Yom Ha-Zikaron, dem Tag der Erinnerung an die in Israels Kriegen gefallenen Soldaten. Doch gerade als die Sirenen beginnen und alle aus ihren Autos steigen, um eine Minute schweigend still zu stehen, treffen Noa und Jörg zum ersten Mal in Israel aufeinander. Die persönliche Freude triumphiert in diesem Moment über die kollektive Trauer.

> Durch Jörgs fremden Blick soll aber auch dem israelischen Zuschauer ein bisschen der Spiegel vorgehalten werden, so dass er selbstverständliche Dinge aus einer anderen Perspektive betrachten kann.[56]

Der deutsche Blick auf Israel dient also als Stilmittel der Verfremdung. Schließlich aber „dient Jörgs Fremdheitserfahrung in Israel auch dafür, dem deutschen Zuschauer Noas Zustand in Berlin vor Augen zu führen.“[57] Denn letztlich bleibt ihre Suche nach Heimat und einem Zuhause unerfüllt.

„Der Film bietet Noa keine konkrete Lösung zu ihrer Heimatsuche, und mir geht’s auch so“, erklärt die Regisseurin und fügt an:

> Andererseits seitdem der Film fertig ist, beschäftige ich mich mit dem Thema wesentlich weniger. Heimat ist für mich etwas, das fehlt, wenn man es wagt, seine Geborgenheit zu verlassen. Es gibt einen schönen Aufsatz von Vilém Flusser, in dem er Heimat als Mythos entlarvt, der am Ende zu Bequemlichkeit und sogar Repression führt. Deshalb ist er wohl auch nie wirklich sesshaft geworden, bzw. hat sich immer wieder eine neue Heimat gesucht. Dazu gehört natürlich auch eine gewisse Beweglichkeit und Abenteuerlust. Am Ende ist es schön, wenn man sich in der Welt zuhause fühlen kann.[58]

55 Interview mit Ester Amrami, S. 7.

56 Ebd.

57 Ebd.

58 Ebd., S. 6.

Abb. 26: Das Medium Film ist selbst ein Ort des Übergangs. Videoaufnahmen der toten Großmutter beschließen die Reflexion über Heimat in *Anderswo*.

Die partikulare israelische Erfahrung wird so letztlich zur Resonanzfläche für eine komplexe deutsch-israelische Vergangenheit und Gegenwart und gleichzeitig zum Auslöser einer universellen Reflexion über Heimat und Zuhausesein in der Welt. Der Übergang wird zum Ort einer bewusst instabil bleibenden Identität, in der auch die vorher ausgegrenzte alte Heimat, die Diaspora und die Fremde einen Platz haben. Dies bringt der Film in seiner Schlussszene zum Ausdruck. Nach dem Tod ihrer Oma, selbst eine Einwandererin, kehrt Noa nach Deutschland zurück. Doch ganz zum Schluss lässt der Film noch einmal die Tote sprechen und zeigt deren Vermächtnis in Form eines anderen Films. Als Videobotschaft, die Noa für ihre Doktorarbeit über unübersetzbare Worte aufgenommen hatte, spricht die Oma nun über die Bedeutung von Sprache und Heimat (Abb. 26). Am Ende ist es der Film selbst, sind es Medien der Übersetzung und des Übergangs die Begegnungen über Grenzen hinweg ermöglichen. Sie kommunizieren Bilder vom und ermöglichen Blicke zum jeweils anderen.

9.
Filmreisen und Passagen – Schlussbetrachtungen

Auch die deutsch-israelische Filmgeschichte ist eine Geschichte im Werden. Sie ist bevölkert von allerlei skurrilen Figuren: Wanderern und Gespenstern, Grenzgängern und Träumern. Sie besteht aus Höhlen, Katakomben und Kellern, aber auch aus Hütten, Wohnungen und Altenheimen, in denen unverhoffte Begegnungen zwischen Vergangenheit und Gegenwart, zwischen Deutschland und Israel, zwischen der ersten, der zweiten und der dritten Generation möglich werden. Die Passagen zwischen den beiden Ländern und ihren Menschen laufen nicht über festgefügte Brücken. Manchmal wurden sie in euphorischer Erwartung genommen, oft fanden sie erzwungenermaßen statt. Pioniere, die in neue Zeiten aufzubrechen suchten, gibt es in der deutsch-israelischen Filmgeschichte genauso wie diejenigen, die die verlorene Heimat nie vergessen konnten. Die Übergänge bleiben instabil. Aber im Film haben sich die Begegnungen zwischen Israel und Deutschland verstetigt, nicht nur auf der Leinwand, sondern auch hinter der Kamera. Was in den 1950er Jahren mit persönlichen Initiativen begann, die Deutsche nach der Shoah wieder mit Israelis zusammenführten, und erst in den 1970er Jahren mit einem Filmabkommen geregelt wurde, ist heute zur Normalität geworden. Aber auch die Fremd- und Feindbilder haben sich weiter erhalten. Sie waren nicht nur in der DDR virulent und tradierten sich auch nach deren Ende in medialer Form. Auch heutige deutsch-israelische Koproduktionen bestätigen oft nur das verzerrte Bild von einem Land im permanenten Kriegszustand, das kaum Begegnungen, wenig Grautöne und keine Zwischenräume zulässt.

Das Kino ist aber ein Ort, an dem die Grenze, die die Leinwand bildet, durchlässig werden kann, an dem Begegnungen möglich werden. Das gilt in besonderer Weise für das deutsch-israelische Kino, für seine Filme, aber auch für die vielen kleinen und scheinbar unbedeutenden Geschichten, die um diese Filme (auch die nie realisierten) herum entstanden. Auch die Grenze ist immer ein Übergang. Sie trennt nicht nur, sondern verbindet auch. Michel de Certeau hat dieses Paradox betont: „da sie durch Kontakte geschaffen werden, sind die Differenzpunkte zwischen zwei Körpern auch ihre Berührungspunkte. Verbindendes und Trennendes ist hier eins."[1] Die deutsch-israelischen Filmbeziehungen sind voll von solchen Verbindungspunkten. Selbst dort, wo die Grenze wie in *Avodah* ein Ort der Transformation und Subjektwerdung ist, bleiben das Vorher und das Nachher durch den Film verbunden. Später – in Filmen wie *Metallic Blues* (Schiff) oder *Ha-Dira* (Flugzeug) – sind es Transitorte, die Übergänge markieren, wo Grenzen verlaufen. Andere Filme wiederum – wie *Hannas Reise* und *Anderswo* – ersetzen die Grenze und den Übergang durch Folgen des Nebeneinanders: Israel und Deutschland verschmelzen im Verfahren der Bildmontage. „Film hat keinen Paß", hat die Regisseurin Jeanine Meerapfel einmal gesagt. „Film hat keine Nationalität. Film hat eine Herkunft, kann eine Identität haben, verfügt über eine Sprache, kommt von der Begegnung mit einer Realität und vom Verstehen dieser Realität."[2] Das gilt in besonderer Weise für das deutsch-israelische Kino.

Die Filme schaffen also Zwischenräume, in de Certeaus Worten einen „dritte[n] Ort, als Spiel von Interaktionen und Durchblicken"[3]. Solche Wechselbeziehungen durchziehen das deutsch-israelische Kino, changieren zwischen dem Blick des Touristen und dem der Einwandererin, zeigen das Land und das Meer, die Ankunft und den Aufschub. Die Reisen und Passagen der deutsch-israelischen Filmgeschichten sind von diesen Blicken geprägt. Die Protagonist_innen

1 Michel de Certeau: *Kunst des Handelns*, aus d. Franz. v. Ronald Voullié. Berlin: Merve 1988, S. 233.

2 Zit. n. Edgar Reitz: *Bilder in Bewegung. Essays, Gespräche zum Kino*. Reinbek: Rowohlt 1995, S. 104.

3 De Certeau: *Kunst des Handelns*, S. 234.

und Filmemacher_innen durchstreifen Räume, die oft solche des Transits sind, geprägt von Vorläufigkeit. An diesen Orten werden unverhoffte Begegnungen möglich, Passagen zwischen gestern und heute, zwischen der Gegenwart und ihrer Vorgeschichte. Die Höhle in *Giv'a 24 Eina Ona* zum Beispiel, aber auch Palästinas Hütte am Strand in *Roveh Huliot* und der Flugplatz in *Mivtsa Yonatan*.
Augé beschreibt den „Raum des Reisenden" als den „Archetypus des Nicht-Ortes". In diesem Raum entsteht ein „Nebeneinander der Welten", so wie im Kino.[4] Es ist dies ein Nebeneinander, das einer Bewegung von Bildern folgt und neue Beziehungen zwischen diesen stiftet, eine visuelle Bewegung in der – wie Augé schreibt – die Reisenden

> jene prophetische Beschwörung des Raumes vernehmen, in der weder Identität noch Relation noch Geschichte wirklich Sinn haben, in der die Einsamkeit als Überschreitung oder Entleerung der Individualität empfunden wird und einzig die Bewegung der Bilder dem, der sie vorbeiziehen sieht, einen Augenblick lang die Hypothese einer Vergangenheit und die Möglichkeit einer Zukunft aufscheinen lässt.[5]

An diesem Punkt zwischen einer ebenso verbindenden wie trennenden Vergangenheit und einer möglichen Zukunft kreuzen und verzweigen sich auch die Passagen und Reiserouten der deutsch-israelischen Filmgeschichten. Ihre Filme erzählen von Aufbrüchen und Ankünften, von Verheißung und Sehnsucht, von Träumen und Traumata. In dem Vorraum deutsch-israelischer Filmbeziehungen können sie als Karten dienen, um jene „terra incognita in den Hohlräumen zwischen den Gebieten, die wir kennen"[6], zu lokalisieren, von der Siegfried Kracauer gesprochen hat.

4 Augé: *Nicht- Orte*, S. 90.
5 Ebd., S. 91.
6 Kracauer: *Geschichte*, S. 238.

Drucknachweise / Danksagung

In dieses Buch sind Texte in überarbeiteter Form eingeflossen, die bereits an anderer Stelle veröffentlicht wurden:

Kap. 2: Ein Kino der Übergänge

Kino im Werden – überarbeitete Auszüge aus: Kino im Werden. Über den israelischen Film. In: *sans phrase* 4 (2014), S. 204–211.

Kap. 4: Projizierte Begegnungen

Treffpunkt Eichmannprozess – überarbeitete Auszüge aus: Dokumentarfilm als Gerichtsverfahren. Erwin Leisers *Eichmann und das Dritte Reich* (1961). In: *Filmblatt* 51 (2013), S. 47–57.

Kap. 6: Im Transit

Kinooperation Entebbe – überarbeitete Auszüge aus: Kampfplatz Kino – Filme als Gegenstand politischer Gewalt in der Bundesrepublik. In: José Brunner / Doron Avraham / Marianne Zepp (Hrsg.): *Politische Gewalt in Deutschland. Ursprünge – Ausprägungen – Konsequenzen* (= *Tel Aviver Jahrbuch für deutsche Geschichte*, Bd. 42). Göttingen: Wallstein 2014, S. 161–180.

Orte und Nichtorte – In längerer Fassung veröffentlicht als: Geschichte im Transit. Bei Thea oder: Orte, die in die Vergangenheit hineinzielen. In: Chris Wahl / Jesko Jockenhövel / Marco Abel / Michael Wedel (Hrsg.): *Im Angesicht des Fernsehens. Der Filmemacher Dominik Graf.* München: et+k 2012, S. 267–283.

Kap. 7: Gespenstergeschichten

Freuds Gespenster und therapeutisches Kino – überarbeitete Auszüge aus: Kino im Werden. Über den israelischen Film. In: *sans phrase* 4 (2014), S. 204–211.

Kap. 8: Zuhause im Zwischenraum

Verstörendes Erbe – überarbeitete Auszüge aus: Archiv, Film und Erinnerung im neueren israelischen Kino. In: Alf Lüdtke / Tobias Nanz (Hrsg.): *Laute. Bilder, Texte. Register des Archivs.* Göttingen: V&R Unipress 2014, im Erscheinen.

Den Herausgeber_innen, Redaktionen und Verlagen sei herzlich gedankt! Ein Teil der in diesem Buch gesammelten Überlegungen wurden in Vorstadien auch bereits auf verschiedenen Veranstaltungen vorgetragen. Ich danke dem Zeughauskino, dem Arsenal, dem

Göttinger Kino Lumiére, der Black Box im Filmmuseum Düsseldorf, CineGraph Babelsberg, der Gesellschaft für Christlich-Jüdische Zusammenarbeit Göttingen, der Jüdischen Gemeinde Düsseldorf, den DIG-Gruppen in Berlin und Frankfurt und dem MFFB für die Möglichkeit, bei diesen Gelegenheiten israelische Filme und deutsch-israelische Filmbegegnungen vorzustellen.

Der Druck dieses Buches wurde durch die freundliche Unterstützung der Ephraim Veitel Stiftung möglich gemacht. Den Stifter_innen und dem Vorstand, namentlich Prof. Dr. Karl E. Grözinger möchte ich ebenso herzlich danken wie Matthias Naumann, Frank Schlöffel und dem Neofelis Verlag für ihre Unterstützung bei der Umsetzung und Fertigstellung.

Für Hinweise auf wichtige Artikel, Quellen, Filme und Archivbestände danke ich Chris Wahl, Rolf Aurich, Naomi Rolef, Michael Spaney, Ulrike Becker, Cristina Marx und Uta Larkey. Für das Interview über ihre Filme danke ich Esti Amrami. Bei meinen Recherchen in Archiven und der Sichtung von Filmen haben mich die MitarbeiterInnen des Bundesarchiv-Filmarchivs, des Deutschen Rundfunkarchivs, der Mediathek der Hebrew University sowie des Filmarchivs und der Pressedokumentation der Filmuniversität Babelsberg KONRAD WOLF unterstützt. Diesen und besonders den Mitarbeiterinnen der Bibliothek der Babelsberger Filmuniversität, namentlich Frau Göthe und Frau Erkens, möchte ich für diese Hilfe herzlich danken.

Ganz besonderer Dank gebührt meiner Familie und meiner Frau Deborah Hartmann, die mein Interesse am israelischen Film teilt und mich darin bestärkt hat, die hier gesammelten Geschichten und Anekdoten aufzuschreiben. Gewidmet ist dieses Buch Régine Mihal Friedman, von der ich viel über Israel, den israelischen Film, die fortdauernde Bedeutung einer trennenden, aber auch verbindenden Vergangenheit und die verändernde Kraft von Begegnungen im und durch das Kino gelernt habe.

Berlin / Jerusalem im Juli 2014

Abbildungsverzeichnis

Bibliographie

a.: ‚Paradies und Feuerofen'. In: *Weser Kurier*, 14.10.1959.

Abende eines Fauns. In: *Der Spiegel*, 9/1961, S. 62-71.

Abkommen zwischen der Regierung der Bundesrepublik Deutschland und der Regierung des Staates Israel über die Gemeinschaftsproduktion von Filmen (30.01.1975). https://www.bundesregierung.de/Content/DE/_Anlagen/BKM/Filmabkommen/2011-12-01-filmabkommen-israel.pdf?__blob=publicationFile (Zugriff am 27.08.2014).

Alanyali, Iris: Wenn die Gefangenschaft in der Freiheit weitergeht. In: *Die Welt*, 09.05.2013. http://www.welt.de/kultur/medien/article116011236/Wenn-die-Gefangenschaft-in-der-Freiheit-weitergeht.html (Zugriff am 15.07.2014).

Alberty, Eric: Thomas Harlan will Vaters Schuld sühnen. In: *Frankenpost*, 19.09.1953.

Anderman, Nirit: Act Naturally and Fall in Love. In: *Haaretz*, 29.05.2008.

Anklage gegen Entebbe-Film-Brandstifter. In: *Frankfurter Allgemeine Zeitung*, 08.09.1977.

Arbeitskreis Film und Jugend Mannheim: Paradies und Feuerofen. Programm zur Vorführung am 30. November 1961. In: *Pressedokumentation der Filmuniversität Babelsberg KONRAD WOLF*.

Augé, Marc: Orte und Nicht-Orte der Stadt. In: Haus der Architektur (Hrsg.): *Spaces of Solitude* (= *Dokumente zur Architektur* 9). Graz: HDA 1997, S. 12–25.

—: *Nicht-Orte*. München: Beck 2010.

Ashkenazi, Ofer: Homecoming as a Dead End: Place and Displacement in the New Israeli Documentary Film. In: *Jewish Culture and History*, 25.07.2014. http://dx.doi.org/10.1080/1462169X.2014.939415 (Zugriff am 22.10.2014), S. 1–22.

Avisar, Ilan: Personal Fears and National Nightmares: The Holocaust Complex in Israeli Cinema. In: Efraim Sicher (Hrsg.): *Breaking Crystal. Writing and Memory after Auschwitz*. Urbana / Chicago: University of Illinois Press 1998, S. 151–167.

—: The National and the Popular in Israeli Cinema. In: *Shofar* 24,1 (2005), S. 125–143.

—: The Holocaust in Israeli Cinema as a Conflict between Survival and Morality. In: Yaron Peleg / Miri Talmon (Hrsg.): *Israeli Cinema. Identities in Motion*. Austin: Texas UP 2011, S. 151–167.

Baer, Nicholas: Points of Entanglement: The Overdetermination of German Space and Identity in *Lola + Bilidikid* and *Walk on Water*. In: *Transit* 4,1 (2008). http://escholarship.org/uc/item/8q04k8v1#page-17 (Zugriff am 18.04.2014), S. 1–26.

Baer, Volker: „Transit". In: *Der Tagesspiegel*, 21.02.1980.

Bernauer, Barbara: Keine Heimat gefunden. „Zwischenstation" – Spielfilm aus Israel. In: *Frankfurter Rundschau*, 09.03.1981.

Bernhardt, R.: „Israel 74" im Visier. In: *Freiheit* (Halle), 23.03.1974.

Bleiche und andere Mütter. In: *Stuttgarter Zeitung*, 22.02.1980.

Bölte, Emil: Israel behält Regie für Entebbe in der Hand. In: *Augsburger Allgemeine*, 14.08.1976.

Brandanschläge auf deutsche Kinos. Erste Festnahmen in Aachen. In: *Frankfurter Allgemeine Zeitung*, 07.01.1977.

Brennender Sand. In: *Der Abend*, 14.07.1960.

Brinn, David: No Strangers to Sucess. In: *Jerusalem Post*, 11.02.2008.

Broder, Henryk M.: Mischung aus Angst und Größenwahn. In: *Der Tagesspiegel*, 12.02.1995.

Bröhl, Beate: Viele Kinos müssen Angst vor Bombenterror haben. In: *Neue Rhein Zeitung*, 06.01.1977.

Busche, Andreas: Eine zerbröselte Familie. In: *die tageszeitung*, 10.04.2014. http://www.taz.de/!136469/ (Zugriff am 20.07.2014).

Canby, Vincent: Two Movies Examine Israel. In: *New York Times*, 08.03.1991. http://www.nytimes.com/1991/03/08/movies/review-film-2-movies-examine-israel.html (Zugriff am 17.07.2014).

Cohen, Richard I. / Mirjam Rajner: The Return of the Wandering Jew(s) in Samuel Hirszenberg's Art. In: *Ars Judaica* 7 (2011), S. 33–56.

Cohen, Uri S.: From Hill to Hill. A Brief History of the Representation of War in Israeli Cinema. In: Yaron Peleg / Miri Talmon (Hrsg.): *Israeli Cinema. Identities in Motion*. Austin: Texas UP 2011, S. 43–58.

Conze, Eckart / Norbert Frei / Peter Hayes / Moshe Zimmermann: *Das Amt und die Vergangenheit. Deutsche Diplomaten im Dritten Reich und in der Bundesrepublik*. Bonn: bpb 2011.

Dachs, Gisela: Berlin. Diaspora der Israelis. In: *Zeit Online*, 28.10.2013. http://www.zeit.de/politik/ausland/2013-10/israel-emigration-berlin-yair-lapid (Zugriff am 15.07.2014).

Dannenberg, Thekla: Brennweiten. Arte zeigt die Geschichte des israelischen Films – und die des Landes gleich mit. In: *Jüdische Allgemeine*, 14.05.2009. http://www.juedische-allgemeine.de/article/view/id/808 (Zugriff am 17.07.2014).

De Certeau, Michel: *Kunst des Handelns*, aus d. Franz. v. Ronald Voullié. Berlin: Merve 1988.

Deutscher Israel-Film. ‚Israel, Staat der Hoffnung' – ein überzeugendes Dokument. In: *Neue Rheinzeitung*, 13.12.1955.

D. F.: Dina und die Männer. In: *Telegraf*, 23.07.1960.

Dietl, Wilhelm: Eiskalter Vollstrecker. In: *Fokus Magazin*, 4/2000.

Dittrich, Ralf: 2007: DEFA Goes (Middle) East. Eine Retrospektive in Israel. In: Barbara Eichinger / Frank Stern (Hrsg.): *Film im Sozialismus – Die DEFA*. Wien: Mandelbaum 2009, S. 165–181.

—: Der israelische Film. http://www.bpb.de/internationales/asien/israel/45126/film (Zugriff am 15.07.2014).

Ebbrecht, Tobias: Erinnerungsbilder und Zeitdokumente. Frühe Filme über den Holocaust (1945–1948). In: *Filmblatt* 27 (2005), S. 47–56.

Ebbrecht, Tobias: Kalkulierte Fehlleistungen – Erinnerungsspuren an den Nationalsozialismus in Kurt Hoffmanns Spessart-Filmen. In: Chris Wahl (Hrsg.): *Der Mann mit der leichten Hand – Kurt Hoffmann und seine Filme*. München: Belleville 2010, S. 97–111.

—: *Geschichtsbilder im medialen Gedächtnis. Filmische Narrationen des Holocaust*. Bielefeld: Transcript 2011.

—: Beschreibungen eines Landes. Ansichten des israelischen Gegenwartskinos. In: *DIGmagazin*, 4/2011, S. 8–10.

—: Geschichte im Transit. Bei Thea oder: Orte, die in die Vergangenheit hineinzielen. In: Chris Wahl / Jesko Jockenhövel / Marco Abel / Michael Wedel (Hrsg.): *Im Angesicht des Fernsehens. Der Filmemacher Dominik Graf*. München: et+k 2012, S. 267–283.

—: Dokumentarfilm als Gerichtsverfahren. Erwin Leisers *Eichmann und das Dritte Reich* (1961). In: *Filmblatt* 51 (2013), S. 47–57.

—: Standhalten im Bilde? Die Kunst der Kunstlosigkeit und der filmische Umgang mit den Bildern des Grauens. In: *sans phrase* 2 (2013), S. 50–64.

Ebbrecht-Hartmann, Tobias: Kampfplatz Kino – Filme als Gegenstand politischer Gewalt in der Bundesrepublik. In: José Brunner / Doron Avraham / Marianne Zepp (Hrsg.): *Politische Gewalt in Deutschland. Ursprünge – Ausprägungen – Konsequenzen* (= *Tel Aviver Jahrbuch für deutsche Geschichte*, Bd. 42). Göttingen: Wallstein 2014, S. 161–180.

—: Kino im Werden. Über den israelischen Film. In: *sans phrase* 4 (2014), S. 204–211.

—: Archiv, Film und Erinnerung im neueren israelischen Kino. In: Alf Lüdtke / Tobias Nanz (Hrsg.): *Laute. Bilder, Texte. Register des Archivs*. Göttingen: V&R Unipress 2014, im Erscheinen.

Ein deutscher Film über Israel. In: *Aufbau*, 25.07.1958.

Einladung zu einer Vorstellung am 8. Juli 1959 in der Filmbühne Wien (Berlin). In: *Pressedokumentation der Filmuniversität Babelsberg KONRAD WOLF*.

emb.: Filmvorführung im Berliner Altenheim. In: *Berliner Allgemeine Wochenzeitung der Juden in Deutschland*, 20.12.1957.

Empfehlung der Filmbegutachtungskommission für Jugend und Schule vom 8. Juli 1959. In: *Pressedokumentation der Filmuniversität Babelsberg KONRAD WOLF*.

Ende der Blockade. In: *Der Spiegel*, 1/1960, S. 59–60.

Endlich deutscher Film in Israel. In: *Westfälische Rundschau*, 10.04.1966.

Engelmann, Jonas: Sauvater, du Land, du Un, du Tier. In: *Jungle World*, 7/2010, 18.02.2010.

Entebbe-Film unter Polizeischutz. In: *Die Welt*, 07.01.1977.

Erhard fand es wunderbar. In: *Bonner Rundschau*, 02.05.1968.

E. S.: Es waren zehn. Erstaufführung eines israelischen Films. In: *Süddeutsche Zeitung*, 12.02.1965.

Fainaro, Edna: A Conversation with Eytan Fox. In: *Walk on Water* – Presseheft, hrsg. v. FilmPressPlus. 54. Internationale Filmfestspiele Berlin – Panorama 2004.

Filmbegutachtungskommission für Jugend und Schule, Berlin. Paradies und Feuerofen. In: *Pressedokumentation der Filmuniversität Babelsberg KONRAD WOLF*.

Freeden, H.: „Es waren ihrer Zehn“. In: *Allgemeine Wochenzeitung der Juden in Deutschland*, 02.12.1960.

Freud, Sigmund: Das Unheimliche (1919). In: Ders.: *Psychologische Schriften. Studienausgabe*, Bd. IV. Frankfurt am Main: Fischer 2000, S. 241–274.

Friedmann, Régine Mihal: Männlicher Blick und weibliche Reaktion. Veit Harlans *Jud Süß* (1940). In: *Frauen und Film* 41 (1986), S. 50–64.

—: The Double Legacy of *Arbeit macht frei*. In: *Prooftexts* 22,1/2 (2002), S. 200–220.

Fuchs, Christoph: Kaprova 115 oder: Ist Sterben eine politische Angelegenheit? – Kurt Hoffmann und *Das Haus in der Karpfengasse*. In: Chris Wahl (Hrsg.): *Der Mann mit der leichten Hand – Kurt Hoffmann und seine Filme*. München: Belleville 2010, S. 123–139.

Gegen das rassistische Filmmachwerk „Unternehmen Entebbe“! In: *Rote Fahne*, 12.01.1977.

Gilbert, Martin: *Israel. A History*. New York: McNally & Loftin 2008.

Goergen, Jeanpaul: Kulturfilm und Filmreportage. *Paradies und Feuerofen* (BRD 1958, R: Herbert Viktor). In: *Filmblatt* 23 (2003), S. 15–20.

Goergen, Jeanpaul / Ronny Loewy: Filme von und über jüdische Organisationen und die jüdische Besiedlung Palästinas. In: *Filmblatt* 18 (2002), S. 17–23.

Goldfinger, Arnon: Ihr Freund, der Feind. In: *Die Zeit*, 16.05.2012. http://www.zeit.de/2012/21/Deutsch-Juedisches-Familiengeheimnis (Zugriff am 20.07.2014).

Gsl: Durch die Wüste im Bikini. In: *Berliner Morgenpost*, 23.07.1960.

Gunning, Tom: Vor dem Dokumentarfilm. Frühe Non-fiction Filme und die Ästhetik der „Ansicht“. In: *KINtop* 4 (1995), S. 111–121.

Gutmair, Ulrich: Wer spricht, der lügt. Nahost-Film ‚Bethlehem‘. In: *die tageszeitung*, 12.01.2014.

Habel, Frank-Burkhard: Chencho. Hochschulfilme auf der Leipziger Dokumentarfilmwoche. In: *Sonntag*, 51/1983.

Hagin, Boaz: Male Weeping as Performative: The Crying Mossad Assasin in *Walk on Water*. In: *Camera Obscura* 23,2 68 (2008), S. 103–139.

Hamacher, Rolf-Rüdiger: „Made in Israel“. In: *Filmdienst*, 56/2001, S. 23.

Hasel, Verena: Scham und Schweigen. In: *Der Tagesspiegel*, 21.05.2014.

H. B.: Heißes Eisen und ‚Brennender Sand‘. In: *Westdeutsche Allgemeine*, 13.02.1960.

Hersonski, Yael: A Film Unfinshed. Director's Statement. In: *Bermuda Documentary Filmfestival*. http://bermudadocs.wordpress.com/2010/10/18/a-film-unfinished-directors-statement-by-yael-hersonski/ (Zugriff am 19.07.2014).

Hillebrand, Peter: Freiflug in den Tod. Auf den Spuren von Gerd Albartus. In: *SWR2 Feature*, 14.09.2011. http://www.swr.de/swr2/programm/sendungen/feature/-/id=8433974/property=download/nid=659934/1vips1h/swr2-feature-20110914.pdf (Zugriff am 05.07.2013), S. 1–20.

Har-Gil, Shraga: Eine Schlacht wird ausgeschlachtet. Das Unternehmen Entebbe in mehreren Filmversionen. In: *Hannoversche Allgemeine*, 06.01.1977.

Harlan, Thomas: *Hitler war meine Mitgift. Ein Gespräch mit Jean-Pierre Stephan*. Reinbek: Rowohlt 2007.

Harmssen, Henning: Zwischen Tel Aviv und Spandau. In: *Stuttgarter Zeitung*, 05.11.1965.

Hoffmann, Kurt: Die Vergangenheit nicht begraben. DVZ-Interview mit Kurt Hoffmann über den Film: *Das Haus in der Karpfengasse*. In: *Deutsche Volkszeitung*, 16.07.1965.

Horak, Jan-Christopher: Zionist Film Propaganda in Nazi Germany. In: *Historical Journal of Film, Radio and Television* 4,1 (1984), S. 49–58.

—: Awodah. Helmar Lerskis erste Filmregie. In: *Filmexil* 11 (1998), S. 9–17.

—: „Helmar Lerski in Israel". In: Yaron Peleg / Miri Talmon (Hrsg.): *Israeli Cinema. Identities in Motion*. Austin: Texas UP 2011, S. 16–29.

Horstmann, Anja: Film als Archivmedium und Medium des Archivs. In: Dies. / Vanina Kopp (Hrsg.): *Archiv – Macht – Wissen. Organisation und Konstruktion von Wissen und Wirklichkeiten in Archiven*. Frankfurt am Main / New York: Campus 2010, S. 190–205.

Huber, Joachim: US-Serie ‚Homeland': Arte zeigt Vorläufer ‚Hatufim'. In: *Der Tagesspiegel*, 07.05.2013. http://www.tagesspiegel.de/medien/israelische-produktion-us-serie-homeland-arte-zeigt-den-vorlaeufer-hatufim/8176156.html (Zugriff am 15.07.2014).

Hübner, Katja: Der Grenzgänger. In: *Der Tagesspiegel*, 06.12.2011.

Israel im Film. In: *Die Abendzeitung* (München), 03./04.12.1955.

Israelische Kritik an ‚Tevye'. In: *Die Welt*, 11.05.1968.

Israelischer Filmregisseur dreht in Berlin. In: *Frankfurter Rundschau*, 09.09.1965.

‚Israel – Staat der Hoffnung'. Zahlreiche Gäste sahen eindrucksvollen Film des jungen Staates. In: *Kölnische Rundschau*, 20.12.1955.

Jacobsen, Wolfgang: *50 Jahre Berlinale – Internationale Filmfestspiele Berlin*. Berlin: Nicolai 2000.

Jähnigen, Brigitte: Ausgerechnet zurück nach Deutschland. In: *Stuttgarter Nachrichten*, 23.01.2014.

Jugendentscheid. Arbeitsausschuß der FSK. Prüfsitzung vom 4.2.1965. In: *Pressedokumentation der Filmuniversität Babelsberg KONRAD WOLF*.

Jugendentscheid zu dem Film Tevye und seine sieben Töchter vom 2.5.1968. In: *Pressedokumentation der Filmuniversität Babelsberg KONRAD WOLF*.

Jugendprotokoll zu *Brennender Sand* vom 11.4.1960. In: *Pressedokumentation der Filmuniversität Babelsberg KONRAD WOLF*.

K.: Es waren zehn. In: *Berliner Sonntagsblatt ‚Die Kirche'*, 01.06.1969.

Kähnert, M[aria] E[lisabeth]: Filmschaffen in Palästina. In: *Neue Filmwelt*, 12/1948, S. 5–6.

Karpel, Dalia: Silence, Interrupted. In: *Haaretz*, 28.01.2011.

Kassow, Samuel D.: *Who Will Write Our History? Emanuel Ringelblum, the Warsaw Ghetto, and the Oyneg Shabes Archive*. Bloomington / Indianapolis: Indiana UP 2007.

Kemper, Anna: Tatort Tel Aviv. Israeli mit DDR-Biografie: Eine Begegnung mit dem Regisseur Dror Zahavi. In: *Jüdische Allgemeine*, 22.01.2009.

kjf: ‚Paradies und Feuerofen'. In: *Westdeutsche Allgemeine*, 09.08.1958.

Koch, Gertrud: *Siegfried Kracauer zur Einführung*. Hamburg: Junius 1996.

Koenen, Gerd: *Das rote Jahrzehnt. Unsere kleine deutsche Kulturrevolution 1967–1977*. Frankfurt am Main: Fischer 2002.

Knietzsch, Horst: Gesichter sprechen vom Schicksal eines Volkes. In: *Neues Deutschland*, 29.08.1981.

Kracauer, Siegfried: *Geschichte – vor den letzten Dingen. Werke*, Bd. 4. Frankfurt am Main: Suhrkamp 2009.

Krause, Peter: *Der Eichmann-Prozeß in der deutschen Presse*. Frankfurt am Main: Campus 2002.

Kronish, Amy: *World Cinema: Israel*. Wiltshire: Flicks 1996

Kronish, Amy / Costell Safirman: A National Cinema in the Making: An Overview. In: Dies.: *Israeli Film. A Reference Guide*. London: Praeger 2003, S. 1–21.

Kruft, Will G.: Unternehmen Hollywood – kläglich gescheitert. In: *Badische Zeitung*, 25.12.1976.

Kulturfilm ‚Israel, Staat der Hoffnung' für Schulen nicht geeignet. In: *Neckar- und Enzbote*, 29.03.1956.

Larkey, Uta: Mehrsprachigkeit in neueren israelischen Spielfilmen. In: *Medaon* 13 (2013), S. 1–14. http://www.medaon.de/pdf/MEDAON_13_Larkey.pdf (Zugriff am 20.07.2014).

Leiser, Erwin: *Gott hat kein Kleingeld. Erinnerungen*. Köln: Kiepenheuer & Witsch 1993.

—: *Auf der Suche nach Wirklichkeit. Meine Filme 1960–1996*. Konstanz: UVK 1996.

Leiser stellt Eichmann-Film her. In: *Kölnische Rundschau*, 04.02.1961.

Lemke, Michael: Kampagnen gegen Bonn. Die Systemkrise der DDR und die West-Propaganda der SED 1960–1963. In: *Vierteljahrshefte für Zeitgeschichte* 41,2 (1993), S. 153–174.

Lenz, Felix: Widerspruch in Bewegung. Zum Filmwerk von Dominik Graf. In: *Augenblick* 47 (2010), S. 6–35.

LeVitte Harten, Doreet (Hrsg.): *Die Neuen Hebräer. 100 Jahre Kunst in Israel*. Berlin: Nicolai 2005.

Lipowski, Egbert: Curriculum vitae einer Berühmten. 50 Jahre Filmhochschule in Babelsberg im Wandel des Zeitgeistes. In: Horst Schättle / Dieter Wiedemann (Hrsg.): *Bewegte Bilder, Bewegte Zeit. 50 Jahre Film- und Fernsehausbildung HFF ‚Konrad Wolf' Potsdam-Babelsberg*. Berlin: Vistas 2004, S. 53–111.

Loewy, Ronny: Adama. Helmar Lerskis letzter Film. In: *Filmexil* 11 (1998), S. 19–30.

—: Bilder vom Aufbau der Jüdischen Heimstätte. In: *Filmblatt* 18 (2002), S. 12–16.

—: Nur in geschlossenen Veranstaltungen vor Angehörigen der jüdischen Rasse'. Palästina-Filme im Jüdischen Kulturbund 1935–1938. In: Peter Zimmermann / Kay Hoffmann (Hrsg.): *Geschichte des dokumentarischen Films in Deutschland*, Bd. 3: ‚Drittes Reich' 1933–1945. Stuttgart: Reclam 2005, S. 431–438.

Maennling, Hans: Zeitgeist und Seelenlandschaft. In: *Märkische Allgemeine*, 09.12.1991.

Martini, Heidi: *Dokumentarfilm-Festival Leipzig. Filme und Politik im Blick und Gegenblick*. Berlin: DEFA-Stiftung 2007.

Melman, Yossi: Setting the Record Straight: Entebbe Was Not Auschwitz. In: *Haaretz*, 08.07.2011.

Messter, Oskar: *Mein Weg mit dem Film*. Berlin: Max Hesses 1936.

mn: Alles bleibt partielle Narration. In: *die tageszeitung*, 16.02.1995.

Müller, Werner: Eine aufschlußreiche Fernsehdokumentation. In: *Neues Deutschland*, 06.04.1974.

MvS: Zuflucht, aber keine Heimat. In: *Die Welt*, 11.03.1981.

Nagler, Lihi: Zwischen privatem Albtraum und Repräsentationspolitik. Bilder vom Holocaust im israelischen Film. In: Claudia Bruns / Asal Dardan / Anette Dietrich (Hrsg.): *„Welchen der Steine du hebst". Filmische Erinnerung an den Holocaust*. Berlin: Bertz + Fischer 2012, S. 88–97.

Netenjakob, Egon: Action auf engstem Raum. Dominik Graf (*1952), Regisseur. In: Ders.: *Es geht auch anders. Gespräche über Leben, Film und Fernsehen*. Berlin: Bertz + Fischer 2006, S. 355–374.

Neues aus den DEFA-Studios: Syrien auf den zweiten Blick. In: *Kino DDR*, 9/1971. In: *Pressedokumentation der Filmuniversität Babelsberg KONRAD WOLF*.

Neuhausen, Verena: Das Tabu zu sprengen. In: *Frankfurter Allgemeine Zeitung*, 22.04.1994.

Niroumand, Mariam: Ein Encounter, eine Art Entlastung. In: *die tageszeitung*, 21.04.1994.

— : Balagan. In: *die tageszeitung*, 21.04.1994.

Niven, Bill: *Das Buchenwaldkind. Wahrheit, Fiktion und Propaganda*. Bonn: bpb 2009.

O. B.: Die Jugend Israels. In: *Der Tagesspiegel*, 22.05.1960.

Opitz, Olaf: Sein Weg ganz nach oben. Gespräch mit dem unabhängigen Produzenten und Chairman der 21st Century Filmcorporation, Menachem Golan. In: *Der Morgen*, 30.05.1990.

Or: Nicht zu Ende gedacht. In: *Spandauer Volksblatt*, 23.07.1960.

Paradies und Feuerofen. Abendfüllender Farbfilm über Israel. In: *Der Kurier*, 15.08.1958.

Paradies und Feuerofen Film in Israel. In: *Berliner Allgemeine Wochenzeitung der Juden in Deutschland*, 08.06.1962.

Paradies und Feuerofen. Monatsbester Film der Evangelischen Filmgilde in Österreich 1959. In: *Pressedokumentation der Filmuniversität Babelsberg KONRAD WOLF*.

Pawlowski, Tatjana: Loblied auf das tapfere Israel. In: *Neue Rhein Zeitung*, 23.12.1976.

Peleg, Yaron / Miri Talmon (Hrsg.): *Israeli Cinema. Identities in Motion*. Austin: Texas UP 2011.

Piehler, Moritz: Verrat unter Freunden. Nahost-Thriller ‚Bethlehem'. In: *Spiegel-Online*, 09.01.2014. http://www.spiegel.de/kultur/kino/nahost-thrikker-bethlehem-von-yuval-adler-kommt-in-die-kinos-a-942368.html (Zugriff am 20.07.2014).

Pilarcyk, Hannah: Eine zerrissene Familie. In: *Spiegel Online*, 10.04.2014. http://www.spiegel.de/kultur/kino/doku-schnee-von-gestern-ueber-getrennte-geschwister-startet-a-963518.html (Zugriff am 20.07.2014).

Platthaus, Andreas: Gespenstisches zwischen Deutschland und Israel. In: *Frankfurter Allgemeine Zeitung*, 09.04.2014.

Playoff – Ein Interview mit dem Regisseur Eran Riklis. http://filminsider.blog.de/2013/05/25/playoff-interview-regisseur-eran-riklis-16053449/ (Zugriff am 20.07.2014).

Pogade, Daniela: Geheimdienst am Gutmenschen. „Walk on Water" – Eytan Fox reflektiert israelische Gegenwart und deutsche Vergangenheit. In: *Berliner Zeitung*, 12.05.2005.

—: In Israel war „Schindlers Liste" ein Flop. Der israelische Regisseur Eytan Fox über „Walk on Water". In: *Berliner Zeitung*, 13.05.2005.

Ramati, Ido: Images in Transformation. Representations of Germany and Germans in Contemporary Israeli Fiction Cinema. http://www.cgs.huji.ac.il/Ramati_Images%20in%20transformation.pdf (Zugriff am 17.07.2014).

Raz, Yosef: Homonational Desires. Masculinity, Sexuality, and Trauma in the Cinema of Eytan Fox. In: Yaron Peleg / Miri Talmon (Hrsg.): *Israeli Cinema. Identities in Motion.* Austin: Texas UP 2011, S. 181–198.

Rebhandl, Bert: Menschlichkeit statt Ego. In: *Der Standard*, 21.7.2008.

—: Die dritte Generation. In: *die tageszeitung*, 14.06.2012. http://www.taz.de/!95273/ (Zugriff am 20.07.2014).

Reif, Adelbert: Der Mörder und seine Opfer. In: *Neue Zeit*, 30.05.1961.

Reinecke, Stefan: Gesprengte Grenzen. Theater als Schocktherapie – der Dokumentarfilm ‚Balagan'. In: *Süddeutsche Zeitung*, 28./29.01.1995.

Reitz, Edgar: *Bilder in Bewegung. Essays, Gespräche zum Kino.* Reinbek: Rowohlt 1995.

Rettberg, Felix: „Es gibt eine Lösung, aber ich lege sie nicht vor". Interview mit Yuval Adler. In: *Die Zeit*, 10.01.2014.

Richter, Erich: „Der Keller". Rache ist nicht süß. In: *Blickpunkt* 121/122 (1963), S. 58–60.

Rießelmann, Kirsten: Israel als Karriereknick. In: *Spiegel Online*, 23.01.2014. http://www.spiegel.de/kultur/kino/hannas-reise-von-julia-von-heinz-ueber-das-moderne-israel-a-944630.html (Zugriff am 20.07.2014).

Ritz: „Operation Thunderboat". In: *Neue Züricher Zeitung*, 17.03.1978.

Roemer, Friedrich: Krawall um biblische Schriftrollen. In: *Die Welt*, 23.07.1960.

—: Gott und Tevje. In: *Die Welt*, 13.06.1970.

Rokem, Freddie: *Geschichte aufführen. Darstellungen der Vergangenheit im Gegenwartstheater*, aus d. Engl. v. Matthias Naumann. Berlin: Neofelis 2012.

Rupnow, Dirk: Die Spuren nationalsozialistischer Gedächtnispolitik und unser Umgang mit den Bildern der Täter. In: *zeitgeschichte-online*, Oktober 2010. http://www.zeitgeschichte-online.de/md=AFilmUnfinished (Zugriff am 19.07.2014).

Sakowitz, Sven: Auch Bombenbastler haben Gefühle. In: *die tageszeitung*, 05.09.2012.

Schewe, Heinz: Ansturm auf ‚Wir Wunderkinder'. Erfolg in Israel. In: *Die Welt*, 10.02.1966.

Schieber, Elke: *Recherche zu einem Fernsehfilm: Die Bilder des Zeugen Schattmann*. Potsdam: Filmmuseum 2007.

Schödel, Helmut: Bei Thea. In: *Die Zeit*, 07.01.1988.

Schmidt, Hans-Dieter: Letzter Nazi, letztgültige Gerechtigkeit? In: *Neues Deutschland*, 28.03.2003.

Schmitz, Helmuth: An der Rampe. Mehr als eine Kino-Spekulation: Unternehmen Entebbe. In: *Frankfurter Rundschau*, 04.01.1977.

Scholem, Gershom: Zum Verständnis der messianischen Idee im Judentum. In: Ders.: *Judaica 1*. Frankfurt am Main: Suhrkamp 1997, S. 7–74.

Schwarz, Eveline: *Die fernseh-publizistische Widerspiegelung der gesellschaftlichen Widersprüche des Imperialismus in der Fernsehreportage „ISRAEL '74" von Dr. Sabine Katins*. Diplomarbeit. Hochschule für Film und Fernsehen der DDR Potsdam-Babelsberg, Februar 1976.

Shohat, Ella: *Israeli Cinema. East/West and the Politics of Representation*. New Edition. London / New York: I. B. Tauris 2010.

S.-F.: Blick auf Israel. Der Film *Paradies und Feuerofen*. In: *Frankfurter Allgemeine Zeitung*, 28.07.1959.

Seidler, Ulrich: Suche ist Denken. In: *Frankfurter Rundschau*, 10.04.2014.

Sellenthin, H. G.: Israel ohne Israel-Film? In: *Berliner Stimme*, 15.08.1959.

Stefan-Jerzy Zweig drehte Buchenwaldfilm. In: *Märkische Volksstimme*, 04.05.1966.

Steinhauer, Walter: Eine Filmreise durch Erez Israel 1923. In: *Film-Kurier*, 04.02.1924.

Sterneborg, Anke: Zaytoun. In: *epd-Film*, 29.10.2013. http://www.s38.s.gephosting.de/filmkritiken/zaytoun (Zugriff am 13.10.2014).

Suchsland, Rüdiger: Erinnerungsräume der Gefühle. In: *film-dienst*, 4/2006, S. 6–9.

Talmon, Miri: The End of a World, the Beginning of a New World. The New Discourse of Authenticity and New Versions of Collective Memory in Israeli Cinema. In: Yaron Peleg / Miri Talmon (Hrsg.): *Israeli Cinema. Identities in Motion*. Austin: Texas UP 2011, S. 340–355.

‚Tewje der Milchmann' nun auch als Film. In: *Stuttgarter Zeitung*, 02.04.1968.

Texte zum Film: Hannas Reise. http://www.textezumfilm.de/sub_detail.php?id=1340 (Zugriff am 20.07.2014).

Timm, Angelika: *Hammer, Zirkel, Davidstern. Das gestörte Verhältnis der DDR zu Zionismus und Staat Israel.* Bonn: Bouvier 1997.

Trimbur, Dominique: Eine deutsche Präsenz in Israel – Die bundesdeutsche Beobachtermission anlässlich des Eichmann-Prozesses in Jerusalem. In: José Brunner (Hrsg.): *Deutsche(s) in Palästina und Israel. Alltag, Kultur, Politik* (= *Tel Aviver Jahrbuch für deutsche Geschichte*, Bd. 41). Göttingen: Wallstein 2013, S. 229–252.

Tryster, Hillel: *Israel before Israel. Silent Cinema in the Holy Land.* Jerusalem: Steven Spielberg Jewish Film Archive 1995.

—: 'The Land of Promise' (1935). A Case Study in Zionist Film Propaganda. In: *Historical Journey of Film, Radio and Television* 15,2 (1995), S. 187–217.

—: "Associated with One of the Local Lots". In Search of Juda Leman. In: *Filmexil* 11 (1998), S. 61–75.

Veit Harlans Sohn filmt in Israel. In: *Hamburger Echo*, 05.09.1953.

Viele Spaichinger sahen Israel-Film. In: *Schwarzwälder Bote*, 15.03.1956.

Uralte Traditionen und neuer Staat. Zu Herbert Viktors Israel-Reportage ‚Paradies und Feuerofen'. In: *Mannheimer Morgen*, 19.08.1959.

Vogel, Rolf: *Deutschlands Weg nach Israel. Eine Dokumentation.* Stuttgart: Seewald 1967.

—: Was geht uns Israel an? Aus dem Presseheft der Europa Filmverleih G.m.b.H. zu Paradies und Feuerofen, 1958. Wiederabgedruckt in: *Filmblatt* 23 (2003), S. 20–21.

Voigt, Hermann: Vermerk vom 21.02.1956. In: Archiv des Auswärtigen Amtes, PAAA, B10, Bd. 2386.

Von Festenberg, Nikolaus: Krudes Krippenspiel. In: *Der Tagesspiegel*, 10.12.2013. http://www.tagesspiegel.de/medien/das-jerusalem-syndrom-in-der-ard-krudes-krippenspiel/9199528.html (Zugriff am 16.07.2014).

Von Heinz, Julia: Drehtagebuch. In: LimeLight PR (Hrsg.): *Presseheft Hannas Reise.* Berlin 2013, S. 8–10.

‚Von hier kehrt keiner zurück'. In: *Der Kurier*, 23.07.1966.

Vowinckel, Annette: Terror als Doku-Soap. Die Flugzeugentführungen von Entebbe und Mogadischu in Film und Fernsehen, 1976–1997. In: Frank Bösch / Manuel Borutta (Hrsg.): *Die Massen bewegen. Medien und Emotionen in der Moderne.* Frankfurt am Main / New York: Campus 2006, S. 284–303.

Walter, Annette: Homeland Israel. In: *Die Zeit*, 09.05.2013.

Weidinger, Birgit: Stau der Gefühle. In: *Süddeutsche Zeitung*, 12.01.1988.

Weinzierl, Ulrich: Das Kind von Buchenwald. In: *Die Welt*, 09.04.2005.

Weiß, Konrad: „Du hast den Frieden frech ans Kreuz geschlagen…" Israelfeindschaft und Antisemitismus in der DDR. In: Ralph Giordano (Hrsg.): *Deutschland und Israel. Solidarität in Bewährung.* Gerlingen: Bleicher 1992, S. 73–85.

Wem gehört der Holocaust? „Balagan" setzt die Diskussion fort, die mit „Schindlers Liste" begann. In: *Der Tagesspiegel*, 01.05.1994.

Wiegrefe, Klaus: Der Fluch der bösen Tat. Die Angst vor Adolf Eichmann. In: *Der Spiegel*, 15/2011, S. 44–50.

Wirklichkeit und Fiktion: Ein hochexplosives Gemisch. In: *Westfälischer Anzeiger*, 07.04.1979.

‚Wir Wunderkinder' in Israel verboten. In: *Die Welt*, 06.07.1966.

Wulinger, Michael: Propaganda zur Primetime. In: *Jüdische Allgemeine*, 19.04.2012.

‚Wunderkinder' in Israel erfolgreich. In: *Neue Ruhr-Zeitung*, 10.04.1966.

Yerushalmi, Yosef Hayim: Zachor: Erinnere Dich! (1982). In: Michael Brenner / Anthony Kauders / Gideon Reuveni / Nils Römer (Hrsg.): *Jüdische Geschichte lesen. Texte der jüdischen Geschichtsschreibung im 19. und 20. Jahrhundert.* München: Beck 2003, S. 373–379.

Zeitbomben in deutschen Kinos: Entebbe-Film wurde abgesetzt. In: *Hamburger Morgenpost*, 06.01.1977.

Zimmermann, Moshe: Facelift. Das Image der Deutschen in Israel seit der Wiedervereinigung. In: José Brunner (Hrsg.): *Deutsche(s) in Palästina und Israel. Alltag, Kultur, Politik* (= *Tel Aviver Jahrbuch für deutsche Geschichte*, Bd. 41). Göttingen: Wallstein 2013, S. 288–304.

Zischler, Hanns: *Kafka geht ins Kino.* Reinbek: Rowohlt 1998.

Zivier, Georg: Israel-Report. In: *Der Tagesspiegel*, 15.01.1974.

Filmregister